历史

Historical Atlas
A Comprehensive History of the World

[澳] 杰弗里·瓦夫罗　著

谢志瞳　译

北京理工大学出版社

版权专有　侵权必究

图书在版编目（CIP）数据

历史 /（澳）杰弗里·瓦夫罗著；谢志瞳译.—北京：北京理工大学出版社，2020.9
（2022.8重印）

书名原文：Historical Atlas:A Comprehensive History of the World

ISBN 978-7-5682-8500-1

Ⅰ.①历… Ⅱ.①杰… ②谢… Ⅲ.①世界史—通俗读物 Ⅳ.①K109

中国版本图书馆CIP数据核字（2020）第089533号

北京市版权局著作权合同登记号　图字：01-2019-7305

© Millennium House Pry Ltd,year
3 Carcoola Rd St lves NSW 2075
Australia

The simplified Chinese translation rights arranged through Rightol Media（本书中文简体版权经由锐拓传媒取得Email:copyright@rightol.com）

出版发行	/ 北京理工大学出版社有限责任公司
社　　址	/ 北京市海淀区中关村南大街5号
邮　　编	/ 100081
电　　话	/（010）68914775（总编室）
	（010）82562903（教材售后服务热线）
	（010）68944723（其他图书服务热线）
网　　址	/ http://www.bitpress.com.cn
经　　销	/ 全国各地新华书店
印　　刷	/ 北京地大彩印有限公司
开　　本	/ 680毫米×930毫米　1/16
印　　张	/ 57.25
字　　数	/ 1000千字
版　　次	/ 2020年9月第1版　2022年8月第11次印刷
审 图 号	/ GS（2019）5235号
定　　价	/ 298.00元

责任编辑 / 顾学云
文案编辑 / 朱　喜
责任校对 / 周瑞红
责任印制 / 李志强

图书出现印装质量问题，请拨打售后服务热线，本社负责调换

目录 CONTENTS

导言
找到我们在世界的位置 \ 9

至公元前 10000 年
起源与存在 \ 21

宇宙之初 \ 22
新兴生命 \ 26
人类起源 \ 36

前 10000 年—600 年
祖先、帝国和古代工艺 \ 41

文化传承 \ 42
人类足迹 \ 46
古埃及王国 \ 54
米诺斯文明——欧洲最早的文明 \ 66
印度河文明——次大陆文明的开端 \ 68
两河流域文明 \ 72
太平洋地区的人口迁徙 \ 74
亚述帝国 \ 78
地中海商人 \ 84
更快、更高、更强 \ 88
新巴比伦王国 \ 92
波斯帝国 \ 98
古印度帝国 \ 104

伯罗奔尼撒战争 \ 108
希腊世界 \ 112
亚历山大和他的帝国 \ 120
布匿战争 \ 128
大汉帝国 \ 132
三月十五日 \ 134
基督教的早期传播 \ 142
非洲——土地和语言 \ 150
野蛮人 \ 154
罗马帝国的兴衰 \ 160

601 年—1300 年
上帝和国家 \ 171

神圣征服 \ 172
人类的相遇 \ 176
伊斯兰教——先知的启示 \ 180
犹太教——犹太人信仰的开端 \ 184
基督教——永恒的救赎 \ 190
佛教——寻求涅槃 \ 196
印度教——重生与业报 \ 200
法兰克王国 \ 206
拜占庭帝国 \ 210
阿拉伯帝国 \ 218
高棉人——治理自然 \ 226
席卷欧洲的异教徒 \ 230
基辅罗斯 \ 234
中国的文化复兴 \ 238
神圣罗马帝国——德国的开端 \ 246
武士和帝国 \ 250
欧洲扩张——三大王朝 \ 254
丹麦——千年之久的君主国 \ 258
盎格鲁-撒克逊人 \ 260
耶路撒冷的陷落 \ 268
地球上最大的帝国 \ 278
马可·波罗的世界 \ 288
阿拉伯人征服亚洲 \ 294
当东方遇到西方 \ 298
君主专制政体形成 \ 302
供应与需求 \ 310

目录 CONTENTS

1301年—1400年
建筑、艺术和战争 \ 315

文化觉醒 \ 316
人类的新起点 \ 320
神圣罗马帝国 \ 326
黑死病 \ 336
文艺复兴——意大利的艺术与文化 \ 340
战争世纪 \ 348
中部美洲 \ 358
印度的苏丹国 \ 362
明朝 \ 366

1401年—1600年
新视野 \ 371

寻求财富 \ 372
人口再分布 \ 376
印度尼西亚——荷兰与英国之争 \ 380
太阳之子 \ 384
信仰即救赎 \ 394
玫瑰战争 \ 404
玛雅和阿兹特克——传教士和献祭 \ 408
西班牙殖民 \ 418
撒哈拉以南的王国 \ 424
奥斯曼帝国 \ 428
莫卧儿帝国 \ 432
西班牙无敌舰队 \ 438
新法兰西 \ 444
英国征服 \ 448

1401年—1600年
桅杆之下 \ 453

扬帆起航 \ 454
葡萄牙的发现 \ 458
新世界 \ 462
探索未知的北方 \ 474
瓦斯科·达·伽马——全球贸易者 \ 478
环球之行 \ 484
从海洋到海洋 \ 496
英国海盗 \ 502
通往中国的海峡 \ 508

1601年—1900年
科技、贸易和变革 \ 513

19世纪的变化 \ 514
采购劳动力 \ 518
幕府时代的将军和武士 \ 524
撕裂欧洲 \ 528
南纬44度 \ 532
新一代美洲人 \ 536
人口贸易 \ 540
太阳王 \ 550
伟大的俄国 \ 558
英国皇家海军 \ 564
大西洋贸易体系 \ 570
美国独立进程 \ 574
最伟大的航海探险 \ 586
北美的冲突与扩张 \ 598
"丛林流浪" \ 606
革命——自由、平等、博爱或死亡! \ 614
小个子将军 \ 624
拿破仑战争 \ 630
世界工厂 \ 640
反抗西班牙 \ 646
帝国世纪 \ 650
沙皇俄国晚期 \ 656
"贝格尔"号的航行 \ 662

马铃薯枯萎病 \ 674
六百轻骑兵 \ 680
意大利王国 \ 684
美国内战 \ 688
噢，加拿大！\ 698
布尔战争 \ 702

新欧洲 \ 804
希望之乡 \ 816
中东地区 \ 820
种族隔离制度的兴衰 \ 824
苏联的解体 \ 828
"警察行动" \ 834
北越和南越 \ 840
古巴事务 \ 850
独立国家 \ 854
沙漠风暴行动 \ 858
你好，世界 \ 862

1901 年—2000 年
发展和动荡 \ 707

变化的世界 \ 708
追求财富 \ 710
幸运的国家 \ 714
日俄战争 \ 722
王朝的覆灭 \ 726
征服南极 \ 728
瓜分"战利品" \ 732
欧洲——时刻准备战争 \ 736
第一次世界大战 \ 740
俄国革命 \ 754
供应和需求 \ 758
皇冠上的宝石 \ 762
独裁之路 \ 768
第二次世界大战 \ 774
长征 \ 788

2001 年—2008 年
民主、专政和恐怖行为 \ 867

不平等的世界 \ 868
"推拉理论" \ 872
购买力——欧洲和欧元 \ 876
9·11事件 \ 880
宜居地带 \ 884
阿富汗战争 \ 892
中国——新的世界强国 \ 896
自愿联盟 \ 902
致命的海浪 \ 908
澳大利亚——正成为全球经济体 \ 912

找到我们在世界的位置

导言

> 历史

找到我们在世界的位置

地图是描述野蛮时代和人类文明兴衰起伏的最佳媒介，它开启了我们头脑中文明的开关。地图是人类文明的内在工具，代表着人类想要探索和理解世界的努力。

（前页图）这幅19世纪的帆布油画描绘的是，伯特兰将军正在向拿破仑陈述一个计划，在多瑙河途经的埃伯恩斯多夫村那里架桥。这幅画现在悬挂于法国巴黎郊外的凡尔赛宫。

GPS和卫星图像可谓现代化的新工具，地图则与其截然相反。它带我们回到人类伊始，遵循原始的指示来接近这个世界和探知我们的历史：在树桩处向左转，一直走到池塘那里，再蹚过池塘，之后就能到达山洞。地图是智者的杰作，意在通览全局——不仅包括自己所走的路线，也包括他人的路线，还包括可供自己选择的其他路线。这套令人兴奋的书中所包含的地图，带你深入探究世界历史，寓教于乐的效果堪比其他任何一种形式。

它带我们了解地球自身的起源，地球的起伏、褶皱，以及分裂、大陆、岛屿和海洋。它带我们回到公元前1万年，人们开始狩猎、放牧、种植，而后在欧洲、非洲、亚洲、美洲、澳大利亚和新西兰各地频频发生战争冲突。这套书精彩地揭示了地球上的生活和历史，有着怎样惊人的多样性。

雅典和斯巴达

我们能在地图上看到西方文明的兴起。西方的希腊世界形成之时，与其相对的是东方强大的波斯帝国。当波斯帝国吞并阿富汗和巴尔干半岛之间的地区，将新的总督辖地改成了顺从的附属国时，希腊世界正以其多样

（左图）这幅绘于1673年的画作描述的是希达斯皮斯河战役（前326年）的场面。在这场战役中，亚历山大大帝击败了印度波鲁斯。但亚历山大大帝为波鲁斯的英勇所感，于是赦其不死。

托勒密,埃及地理学家和天文学家,有多部科学巨著。本画作由朱斯·凡·根特绘于1475年前后。

历史

（上图）莫卧儿王朝的创始人巴布尔，母系是成吉思汗铁木真的后裔。这幅版画显示了他正带领军队前进。

性著称，各个城邦小国都竭力维护自己的利益和特性，其中处于领先地位的是雅典和斯巴达。本书描绘了两国陷入战争的情形。雅典同盟及其财源被摧毁，希腊世界中各种势力归于平衡。雅典失去了其强国地位，只能勉强维持，与其他的城邦和平共处，后来全部被马其顿国王腓力二世和他的儿子亚历山大大帝吞并。

罗马

对罗马共和国和罗马帝国的最新历史解读认为，它是个相对友善的"信义帝国"，对归顺的各民族加以保护，并使它们得以发展。从书中我们可以看到，罗马的领土在不断扩张。台伯河从罗马的中心流过，而地中海横亘罗马帝国，将其分为欧洲和非洲两部分。

国运的衰落和异族的入侵并没能瓦解罗马帝国，基督教的传播却使其分崩离析。君士坦丁大帝将其首都从新罗马迁到拜占庭。100 年后，蜂拥而至的西哥特人越过了古罗马的城墙。新的教义代替了古罗马人的权力意志，并为日尔曼人的入侵开辟了道路。拜占庭帝国成为希腊和罗马文化的宝库，并以其法律、文化、金币和武力，保证了中世纪地中海地区的长期稳定。

阿拉伯和印度

当欧洲处于"黑暗时代"，西方的罗马人比如查理曼大帝激怒于拜占庭帝国的浮华时，欧洲以外的地方却与黑暗毫不沾边。书中揭示了阿拉伯帝国的多彩和奢华，这里有巧夺天工的空中花园、香氛氤氲的宫殿、稀有少见的奇珍异宝，以及大马士革和巴格达等令人叹为观止的城市。在这一时期，历任哈里发将阿拉伯世界的边界从巴基斯坦一直扩展到西班牙。印度此时也正处于辉煌时期。在笈多王朝的统治下，印度进入"黄金时代"。在这片次大陆上，数学、自然科学和哲学等领域不断涌现出伟大的思想和新的发现。

中国

毗邻俄国东部的中国是一个截然不同的世界。这个"中央王国"在文化上要优越于其他"野蛮之邦"。古代的中国疆域辽阔,国力强盛,文化发达,其疆域一度扩展到朝鲜半岛、越南和整个蒙古,控制着横穿中亚的丝绸之路。

欧洲

在文艺复兴、宗教改革和启蒙运动的推动下,欧洲进入了黄金时代。西方的实力得到增强,"西方"的优越感也在不经意间流露,且经久不衰。

本书详细展示了意大利文艺复兴时期艺术、自然科学、文学的传播情况,清楚地呈现了天主教和新教之间的分歧。这种分歧从表面上看撕裂了基督教世界,实则进一步巩固了基督教的影响。

新的宗教信仰——改革后的天主教和蓬勃发展的新教——加强了新兴国家的联系。它们带着使命感,迈向早期的现代世界。

(上图)法国大革命见证了君主专制被推翻和路易十六被斩首。崭新的法兰西共和国提出了"自由、平等、博爱"的口号。

(下图)1770年,英国航海家、探险家詹姆斯·库克船长(1728年—1779年)宣布澳大利亚东海岸归英国所有。库克的探险足迹遍布世界大部分地区,远至纽芬兰、澳大利亚、新西兰、巴伦支海附近,最后到达桑威奇群岛,在那里他丧生于土著人手中。

新世界

这项使命起始于海上,与欧洲人的探险和征服精神不谋而合。葡萄牙著名航海家巴托罗缪·迪亚士绕非洲航行,绘制出了通往印度和中国的航线,这条航线使来自丝绸之路的利润由之前的丰厚而大大缩减。

克里斯多夫·哥伦布

穿过加勒比海后，进入了巴哈马群岛，不过他把这里误当作了印度。美洲土著居民——也就是他们口中的印第安人——惊奇地盯着这位意大利探险家。从此，他因为发现了美洲而广受赞誉。然而，通过观察地图我们可以得出结论，在"前哥伦布时代"，人们就已经发现了这片大陆，并在那里耕作和聚居。

然而，欧洲人的举动在让人为之兴奋的同时，也带来了不安。他们如潮水般涌来：克里斯多夫·哥伦布、约翰·卡特和塞巴斯蒂安·卡特、费迪南·麦哲伦、雅克·卡蒂埃、佛朗西斯·德雷克、威廉·巴伦支、亚伯·塔斯曼、詹姆斯·库克。他们勇敢探求的海上航行之旅，虽幸存的希望渺茫，但却反映了一种锐意进取的精神，这也是西方人日益突出的特征。环球航行，以及他们对从欧洲到中国的"西北通道"无休止的探索，就像是早期的现代科幻小说。探索未知的海洋和条件恶劣的海岸，挑战北极的冰川，就如同从地球前往木星的航程。唯有无赖、英雄或欧洲人乐意为之。

绘制欧洲人的思想地图，其难度不亚于麦哲伦穿越麦哲伦海峡——也就是这位谦逊的葡萄牙航海家所称的"万圣海峡"。欧洲探险家的成就让我们为之惊叹。翻过这一页，则是欧洲

（下图）这是一幅彩色雕刻品，雕刻的是里斯本地图，选自乔治·布劳恩和霍根伯格约于1572年出版的《寰宇城市》。15和16世纪是西班牙探险的黄金时代。

导言
找到我们在世界的位置

奴隶贸易和几乎导致种族灭绝的三十年战争——捷克和德国的人口数量减少了30%以上，半数德国男性在战争中丧生。

革命

1648年，随着宗教战争平息，和平局势恢复，"新欧洲"的格局逐渐稳定下来，英国、法国、奥地利、俄国和普鲁士等强国开始不断地壮大并展开较量。此时的争斗并不同于以往。

在美洲的殖民霸权争夺中，英国击败了法国，赢得了这场战争，却输给了美洲的殖民地人民。在紧急时刻，法国向美洲人民伸出援手，借机报了当年之仇。

本书表明，发生在美洲的美国革命是一场席卷世界的战争。这场战争发起自印度海岸、地中海，一直延伸到加勒比海和弗吉尼亚海角。地图最能直观地表明这一点。

法国大革命是法国希求称霸欧洲和世界的产物，革命的目标"自由、平等、博爱"在有些地方遭到了人们强烈的质疑。许多不幸的将领遭到杀戮，大批新征入伍、几乎没经过军事训练的士兵，在君主制国家雇佣兵的精准火炮前溃不成军。

我们看到，旧的君主制国家和公国经由战争转变为"共和国"，但是其背后的故事却并不怎么令人愉快。地图上清楚地标明了法国革命力量的发

（上图）1759年，18岁的沃德勒伊伯爵正在地图上指着自己的出生地。

展状况，却无法对法国"共和制"的军事行动所及之下"血的海洋"加以美化。

拿破仑·波拿巴继承了法国革命的成果，并借此建立了他的大帝国。与法国不和的国家，像"引水鱼"一样被新兴的强大的法国钳制在边境。

波兰人、犹太人和那不勒斯人的境况相对好一些，而荷兰人、德国人、米兰人的处境却不见得比原来更好。

殖民地

18世纪末，大批罪犯涌入澳大利亚，并在这里定居。1814年，马修·弗兰德斯进行了第一次环绕"未知的南

15

部岛屿"的航行，也是在这一年，拿破仑退位，去往他那座南方小岛。统治新南威尔士州的英国总督第一次在信件中使用"澳大利亚"一词。1817年，在其推荐下，"澳大利亚"一词被采用作为这片殖民地的官方名称。

我们今天所看到的拉丁美洲地图，形成于拿破仑战争时期。1808年拿破仑入侵西班牙，并逼迫西班牙的当朝王室退位。在此基础上，南美洲的革命者驱逐了西班牙王室派驻的总督，宣布成立共和国。

美国

由于拿破仑战争的契机，美国将"路易斯安那购置地"纳入版图。战争的巨额费用使得法国国库亏空，于是拿破仑将南自佛罗里达柄状的狭长区域、北至现在的蒙大拿州之间的大片土地，以每英亩5美分的价格贱卖给了美国，但奴隶制问题使当时的美国政府如何将这块土地融入版图成为难题。在这片新的土地上，究竟是应该蓄奴，还是应该废除奴隶制，使其成为"自由乐土"？这场争论最终是通过战争的方式解决的。

1861年—1865年，美国内战爆发，血流成河，两败俱伤。本书清楚地表明，

（右图）这是一幅16世纪的壮观地图，土著居民正在向威尼斯探险家阿尔维塞·卡达莫斯托致敬。他是15世纪活动在非洲海岸的商人。

这是一场工业化的现代战争,北方联邦的胜利在于其对地利的把握。内战和战后重建使得美国迅速跃升为强国,并最终成为世界超级大国。

非洲

1882年—1902年,欧洲人展开最后一搏,疯狂地瓜分非洲的土地。他们划分出令人震撼的永久边界线,道道都是直线,笔直地穿过部落的边界。仅仅花了一代人的时间,他们就攫取了非洲90%的土地。更为讽刺的是,欧洲人征服非洲的初衷,是希望欧洲困乏的平民和绝望的农民能够迁移到这些地方,如比利时属刚果、德意志属东非、意大利属利比亚,开始新的生活,并为母国创造财富。这些人确实也选择了成群结队地移民,但却都迁往了美国。

亚洲

俄国和日本见证了美国巨人的崛起。为了确保各自的利益,双方也发生了一场大战。

1904年—1905年的日俄战争,主要原因在于争夺地利。俄国想要控制朝鲜、控制对中国的贸易,以及地处符拉迪沃斯托克的一个繁荣港口——俄国人称其为"通往东方的窗口"。所以,他们一路穿越荒原修建跨西伯利亚大铁路,以克服地理上的不便,驱除沙皇所称的"黄祸"(此理论认为黄种人是白种人的威胁)。

日本有感于自己的势力受到削弱,甚至丧失了地理上的优势,因此他们入侵朝鲜和中国的东北,将其作为自己的腹地,以便削弱中国以及盎格鲁—萨克逊人在亚洲的势力。

世界大战

第一次世界大战不仅摧毁了德意志帝国，也摧毁了其他三大帝国：俄罗斯帝国、奥匈帝国和奥斯曼帝国。

俄国的共产主义革命和建立社会主义阵营活动——主要表现为波兰共和国和波罗的海诸国的成立——削弱了俄国对于德国东部边境的牵制力，使俄国不再像以前一样对德国构成强大的威胁。

本书描绘了德国势力的扩张如何侵入哈布斯堡王朝和罗曼诺夫王朝留下的真空地带，以及德国军事力量如何近乎取得第二次世界大战的胜利。希特勒发动的种族大屠杀意在灭绝犹太人，奴役俄国人，使"心脏地带"（指欧亚大陆的中部）回荡着德国民谣。

东亚也同样面临重重险境。在两次世界大战中，日本都通过战争扩张了势力，实力不断增强，走上了向外扩张的道路。在第一次世界大战中，日本作为战胜国之一，迅速攫取了德国在中国的租借地，以及太平洋上的诸多群岛。在第二次世界大战中，日本更加得寸进尺。中国，一开始是作为美国的盟国，同美国联手对抗日本，后来则成为美国的竞争对手，并将这种关系持续至今。

朝鲜战争的爆发，是因为共产主

（上图）道格拉斯·麦克阿瑟将军（1880年—1964年），该照片拍摄于1950年美国参与朝鲜战争不久。通过海陆两栖作战，美军成功登陆仁川半岛。

义阵营中没有人认为美国会在朝鲜拥有利益，更主要的原因还在于就连美国人自己也并不清楚这一点——美国这时的关注点在布拉格、柏林、贝尔格莱德、雅典和安卡拉——直到朝鲜的坦克在汉城横冲直撞。

华盛顿不会重复当年在越南犯下的错误。从地图上我们可以清晰地看出，面对越南民众的冷漠，美国战争计划的失败不可避免。在第一次海湾战争中，多国部队的出现——美国联合了整个世界，对抗毛里塔尼亚、巴勒斯坦解放组织和伊拉克——表明"新

导言
找到我们在世界的位置

的世界秩序"已经建立。互联网将各大洲更为紧密地联系在一起，越发使人们对"扁平的世界"本身已然全球化的趋势深信不疑。

新秩序

但是历史并没有终结于20世纪90年代。历史永远不会终结。2001年9月11日，一个残酷的事实向所有人说明了这一点。

从地图上，我们可以看到人类的迁徙运动——饥饿、贫穷、未受过良好教育的第三世界民众绝望地涌向欧洲和美国。关于移民的讨论动摇着西方强国。为了要获得这些用美元燃烧的石油和天然气，引发了气候变化，进而导致地图上出现各种意味深长的现象，这着实令人担忧。

战争、冲突、侵略等主题在本书内容中不断被检讨。从世界范围内来看，每年投入战争的金钱数量接近天文数字，而当各国最终将关注点转向书中最后一章所总结的、更为严肃的环境问题时，他们的"袋子"里还能剩下什么呢？

杰弗里·瓦夫罗

（下图）伊拉克军队入侵科威特之后，伊拉克与联合国领导下的多国联合军队之间爆发了第一次海湾战争（1991年—1992年）。其中石油是核心问题，在这场战争中，许多油井被焚毁，造成了严重的大气污染和数十亿桶石油的损失。

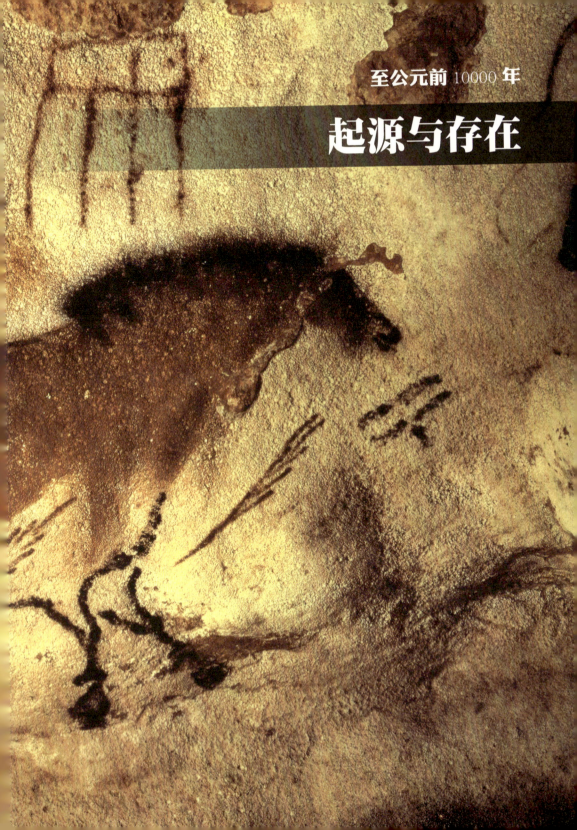

至公元前 10000 年

起源与存在

历史

宇宙之初

宇宙之初，在人类不可知的漫长的史前岁月，尘屑碎块呈圆盘状不断旋转，地球就这样诞生了。各种陆地地貌和海洋开始在其表面形成，最终，生命的迹象开始在地球上出现。

（前页图）这幅山洞壁画可以追溯到大约公元前15000年，所绘内容是最早的家畜的代表。该壁画细节生动，色彩的运用也十分高超。

大约46亿年前，由太阳系星云形成的地球在旋转中导致物质不断地坍缩。陨石持续轰击下，地球不断"生长"，并在遍布残骸的"地日系"盘面上开辟出了一条长而宽的轨道。之后，地球继续增温，变成了一个熔融的球体，人们把这一时期称作"冥古宙"。在重力的作用下，铁、镍等较重的元素被吸引，沉降到地球的中心，而硅、铝等较轻的元素则开始上升，地球的物质就这样不断分化，逐渐演变成由较轻的地幔包裹着致密的内核。最终，当陨石的轰击速度变慢，就形成了一层薄而易碎的地壳，外面环绕着一层稀薄的大气，组成大气的是氢气、甲烷、二氧化碳等有毒气体。由于厚厚的云层和猛烈的暴风雨不断地袭击地球，使水蒸气得以不断凝聚，直到地球表面最终变得足够凉爽，开始形成降雨，雨水聚集在一起，从而形成最初的海洋。

（右图）竖石纪念碑雕塑，雕凿于青铜器时代。

（下图）这只水桶是铁器时代的遗物，发现于丹麦奥胡斯市附近。

生命的火花

此后不久，在地球上严酷的环境中，最初的生命开始出现。简单的生命体——没有细胞核的单细胞生物（原核生物）——开始在最初的海洋中繁衍生长，甚至构建出礁石般巨大的石灰岩群落，称为"叠层石"。地球母亲与其所孕育的各种生命形式之间的反馈回路这时已开始形成——这就是氧气，它作为原核细胞呼吸作用的副产品，开始汇聚。这样一来，游离态的铁就被转化成了不可溶解的氧化物，以巨

历史

大的体量沉积下来——形成了今天大型的铁矿山。多余的游离氧则聚集在原始大气中,而大气中还有臭氧,可以保护地球表面免受有害的太阳辐射,更为复杂的新生命体因此得以演化发展而来。到大约6.3亿年前的凯迪卡拉纪时,带有细胞核及其他内部结构的细胞——真核生物——开始出现。复杂的软体生物在全世界范围内数量激增。

生物进化的"军备竞赛"

5.42亿年前,地球进入了寒武纪时期,这标志着古生代的开端,各种生物展开了"进化演变的军备竞赛"。整个不可思议的演变过程被地球地质史册中的石质书页完整地记录了下来,从中我们可以了

(下图)岩画上的图形是依靠对岩石表面的刮擦磨蚀创作出来的。这里展示的岩画摘自于美国犹他州的《岩石报》。

解到捕食性动物和猎物的快速进化过程。为了超越对方，得以生存和繁衍，双方都逐渐进步，变得越来越精密复杂。捕食性动物身体的坚硬部分，比如牙齿和其他用于抓捕的附器，是与防御性的盔甲层、甲壳和外部骨骼相匹配的。在寒武纪时期，无论是捕食性动物还是猎物的视力都发生了进化，为双方都提供了长足的战略优势。进入奥陶纪时期，生命在荒芜的大陆上获得了并不稳定的立足之地。与此同时，海岸线附近的藻类逐渐进化为苔藓。到志留纪和泥盆纪时期，植物逐渐向内陆生长蔓延。

译者注：①在中国河南舞阳的贾湖遗址，人们发现了一些契刻在甲骨文上的符号，距今约 7000 年。考虑到距今 3000—4000 年之间的殷商甲骨文已经属于成熟文字，业界认为，在贾湖符号与甲骨文之间，应该有过渡性的早期文字。

人类的快速崛起

公元前 1 万年到公元 600 年，是人类历史的神秘开端时期。人类最初的文字，也就是陶板上的象形文字，大约出现在 5000 年前（前 3000 年）的伊拉克和埃及地区①。因此这里被称为"文明的摇篮"。在此时期之前，人们只能通过不断的考古发现来拼凑不同地区的人类在各个历史阶段的发展情况。

1 万年前，农业开始发端，人类开始脱离起初的狩猎采集地，迁入更具永久性的定居地，随之建立起复杂的社会关系和贸易关系。人类崇拜的早期神灵也逐渐发展演化，从动物图腾转变为与人类生活更为相关的太阳、风、雨、大地等神明。

人类有文字记载的历史已历经 5000 年，解剖学意义上的现代人类——智人——在地球上存在的时间事实上也已经有 20 万年，但是与地球上 38 亿年的生命进化史相比，却短暂得不可思议。人类与地球的节奏出奇地一致，无论是昼夜交替、季节更替，还是更长的生命周期。我们的生存深切地依赖于周围的植物和动物。正是因为异乎寻常之漫长的生物进化史，人类才可能与地球发展出这种完善的、平衡共生的关系。

> 历史

新兴生命

泥盆纪之后，地球上出现了最早的两栖动物，它们是由肉鳍鱼类进化而来。它们生活在浅海和河口的滩涂中，四肢开始变得越来越有力；同时，因为时不时会暴露在空气中，它们逐渐进化出简单的肺来维持生存。最终，它们笨拙缓慢地爬上了陆地，进入沼泽中生活。

大自然不可改变，永不停歇，人类是否理解其行动及背后的原因，它对此漠不关心。
——伽利略·伽利雷
（1564年—1642年）
意大利天文学家、物理学家

温暖的环境促进了地球上沼泽地区巨大的树蕨和木贼属植物的繁盛生长。进入石炭纪时代之后，这些植物逐渐进化为面积广阔、挺拔高耸的针叶树林。当今世界上主要的煤炭矿床就开始于那时存在于沼泽中的泥炭。由于那时地球上的光合作用非常强烈，大量的碳被锁在沼泽中，大气中氧的比例飙升到35%，而今天大气中氧的比例仅为21%。

大型节肢动物，包括蜉蝣、千足虫、蜘蛛、蝎子等开始大量出现在森林中。远古蜈蚣虫体长能达到10英尺（3米），而巨蜻蜓是曾经在地球上繁衍生长的蜻蜓中体积最大的，翅展超过两英尺（75厘米）。温暖的环境、大气中极高的含氧量，以及捕食性动物的缺乏，被认为是石炭纪动物普遍体形巨大的主要因素。

爬行动物和恐龙

随着石炭纪时代沼泽的逐渐干涸，到二叠纪时两栖动物逐渐被爬行动物所代替。相对于两栖动物，爬行动物在离开水的环境下独立生存的能力更强，因为它们已经进化出更厚且不易丢失水分的皮肤。它们是最早产出有羊膜或外壳包裹卵类的脊椎动物。这些卵不容易被风干，因此脊椎动物第一次不必返回水里去产卵和繁殖。

三叠纪时，爬行动物跃居主导地位，而后又逐

（右页）恐龙足迹专家马丁·洛克利在美国科罗拉多州东南部的普加托阿河附近调查雷龙的足迹。这些平行的足迹，沿着古代摩里逊岩层湖岸线分布，证明了蜥脚类动物是群居性动物。

历史

渐分裂为不同的分支：海洋里的爬行动物（鱼龙、蛇颈龙、上龙）和会飞的爬行动物（翼龙）。进入侏罗纪和白垩纪时代后，爬行动物的主导地位逐渐被恐龙所代替。此时恐龙类型之多令人惊叹，其中包括了迄今为止人类所知道的、最大的一些陆地动物。有些恐龙已经进化成温血动物，并生长出羽毛来保持体温。随着这些羽毛的进一步演化，它们开始适应滑翔和飞行，始祖鸟和最初的鸟类得以诞生。爬行动物和恐龙统治地球达2亿多年，贯穿整个中生代，直到灾难不期而至。

哺乳动物的崛起

恐龙灭绝后，地球进入新生代，哺乳动物跃居主导地位。与哺乳动物的繁盛同时发生的，是第三纪（早第三纪和晚第三纪）时开花植物及草本植物

(下图）古巴威纳尔斯山谷的洛斯·莫戈特斯·喀斯的克斯山（喀斯特山丘），形成于数百万年前的侏罗纪时代。山丘中到处都是古代海洋生物的化石。地壳的隆起和水、空气的侵蚀，雕刻出它的内部和外部形状，生成了许多大的石灰岩洞穴和地下河，比如圣托马斯大洞穴。人们在谷底种植烟草和其他作物，大多数都是采用传统的种植方式。

的生长和蔓延。这一现象与当时地球上趋于干爽的气候有关。原始森林开始减少，开阔的林地和草地不断扩大。对于食草动物而言，杂草是一种非常重要的新型可再生食物来源。

杂草与大多数植物不同，后者一般从末梢生长，而前者则是从茎的根基处生长，因此杂草上端的叶子可以不断被啃食而不会死亡。在开阔的草原上，食草动物日益繁盛，体形也变得更大，进化出坚硬的磨齿和强大的胃，以便对摄入的草料进行加工处理。随着食草动物数量的增加，食肉动物——如剑齿虎、群体狩猎的狼、熊等——也迅速发展进化出与之相应的优势条件。最初的灵长类动物也在这一时期出现，它们是猴子、类人猿和人类的祖先。其中的智慧物种——人属动物出现在大约200万年前第四纪的开端时期。大约20万年前，在非洲的东北部，他们中的一支逐渐进化成为解剖学意义上的现代人，即智人。

大灭绝事件

近期，人们通过研究发现，地球上生命的进化并不是一个缓慢而稳步渐进的过程，而是不时被往往极具毁灭性的全球灭顶大灾变所打断。伴随这种周期性的"大灭绝"，曾经在地球上生存的大多数物

（下页图）地球的最外部由两层组成：岩石圈——即地壳和地幔坚硬的最上部——和软流圈，后者在各个地质年代中都能像液体一样流动。岩石圈破裂后，分成了7个大的和许多小的地壳板块。这些板块在地球表面不断移动，在边界处互相挤压冲撞，有的彼此聚拢碰撞，有的相互离散，有的发生变形——这些地方全都是地震、火山活动、造山运动和海沟形成的主要地点。

（下图）基于主要生物物种出现和灭亡的时间，通常将地球上的地质时代划分为各个"宙"，每个宙还可以依次细分为时间更短的代、纪、世等。纪与纪之间的界限，通常意味着世界范围内的重大灾变——"大灭绝"——地球上的绝大多数生命都遭到毁灭。

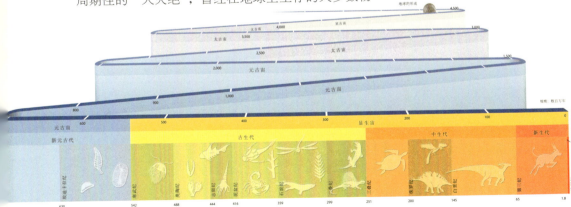

历史

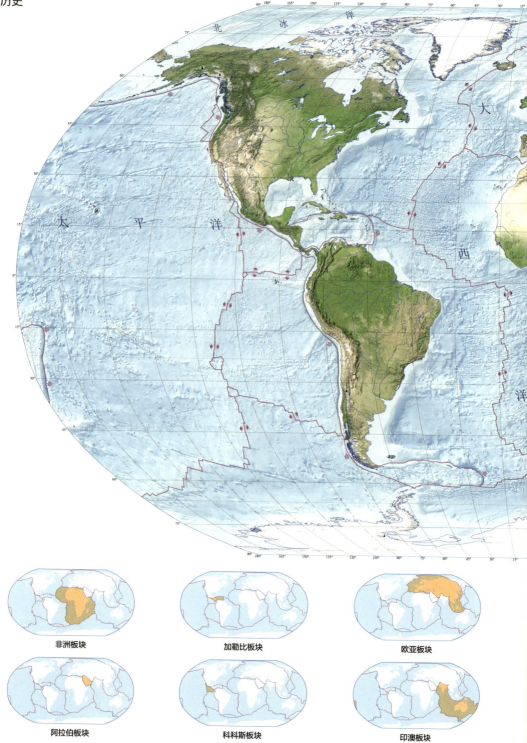

非洲板块　　　加勒比板块　　　欧亚板块

阿拉伯板块　　　科科斯板块　　　印澳板块

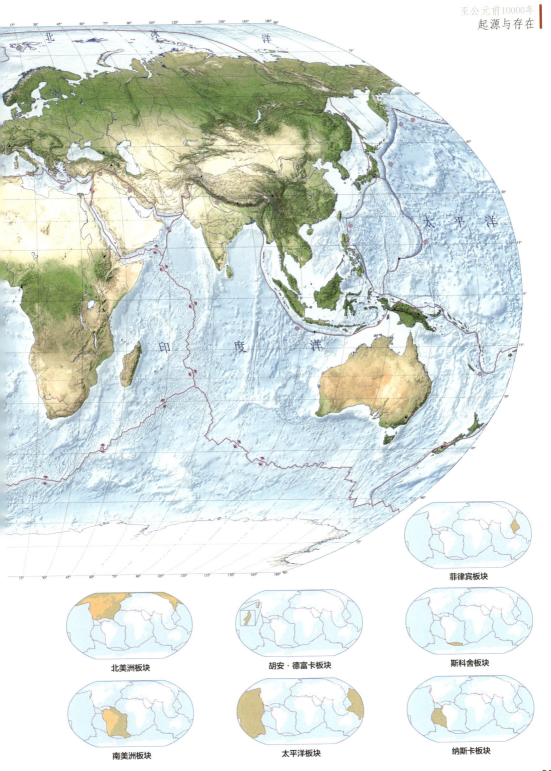

至公元前10000年
起源与存在

31

历史

种被摧毁，背后的原因多种多样，包括自然界的气候变化、冰川作用，以及更具突发性剧变的现象，如偶然发生的超级火山活动或是偶然的陨星坠落等。几乎每一个传统的地质时代的终结，都以一次大型的灭绝事件为标志。

重要的大灭绝事件分别发生在4.88亿年前的寒武纪末期，4.44亿年前的奥陶纪末期，3.59亿年前的泥盆纪末期，2.51亿年前的二叠纪末期，2亿年前和三叠纪末期以及6500万年前的白垩纪末期。

最大规模的物种灭绝

二叠纪时期的大灭绝事件，是迄今为止地球上的生物所遭遇的最大劫难。由此灭绝的海洋生物达到难以置信的90%—95%，同时灭绝的还有70%的陆地物种，包括各种植物、昆虫和脊椎动物等。富含化石的"临终之床"在地球上随处可见，标志着这场浩劫使陆地和海洋变得几近空无一物。

严重的全球气候变化或许是导致这场灾难的原因。地质记录所提供的证据表明，这一时期变得极为干旱，可以见到厚厚的盐卤层和连绵起伏的沙丘。干旱的原因尚不确定，但是在西伯利亚和中国所发生的大规模火山喷发，使巨量的气体和火山灰进入大气中，可能是其中的原因之一。在这一时期，南部的超级大陆冈瓦纳大陆上的冰川作用，也被视为造成这场灾难的可能原因，类似情形还发生在奥陶纪和泥盆纪，导致当时的生物大灭绝。

陨石撞击

大型的陨石撞击产生的力量能使脆弱的地壳发生碎裂，导致世界范围内地震和火山活动的一系列连锁反应。天空被灰尘和火山灰所遮挡，这种暗无天日的情况会持续数月甚至数年，致使植物无法获得至关重要的阳光，大多数食物链的最底端遭到层层破坏，使食物链上端的物种因饥饿而死。只有最强壮、

适应性最强的生命才能够生存下来。

也许,如果没有这样周期性的灾变来清除地球上的多数物种,某些物种或许就失去了多样性发展的契机,并以特定的方式进化演变。举例来说,如果几宗偶然事件未曾发生,那么今天地球上生存的将是迥然不同的物种。

在 6500 万年前,一颗陨石猛烈地撞击在墨西哥尤卡坦半岛上,不但导致了白垩纪的结束,也终结了恐龙对地球为时 2 亿年的统治。如果没有那场陨石的撞击,那么在恐龙时代那些一直躲藏在中生代森林里、夜间活动、类似啮齿动物的不起眼的哺乳动物,就不会有机会进化到新的生态位。哺乳动物最终得以实现多样化发展,并且成为不断扩大的草地的主宰者,两足灵长类动物也由此进化而来。

人类的影响

今天,我们正处于另一次大规模的物种大灭绝过程中,造成这一切的却只是其中的一个物种。智

(下图)加拉帕戈斯象龟是现存体型最大的陆龟,为加拉帕戈斯群岛特有的物种。成年龟的体重可达 300 千克以上,身长可达 1.2 米,寿命估计为 150—200 年。它们的食物包括仙人掌、草类植物、叶类植物、藤本植物和水果。

▶ 历史

（左图）一个含盐环礁湖，位于厄瓜多尔加拉帕戈斯群岛的圣地亚哥岛海岸的罗卡斯班布里岩火山口内。从这个湖中以及加拉帕戈斯群岛的其他含盐环礁湖中提取的标本为频繁、剧烈发生的厄尔尼诺现象提供了最古老和最完整的证据。

人崛起并居于主导地位，是以其他大多数物种栖居地的丧失为代价。早期的受害者包括大型哺乳动物群，它们在人类到达每一块大陆不久之后就开始消失，只存在于各个迁徙民族的神话传说和岩石艺术中。今天，物种消失的速度与以往任何一次物种大灭绝的速度不相上下，森林和其他自然生态系统纷纷沦为推土机、拖拉机和电锯的猎物，为不断膨胀的人类提供食物和住房。就连最后的自然栖息地，亚马孙森林和非洲大草原，生物物种也在消亡，有时候速度之快，我们都来不及记录它们的存在。

进化的驱动力

地球上的生命为什么不可阻挡？如果我们砍伐掉一片森林铺砌路面，不久，一簇簇的小草和其他微小植物就会从缝隙中探出头来。一个新的生物群落开始形成，并在新的土壤和营养物质上慢慢重建起一个复杂的生态系统，孕育出更高级的生命。这一过程起初似乎颇为缓慢，却有实例证明了它的力量，比如玛雅人在墨西哥尤卡坦森林中开垦建立的伟大城市。

细胞是人体的基本构件，其中潜藏着一种强大到不可思议的适应力。细胞的遗传编码信息，或者叫"生命蓝图"，储存在螺旋状的脱氧核糖核酸（DNA）分子中。这种遗传编码在通过细胞分裂和再生传给下一代时，可能会发生微小的改变（突变）。这种改变使得物种有可能在漫长的岁月中对逐渐变化的环境加以适应，而不是简单地走向灭亡。

19世纪中期，通过详细的野外考察，查尔斯·达尔文和阿尔弗雷德·华莱士分别独立指出，通过"自然选择"或"适者生存"的过程，遗传信息的微小改变可以在种群中传播开来。其含义就是，某个物种中的那些更为强壮、灵活、聪明，更善于寻找食物的个体，更有可能在困难的环境中存活下来，因而也更有可能长到生育年龄，并将这些优势特征传递给下一代。猎食性动物亦是如此，拥有更好的视力、更快的速度和更好的保护色等特质，就能够增加个体存活的机会。

生物进化是一个缓慢、被动的过程。正如华莱士所言："长颈鹿之所以拥有长长的颈部，并不是因为它想要够到灌木丛最高处的树叶而不断地伸长脖子，"而是因为，"与同伴相比，那些脖子较长的个体可以够到别人够不到的地方的树叶，因此在食物首次面临短缺时，能够比同伴活得更久。"

移动的大陆

地球内部是半熔状态，其外部是薄而脆的地壳。从地壳硬化之初，受来自地核的热流影响，陆地团块就一直不停地移动。尽管大陆漂移的速度非常缓慢，但经过一个完整的地质时代，大陆已经从赤道往两极漂移了许多。这些大陆上的生命或是适应了不断变化的环境，或是走向了消亡。

在漫长的岁月中，各种生物群落彼此分分合合，并屈从于从冰川到沙漠等形形色色不同的气候条件的影响。当海洋将大陆分割成许多小块时，生物多样性达到最大值，而当这些陆块被推挤到一起，形成一块超级大陆时，生物多样性达到最小值。

（下图）地球上的超级大陆盘古大陆形成于2.75亿年前。当今地球上的各大洲都是它分裂以后向外运动形成的碎片。未来的某个时间，今天的各大洲会再次碰撞在一起，形成新的超级大陆。

2.4亿年前

2亿年前

1.2亿年前

6500万年前

历史

人类起源

人们只能通过考古挖掘和现代人体生物学研究提供的证据,来猜测和推断文字发明之前人类的活动轨迹。

最终存活下来的,不是物种中那些最强壮的,也不是最聪明的,而是最能适应变化的那些个体。
——查尔斯·达尔文
(1809年—1882年)
英国博物学家、地质学家

前15万年 智人在非洲东北部出现

前7.1万年 苏门答腊岛上的多巴火山爆发,可能导致了气候变化

前7万年—1万年 冰河时代阻遏了人们向欧洲、北亚和北美的迁移

前6万年 人类在澳大利亚大陆定居

前3万年 人类在日本定居

前1.3万年 北美洲出现最早的人类定居点,这些人可能是从西伯利亚经由通过白令海峡再穿越阿拉斯加的

前1万年 气候的改善使得人们迁往欧洲的数量得以增加

科学家们借助各种化学和生物技术手段,对广泛分布于世界各处并得以保存下来的骨头碎片、工具和垃圾进行研究。最新的研究认为,人类作为一个卓越的物种,最为古老的例证可以追溯到400万年前。假设人类进化演变的时间有400万年,那么今天的人类在外表上呈现出如此多的差异,就不足为怪了。

在19世纪和20世纪早期,许多颇受尊敬的学者认为,与人类外表上的差异同时存在的,是行为和智力上的差异。因此,不同的种族,其生活方式也应该是各具特点的。

进化演变

今天,令人尊敬的科学家是不会将种族类型与文化和行为联系到一起。然而,依然有一部分科学家相信人类的进化是一个非常缓慢的过程,是由极其稀少的人类经过数百万年慢慢演化而成,最初的他们相隔遥远,独立存在,互不相干。这一理论存在着一个大漏洞,即如今的人类都有着强大的跨种族繁殖的能力——这能清楚地表明人类应该有着相同的祖先。

缓慢进化假说如今正受到巨大的挑战。许多新的数据表明,地球上的人类拥有共同的祖先,他们于10万到15万年前生活在非洲东北部的一小片区域内。

对当代人线粒体DNA的研究表明,在微观生物

（左图）这幅发现于北非的史前岩石壁画描绘的是战士和一匹马。早期的人类运用这种艺术形式来表现他们日常生活中世俗性和宗教性的那些方面。

学层面上人类是如此相似，因此我们必定拥有共同的祖先，而且他们生活的时间距离我们并不久远。因此，其他那些与人类相似的动物并不是我们的祖先，而是我们的远亲，是与我们不同的物种。它们的骨骼距今有百万年之久，广泛分布在中国、爪哇岛和南非等世界各地，现已被发现。

人类的迁徙

非洲东北部的核心人口迁徙至其他区域的原因、时间及路径，我们还不知道。也许火的发现或语言的发展——后者使人们能更加有效地相互交流，让人类在新领地上的殖民活动变得更加容易。

很早人类就有一部分踏上了冒险之路，到极其遥远的地方建立新的家园。例如，人类至少在6万年前就来到了澳大利亚，并很快散布于这块大陆各个角落。到3万年前，人类的定居地已经扩展到日本。另一方面，人类前往北美洲和南美洲定居的时间相对晚一些。白令海峡是西伯利亚与阿拉斯加州相距最近的地方，人类很可能是经由这里进入美洲大陆的。

我们必须谨记，随着考古学家对新遗迹的发现，这一关于人类起源和迁移的观点可能也会改变。一处人类遗迹的新发现，就能将我们过去的观点来个天翻地覆的改变。

（下图）一些自然历史学家将猛犸象（如图）和剑齿虎等大型动物的灭绝归因于人类狩猎者的到来。

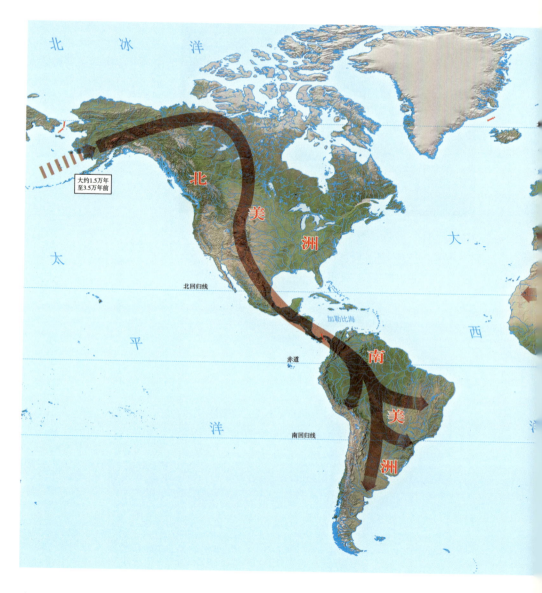

农业

确定无疑的一点是，随着动物的家畜驯化以及北非、中东、南亚和中国等国家和地区农业的开端，大约在1万年前，地球迎来了人口和技术革新的爆炸性发展。大约3000年前，中美洲的人们已经能独立创造出农业。与狩猎和采集相比，农业则需要长

至公元前10000年
起源与存在

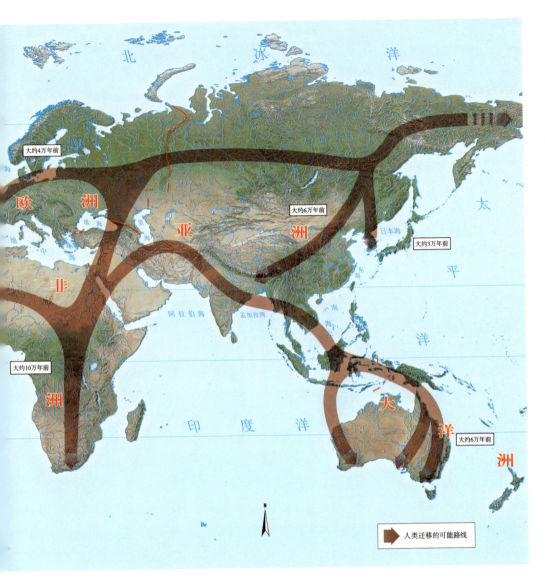

时间的繁重劳动。它也带来了社会分层，将富有的少数人与众多的劳动者更加显著地分隔开来。不过，农业的发展确实促进了一系列新技术的发明：书写、冶金、弓箭、陶艺、带轮子的运输工具、有组织的宗教以及城市化，全都突然涌现出来。史前时代结束了，世界迎来了历史的开端。

（上图）人类可能是沿着这条路线从人类的发源地非洲的东北部迁移到世界各地的。

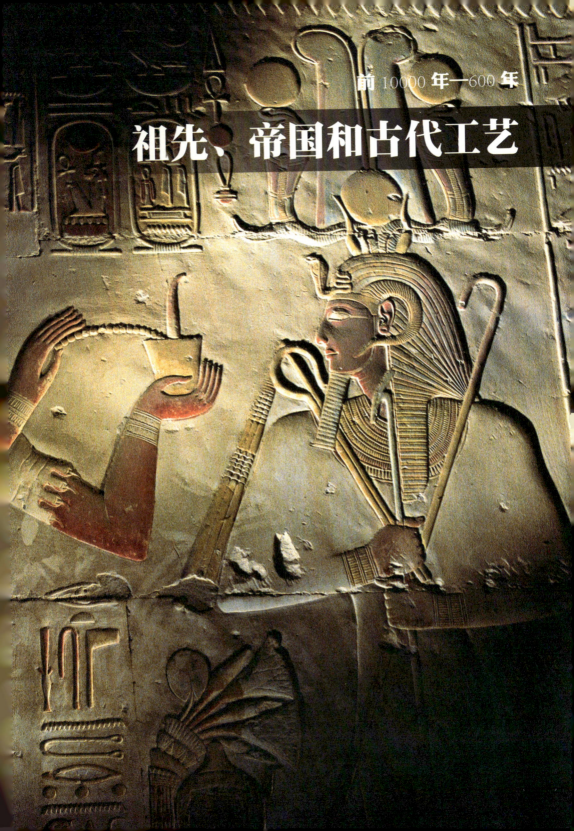

前10000年—600年

祖先、帝国和古代工艺

文化传承

浩瀚的古代历史总是吸引着我们，给我们以教益。古代社会不断发展、相互作用，进而创造了现代世界。后者的回报，则是将古代的知识、技能公之于世，其数量之多远远超过以往任何时代。

译者注：①准确地讲，应该是古中国的中原地带

（前页图）埃及阿比多斯城赛蒂一世神庙神秘离奇的灯光，映射着墙壁上精美的浮雕，壁画中描绘的是赛蒂、奥西里斯和伊希斯。

（右图）这幅画是意大利联合商业银行的收藏品，描绘了公元325年神圣罗马帝国皇帝君士坦丁在第一次尼西亚公会上的情景。

（下图）这幅壮观精美的大理石半身塑像是我们的祖先留下来的宝贵遗产，从中可以看出其巧夺天工的手工技艺。

最早可以识别的、有组织的社会，可以上溯到1万年前。它们分布于世界上的各个地区，彼此隔绝，距离很远——最著名的有以色列、美索不达米亚平原、埃及、中国北部①、印度北部等地。古代最为明显，但并不总是最重要的特征，就是帝国的崛起和衰落。征服性的国家不断地扩张，夺取大片形形色色的地区，通常的原因在于某个共同体意图控制其他共同体。

国家

古代历史还有一个重要的特征，就是除帝国以外其他城邦的数量和种类众多。几乎在每一个时代，大大小小的国家都得到了发展和繁荣。古代帝国本身就是在某些国家超乎一般的成就基础上发展起来的。如赫梯人的发展始于安纳托利亚的中心地区，中华帝国始于黄河几条支流上的小型冲积平原，而罗马帝国则发源于台伯河边七座山上的一个充满活力的小城。这种基本模式将会在现代得以再现，英帝国和荷兰帝国的发展就是例证。

君主制和共和制

也许在文明早期，所有国家所采用的政体都是某种形式的君主制。即便是雅典和罗马，在原始社会也会拥有国王。然而古代国家还有一个非常重要的特征，就是许多最为成功和富有创造性的国家政体，通常都会演变为共和制。实际上，这通常意味着寡头政体——极少数统治精英独占政治机关及其

历史

他机构,各种公民机构则无一例外地禁止妇女享有选举权,也限制她们享有其他权利。

例如,公元前44年罗马政治精英的成员身份,不仅与公元前509年罗马共和国刚刚建立时的情况迥然有别——而且成员内部的竞争力也判若云泥,最终使罗马步入一种新的君主制。

奴隶制

古代的所有国家,无一例外地都采用奴隶制作为获取劳动力的一种标准形式,虽然这并不是唯一的形式。战俘、被征服的敌人、被更强大的邻居所役使的弱势群体,都被视为奴隶的来源。即便当时的哲学家们也对此不以为然,至多会说对待奴隶要仁慈。罗马人却与众不同——被他们释放的奴隶可以加入公民机构。而奴隶往往在种族、文化和宗教方面与奴隶主相似,这种情况在帝国首都和大城市尤其如此——这一点有时会使

前10000年—600年
祖先、帝国和古代工艺

观察家们感到焦虑不安。因此，古代奴隶制与现代奴隶制社会既存在相似性，又迥然不同。

宗教

在语言和宗教方面，古代世界呈现出异常的多样化。然而，几乎所有的国家一开始都有一个共同的特征，那就是崇拜多个神灵。同时，不同的社会也会自然而然地互认彼此的神灵，在他们看来，顶多就是自己崇拜的神灵另换了装束而已。犹太人创造了一神教。后来的基督教徒也是如此。

传承

深邃的古代文明让我们受益颇多，我们却无以为报。艺术和建筑只是文明遗产中的一部分。此外，还有卷帙浩繁的文学、历史和法律杰作，高深的哲学思想，伟大的宗教，以及从君主专制制度到极端民主制度等多种多样的政治体制。这些成果不可能单纯靠凭空想象而来，而是像我们一样的男人和女人共同完成的。他们曾经生活过，并留下了值得后人铭记的成就。他们的发明创造，以及他们繁荣昌盛的社会文明是人类的宝贵遗产。

（左图）这幅描绘司酒者的湿壁画发现于克里特岛克诺索斯王宫的墙壁上，其鲜艳的颜色历久弥新。

45

> 历史

人类足迹

在这1万年中,地球上的人口分布并不仅仅是由技术来决定的,还取决于许多其他的因素,如可获取的资源、土壤的肥沃度、地形、气候、交流的难易程度、疾病等情形特点。

> 野蛮人的一切个人生活都是公共化的,受其所属部落的法令管束。文明就是将个人从集体中解脱出来的过程。
> —— 安·兰德(1905年—1982年),节选自《源泉》(1943年)

过去人们普遍认为,人类的发展分为各个阶段,每一个后面的阶段都比前一个阶段要更为进步。18世纪的欧洲哲学家们持有这样的假说,即人类发展最低级和早级阶段,是依赖于狩猎获取食物。接下来的阶段,社会的组织形式则围绕畜牧业展开。之后,又让位于更高级的农业社会,发展到最高阶段,则是以工业化生产方式为主的社会。

◢ 并非所有的草都是绿色的

我们现已知道,对于人类逐渐迁移至全球并适应新环境的过程,上述的概念式理解框架过于简化和存在失真性。

在金属稀少的地区,石头和木头为先驱移民者提供了最佳工具。有的地区存在地方性疾病,因此不适于放牧。有的地方土壤贫瘠、有长年冻土或降雨量过大,就无法种植农作物,或使贮存的谷物发生腐烂,因此也不适于发展农业。

对居住在高山地或使用不了役畜的人来说,即便是已经有了车轮这种发明,也无法让他们从中受益。

非洲

随着农业的诞生,人口沿着适于农耕的河道系统迅速增长。耕种的农作物不同,社会的组织形式和土地的使用方式也多种多样。在埃及的尼罗河谷地和现今伊拉克的底格里斯河—幼发拉底河流域,其自然环境非常更适合种植小麦、大麦、高粱等谷物。

约前5700年 埃及的城镇开始发展

约前4600年 城市和村镇开始在印度河谷地发展起来

约前3800年 国家和城市组织开始在中国发展起来

约前2700年 希腊和伊特拉斯坎开始出现最早的城邦国家

约前1800年—前1200年 玛雅文明开始出现

约前800年—前400年 印加文化的早期萌芽在南美洲显现

亚洲

中国的河流水系促进了稻米文化的发展，印度次大陆吸收了中东和东亚的农业经验。在拥有这些自然便利条件的地区，各种各样的家畜不仅为人类提供了额外的食物来源，也为交通运输提供了重要协助。东南亚引进了中国的稻米品种，并使其适应了当地的季风雨气候模式和山地地形。在这些地区，梯田能够最充分地利用土地。这里适合饲养的动物是水牛和家禽，马、驴、骆驼等则不适合饲养。

美洲

在墨西哥和中美洲的太平洋沿岸地区，主要的农作物是玉米。只要在土壤肥沃、降水充足的地方，玉米都能够茁壮成长。农作物种植的独创性，为玛雅人、印加人和阿兹特克人提供了当地培养的土豆、

（下图）南美洲的亚马孙河流域孕育了土著人的文明，其文明与安第斯山的文明截然不同。随着殖民活动的结束，这里成为南美洲各地土著居民的避难所。

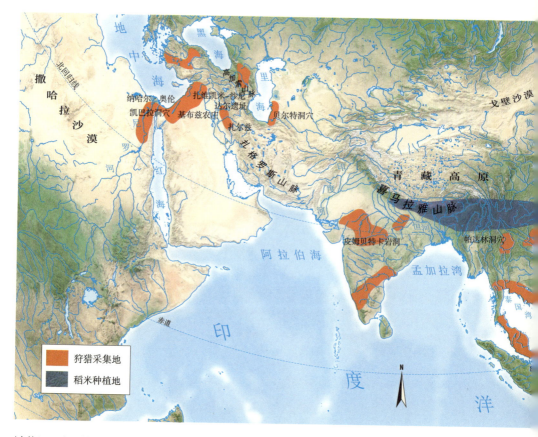

- 狩猎采集地
- 稻米种植地

辣椒、西红柿、甜椒和甘薯等。他们的农耕劳动是无法借助畜力的,因为他们驯养的动物只有狗、猫和美洲驼。

捕鱼、狩猎和放牧

在那些无法从事农业生产的地方,人类社会必须发明出其他专用的食物生产方式。例如,居住在冰冻的北极以及北美洲、欧洲和亚洲靠近北极地区的人们,依赖于捕鱼、狩猎和放牧而生存。在如此高纬度的地区,很难建立大规模的社会和政治组织。对于那些随牧群迁移而迁移的人群来说,快速搭建和收起帐篷的能力非常重要。在漫长的冬季,雪橇、雪鞋、滑雪板有助于提高人们室外活动能力。在机

(下图)这幅石灰岩湿壁画出自伊庇之墓,从中可见早期的捕鱼技术。伊庇是古埃及第19王朝法老拉美西斯二世统治时期的雕刻家。

前10000年—600年
祖先、帝国和古代工艺

动运输工具发明以前，轮式车辆几乎没有用武之地。

沿着从阿拉斯加南部到皮吉特湾的内湾通道，独木舟载运贸易逐渐兴旺，雕塑艺术、教堂、宗教仪式、音乐和舞蹈也发展起来。但是气候和地形却决定了农业和轮式交通工具都无法立足。至今，温哥华、不列颠哥伦比亚、阿拉斯加州首府朱诺的海岸线一带，道路仍然很少，彼此相隔遥远。

畜牧生活

在草原地区，有的因过于干旱而无法发展农业，有的地区则距离城镇市场过于遥远，于是随着人们对动物的驯化，畜牧业逐渐发展成为占主导地位的生活方式。每年当中，这些地区的降雨和植物生长都会呈现季节性变化，使得大多数人群随之带着帐篷和畜群，从一个地方迁徙到另一个地方。

随着时间的推移，畜牧的生活方式锻炼了人们骑马作战的高超技能，使中亚族群成为令西面、南面和东面定居人群闻之胆寒的敌人。

在北美大平原，随着西班牙人征服墨西哥，并

（上图）在中国南部（粳稻）以及印度东北部或印度尼西亚（籼稻），人类首先开始种植野生稻米。

（右图）在约前8000年—前2000年中美洲，许多狩猎采集者开始种植野生植物。

49

（左图）所有种类的采采蝇都会避开撒哈拉沙漠和卡拉哈里沙漠。在较为潮湿的非洲大陆中西部地区，采采蝇的数量最多。这种小型吸血昆虫主要吸食脊椎动物的血液。它们在很大程度上阻碍了人类在该地区的定居生活。

引进了马这种动物，这里的生活方式出现了全新的变化。以前居住在一个个河谷小聚居区的人们，开始学会了骑马和在马背上射箭。随着机动性的提升，他们开始能够追猎每年一度大迁徙的北美野牛。在两个世纪的时间里，他们已经培养出良好的军事作战技能，坐牛酋长因此也成为美国骑兵团危险的劲敌。

中世纪随着羊毛需求量的增长，英国许多富有的土地所有者开始砍伐森林，圈占农民赖以生活的土地用来牧羊。这个实例说明，畜牧业并不是人类社会进化过程中所固有的原始阶段，这与18世纪的理论家所想象的情况是不一样的。

海上迁徙

以新技术为条件的地球人口迁移，表现之一就是向远离大陆的岛屿进行殖民。虽然并不是很确定，但最早的人类很可能是在6万年前或更早的时候乘船到达澳大利亚的（也有的理论认为，他们是经由曾经存在的大陆桥到达澳大利亚的）。同样可能的是，在18世纪双向航行已变得平常之前，人类已经很多次地采用这种方式前往那里。

但是也有许多我们更为确定的例子。在公元前1000年内的某个时候，航海者从印度尼西亚群岛到达了非洲东海岸的马达加斯加岛。虽然我们无法确定这样的壮举具体是如何完成的，但是今天那里的语言与马来西亚、印度尼西亚的语言如此相近，证明跨印度洋的航行确实存在过。

语言研究还提供了另一条线索，引导我们发现了人类迁移史上另一个了不起的篇章——大洋洲的移民。当英国航海家詹姆斯·库克从新西兰航行至塔希提岛和夏威夷岛时，发现各个岛上的人类族群使用的语言非常相似，以至于他们彼此间的交流几无没有理解上的障碍。

尽管还存在许多其他的假说，如渔民被风吹离航线偶然性地定居，或者人们是从南美洲或加拿大西部来此殖民，但现在一般认为是随着船员航海技能的不断提升，实现了一代又一代人接连不断地迁移，海岛才有了居民。

通过语言研究、陶器类型研究、对人类遗址年代的放射性碳测定及对早期欧洲航海家航海报告的重新检视，都确凿无疑地说明，到大约公元前1300年时，东南亚的人们就已经以海岛为跳板，最远到达了斐济群岛。但是这是当时的人们能够顺利航行的最远距离，直到产生更为可靠的技术手段。

到公元1000年结束时，波利尼西亚的航海者们已能够到达夏威夷、新西兰和复活节岛那么遥远的地方。在这之后不久，随着远距离航海技术的发展，斯堪的纳维亚群岛的海员们也向海岛移居，其过程与此类似，他们到达了苏格兰北部的奥克尼群岛，最终经由法罗群岛、冰岛和格陵兰岛到达北美洲海岸。

定居非洲

有意思的是，在有人类定居的大洲中，号称为"人类摇篮"的非洲却是最后一个布满人类足迹的。人类踏遍从埃及到好望角之间的非洲，经历了漫长的历史时期。这可能源于由气候、疾疫和地形所导致的重重障碍。

（右图）澳大利亚土著人的回旋镖。在殖民时代到来之前，居住在当今澳大利亚的土著人已经开始使用多种工具，有的工具为日常生活所用，有的则用于典礼仪式。这些基本的工具有矛、回力镖、用来投掷棍棒的掷矛器，用于猎取袋鼠、鸸鹋、沙袋鼠、袋熊等。

（下图）澳大利亚土著人（墨累河流域）。本画的作者是新南威尔士州勘探员、苏格兰人托马斯·利文斯通·米歇尔（1792年—1855年）。

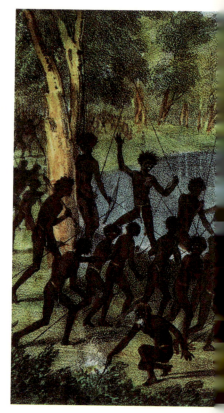

前10000年—600年
祖先、帝国和古代工艺

相比较来说，撒哈拉沙漠算是其中最小的障碍。2000年以前的撒哈拉沙漠远没有现在干旱，然而撒哈拉沙漠下面贫瘠的土壤、可怕的寄生虫和疾疫，使得赞比亚河以北地区的人口非常稀少。在喜欢潮湿的采采蝇存在的地方，人们既无法放牧也无法饲养除家禽以外的动物。采采蝇对于非洲的野生动物是无害的，但对于除家禽以外的驯养动物来说却是致命的。

放牧畜群的移民先驱们不得不穿过大湖地区的高地，绕过东海岸和刚果盆地，才在今天的博茨瓦纳、津巴布韦和南非分散开来。虽然人们在2000多年前就历尽艰辛到达了非洲南部地区，但是这里的人口一直非常稀少，直到公元200年左右农业人口的到来。

历史

古埃及王国

古埃及文明是被最广泛承认的古代璀璨文明之一,然而"古埃及文明"一词的背后,却是4000多年漫长的文化发展。

约前9500年 尼罗河沿岸的人们开始种植谷物

约前8000年 迁移到尼罗河地区的人开始建立社会组织

约前6000年 埃及人已制造出划艇和小型的驳船

约前4400年 有明确证据显示埃及已经出现纺织精美的亚麻织品和布料

约前4000年 证据显示埃及已经出现化妆品和炼金术

约前3500年 乐器出现

(上图)那尔迈调色板,可以追溯到约前3100年,通常被认为描绘了上下埃及的统一。

埃及古物学者通常将古埃及的历史划分为三个不同王国的统治期,从这三个王国的历史中,可以一窥古埃及文化的多样性。这三个王国分别为古王国(约前2686年—前2125年)、中王国(约前2055年—前1650年)、新王国(约前1550年—前1069年),在每个王国的统治期内,埃及都是统一的国家。

将这三大王国统治分隔开来的中间期,都是国家不稳定时期。埃及祭祀曼尼托在其公元前3世纪的著作中将古埃及历史分为31个王朝。

前王朝和早王朝时代

然而,甚至在王朝建立之前的史前时期,古埃及的许多特点就已经发展形成。这段时期大约为公元前4000年,埃及古物学者称之为前王朝时期,以及公元前3000年早期的早王朝时代。

起源和早期统治者

到公元前3800年,在埃及南部(上埃及)的尼罗河两岸,已经产生了充满活力的文化,这一时期被历史学家称作"涅伽达I"。在这一时期,埃及最重要的社区之一,就位于希拉康波里遗址附近,古埃及人称其为"奈赫恩"(Nekhen),意为"鹰城"。在此地的考古发掘中,发现有最早的带有壁画的坟墓、古埃及所特有的木乃伊制作的最早证据,以及目前所知埃及最早的神庙建筑群之一。

埋葬在乌姆·卡伯遗址的统治者,很可能不仅统治着上埃及的大部分地区,而且其影响还延伸到

前10000年—600年
祖先、帝国和古代工艺

北部地区。埃及的政治统一，通常被认为归功于公元前3100年左右第一王朝的首个国王那尔迈。都城孟菲斯可能就是在这一时期建立起来的。

墓穴和葬仪

对国王和大多数社会阶层而言，在思想上进行统治的一个非常重要的方面就是丧葬祭仪。不朽的陵墓建筑和丧葬祭仪象征着国家和统治机构。

有些坟墓周围埋有陪葬者。例如，法老哲尔周围有300多个陪葬者。这是埃及历史上唯一用活人

（上图）这幅木制湿壁画中描绘的是一只塞特船。塞特是前王朝时期孟菲斯墓地的守护神。

（右图）通过考古发现，人们已经估计出前王朝和早王朝时代埃及的边界。

历史

（左图）位于帝王谷的埃及法老图坦卡蒙之墓的壁画。该墓由霍华德·卡特发现于1922年，发现时保存完整。

陪葬的时期。第二王朝的国王不再采用这种仪式，许多国王也不再葬于圣城阿比多斯。

关于他们的历史记载非常少见，直到第三王朝时，古埃及的历史脉络才逐渐清晰起来。不过，有一点很清楚，在整个早王朝时期，王权得到了稳固，各种制度也得到强化。因此，在古王国刚开始时，埃及进入"金字塔时代"，国家所建的纪念碑成为人们对大量人力和物力等资源加以控制的一种新形式。

古王国（约前2686年—前2125年）

古王国时期又被称作"金字塔时代"，因为埃及规模最大、最为著名的金字塔都是在这一时期建造的。尽管当代埃及古物学家经常将其与现存记载较少的早王朝时区分开来，但是很明显，它是从早王朝时代的基础上直接发展而来的。

古王国时期，太阳神拉是处于主导地位的神灵，位于政治组织中心的国王是拉之子。兴盛的对太阳神拉的崇拜影响到了古王国时期王室建筑的发展，特别是金字塔。

金字塔

金字塔在古王国时期，不仅是王权的象征，也是国家管理机构组织能力的证明，这实际上也是王

（下图）片岩调色板。其外形是一只公羊，公羊的头部较小，带有角状突起。时间约在涅伽达Ⅱ期，约为公元前3500年—前3300年。

室权力的延伸。他们能够从整个埃及调动组织成千上万的劳动力，从事季节性的劳动，并定量付酬。他们所建造的金字塔并不仅仅是国王的陵墓，同时还包括神庙建筑，表达对国王永恒的宗教崇拜。

吉萨大金字塔

规模最大、最壮观的金字塔——位于吉萨的大金字塔的建造，归功于斯涅弗鲁的儿子胡夫。这座金字塔有481英尺（146米）高，其基部的面积为19英亩（约7.69公顷）。金字塔的四边与基本方位对齐，每边仅偏离1英寸（2.54厘米）。这座金字塔周围的神寺庙建筑群大部分已不存在，但是三座为王后修建的金字塔以及两处放置拆散的木葬船的葬船坑留存了下来。

新近发掘出的还有其附近建造金字塔的劳动者

（下图）古王国第五王朝时期精美的石灰岩壁画，展现了人们揉制面团、烘焙面包时的情景。

的聚居地，其中有专门制作面包和酿酒的地方，可能是用来为劳动者提供饮食的。

金字塔铭文

第四王朝的金字塔内部都不加装饰，但是处于萨卡拉地区的最高级别官员的坟墓内部却布置成日常生活的场景，并有供给死者的祭品。古王国后期国王和王后的金字塔规模比第四王朝的金字塔还小一些，里面饰有神秘的文字，被称为《金字塔铭文》。这是埃及最早的宗教哲学文字，主要用于保护死去的国王，使其在死后的世界中远离危险。在第五王朝时期，太阳神庙石碑上的文字体现了王室家族对太阳神的崇拜。

（上图）这是一幅真人大小的卡培尔王子像，用西克莫木材制成。时间可以追溯到古王国的第五王朝时期。

古王国的瓦解

大约公元前2180年，古王国开始瓦解。历史学界对瓦解的原因尚存争议，这可能是多种因素共同造成的。这些因素包括尼罗河下游的洪水泛滥、饥荒及第六王朝佩比二世长达90年的统治结束后继承权的不稳定，等等。国家开始瓦解，埃及不再由国王一人统治，地方长官开始充当各自管辖区域的统治者。这段时期约为公元前2160年—前2055年第

（下图）吉萨大金字塔耗时20余年建成。整座塔身是完全水平的。其底部占地面积约为19英亩（约7.69公顷）。在其建成以后的3000年间，吉萨大金字塔一直是世界上最高的人造建筑。

前10000年—600年
祖先、帝国和古代工艺

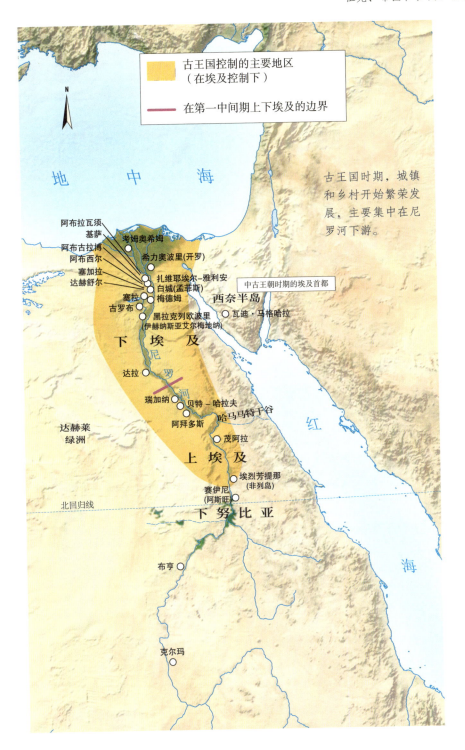

一中间期，特点是南方和北方为争夺对整个埃及的控制，不断爆发冲突。

许多文字都描述了这一时期埃及的黯淡萧条状态。第一中间期往往被人们看做埃及的黑暗时期。

然而，这一时期虽然王权弱化，但当地的艺术和手工艺品却繁荣发展起来。许多宗教方面的实验性成果，如特制的陵墓，成为随后中王国文化的重要体现。

中王国（约前2055年—前1650年）

经历了多年艰难的混战之后，公元前2016年来自南部的底比斯统治者蒙图荷泰普二世重新统一了埃及。接下来长达400年的中王国是埃及文明的古典时代。

国家安定、经济繁荣带来了艺术和文学的蓬勃发展。然而，随着中王国的衰落，来自亚洲的族群在埃及北部落脚扎根，中王国文明走向终点，埃及进入第二中间期。

重新统一

完成了国家的重新统一后，蒙图荷泰普二世开始了长达51年的统治。他在全国范围内大兴土木，促进了艺术领域的创新和复兴。这些工作中，包括他为自己在卡纳克地区修建的祭庙，附近埋葬着60名战士，他们是在第一中间期快结束时战死的。

他死后，埃及发生内战。直到第12王朝的首任国王阿蒙涅姆赫特一世统治时期，国家才恢复全面稳定。

石棺铭文

虽然君主的权威在不断增强，但古王国末期和第一中间期的混乱局面，大大削弱了王权在人们心中的地位。王权不再像过去那么神圣，在宗教上的权威地位也大打折扣。

（右页）中王国时期，埃及的领土大为扩张，其势力范围延伸到了尼罗河的第二大瀑布地区。

从人们去往来生世界的某种更为民主化的形式，可以明显看出这一点。包含在金字塔铭文中的咒语经文，不再是国王和王后所独享的特权，而是只要买得起，任何人都可以将其刻在棺椁上。这就是我们所说的"石棺铭文"。

为弥补王权的损失，法老开始培养一种新的图腾文化，他们将自己描绘成保护埃及人民的"好牧人"。国王形象的这种变化，可以从这一时期特别是自谢努塞尔特二世统治以来的雕塑作品中反映出来。

语言和文化

中王国时期，铭文的数量激增，为我们提供了比古王国更多更直接的历史资料。这一时期的语言成了古埃及时期的标准经典语言，即中古埃及语。

预言书、道德故事、赞美诗等叙事体文学作品大放异彩，成为中王国时期重要的文化成就之一。这些作品中最著名的是《西努赫流亡记》和《遇难水手的故事》，在中王国结束很久之后，这两个故事仍然为人们所传诵。

中王国的衰亡

中王国的最后一位统治者是女王塞贝克内菲卢雷，在位时间约为4年。她统治期间，埃及已经大为衰落。官僚机构渐渐脱离了王权的控制，而尼罗河又一次的不定期泛滥或许也进一步削弱了王权。

中王国时期，巴勒斯坦人不断进入埃及境内。在中王国时期的一些铭文中，已发现有亚洲人的名字。他们似乎在埃及的衰落中趁火打劫。到13王朝时，埃及已经失去了对东部三角洲的控制权，而这一亚洲族群开始统治该地区，首都位于阿瓦里斯（大巴堆）。这些人通常被称为喜克索斯人，是埃及语"外族统治者"的一种希腊语形式。随着喜克索斯人统治三角洲地区，埃及统治者迁往瓦瑟特（底比斯），埃及第2中间期拉开了帷幕。

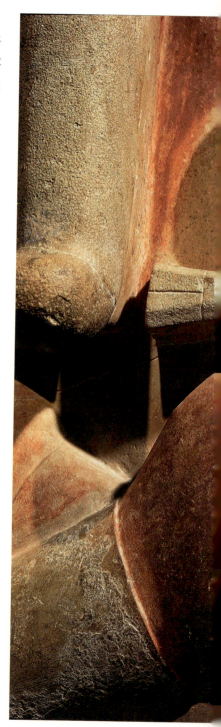

前10000年—600年
祖先、帝国和古代工艺

新王国（约前1550年—前1069年）

新王国是建立在对喜克索斯人进行军事驱逐的基础上，同时，也正是靠着强大的军事技能，新王国的法老们将疆域边界拓展到了叙利亚-巴勒斯坦地区，超过了以往时期。

因此，新王国时期往往被描述为埃及的"帝国时代"，与它处于古代世界同一时期的还有其他几个帝国——叙利亚北部的米丹尼帝国、亚述帝国，安纳托利亚地区的赫梯帝国以及美索不达米亚地区的帝国。

法老

"法老"一词是古埃及语"大房屋"的希腊语形式，被用来指王宫，但是到了新王国时期，也常常被用来指国王本人。法老所展开的历次军事行动，都是借着阿蒙神的名义。阿蒙神在瓦瑟特（底比斯）已经成为最强大、最有影响力的神祇之一。位于卡尔纳克地区的那个巨大的神庙，是为了供奉阿蒙神，新王国几乎所有的法老都曾为它添砖加瓦。

阿马尔那时期

阿蒙霍特普四世统治时期，多神崇拜遭遇了挑战。他改名埃赫那吞，将首都迁往阿马尔那，并将其取名为埃赫塔吞。他将阿吞神（以太阳圆盘的形式出现）定为唯一的神，取代了原先诸神。在宗教异常发展的阿马尔那时期，埃及的艺术变得日益程式化。这一点可以从对埃赫那吞和他的王后奈费尔提蒂的描绘画像中体现出来。细长的头部、脖子，腹部隆起，瘦长的胳膊和腿。

埃赫那吞的儿子（也许是女婿）图坦卡蒙继位以后，恢复了旧有的秩序。他在位时期较短，但他那位于国王

（左图）在卡纳克阿蒙神庙发现的、古埃及中王国时期十二王朝的一个十字架（生命的象征）。

63

历史

谷的小陵墓却是现存最完整、最著名的法老之墓。他的继承者霍伦海布是第18王朝的最后一位法老。

拉美西斯时代

随后的第19王朝和第20王朝通常被称作"拉美西斯时代",因为这一时期的许多法老都被称作"拉美西斯",其中最著名的是拉美西斯二世。他致力于提高自己的形象和地位,古埃及的许多碑文上都能找到他的名字。他统治埃及长达66年,拥有多个妻子,育有100多个子女。

他曾带领埃及与小亚细亚最强大的赫梯民族展开了一场大战。在位于叙利亚的卡迭石战役之后,拉美西斯二世单方面宣布了自己的胜利,回避了赫梯人仍然统治这一地区事实。但这一战役也并非一无所获,埃及与赫梯签订了和平条约,其中一份复本至今还留在联合国大会建筑的一面墙壁之上。

新王国的灭亡

约公元前1100年,王权开始瓦解,位于底比斯的阿蒙神神职人员权力不断膨胀,并最终统治了埃及南部。新王国的最后一位法老拉美西斯十一世,在被自己的大祭司赫利霍尔夺权之前,就是在位于北部的王宫内,统治着南部地区。

到公元前1000年,新王国彻底瓦解。公元前716年,埃及被建立库施王国的努比亚人所征服。在埃及被努比亚人、亚述人和波斯人所统治的间隙中,也出现了几次短暂的独立统治期。但亚历山大大帝带兵于前332年征服埃及后,埃及便完全处于异族统治之下。

(左图)与以往历任王国相比,顶峰时期的新王国疆域更加向北扩展,囊括了地中海东岸的大部分地区。

> 历史

米诺斯文明——欧洲最早的文明

米诺斯人是克里特岛上青铜器时代的先民，公元前2000年之后不久，成为东地中海地区最主要的海上力量。他们遗留下来的废墟，向后人展示了他们丰富的生活。

约前2000年 克里特岛建立第一座宫殿

约前1850年 迈锡尼人第一次入侵

约前1628年 锡拉岛上火山爆发，破坏力极大

约前1500年 迈锡尼人征服克里特岛

约前1425年 克诺索斯宫殿被毁

1899年，英国考古学家阿瑟·爱文斯为纪念米诺斯王，将克里特岛文明命名为米诺斯文明。米诺斯是公元前8世纪《荷马史诗》提到的克诺索斯王宫的传奇国王。对米诺斯文明的了解，大部分都是基于考古学上的解读。尽管米诺斯人遗留下许多雕刻在泥板上的符号，它们看起来很像是王宫档案。这些符号构成的铭文被历史学家称为"线形文字A"，至今尚未得到完全破解。

克里特岛上有多个位于肥沃平原上的小型城邦或王国，克诺索斯是其中最大的王国。后来各个小型王国组建了一个广泛的联盟，克诺索斯很有可能就是领导者。其他的城邦还包括马里亚、扎克罗和斐斯托斯。各邦国之间通过一条道路连接在一起。

从地理位置来看，克里特岛正处于希腊、埃及和近东诸文明之间的贸易路线上，这使得这座岛屿成为主要的贸易中心，是商品交易市场和原材料的集散地。克里特岛创造的财富清晰地反映在克诺索斯王宫遗迹中。

复杂的文化

米诺斯人的国王管理着城市和腹地的所有世俗、宗教和国家事务。国王及其家族都居住在设施完善的大型宫殿中，周围聚集着木质或砖砌私人宅邸，居住着富有的侍臣和行政人员。不富裕的劳动者和农民住在较小的村庄和广大的乡村地区，考古学上

（上图）这种双面斧是米诺斯文化的象征。这种微型工具由黄金制成，发现于阿尔卡洛科里的山洞中，时间可以追溯到公元前1500年。

前10000年—600年
祖先、帝国和古代工艺

（上图）这幅尚未破解的线形文字A铭文就雕刻在石板上。它可以追溯到约前1500年—前1400年，出土于克里特岛的克诺索斯王宫。

几乎没有关于他们的材料留存下来。

在现存的壁画中，年轻优雅的米诺斯男人和女人们都发型精致。男人们穿着短裙或短的缠腰布，胡子刮得很干净。女人们则往往穿着荷叶边长裙和领口敞开的紧身上衣，佩戴着金制珠宝。

克诺索斯王宫中也保留了米诺斯人宗教信仰的证据。颇具风格的公牛角、公牛头形状的器皿、描绘年轻男女进行类似跳公牛运动的壁画，均表明了人们对"公牛"的崇拜。绘画、迷宫般的长廊以及米诺斯王的个性都与米诺陶（即牛头人）的传说有着紧密的联系。一些房间里的小块区域，与屋内的几级向下的台阶相连。这些区域最初被认为是"涤垢盆"，可能是供宗教典礼上洗礼仪式蓄水用的。也有一些专门留出的房间，是象征着阴间地府的参拜之地。

衰落

到公元前1500年左右，米诺斯文明开始衰落。锡拉岛的火山爆发是否对其造成了影响，无从知晓。但在大约公元前1500年至前1450年，希腊的迈锡尼人已经控制了克里特岛。

（下图）克里特岛克诺索斯王宫中的斗牛士壁画。图中年轻的运动者正在进行一项危险的运动：跳公牛。

公元前1375年，克诺索斯王宫已被大火焚毁，城市的房屋也已破败不堪。随着米诺斯文明的继续衰落，权力中心转移到了希腊大陆。

> 历史

印度河文明——次大陆文明的开端

印度-萨拉斯瓦蒂文明具有独一无二的地位，它是古代世界上的第一个主要的城市文明，拥有城市独有的建筑规划和排水系统。

在罗塔尔，人们发现了象棋游戏的祖先。从人们精心制作的玩具来看，孩子们也没有被遗忘。

——1999年，米歇尔·达尼诺在关于印度-萨拉斯瓦蒂文明的演讲中如是说

前4300年—前3200年
红铜文化开始发展

前3500年—前2700年
早期哈拉帕文明开始发展

前2700年—前1900年
中期哈拉帕文明继续发展

前1900年—前1500年
哈拉帕文明晚期（罗塔尔、贝特达尔瓦卡）

1921年—1922年，考古学家重新发现了两处主要城市遗址，一处位于旁遮普省拉维河河岸的哈拉帕，另一处位于信德省印度河下游的摩亨佐·达罗。这一发现证明印度文明毫无疑问是古代世界四大大河流域文明之一。其他三大文明为底格里斯河与幼发拉底河两河流域的古巴比伦、尼罗河流域的古埃及、印度河流域的古印度，以及黄河流域的古中国。自这些遗址的首次发掘之后，发掘工作拖拖拉拉地持续了近乎25年，不过，印度和巴基斯坦的考古部门近几年发现了大约1500个定居点，位于印度河和萨拉斯瓦蒂河的河谷地带。其中大多数（约1000个）都位于过去的萨拉斯瓦蒂河流域，也就是当时横跨印度和巴基斯坦的克格尔—哈克拉流域。

推翻过去的理论

自1947年以来的考古发现也表明印度-萨拉斯瓦蒂文明涉及的范围之广。在150万平方英里（390万平方千米）区域内，出土的手工艺品相似程度极高。足以证明，印度-萨拉斯瓦蒂文明与其他三大大河流域文明相比，覆盖的范围更为广泛。

让-弗朗索瓦·贾立基是1974年至1986年期间法国考古挖掘项目的负责人。他指出，在梅赫尔格尔地区发现有人工培

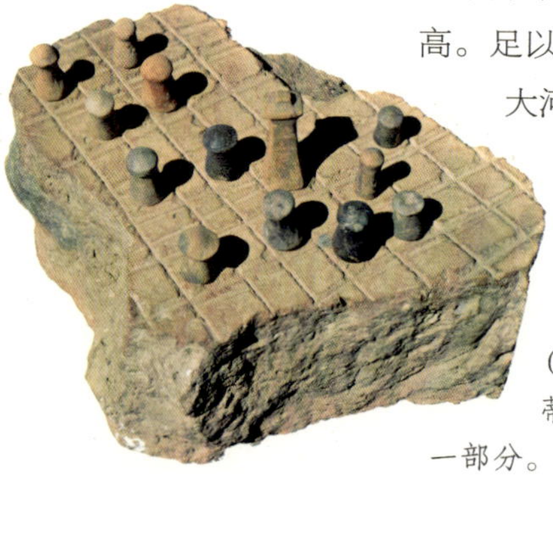

（左图）这个棋盘游戏表明在印度-萨拉斯瓦蒂文明中，游戏娱乐是日常生活中必不可少的一部分。

(上图)俯瞰摩亨佐·达罗遗址可以发现,城堡内有一个结构复杂的浴池、一个大型的粮仓、一个大的居所,以及至少两座以上带游廊的会议厅堂。

育的小麦、大麦以及驯养的牛、绵羊、山羊等家畜,这不仅表明早在公元前 8000 年左右这一地区已经进入农业或新石器时代,同时也推翻了过去的理论,即认为这些谷物和牧畜是从美索不达米亚平原传播到印度河谷的。考古学家证实,哈拉帕、摩亨佐·达罗的城市文明发展的顶峰是在大约公元前 2600 年—前 1900 年期间,而印度—萨拉斯瓦蒂文明不断衰落和瓦解,必定是在约公元前 1900 年—前 1300 年期间。

哈拉帕——城市文明的典范

迄今为止,考古发现的大部分城市都是哈拉帕模式,即有一个城堡和一个下城区,城区中建有粮仓。街道沿东西和南北通道呈网格状分布,这是古代大河流域文明的一大特征。但是城区规划中最显著的特征,也是古代城市文明的一大特色,就是建有地下排水系统,每座建筑外面都设有排水通道。房子的门开向侧面,而不是正对街道,这样道路上的灰

▶历史

尘就很难进入房屋内。大多数房子的中心都建有一个庭院，相当于天井，可以接纳新鲜的空气和更多的阳光。

印度—萨拉斯瓦蒂文明遗址中并没有出现宫殿或很大的居所，而我们一般是通过这些，将之与大国雄主相联系。发掘物中未见武器，说明这里很少有战争，在谋求建立统一领导下的大型政治实体。住所大小不一，反映了这一时期社会的阶层化，但也有许多常见的公共设施，比如大浴池。哈拉帕的大浴池有30英尺（9米）长，23英尺（7米）宽，8英尺（2.5米）深。浴池建有游廊，两侧为柱廊画廊和房间，尽头有可通往浴池的阶梯。

印度河文明包含多个种族和多种语言，但使用的是统一的字母体系。他们从事广泛的国内和国际交易，在交易中使用统一的度量系统。称量较轻的物品重量使用二进制系统，较重的则使用十进制系统，测量直线长短则使用统一的长度标准。尽管付出了很多努力，仍然无法破解他们的字母体系，因此只能根据当时的艺术作品来猜测他们的宗教信仰。在出土的印章中，可以看到印度教的三神之一湿婆，像瑜伽修行者一样以冥想的姿势端坐。此外，人们还发现了一个母神的陶像，经学者们鉴定，认为是湿婆的神妃帕尔瓦蒂。在考古发掘中还出土了大量石灰石、块滑石、雪花膏石或青铜石制成的小雕像。这些雕像有跳舞的女孩、各种动物（包括神话传说中的生物）、玩具、双轮战车、推车等。

目前还无从得知印度—萨拉斯瓦蒂文明衰落和消失的原因，但普遍认为并非遭受外部入侵所致。其中一个可能性较大的原因是一场大型的自然灾害或一系列的灾害，比如洪水、地震或海啸等。当萨拉斯瓦蒂河改变河道，向东流向恒河和亚穆纳河后，过去的河床便完全干涸了。

（左图）萨拉斯瓦蒂河在约公元前3000年—前1500年期间水流畅通，当它向东汇入亚穆纳河时老河床开始干涸，当地幸存下来的居民很可能向东迁移到了广阔肥沃的亚穆纳平原和恒河平原。

（右图）萨高官的石灰石头像，发掘于摩亨佐·达罗。这一带出土的艺术品普遍较少，考古学家据此推测，它们很有可能是个人物品。

历史

两河流域文明

公元前5000年—前2300年,在美索不达米亚平原南部,产生了人类文明史上最为重要的发展成果。这些成果包括最早的城市文明和国家、复杂的灌溉技术,以及文字,所有这些对于人类历史的发展都有着深远的影响。

> 高居于众王之上,如此高贵。他是英雄,乌鲁克之子,暴怒的公牛。
> ——《吉尔伽美什史诗》,泥板

"美索不达米亚"一词源自希腊语,意思是"两河之间",指现今伊拉克境内幼发拉底河和底格里斯河之间的区域,其中最重要的是波斯湾附近美索不达米亚平原南部的苏美尔。在公元前5000年的埃利都古代遗址,发现了美索不达米亚平原南部最早的永久性农业聚居地。

新月沃地

到了下一个千年,美索不达米亚平原南部的人口大量增长,成为推动该地区技术革新、城市和文字出现的首要因素。今天的叙利亚北部、土耳其南部、伊拉克北部及伊朗一带,被称为新月沃地,这里的人们主要依靠种植燕麦和饲养家畜生活。

学者们认为,由于当时整个近东地区及美索不达米亚平原的气候变干,新月沃地的部分人口便迁移到了美索不达米亚平原南部。虽然新月沃地的农作物产量减少了,但随着两河流域三角洲季节性洪涝灾害的减少,干爽的气候反而使三角洲的农业发展水平比以前有了提升。

城镇

相关证据表明,在接下来的1000—1500年间,由于农业的发展和人口的迁移,美索不达米亚平原南部的人口密度不断增加。这进一步导致了城市数

前5000年 早期人类文明出现

约前4400年 哈拉发时代的人们开始大量使用陶器。这一时期金属已经出现

约前3900年 美索不达米亚平原南部文明开始发展,寺庙和早期建筑开始出现

约前3400年 高拉丘时代和尼尼微时代

前10000年—600年
祖先、帝国和古代工艺

量的增长、政治和社会等级制度的加强以及建立更为明晰的资源所有权的需求——这很有可能是文字出现的催化剂。

城邦诸王

这一时期的苏美尔是由各个独立的城邦组成的,每个城邦都有独立的国王。它们彼此间相互争雄,战争不止。值得提到的一点是,美索不达米亚南部冲积平原外的一些城邦也会有掌权的时候,其中以西北的幼发拉底河中游的马里王国最为典型。

（上图）该壁画断片发掘于美索不达米亚平原的马里古城,时间可追溯到前2000年。考古证据表明,马里是古代非常有影响力的艺术和宗教仪式中心。

《吉尔伽美什史诗》

早期王朝时期最著名的权力斗争被记录了下来,成为后世的传奇诗作《吉尔伽美什史诗》。

约公元前3000年,苏美尔地区暴发了一场大洪灾,基什趁机取得了该地区的统治权。这场大洪灾也许就是《圣经》中洪水灭世故事的基础。没过不久,基什以南的埃雷克（乌鲁克）开始威胁基什的统治权。《吉尔伽美什史诗》讲述了这一时期埃雷克召集两次集会的情况。

在早期第一王朝时代（前3000年—前2750年）,尼普尔一跃成为宗教地位非常重要的城邦,苏美尔地区统治者的合法性都需要经过它的授权。尼普尔坐落于中部平原上,它的崛起很可能与此有关。同时,它也可能是促使这片冲积平原各个城邦合作结盟的重要因素。

（下图）发现于美索不达米亚阿卡德地区的石碑碎片,时间可追溯至公元前3000年。

> 历史

太平洋地区的人口迁徙

太平洋西部偏南地势低缓的地区，通常被人们称做"大洋洲"，主要包括澳大利亚、新西兰和波利尼西亚。这片土地上的早期居民是地球上最古老的人类族群之一。

我们都只是此时此地的过客。我们不过是经过而已。我们来到此地的目的是观察和学习，学着成长，学会爱……然后我们就会回到我们来时的地方。

——澳大利亚土著居民谚语

约前6万年　土著民在澳大利亚定居

约前3.2万年　"蒙哥人"火化后的骨骼在今澳大利亚南威尔士州的蒙哥湖被发现

约前400年　波利尼西亚人到达马克萨斯群岛

约300年　第一批波利尼西亚人从马克萨斯群岛迁移到夏威夷群岛

约1000年—1500年　复活节岛上的人们用火山岩雕刻石像

约800年　大迁徙活动——第一批波利尼西亚人迁居到新西兰

现在我们对波利尼西亚和新西兰的移民历史知之甚少，已经了解的情况主要是基于考古和口述历史。早期许多移民可能是通过陆路迁徙到太平洋地区的，也有部分移民是通过海路迁徙到这一地区的。

澳大利亚

约6万年前，澳大利亚就迎来了第一批居民。位于北海岸的早期土著居民聚居地阿纳姆地，就是在这个时候建立的。据估计，在接下来的2万年内，他们又不断地向南部区域迁移。

到2万年以前，人类的足迹已经遍布这块大陆。大约6000年前，虽然土著居民的聚居点仍然以海岸线附近为主，但作为自然资源产地的中部地区，却变得越来越重要。但岛屿上恶劣的生存环境，使得这些地区逐渐没有了人迹。

在过去的5000年内，一种神秘的部落文化逐渐兴起。土著居民离开了海岸，与周围的环境建立起错综复杂的关系。他们用木头和石头制造工具，这就是我们现在所说的"澳大利亚小工具传统"。他们举行各种典礼仪式，有着高度发达的社会组织，虽然各个地区的文化有着显著差异。

波利尼西亚

波利尼西亚形似三角形，三个角分别位于新西兰、复活节岛和夏威夷群岛。其他主要的群岛有汤

祖先、帝国和古代工艺

加群岛、萨摩亚群岛，以及由多个小岛组成的库克群岛和法属波利尼西亚群岛。

大约3200年，波利尼西亚迎来了第一批居民。他们带着拉皮塔陶器，其中包括颇具特色的彩陶罐。一种新颖独特的波利尼西亚文化出现在太平洋上。早期的波利尼西亚居民在种族、语言和文化方面表现出惊人的相似性。自公元前300年起，他们开始从斐济群岛、萨摩亚群岛和汤加群岛逐渐扩散至马克萨斯群岛、塔希提岛和库克群岛。马克萨斯群岛的位置至关重要，约公元前400年—公元800年，定居这里人们将动植物、工具和饰品送到"波利尼西亚三角"的各个岛上。他们航海中所用的独木舟，是用石制工具、骨头和珊瑚制成的。

复活节岛离其周围最近的岛屿约距1600千米。公元400年，第一批居民到达。他们是波利尼西亚地区唯一使用文字的居民。此外，他们还精于石刻，至今这一地区仍然还有留存下来的纪念性石雕，当

（下图）语言学和其他的线索表明，波利尼西亚人很可能是来自印度尼西亚和马来西亚。

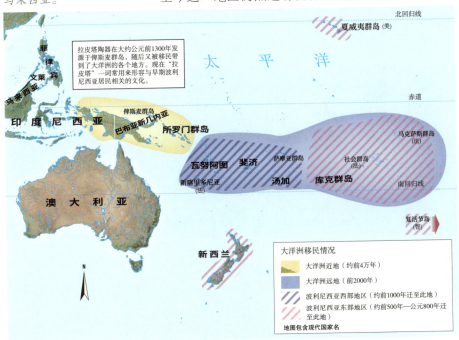

地人称为"摩艾",这些大石雕像成为现今最为著名的旅游胜景。

新西兰

虽然我们无法得知波利尼西亚居民迁至新西兰的确切时间,但考古学和语言学的证据都表明,在公元800年—1300年间,曾有过从波利尼西亚东部迁至新西兰地区的多次移民潮。

同其他地区相比,新西兰地区出现居民的时间相对较晚。从迁徙地分散的模式来看,第一批波利尼西亚居民主要沿海岸线分布,特别是北部岛屿的东部海岸,这里气候更为温和宜人。由于新西兰和波利尼西亚地区的气候、动植物存在一定差异,迁至此地的居民不得不改变他们传统的狩猎方式和器具的使用方法。

这些波利尼西亚居民就成了原始的土著毛利人。根据毛利人的口述历史,他们的祖先是乘坐大独木舟,从波利尼西亚热带地区一个神话般的地方哈瓦基到达新西兰地区的。

(上图)复活岛上的摩艾石像通常被认为是祭祀祖先或代表家族地位而雕刻,最新研究表明这些石像有可能是为了指引维护水源而立。复活节岛上没有固定溪流,当时的人们为了标识地下淡水位置而设石像。

(左图)澳大利亚的树皮画。在树皮上作画是澳大利亚土著居民悠久的历史传统,可以追溯到数千年以前。

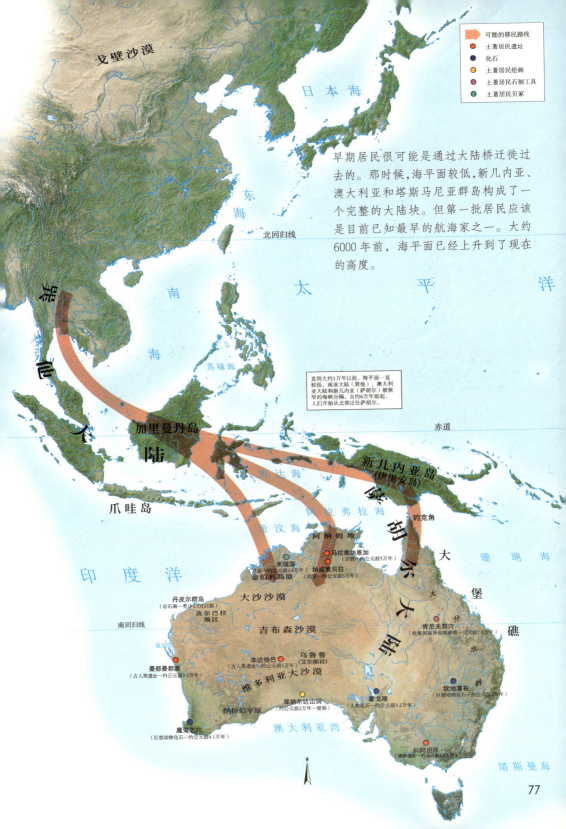

历史

亚述帝国

公元前2000年早期,亚述之所以能作为地区强国崛起,是因为它处于伊朗、美索不达米亚平原南部、安纳托利亚和黎凡特之间,是整体地区的贸易中心。

> 给我讲讲你的朋友,然后我就能告诉你你是谁。
> ——亚述人流传的谚语

贸易创造的财富激发了亚述的雄心,公元前1800年,在国王沙姆什·阿达德一世(前1808—前1776年在位)的统治下,亚述人控制了伊朗西部到地中海海岸之间的广阔区域。然而,好景不长,公元前1750年,南部的巴比伦人征服了亚述,古亚述帝国灭亡。

前4750年 亚述城的第一座寺庙建成,这也标志着亚述历的开始

前1307年 阿达德·尼拉里一世建立了历史上第一个亚述帝国

前935年 阿淑尔·丹二世将埃及到里海之间的广大区域都纳入了亚述帝国的统一控制之下

前609年 在新巴比伦王国和米底两国的联合打击下,亚述帝国彻底瓦解

独立

在接下来的400年里,美索不达米亚平原地区不断遭遇着北方民族的入侵和内部争夺统治权的斗争,因此这一时期的亚述政权更迭频繁,战争不断。公元前14世纪和前13世纪,在亚述的历任国王努力下,又一次实现了独立。

阿淑尔纳西尔帕二世

公元前970年—前883年,亚述保持着它在美索不达米亚平原北部的独立地位。到亚述纳西尔帕二世(前883年—前859年)统治时期,亚述再次建立起强大的帝国,统治美索不达米亚平原北部地区。亚述纳西尔帕二世不断进行的军事扩张,征服了从小亚细亚、两河流域再到地中海沿岸数十个国家。

沙尔马那塞尔三世

亚述纳西尔帕二世死后,他的儿子沙尔马那塞尔三世(前858年—前824年)继承了王位,为巩

(右图)这幅石膏浮雕画发现于萨尔贡二世的宫殿,位于现今伊拉克北部,描绘了一个男人用弓箭猎鸟的情景,时间可以追溯到亚述帝国的晚期。

固亚述王国的地位,他在更广阔的区域内展开了一系列的军事扩张活动。公元前853年,沙尔马那塞尔三世的军队在夸夸(又称卡卡)遭遇了一支由4.6万人组成的军队,这是由叙利亚南部的大马士革王哈大底谢和以色列王亚哈率领的12王组成的联军。他们击退了亚述军队,但胜利并未维持很长时间,到公元前841年,联军彻底瓦解。

内部分裂

在接下来的8年中,亚述一直处于内部分裂时期,这极大地消弱了亚述的实力。然而,提格拉特·帕拉沙尔三世(前744年—前727年在位)继位后,这种状态开始改变。他建立了一支世界上兵种最齐全、装备最精良的常备军,以底格里斯河畔的尼尼微(今伊拉克摩苏尔附近)为都城,建立起一个庞大的军事帝国。自此,亚述走上了军事扩张的道路。

亚述人重新控制了对叙利亚和安尼托利亚的控制权,并把注意力转向了巴比伦王国。

公元前729年,提格拉特·帕拉沙尔三世攻占了巴比伦城,自称"巴比伦之王"。

提格拉特·帕拉沙尔三世的继承者们沿着他的足迹继续前进。萨尔贡二世(前721年—前705年在位)从赫梯人手中夺取了幼发拉底河岸的卡尔凯美什,后又征服了米底的领土。他的儿子辛那赫里布(前704年—前681年在位)统治期间,巴比伦不断有叛乱发生,至到公元前691年巴比伦城彻底被摧毁。

伊萨尔哈东(前680年—前669年在位)继位后,巴比伦城逐渐恢复了元气。公元前670年,亚述帝国成功入侵埃及,洗劫了底比斯神庙,但统治并没

(右图)叙利亚提尔·巴尔西普(库奈特拉)多彩的壁画,描绘的是两个亚述高官。

祖先、帝国和古代工艺

有维持很长时间。

衰落

与亚述帝国非凡崛起匹配的是它的剧烈衰落。伊萨尔哈东的继承者亚述巴尼拔（前668年—前627年在位）死后，他的儿子们发动了内战，亚述帝国危机四伏。公元前626年，叙利亚脱离了亚述帝国的控制。在接下来的10年里，米底人夺取了亚述帝国在伊朗的统治，后又攻占了亚述的重要地区，亚述古城于公元前614年失守，两年之后尼尼微陷落。当时，亚述的西部军队以土耳其南部的哈兰地区为基地，其指挥官自立为王，他就是亚述乌巴里特二世（前611年—前609年在位）。亚述乌巴里特二世没能巩固住亚述帝国残存的军事力量。

公元前609年，巴比伦人和米底人组成的联合军队攻占了哈兰，亚述帝国正式灭亡。

在亚述帝国存在的短暂时期内,它从一个小的聚居地逐渐发展为覆盖广大区域的强国。

- 亚述人聚居地
- 萨尔贡统治时期的亚述帝国(前705年)
- 亚述巴尼拔统治时期的亚述帝国(前627年)

前10000年—600年
祖先、帝国和古代工艺

83

▶历史

地中海商人

腓尼基人以经商和航海著称，公元前12世纪早期就已经在地中海地区活动了。他们的贸易活动对于公元前1000年地中海地区文化的发展有着重要影响，同时他们也越来越多地被卷入到这一时期的军事纷争之中。

> 丹其中一个女儿的儿子，其父亲是推罗人，非常擅长金器、银器、铜器、铁器、木材、紫色染料、蓝色颜料和亚麻细布工艺。
> ——圣经中这样描述腓尼基的良工巧匠

腓尼基地区包含现在叙利亚北部海岸的一部分，现在的黎巴嫩以及以色列北部的部分地区。当时兴起的重要城市都是贸易港口，包括推罗、西顿、比布鲁斯、贝鲁特等。相关证据表明，这些城市都是在大约公元前1000年作为重要的港口而崛起的，其中西顿是地中海东部地区最为重要的城市。

推罗

公元前10世纪，推罗作为腓尼基最为重要的政治城市逐渐崛起。推罗的国王希兰一世（前970年—前936年在位）与统治耶路撒冷的所罗门国王（前969年—前930年在位）建立了正式的外交关系。希兰一世提供雪松木，供所罗门在耶路撒冷建造寺庙，可能就与此有关。公元前850年，推罗和西顿形成了一个联合王国，由谒巴力的继承者伊特伯统治。伊特伯被尊称为推罗人和西顿人的国王。这一现象

前2750年　推罗作为主要的居民定居点建立起来

约前1500年　腓尼基人迁居塞浦路斯

前1200年　推罗成为主要的腓尼基城市。特洛伊战争开始

约前970年　推罗国王希兰建立了所罗门寺庙

约前860年　推罗公主耶洗别嫁给以色列国王亚哈

约前854年　腓尼基人被亚述人打败

约前814年　迦太基建立

84

（右图）腓尼基人控制了地中海东部海岸的大部分地区，包括现在的约旦、以色列、黎巴嫩和叙利亚。

（左图）10世纪时描绘推罗被围困时情景的微型画。虽然推罗人尽全力维护自己的城市，但亚历山大大帝最终还是获得了胜利。

（上图）公元前6世纪腓尼基人雕刻的女性半身塑像碎片。

的出现，可能是因为公元前865年亚述纳西尔帕二世统治之下亚述军队的入侵。

贸易殖民地

公元前9世纪和前8世纪，亚述帝国持续入侵叙利亚和腓尼基，成为腓尼基人在地中海地区建立新贸易殖民地的重要原因。公元前9世纪，在亚述纳西尔帕二世和沙尔马那塞尔三世先后举兵入侵腓尼基时，比布鲁斯、推罗、西顿等城市还能通过向亚述国王纳贡而避免政治纷争。但亚述人出现带来的不稳定局面，促使腓尼基的许多贸易城市，特别是推罗，开始转向地中海的其他地区建立贸易殖民地。其中最著名的是约公元前814年推罗移民在北非建立的迦太基。

亚述人对于腓尼基城的影响越来越大，尤其是在公元前8世纪和前7世纪他们正式控制了叙利亚

▶历史

的领土之后。虽然从这一时期开始，政治和军事纷争不断，但是腓尼基人的贸易活动却继续兴盛。

在抵抗亚述人的斗争中，推罗起到了领导作用，这得益于当时的推罗是一座岛城。公元前701年，亚述人控制了除推罗之外的所有腓尼基城市，推罗当时的国王努尼逃往塞浦路斯，这暗示着推罗人已经向亚述人屈服。公元前7世纪早期，西顿作为一个更为重要的腓尼基城市崛起，但由于其国王反抗亚述人的统治，西顿在公元前675年被亚述人彻底摧毁。

衰落

公元前585年—前572年，新巴比伦国王尼布甲尼撒二世对推罗城进行了长达13年的围困。直到推罗国王承认巴比伦的统治之后，围困才得以解除。

公元前332年，亚历山大一世在腓尼基沿海地区展开了一系列的军事行动，这是他对波斯阿契美尼德王朝发起的复仇战争的一部分。除推罗之外，大部分腓尼基城市都宣布投降。推罗坚持了7个月，直到亚历山大军队修建了一条通往岛上的陆桥，胜负就此决定。这座通往胜利的陆桥留存至今。

（右图）艾伯特·赛贝尔于19世纪绘制的水彩画，画中描绘的是一只传统的腓尼基贸易船正抵达埃及的亚历山大港。

前10000年—600年
祖先、帝国和古代工艺

更快、更高、更强

奥林匹克运动会在古代（前776年—公元394年）是一种宗教性的庆典，人们相信运动员们是得到希腊众神之王宙斯启示的人。

约前2000年 克里特岛上建成第一批宫殿

前776年 据伊利斯的智者希庇阿斯（约前460年—前399年）依奥运会获胜者记录计算，第一届奥林匹克运动会应该是在前776年举行的。来自伊利斯的科罗博斯赢得了第一场短跑比赛

前752年 用神圣的橄榄树枝编成的花环第一次被奖赏给奥林匹克运动会的获胜者

前720年 在第15届奥林匹克运动会上，新增了长跑项目。来自斯巴达的阿坎萨斯赢得了第一场长跑比赛。奥尔西波斯可能是第一个裸体参加奥林匹克运动会的人

前594年 雅典人开始进行专项训练，以打破斯巴达运动员在奥林匹克运动会的主导地位

前490年 在马拉松战役中，雅典人打败了波斯军队

前472年 奥林匹克运动会延长至五天时间

前336—前323年 亚历山大大帝成为马其顿国王。棕榈枝在奥运会上被当作胜利的直接象征

运动竞赛是通过认同和再现宙斯的神力来表达对宙斯的崇敬之情。奥林匹克运动会在希腊西部的奥林匹亚举行，每四年一次。更精确地说，奥林匹克运动会是在树木繁茂的神圣之地阿尔提斯举行。运动员们从希腊各地跋涉而来。运动会期间希腊各城邦必须停战，这是当时希腊人民的共识，他们认为战争是生活中非常自然的一部分，也一致同意应该通过定期举办奥运会来向宙斯表示敬意。他们认为，如果打扰了前去参加神圣赛会的运动员而冒犯了宙斯，是一种非常危险的行为。

运动员和观众每隔4年就会前往奥林匹克，这除宗教原因之外，还有其他的原因。比方说，运动

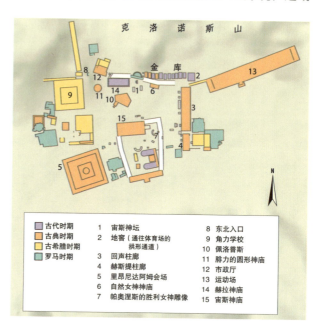

前10000年—600年
祖先、帝国和古代工艺

哦，我的灵魂，我们是否应该为了桂冠和竞赛而歌唱——我们会知晓，太阳比群星更能温暖着大地，没有哪个节日能够遮盖奥林匹亚的光芒。

——节选自品达的《奥林匹亚颂诗》第一部分

员不仅会为自己争得荣誉，还会从他们所在的城市获得丰厚的奖励。胜利的雅典运动员，余生的膳食都会由公共支出供应。外交家们会利用这次机会同敌对城邦进行谈判。商人们会趁机兜售他们的货物，并寻找新的贸易机会。此外，运动会期间还会举办各种文化活动，比如音乐演奏会、戏剧、诗歌和历史朗诵会等。这时的聚会简直是整个希腊世界的缩影。难怪意大利和西西里岛的边缘地区都希望成为希腊世界的一部分，获准参加奥林匹克运动会。

起源与神话

公元前776年，第一届奥林匹克运动会在古希腊举行，并留下了优胜者的名单。在传统认知里，人们将赫拉克勒斯视为运动会的创始者。然而，关于运动会的起源，最著名的神话莫过于英雄珀罗普斯与邪恶的国王俄诺玛诺斯之间的故事。关于这一故事，流传有多个版本，但核心内容都是一致的：

（下图）奥林匹亚运动场遗迹，可以追溯到前3000年。运动场的中心是沙质地面，主要用于摔跤或拳击比赛。

89

▶历史

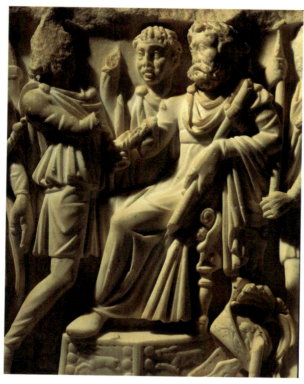

（左图）这幅罗马大理石浮雕描绘的是珀罗普斯和他的妻子希波达弥亚。根据神话传说，之前许多希波达弥亚的追求者都被她的父亲杀了。

宙斯的孙子珀罗普斯渴望迎娶国王美丽的女儿希波达弥亚，傲慢的俄诺玛诺斯则提议与珀罗普斯驾车竞赛，奖品就是他美丽的女儿。最终，珀罗普斯赢得了比赛，而俄诺玛诺斯因御者提前取走了车轮上的钉子而送了命。这一结果，被视为宙斯的正义之举。

比赛项目及誓词

虽然这个故事中交织着期望、兴奋和战车比赛的危险，但在奥林匹亚最早开始的项目却是竞走。比赛沿着竞技赛场举行，长度大约为200米。后来又增添了各种其他的项目，包括拳击、摔跤、跳远、掷标枪和掷铁饼、赛马以及赛战车等。当时的跑步比赛与现代的田径运动会非常相似。典礼仪式的高潮部分是运动员和裁判员背诵誓辞，以及向宙斯献祭100头牛。这些牛肉会用于比赛结束后举办的盛宴。

○ 现代夏季奥运会主办城市

桂冠

在公元前6世纪之前,斯巴达人一直垄断着获胜者名单。获胜奖品是用野生橄榄枝制成的花冠,据说这种树是大力神赫拉克勒斯从伊斯特洛斯河(多瑙河)带到此地的。比赛没有团队项目,只有男人才准许参加比赛。比赛期间,女人禁入阿尔提斯。

运动会期间比赛成绩没人关心,重要的是赢。马拉松比赛是现代奥运会的重要组成部分,却并非古代奥林匹克运动会的重要项目。事实上,这一比赛代表着现代人对于雅典士兵菲迪皮茨卓越勇气的纪念。公元前490年,菲迪皮茨在雅典和斯巴达之间来回奔跑,总路程大概有150英里(约241千米),主要为了传递波斯人到达马拉松小城的消息。

(下图)1896年,雅典举办了第一届现代奥林匹克运动会,自此以后奥林匹克运动会每4年举办一次,只有在第一次和第二次世界大战期间暂停过。

> 历史

新巴比伦王国

公元前616年，为反抗亚述人的统治，巴比伦帝国建立，现代学者称其为"新巴比伦王国"。

亚述帝国兴起于公元前8世纪中期，前7世纪中期时它已经控制了美索不达米亚平原南部、伊朗、近东和埃及。这种控制没多久就因新巴比伦王国的兴起而迅速瓦解。

巴比伦国王尼布甲尼撒来到耶路撒冷，并对其实施围困。
——《圣经》中的《但以理书》

前587年 犹太地区成为巴比伦的一个省

前586年 尼布甲尼撒二世征服了腓尼基

前581年 尼布甲尼撒二世烧毁了耶路撒冷

前539年 居鲁士征服了巴比伦，将其纳入波斯帝国

前539年 居鲁士释放了被掳至巴比伦的犹太囚徒

尼布甲尼撒二世

尼布甲尼撒二世是新巴比伦王国最重要的统治者，于公元前605年开始掌权。他是那波帕拉沙尔国王之子，在巴比伦反抗埃及的斗争中发挥了重要作用。公元前605年春，在叙利亚北部的卡尔凯美什（今哲拉布鲁斯）战役中，尼布甲尼撒统帅的巴比伦人痛歼埃及军队。8月，那波帕拉沙尔国王去世，尼布甲尼撒二世赶回巴比伦，正式继承王位。

《旧约全书》

公元前601年在与埃及的交战中，巴比伦并未占据优势。帝国在叙利亚的统治遭到了挑战，特别是犹太地区。公元前597年，尼布甲尼撒二世罢黜了犹太国王约雅敬，废除了他在耶路撒冷的权力，并扶植新的傀儡作为统治者。此外，他还将大量的犹太人掳至巴比伦，其中就包括《旧约全书》中的先知人物以西结和但以理。

《旧约全书》中描述的但以理被投入狮穴的故事就发生在巴比伦，除此之外还有许多讲述犹太人被囚禁于巴比伦的重要故事，从这些故事中能看出尼布甲尼撒二世的疯癫状态，这是犹太之神对他压迫犹太人民而做出的惩罚。当尼布甲尼撒二世把但以

（下图）12世纪制成的青铜大门局部图，描绘的是王座上的尼布甲尼撒二世。

前10000年—600年
祖先、帝国和古代工艺

（上图）巴比伦空中花园是尼布甲尼撒二世为取悦他的妻子而建造的，现在留存下来的仅有地基。巴比伦空中花园被列为早期世界七大奇迹之一。

理的三个伙伴哈拿尼雅、米沙利、亚撒利雅投进熔炉时，上帝派出天使保护了他们，让他们在熔炉里自如行走而毫发未伤。

围困推罗

《旧约全书》的描述使犹太地区反抗巴比伦统治，及他们的人民和耶路撒冷地区的遭遇，远比其他故事更为人所知。其实这一时期，叙利亚地区还有许多其他王国的反抗故事，其中最著名的是腓尼基的推罗，位于现在的黎巴嫩地区。

尼布甲尼撒二世的军队对推罗实施了长达13年的围困（前585年—前572年），最终双方达成妥协，推罗承认了巴比伦的部分统治。公元前567年，尼布甲尼撒二世远征埃及，被击退后似乎厌倦了与埃及的长年战争，最终承认了埃及在叙利亚的部分统治。

空中花园

除了与埃及的战争和对犹太地区的抢掠，尼布甲尼撒二世还有许多广为人知的事迹，如将巴比伦城打造成了古代世界上最伟大的城市之一。著名的、传为取悦其王后（米底公主阿米蒂斯）所建的空中花园是他对妻子爱意的表现；他下令在巴比伦城周围建造的城墙，据古代作家记载，长度达到了45英里（70千米）。

泰马

尼布甲尼撒二世死于公元前561年。在接下来的6年里，巴比伦陷入动乱，其间历经三个国王，统治时期都非常短暂。公元前555年，一个名叫那波尼德、与上任国王关系不明的人继任为巴比伦国王。

三年后，他放弃了巴比伦城，把王宫迁到了泰马——位于阿拉伯沙漠的贸易之路上一块富饶的绿洲。这一举动的目的，有可能是使都城更靠近其与埃及人仍然纷争不断的叙利亚地区。

帝国的灭亡

然而，那波尼德所面临的最严重的问题，是公元前559年居鲁士成为波斯人的首领。公元前553年，居鲁士控制了米底地区，在接下来的10年里，他的权力不断扩大。公元前539年，居鲁士军队在今天伊拉克北部底格里斯河与迪亚拉河的交汇处，大败巴比伦军队。同年10月，巴比伦处于居鲁士的控制之下。新巴比伦王国这时已名存实亡，其余领土很快落入波斯人手中。

（右图）17世纪法兰斯·弗兰肯的画作，画中描绘的是巴别塔（巴比伦塔），《旧约全书》中的"创世记"篇章中对此有所记述。

前10000年—600年
祖先、帝国和古代工艺

95

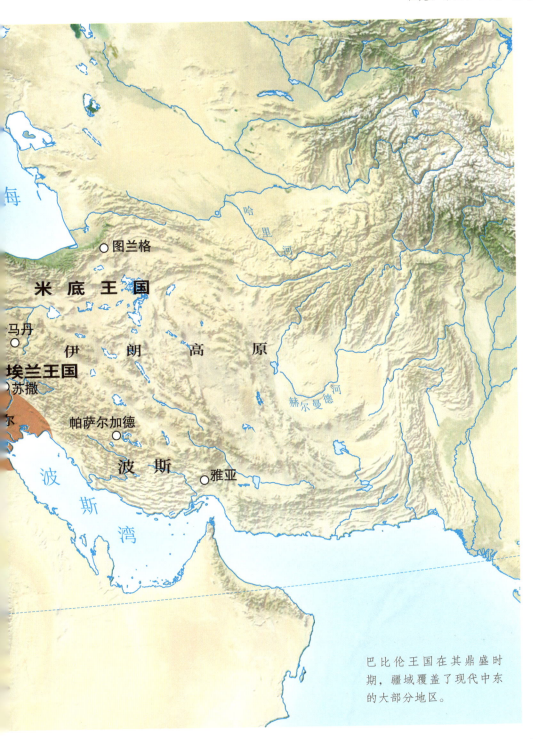

巴比伦王国在其鼎盛时期，疆域覆盖了现代中东的大部分地区。

> 历史

波斯帝国

很难讲清阿契美尼德王朝统治下的波斯在伊朗是如何崛起的,因为一切来得太快,同时代的人几乎无法预见到他们会变得如此强大。

> 优秀的诗歌,能够揭开世界的奥秘。
> ——波斯诗人哈菲兹

公元前559年,居鲁士继任为伊朗西南部法尔斯之王,并迅速开始向外扩张势力。公元前539年,居鲁士远征位于美索不达米亚平原的巴比伦城,并攻占了巴比伦城。

扩张

居鲁士死后,冈比西斯继位,他在位时间虽然较短(前529年—前522年),却将埃及纳入波斯帝国的版图。公元前525年,波斯征服埃及,与巴比伦帝国不同,冈比西斯出任埃及的国王,以更为直接的方式来统治埃及。事实上,埃及已成为波斯帝国的一块辖地,而正如波斯帝国统治下的大部分领土,它们都被分割为一个个单元。

大流士一世

冈比西斯的继任者大流士一世在位时间较长(前521年—前486年),在此期间他征服了北非的利比亚,并将印度西部地区纳入了波斯帝国的版图。

由此,波斯帝国当时控制着非常广阔的领土,从地中海的南部沿海,经过叙利亚、近东、美索不达米亚平原和伊朗,一直扩展到中亚诸多地区,甚至到达印度。大流士统治下的波斯帝国至此成为西南亚地区最伟大的帝国。

前2000年 象棋游戏在波斯发展起来

前539年 波斯帝国皇帝居鲁士攻占巴比伦,释放了犹太人

前521年 大流士成为波斯国王,并将帝国的疆域向西推进到印度河流域

前331年 亚历山大大帝征服波斯

460年 波斯国王菲鲁兹迫害犹太人,迫使犹太人迁移到阿拉伯地区

632年 阿布·巴克尔对罗马帝国和波斯帝国宣战

650年 阿拉伯人全面征服波斯帝国

薛西斯一世

大流士一世死于公元前 486 年，之后薛西斯继位，其在位时间为公元前 485 年—前 465 年。公元前 479 年—前 478 年，薛西斯举兵入侵希腊。尽管薛西斯从水陆两路多次进攻希腊，却未能战胜希腊军队，反而水陆皆败，最终撤军而返。这一事件标志着阿契美尼德王朝庞大帝国扩张之路的终结。薛西斯死后，波斯帝国内部的权力斗争导致扩张行动变得难上加难。

联合军队

波斯军队由步兵、战车和骑兵组成，统领面临的难题之一，就是其军队成员复杂构成。波斯帝国

（下图）弗拉芒画家扬·勃鲁盖尔（1568 年—1625 年）描绘的伊苏斯之战。在这场战役中，亚历山大大帝大败波斯军队。

（左图）伊朗阿契美尼德王朝城堡中礼堂墙壁上的浅浮雕画。画中波斯阿契美尼德王朝国王大流士一世正端坐在王位上。

境内包含许多不同的民族和群体，士兵中有来自中亚的骑术高超的骑手，来自巴比伦的投石手，以及大量的希腊雇佣军。这些身怀不同技能的人，在协调性上给指挥带来了困难。

大流士三世

现存的关于前5世纪和前4世纪的波斯帝国历史资料，主要来自希腊，因此其中对于波斯帝国统治的描述并不公正客观。在看待历史上阿契美尼德王朝如何遭逢最难应付的挑战——与亚历山大大帝之间的战役时，理当牢记这一点。

阿塔薛西斯三世和阿勒西斯先后被谋杀后，公元前336年阿契美尼德王朝最后一位统治者大流士三世开始掌权。大流士三世是阿契美尼德王朝王室旁支，他在战争中以勇猛著称。

帝国衰落

公元前334年5月，大流士三世领导下的波斯军队在格拉尼卡斯河首次遭遇亚历山大大帝带领的入侵军，被毫不费力地打败。第二年11月，在西里西亚的伊苏斯，双方军队再次相遇。大流士三世仓皇逃命。这一故事后来成为著名的精美的亚历山大镶嵌画的主题。

亚历山大大帝夺取了阿契美尼德王朝在小亚细亚、叙利亚和埃及的全部领地后，公元前331年，马其顿和波斯军队在伊朗北部第三次交战。高加米拉会战，波斯帝国败北，大流士三世逃往伊朗。公元前330年夏，大流士三世被巴克特里亚总督拜苏谋害。

大流士之子薛西斯一世在土耳其和欧洲的狭窄通道赫勒斯庞特（达达尼尔海峡）时的场景。

▶ 历史

古印度帝国

当亚历山大大帝入侵印度时（前327年—前325年），这片土地主要分布着各个较小的王国、公国和共和制城邦。

> 印度人生活非常简朴，特别是住在帐篷中的人们。他们不喜欢许多人乱哄哄地住在一起，因此，他们非常遵守秩序。盗窃也很少发生。
> ——麦加斯梯尼（约前350年—前290年），古希腊作家，历史学家

亚历山大大帝的入侵，反而促成了印度各地政治上的联合与团结，印度历史上第一个帝国孔雀帝国由此崛起。孔雀帝国虽仅延续了136年（前321年—前185年），其统治范围却覆盖了印度次大陆及阿富汗的大部分地区，为之后的统治者树立了榜样。在这之后的巽伽王朝和贵霜王朝，统治时间都比较短暂。直到公元320年，在笈多王朝（320年—550年）的统治之下，一个覆盖整个次大陆的帝国才建立起来。历史学家将公元前321年到公元550年这段时期称为印度的"帝国时代"，是恰如其分的。

孔雀王朝（前321年—前185年）

前304年　旃陀罗笈多用500头战象换取了印度河流域的控制权

前250年　佛教徒在彭塔召开会议，确立了佛教经文的标准和规范

50年　第一座佛塔在桑吉建成

380年　佛教徒在巴克特里亚（阿富汗斯坦）的岩石上雕刻了两尊巨大的佛像

499年　印度数学家阿耶波多撰写了第一本代数学的书《阿里亚哈塔历书》

亚历山大入侵印度西北部时，印度人的节节败退让许多人深受震动，考底利耶便是其中之一。当时他是一位受人尊敬的学者，任教于塔克西拉大学（近今拉瓦尔品第市）。旃陀罗笈多是考底利耶最为出色的学生，精通军事和外交。在老师的指导下，旃陀罗笈多挺身而出，组建了反击外敌入侵的联盟。旃陀罗笈多推翻了令人憎恨的难陀王朝，建立孔雀王朝，将摩揭陀国及其首府华氏城作为政治扩张的基础。到了晚年，旃陀罗笈多潜心宗教，自动让位给他的儿子宾头娑罗（前297—前272年）。旃陀罗笈多成为耆那教徒，并前往耆那教圣地斯拉瓦纳贝拉戈修行。

历史学家盛赞旃陀罗笈多之孙阿育王为印度古代历史上最有才干、最高尚的统治者。阿育王即位

伊始便征战杀戮，残忍弑兄，但在公元前260年征服羯陵伽国（属今奥里萨邦）之战中，他亲眼目睹10万余人死于战争惨状后，深感悔悟，选择以和解来化解冲突，以宽恕来代替复仇。不过，他却并不是反战主义者——他维持着庞大的军队，以确保国内的稳定和抵抗外侮。在他统治期间，印度帝国的疆域从阿富汗的奥克苏斯河一直绵延至印度北部、德干高原以及康坎地区。

辽阔的孔雀帝国实行中央政府与村庄自治并存的联合行政体制。各级行政部门都设有法庭负责收缴罚款，掌管工商业的行政官员负责收缴通行税和行使各项行政职能。下自村庄，上至各级官员，都能遵照国王的意旨，以执法公正为准则。作为实行家长式管理的政府，孔雀王朝为老人、贫困的寡妇、残疾人和孤儿提供居所。政府专门设立项目用于灾荒救济、援助难民和遭受瘟疫影响的人。在各个地区，还有各种支持项目，为农民提供种子和耕牛，以帮助他们抵御旱涝灾害。

阿育王死后不到50年，孔雀王朝开始走向瓦解。公元前187年，孔雀王朝的最后一位统治者被普希米拉特·巽伽将军在阅兵时杀害。替代的巽伽王朝统治时的疆域大为缩小，范围仅从印度河至摩揭陀国。普希米拉特死后，王朝领土被各诸侯瓜分。

（上图）马图拉地区出土的粉色石灰岩雕刻的佛陀头像（约430年—435年）。

贵霜王朝（前165年—约233年）

与此同时，印度北部也遭到来自西北方外敌的入侵，其中包括贵霜人。贵霜人是中亚地区大月氏部落的一个分支，后迁居到伊朗东北部。

公元1世纪，在首领丘就却的带领下，贵霜人征服了印度西北部。丘就却之孙迦腻色伽（78年—101年在位）成为贵霜帝国最强大的统治者。在他的统治下，贵霜帝国控制了从中亚到东部的奥德和克

（下图）这幅刻画着母子二人的模制许愿版是约2世纪用陶瓦制成的。时间为巽伽王朝时期。

（右图）该地图清楚地呈现了笈多王朝时期印度帝国拓展的疆域。

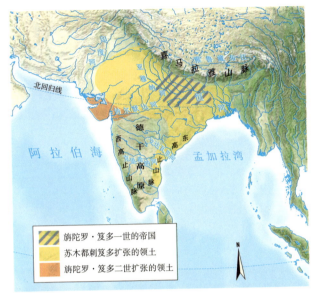

什米尔的广大地区。自迦腻色伽定都布路沙布逻（今白沙瓦），贵霜帝国在公元3世纪前一直非常强大，并对佛教的传播起到了十分重要的作用。

迦腻色伽特别崇尚佛教。在他的统治之下，佛教通过巴米扬山谷传播到了中亚和中国。如今巴米扬山谷中依然留存着许多佛祠就是证明。

笈多王朝（320年—550年）

直到公元320年，旃陀罗·笈多建立笈多王朝，印度才实现同孔雀王朝时期一样的政治团结。笈多王朝代表了古印度的黄金时代。在这一时期，印度文化开始向东南亚广泛传播。

作为笈多王朝最伟大的统治者，沙摩陀罗·笈多统治下的帝国从旁遮普延伸到迦摩缕波，从南印度到坎奇。从公元5世纪中期开始，旃陀罗·笈多二世（375年—415年）的继承者们统治下的印度深受匈奴人的侵扰，军事、财政和政治力量都开始减弱。

到6世纪中期，笈多王朝的势力所及仅限于摩揭陀到孟加拉之间的地区。

> 历史

伯罗奔尼撒战争

公元前5世纪和6世纪是希腊政治与文化发展的黄金时期，而伯罗奔尼撒战争通常则被视为这一黄金时代结束的标志性事件。

前431年 斯巴达入侵阿提卡。雅典开始暴发瘟疫

前429年 伯里克利去世。瘟疫持续

前424年 特里昂战争爆发。雅典人被底比斯人打败，修昔底德被流放

前421年 《尼西阿斯和约》签订

前411年 政治暗杀和恐怖统治使雅典民主遭到破坏

前410年 亚西比德带领军队在爱琴海地区取得胜利

前406年 在诺提昂战役中，安条克被吕山德打败。修昔底德被免职。斯巴达求和

前405年 围困雅典

前404年 饥饿断粮迫使雅典人投降

伯罗奔尼撒战争充分揭示了黄金时代希腊城邦繁荣表象掩盖下的紧张局势和重重问题。这场战争的交战双方主要是雅典和斯巴达，而我们对这段战争史的了解，基本上来源于历史学家、曾担任过雅典将军的修昔底德所留下的史料。

伯罗奔尼撒战争爆发之时，雅典拥有强大的海军，在爱琴海占据主导地位。这一优势归功于首席将军伯里克利战争爆发前20年在雅典的领导。在雅典积极发展海军力量的同时，斯巴达及伯罗奔尼撒联盟的其他成员则建立起了令雅典无法企及的强大的陆上军队。

伯罗奔尼撒同盟

从约公元前433年开始，伯里克利似乎就有意针对斯巴达及其盟友从中作梗，以使雅典从中受益。

（右图）亚伯拉罕·奥特柳斯于16世纪绘制的这幅爱琴海地区图，是伯罗奔尼撒战争涉及的主要地区。

前10000年—600年
祖先、帝国和古代工艺

抵御围困

雅典抵御阿斯巴达入侵阿提卡以及斯巴达装甲步兵的一个重要工具就是25年前建造的防御墙。这道防御墙一直延伸到比雷埃夫斯港，使得雅典在遭遇斯巴达围困之际，依然能够开放港口，保持货物供应。

图例：雅典及其同盟（前405年）／斯巴达（前405年）

（上图）从大约前412年开始，斯巴达开始加强海军和陆军的建设，并在接下来的战争中打败了雅典。

他所采取的措施包括禁止迈加拉商人进入爱琴海市场，以及干涉科林斯的殖民地。于是，这些深受雅典压迫的城邦开始游说斯巴达，让其带领伯罗奔尼萨同盟予以反击。在维奥蒂亚、福基斯、迈加拉和洛克里斯等城邦国家的支持下，以斯巴达为首的伯罗奔尼撒同盟决意向雅典宣战。

斯巴达的入侵

伯罗奔尼撒战争的第一阶段（前431年—前421年），以斯巴达入侵阿提卡（首府雅典）作为开始。与雅典军队相比，斯巴达的装甲步兵优势明显。然而，雅典却拥有十分强大的海军优势，双方一直僵持不下，最终于公元前421年签订了《尼西阿斯和约》。

西西里争夺战

和平条约的签订暂时限制了雅典的扩张，使希腊一直处于和平状态，直到位于西西里的希腊殖民地出现争端，这种状态才被打破。

> 如果一个人能够面面俱到地考虑问题，意味着他完全不是行动派。疯狂的热忱才是真性情的标志。
>
> ——修昔底德（约前460年—前395年）在《伯罗奔尼撒战争史》中如是说

瘟疫

　　雅典防护墙一直延伸到比雷埃夫斯港，该地区居住着大量阿提卡的农村人口，他们是为了躲避斯巴达的入侵而逃到这里的。雅典的人口由此猛增，导致公元前430年—前426年雅典大瘟疫来临时，损失惨重。瘟疫夺走了成千上万人的生命，其中包括杰出的政治家、城邦统治者伯里克利，他于公元前429年染病而亡。历史学家修昔底德也感染了瘟疫，但最终逃过了一劫。

　　为乘机扩大雅典的影响力，公元前415年，雅典公民大会经过投票，决定派遣一支大军进入西西里，由亚西比德、尼西阿斯等三位将军联合指挥。这一军事冒险行动从一开始便是个灾难。由于亚西比德被指控亵渎依洛西斯秘密仪式（宗教仪式），因此被雅典政府要求回国。亚西比德深知如果返回雅典，很可能会被判处死刑，于是逃往斯巴达，并鼓动斯巴达人出兵援助叙拉古。最终，科林斯人首先带头援助叙拉古。虽然雅典的增援部队于公元前413年到达，但是这场围城之战仍然无法取胜。最终，尼西阿斯因军队损失殆尽，决定撤围退兵。

投降

雅典远征西西里，几乎丧失了最精良的陆军和全部的舰队。爱琴海地区原来臣服于雅典的诸多城邦趁这一时机纷纷发动叛乱。

斯巴达抓住这一机会，掀起了反对雅典的运动。最初，雅典取得了几次胜利。但是公元前412年，波斯开始涉足这场纷争。在它的资助下，斯巴达建立起一支庞大的舰队。公元前405年，斯巴达海军在其统帅吕山德的带领下，多次重创雅典舰队。第二年春，雅典不得不向斯巴达投降。尽管斯巴达的盟邦都希望彻底摧毁雅典，但斯巴达拒绝了这一请求。雅典和比雷埃夫斯之间的城墙被拆毁，雅典也被剥夺了保有海军的权利。

根据希腊历史学家色诺芬的记载，斯巴达人宣称，对雅典军事力量的摧毁标志着希腊自由时代的来临。

（下图）公元前415年，雅典对斯巴达的海战遭遇灾难性的后果，大约6000人死于这场战争，同时也造成了随后几年雅典的政治动荡。

历史

希腊世界

从 公元前404年伯罗奔尼撒战争结束，至马其顿出现并发展成为希腊的统治力量，这一阶段是希腊历史上非常重要的一段时期。随着亚历山大大帝的主动进攻，希腊军队和文化开始迅速进入近东、美索不达米亚平原、中亚和印度。这一时期发生的一系列事件很好地解释了这一点。

前399年 哲学大师苏格拉底逝世

前388年 柏拉图创办雅典学院

前338年 马其顿国王腓力二世在喀罗尼亚击败希腊联军

前336年 马其顿国王腓力二世被刺杀，其子亚历山大即位

伯罗奔尼撒战争耗时较长，战争结束时，希腊各城邦已经疲惫不堪。在战争期间，雅典的海上舰队被彻底摧毁，这使得希腊在爱琴海地区的贸易变得脆弱，也为波斯入侵希腊提供了契机。

斯巴达

在伯罗奔尼撒战争中，斯巴达一直在对抗雅典中处于领导地位，这种局面延续到了战后的希腊城邦。但是，它的暴虐统治很快遭到了其他城邦国家的反抗。

斯巴达在雅典等许多城邦设立了总督卫戍部队和管理委员会。在雅典，卫戍部队驻扎在雅典卫城，由30人组成的委员会负责监督城市的运转。公元前403年，该委员会下令对1500个雅典公民执行死刑，并对5000个雅典公民予以流放，作为对他们在伯罗奔尼撒战争中抵抗斯巴达活动的惩罚，雅典人看到了其残酷的面目。

公元前401年，波斯国王居鲁士带领军队在美索不达米亚平原与他的兄弟作战时，大约有1万个希腊雇佣兵在居鲁士的军队中为其效力。居鲁士在库纳克萨战役中战败后，这些希腊雇佣兵取道亚美尼亚回到希腊。身为雇佣兵将军之一的色诺芬记载了这段远征之旅，此事似乎成为希腊大举进攻波斯的助推因素之一。

（上图）希腊英雄、斯巴达国王莱奥尼达斯（前490年—前480年在位）经典半身塑像。

祖先、帝国和古代工艺

在居鲁士带领希腊雇佣军前往征战后不久,斯巴达想要在小亚细亚重新确立其作为希腊保护者的角色,但这一过程并不顺利。公元前395年,多个希腊城邦组成联盟共同反对斯巴达的统治,这里面有底比斯、科林斯和雅典在内的诸多城邦。

公元前394年,斯巴达首席将军吕山德在战争中遭底比斯人的突袭而阵亡。这标志着斯巴达陷落的开始。斯巴达最终于25年后彻底瓦解。公元前371年,在距离底比斯仅数英里的留克特拉,底比斯领导的同盟军大败斯巴达军队。因无力募招因战争伤亡所损失的兵员,斯巴达从此一蹶不振。

> 100个人中产生1个英雄,1000个人中能找到1个智者,但成千上万人中未必能找到一个才华横溢之士。
> ——柏拉图(约前424年—前348年),希腊哲学家、教师

底比斯

在斯巴达衰落之时,希腊已然分崩离析,波斯得以利用这一局势在希腊世界耀武扬威。波斯不仅控制了小亚细亚的希腊城邦,还充当起希腊各城邦之间争端仲裁者的角色。

公元前371年—前362年期间,底比斯成为实力最强的希腊城邦。底比斯是这一时期的皮奥夏联

(下图)这幅存放于梵蒂冈的壁画描绘了雅典学院的景象,位于画面中心的是柏拉图和亚里士多德。这幅壁画由拉斐尔为教皇朱理二世所作。

历史

盟的领导者，同时它也借此增强其在希腊的影响力。幸运的是，底比斯这一时期的军事和政治领导者都精明强干。首席将军伊巴密浓达与极具说服才能的政治领导者佩洛皮达斯通力配合，对底比斯在希腊占据优势地位 10 年之久功不可没，且缺一不可。

两人去世后的公元前 362 年，底比斯则被雅典、亚加亚、斯巴达等城邦组成的联盟打败，底比斯也由盛转衰。公元前 360 年，希腊世界陷入严重的混乱状态。

扩张内因

希腊的这种混乱状态一直持续到公元前 4 世纪中期。当代学者通常认为，这是此后几个世纪里希

希腊（约前404年）

腊大规模对外扩张的原因之一。

首先，在之前的40年里，战火频仍让希腊各城邦疲惫不堪。缘此，在睿智而残暴的国王腓力二世的领导下，马其顿才能趁势崛起并占据主导地位。尽管腓力二世领导下的马其顿招致了许多希腊城邦、尤其是底比斯和雅典的不满和愤恨，但它也解除了希腊各城邦对波斯势力横扫希腊世界的持续焦虑，反波斯情绪得以不断高涨。

一个世纪战火不断、四分五裂的状态，无意间还导致了另一种现象的出现，现代历史学家称其为"泛希腊主义"。泛希腊主义是指各个独立的城邦遵循共同的希腊文化。

对这一概念起到推动作用的重要人物之一是雅

（下图）公元前404年的希腊世界及其周边地区。

典颇有影响力的演说家伊索克拉底（前436年—前338年）。几十年来，他一直呼吁人们展开针对波斯的泛希腊战争。公元前338年，这位近百岁高龄的老人去世时，由马其顿领导的、针对波斯的希腊战争正处于早期发展阶段。

西西里和叙拉古

在伯罗奔尼撒战争的第二阶段，西西里岛一直是斯巴达与雅典之间争斗的关键地区，而最终雅典接受了灾难性的毁灭。

这场争斗使迦太基更多地卷入了西西里岛战端。公元前409年，迦太基首领汉尼拔·曼戈派出一支军队控制了西西里岛。这次远征取得了一定的成功，于是他又于公元前405年派出另一支军队，计划攻占叙拉古。

在叙拉古，刚刚即位的狄奥尼西奥斯早已在城中设防，抵御攻击。不料，当迦太基于公元前405年发动进攻时，瘟疫席卷了双方军队，不得不签订条约暂时妥协。

（下图）帕特农神庙于公元前450年—前430年建于雅典卫城，是用以祭祀希腊女神雅典娜的神庙。如今，它依然高高耸立，俯视着雅典的美丽山川。

（右图）亚伯拉罕·奥特利乌斯绘制的这幅古代地图包括西西里岛、撒丁岛、科孚岛、泽尔比岛、厄尔巴岛、马耳他岛和哲巴岛等地中海诸岛。

公元前398年，狄奥尼西奥斯聚集了足够的力量，对迦太基在西西里的一些据点，特别是摩提亚展开攻击。第二年，新的迦太基首领希米尔科则以围困叙拉古作为回报，但瘟疫的爆发再次打断了双方的军事行动。

公元前387年，狄奥尼西奥斯试图扩大叙拉古在意大利大陆的影响力。最终，叙拉古成功控制了分隔西西里岛和意大利内陆的墨西拿海峡。

随着力量的不断壮大，公元前383年狄奥尼西奥斯再度对西西里的迦太基人展开攻击，行动一直持续到公元前378年条约签订，叙拉古损失严重。

柏拉图

公元前368年，狄奥尼西奥斯离世，他的儿子继位，实行专制统治。第二年，狄奥尼西奥斯家族内部出现纷争，导致西西里内战爆发。狄奥尼西奥斯二世的叔叔狄翁被指控背叛他的侄子，被驱逐出境。

狄奥尼西奥斯二世即位时，狄翁曾邀请他的朋友柏拉图来到西西里做狄奥尼西奥斯二世的顾问。狄翁被流放后，柏拉图不得不返回雅典。但公元前361年，柏拉图又回到叙拉古，在西西里展开了卓有

（下图）这是一幅纪念三位著名的希腊哲学家柏拉图、梭伦和毕达哥拉斯的壁画，绘制于16世纪。壁画中他们被描述成国王的形象。

位于埃皮达鲁斯的圆形大剧场，建于前14世纪，可以容纳1.4万人。由建筑师波利克里道斯设计。

成效的民主实验。前357年，因狄奥尼西奥斯二世的专制统治越来越不得人心，柏拉图的一个学生建议狄翁返回西西里，柏拉图也支持狄翁取代狄奥尼西奥斯二世，实行民主政治。狄翁从迦太基人手中夺取了西西里岛东部地区，然后进军叙拉古，夺取了城堡之外的其他地区。不幸的是，狄翁非但没支持民主政治，反而实行的是寡头统治。公元前354年，狄翁被刺身亡，民主政治才在叙拉古确立下来。

公元前347年，狄奥尼西奥斯二世回到叙拉古，对曾经反对他的人展开报复。绝望的精英层不得不向科林斯甚至迦太基求助。

历史

亚历山大和他的帝国

公元前334年，19岁的亚历山大带着一支约4.5万人的军队离开马其顿，志在征服辽阔的波斯帝国。自此之后，他再也没返回马其顿。

> 当我在做对的事情时，即便遭人诟病，内心依然崇高。
>
> ——亚历山大大帝在听到别人对他的批评时如是说

公元前4世纪中叶，马其顿王国悄然崛起。到公元前323年，它控制的版图向东已经延伸至印度地区。这是古代历史上发展极为迅速的一段重要的历史时期。

▌赫勒斯庞特的开端

波斯帝国主要由小亚细亚、叙利亚、埃及、中亚、美索不达米亚平原和伊朗组成。亚历山大对波斯帝国势力范围的染指，从率军横渡赫勒斯庞特（达达尼尔海峡）开始。

赫勒斯庞特是一条狭窄的水道，常被视为欧洲与亚洲之间的分界线。当载有军队的战舰即将登陆赫勒斯庞特的亚洲海岸一端时，亚历山大象征性地将一根长矛向岸上掷去，宣布亚洲"将臣服于他的长矛之下"。这一举动是在效仿希腊神话中的英雄人物赫拉克勒斯。亚历山大一直对他崇尚有加，并且努力创造征服波斯帝国的战绩以求超越他。此后不久，在小亚细亚西北部的格拉尼卡斯河，亚历山大的军队击败了波斯国王大流士三世，取得了重大胜利。

战败的大流士三世带领军队逃到叙利亚的大马士革，紧紧盯着亚历山大军队的动向。

▌小亚细亚的胜利

打败大流士三世之后，亚历山大率领军队沿着小亚细亚海岸继续前行，并夺取了包括米利都和以弗所在内的一些重要城市。公元前333年底，在现

前343年 亚里士多德来到马其顿，受邀担任亚历山大的老师

前336年 亚历山大的父亲腓力二世被刺身亡。继位之后，亚历山大处决了所有涉事之人

前332年 亚历山大在埃及首都孟菲斯加冕为埃及王

约前331年 亚历山大开始兴建亚历山大城

前327年 亚历山大迎娶了巴克特里亚公主罗克珊娜

前323年 亚历山大离世

前310年 罗克珊娜及其子亚历山大四世被囚禁，并惨遭杀害

今土耳其最南端的伊苏斯，大流士三世带领军队与亚历山大再次展开了一场大战，意图阻止亚历山大继续入侵叙利亚和埃及。

亚历山大又一次取得了决定性的胜利，大流士三世被迫带领残余力量二度溃逃。

推罗围困战

公元前332年年初，亚历山大带领军队沿着叙利亚的地中海海岸前进，攻占了沿途的大多数重要城市。然而，位于叙利亚海岸附近岛屿上的推罗城（在今黎巴嫩），打破了这种局面，它态度强硬，拒绝投降。

亚历山大对推罗的围城战持续了大约7个月，他命令他的军队修建了一条通往岛屿的坡道，最终攻陷了这座城市。

埃及加冕

推罗围困战后，亚历山大带领军队继续前进，攻占了加沙，并继续向波斯统治下的埃及前进，于公元前332年底到达埃及。出乎意料的是，他竟然

（上图）亚里士多德正在给年轻的亚历山大讲授道德观。出自14世纪意大利《书之宝藏》手抄本。

（下图）年轻英俊、南征北战的亚历山大大帝。这尊大理石半身像仿自一件创作于公元前338年的早期希腊雕像，原作者为尤弗兰诺。

（下图）亚历山大大帝和他的战马布塞弗勒斯。关于这个男人和他的战马，流传着许多故事。

受到了埃及人的热烈欢迎，得益于波斯在埃及一直不得人心的统治，他被埃及上下都看成了救星。亲见形势不妙的波斯埃及总督马查希斯立即宣布投降。当时埃及的首都是孟菲斯，亚历山大到达这里后，被加冕为埃及王。

返回尼罗河地区后，亚历山大带领军队于公元前331年4月离开埃及，前往美索不达米亚平原和伊朗，意图永久性地摧毁大流士三世及其军队。

（上图）亚历山大去世时年仅32岁，从他的帝国的辽阔版图上，足以看出其军事战略所取得的成功。

推进美索不达米亚平原

亚历山大率领军队穿过叙利亚，进入美索不达米亚平原北部，他的军队将会在这里，与大流士三世的军队展开最后一次交锋。公元前331年10月1日，这场战役在今伊拉克北部的高加米拉爆发，受到重创的大流士从战场上再次落荒而逃。

随着这一决定性的胜利，美索不达米亚平原南部的重要城市巴比伦城和苏萨也轻而易举地陷落。

123

亚历山大继续向波斯腹地前进，于公元前 331 年底攻陷了波斯帝国的首都波斯波利斯。大流士三世被巴克特里亚总督拜苏谋害，后者希图取而代之。亚历山大命人将大流士三世的遗体送往波斯波利斯，妥善安葬。

（下图）前 327 年亚历山大大帝迎娶巴克特里亚公主罗克珊娜，这幅图画出自意大利画家之手。作者是马里亚诺·罗西（1730 年—1807 年）。

平定中亚

拜苏在巴克特里亚和中亚地区所组织的反抗活动，使亚历山大率军前往巴克特里亚。由于该地区多山，又遭遇冰天雪地的寒冬气候，因此这场战役打得十分艰苦。尽管如此，亚历山大还是拿下了巴克特里亚。拜苏被他的侍从出卖，后被送往米底亚的埃克巴坦那被处以死刑。

远征印度

到这时，亚历山大统治下的疆土已经非常辽阔，包括小亚细亚、叙利亚、埃及、美索不达米亚平原、珀西斯、米底亚和巴克特里亚等。然而，他并未就此停下脚步。从公元前 329 年—前 325 年的大部分时间里，他都在率军攻打印度和中亚。

跟随亚历山大一直东征西战的军队终于不堪疲惫，于印度西北部的希发希斯河发生哗变。尽管亚历山大对此大发雷霆，却不足以动员军队继续前行的信念，于是被迫折返。抵达希达斯皮斯河之后，军队乘坐一艘庞大的战舰沿河来到现今巴基斯坦的卡拉奇地区。

亚历山大的军队从那里返回波斯，路上还穿越了环境严酷的格德罗西亚沙漠。公元前 324 年 3 月，军队到达 6 年前已经夺占的苏萨和波斯波利斯。公元前 324 年春，亚历山大离开苏萨回到巴比伦，计划将巴比伦定为他所统治的帝国首都。第二年年初，各方使臣带着丰厚的礼物前来求见，对他所取得的丰功伟绩表示恭贺。

英年早逝

在巴比伦的大部分时间里,亚历山大都在为远征阿拉伯半岛做准备。5月末,他却意外地病倒了。

关于他的病因和死因,主要有两种说法。一种说法是酗酒死。他在喝下10品脱(6升)烈酒之后,

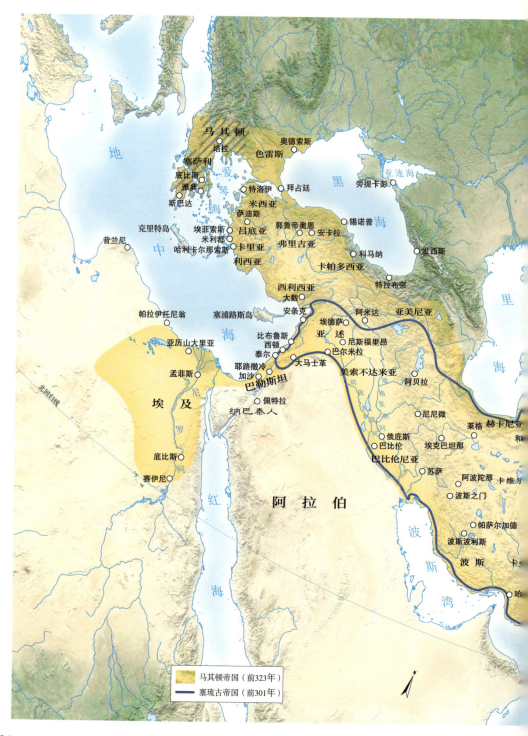

失去意识而死亡。另一种更广为人知的说法是病死。他在参加了一个亲密部将举办的宴会之后，受到感染，开始发热。他每天都要处理国务和祭献神祇，感到越来越力不从心。公元前323年6月8日，亚历山大高烧严重，只能躺在床上，无法开口讲话。他手下心烦意乱的士兵们列队前来看他。两天后的傍晚时分，他离开了人世。

重点要说的是，32岁就死亡的亚历山大并没有确立继承人。据说弥留之际的亚历山大仅仅提到将帝国交给"最强者"。虽然他还没有男性继承人，但在他去世时妻子罗克珊娜已经怀有身孕，几个月后便诞下一子，亦起名亚历山大。

瓜分帝国

对于亚历山大所留下的辽阔帝国，亚历山大家族及他的将军和部下之间历经20余年纷争，才使形势重归稳定。将军托勒密控制了埃及，塞琉古控制着包括叙利亚、伊朗、巴克特里亚和印度北部在内的广阔帝国。安提柯和他的儿子德米特里厄斯占领了马其顿和希腊。他们自立为王，各自建立新的王朝，开始了三个王国长达数百年的统治。

亚历山大对这些地区的征服，改变了其原有的文化，对此后的几千年影响深远。

（左图）塞琉古最终控制了亚历山大帝国的大部分区域。

> 历史

布匿战争

罗马和迦太基之间的战争持续了118年,历史上称其为"布匿战争"。关于布匿战争,也许更为人们熟知的是迦太基的统帅汉尼拔,他利用战象带领军队进入波河流域,打败了罗马军团。

迦太基最初是作为腓尼基的贸易殖民地,于公元前8世纪创建的。迦太基人又被称作"布匿人"。

> 我们终究会找到一条路,否则就自己开辟一条。
> ——汉尼拔决定翻越比利牛斯山时这样说

第一次布匿战争

公元前264年,迦太基在西西里岛的墨西拿建立要塞,这成为第一次布匿战争的直接导火索。罗马人意图拔除这座要塞,第一次布匿战争开始。一开始,迦太基人的海军力量更具优势,而罗马的步兵则更强大些。但是罗马人很快意识到了自己的缺陷,于公元前261年组建起一支由120艘船只组成的舰队,配合陆军作战,并于次年夺取了西西里的大部分地区。

公元前256年,罗马人进攻迦太基本土。罗马人虽然初战告捷,打败了迦太基首领哈米尔卡,但在之后的战役中遭受重创,执政官雷古卢斯被俘,

前195年 败于罗马之后,汉尼拔逃到推罗,后又来到以弗所,被叙利亚的安条克三世奉为上宾

前192年 在汉尼拔的帮助下,安条克三世登陆希腊

前189年 在塞莫皮莱和马格尼西亚,汉尼拔被罗马人打败。他逃到了克里特岛,从那里又回到了小亚细亚,辅助比提尼亚国王普鲁西阿斯一世

约前183年 汉尼拔服毒自尽,而毒药一直被他放在手上的戒指中。因此他并没有被引渡到罗马受审

(右图)公元前218年,当汉尼拔开始他著名的远征之旅,翻越比利牛斯山和阿尔卑斯山进入意大利北部时,他的军队包括20 000名步兵、6000名骑兵和37头战象。

- 西庇阿的海上行军路线（前218—前210年）
- 罗马的行军路线（前216—前211年）
- 汉尼拔的行军路线（前216—前203年）

罗马军队撤退。这以后的几年中，主要是受恶劣天气的影响，罗马海军同样损失惨重。到公元前241年，双方都元气大伤，迦太基人接受了协约，将西西里岛让给了罗马人，并且每年向罗马支付巨额赔款。

（上图）据说，汉尼拔让罗马人（凶猛战神的后代）领教了恐惧的真正含义。"汉尼拔在门外"短短几个字，预示着灾难即将来临。

第二次布匿战争

多年来，迦太基先后在哈米尔卡、哈斯杜鲁巴乃至最后在汉尼拔的统领下，巩固了它在西班牙的地位。公元前226年，罗马人对迦太基的扩张开始感到不安，于是与迦太基签订协议，将迦太基的影响范围局限于埃布罗河流域。然而罗马却继续支持埃布罗河南部的城市萨根托，导致汉尼拔于公元前219年围困并攻占该城。罗马人要求汉尼拔出城投降，遭到迦太基人的拒绝。公元前218年3月，罗马向迦太基宣战。第二次布匿战争爆发。

借助其海军力量，罗马派出了两支军队，一支攻打西班牙，另一支直接进攻迦太基本土。然而汉尼拔率领军队穿越比利牛斯山和意大利的阿尔卑斯山，于公元前218年9月进入波河流域，对罗马展开出其不意的突袭。当时他的军事力量包括2万人组成的步兵团和6000人的骑兵团。罗马的两名执政

（下图）汉尼拔被称为历史上最出色的军事指挥家和兵法家之一。被罗马人打败后，年仅43岁的汉尼拔自愿被流放，离开了迦太基，此后继续发挥他的军事才能，直到64岁辞别人世。

官匆忙组织力量迎战汉尼拔的军队，最终全线溃败。

在接下来的两年里，汉尼拔又使罗马军队连遭重创，特别是公元前217年在罗马北部的特拉西梅诺湖之战中，不但执政官弗拉米尼乌斯丧生，罗马还损失了两个兵团。

关于这段历史的重大疑问之一，就是汉尼拔为什么没有趁胜进攻罗马。也许他认为罗马的防御能力比较强，虽然事实并非如此。而且，他尚未获得意大利中部人民的支持。罗马由此渡过了这次难关，留给汉尼拔的是难以为继的军队给养。

公元前207年，汉尼拔的弟弟哈斯杜鲁巴在意大利北部的战役中阵亡。而这时候，汉尼拔本人深陷意大利半岛最南端而无法脱身，罗马人得以占据上风。

公元前204年，"非洲的征服者"西庇阿受命进攻非洲的迦太基人。次年，双方签订和平协议，汉尼拔撤出意大利。但不久之后，汉尼拔率军返回，和平局面被打破。公元前202年，西庇阿率军在扎玛重创汉尼拔的军队。随后，西班牙的两个省并入罗马版图。

第三次布匿战争

努米底亚王国的国王马西尼萨，在扎玛战役中曾同罗马一起联手对付迦太基人。之后，他继续追击残余的迦太基人。公元前150年，迦太基人被迫反击。在元老加图的鼓动下，罗马向迦太基宣战。战争伊始，迦太基在罗马的围困下，一直顽强不屈，直到公元前146年"非洲的征服者"西庇阿的儿子西庇阿·埃米利亚努斯摧毁了迦太基城，并把迦太基变成了罗马的非洲行省。

（右图）在扎玛战役中，西庇阿大败汉尼拔，这在第二次布匿战争中起到了决定性的作用。扎玛战役的前一年，马西尼萨倒戈，着手加强罗马军团的力量，在战争中起到了关键作用。

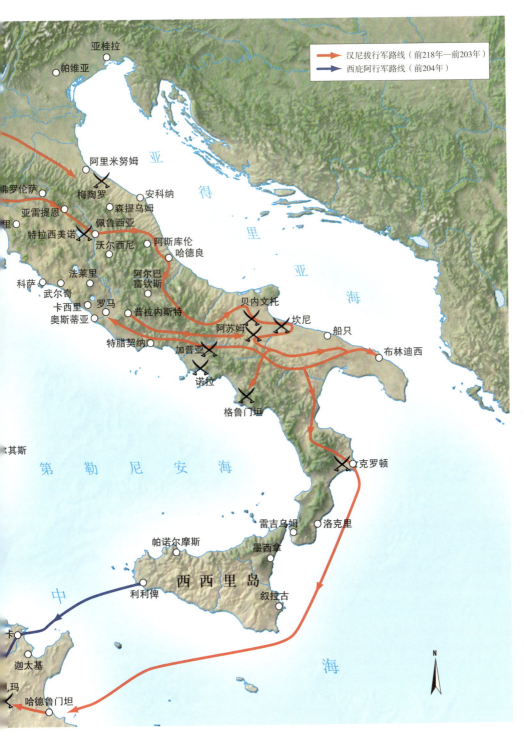

大汉帝国

建都于今西安的汉朝①，是中国历史上时间最长的朝代之一，也是实现统一和扩展帝国疆域的时期。同时，在儒家价值观的影响下，它转变统治思想，实行了积极进取的改革。

> 天子命我，城彼朔方。
> 赫赫南仲，玁狁于襄。
> ——《诗经·小雅·出车》

公元前206年，目不识丁的农民起义者刘邦在长江河谷附近打败秦军②，推翻秦朝，建立汉朝，其国号与中国人口最多的民族汉族同名，刘邦是为汉高帝。

汉武帝

汉武帝刘彻（前141年—前87年在位）是一位学者、诗人，儒家思想的推崇者，他的"盖有非常之功，必待非常之人"思想彻底改变了中国社会。他下诏在全国范围内征集贤能为朝廷所用，且无论出身，唯才是举。

前202年—8年 史称西汉，又称前汉，都城长安，位于今陕西西安

约前101年 汉武帝收复南方失地让中国掌控了贸易路线——丝绸之路

25年—220年 史称东汉，定都洛阳，位于今河南

57年—107年 日本和中亚使者来朝

132年 日晷、漏、天文仪器和纸等相继发明

166年 据记载，罗马皇帝安敦（马克·奥里略·安东尼）派遣使者携带象牙、犀角、玳瑁等进谒

司马迁

中国人通过对历史的了解，进而理解自身，深深得益于《史记》。该书作者是汉朝伟大的史学家司马迁。他继承父业，搜集整理大量档案资料，编纂完成了记述汉武帝太初四年（前101年）之前的中国历史《史记》，全书共130篇。

死亡和来世

汉朝时，人们对死亡有着完善的认知，认为玉是"山岳精英"，将金玉置于人的九窍，精气就不会外泄，尸骨可以不腐，可求来世再生。这一点可从各地出土的金缕玉衣中得到求证。它们是汉朝规格最高的丧葬殓服。

农民起义

西汉末年发生了一系列农民起义，试图推翻当朝统治。其中一次发生在公元17年，位于今山东省日照市，领袖为吕母。吕母病逝后，她的部下又投到樊崇领导的起义队伍赤眉军中。赤眉起义一直蔓延至中原地区。起义军将脸部涂抹得如同魔怪③，因此被称为"赤眉军"。

东汉末年的184年，今河北境内又发生了农民起义，由张角领导，他创立"太平道"发展教众，进行宗教仪式、斋戒和集体忏悔——以树立威望。最受欢迎时追随者数十万，其中许多是生活不下去，唯有起来反抗的农民。

三国鼎立

汉朝灭亡后，中国被一分为三，即魏、蜀、吴三国，这种局面称为"三国鼎立"。

东汉末年，最后一位皇帝汉献帝将王位禅让给魏国统治者曹丕。曹丕的父亲曹操曾镇压过黄巾起义，得到了北方平民出身的庶族地主们的支持。

蜀国位于西南部地区，范围包括现在的四川省，其领导者是汉室远房宗亲刘备。吴国则位于东南地区，统治者是孙权。

长城

蜿蜒在中国北部边界的万里长城很可能是在公元前6世纪开始修建，今天人们所看到的长城，大部分都是明朝时期修筑的。目前是中国在现代世界中最知名的象征物。

有关长城起源的神话比比皆是。其中一个传说是说一条筋疲力尽的龙倒在地上，在中国北部边境化成一道蜿蜒的屏障。事实上，长城并不是一次性修建的，而是由在中国历史上不同时间段修建的一段段城墙连接而成。

①译者注：中国汉朝分为西汉（前202年—8年）和东汉（25年—220年），两汉之间还有一个王莽的新朝（8年—23年）。

②译者注：公元前202年，刘邦在淮水流域的垓下（今安徽灵璧，一说河南鹿邑）击败项羽的楚军。之后即皇帝位，定都长安。刘邦曾任汉王，故国号为汉。"汉"自此成为中华民族中主流文化族群的称号。

③译者注：起义军将眉毛涂红。

三月十五日

至晚期罗马共和国（公元前 2 世纪中期），罗马已经控制了许多已知的人类居住地。然而，内部斗争最终撕裂了传统的共和国，为个人独裁统治铺平了道路，公元前 44 年尤利乌斯·恺撒被刺杀后不到 20 年的时间内，帝国就建立起来了。

前 43 年 恺撒大帝被刺杀后，爆发了第三次罗马内战。屋大维、安东尼和雷必达组成了后三头同盟

前 31 年 和平时期结束后，屋大维在亚克兴战役中击败安东尼和克里奥佩特拉

前 30 年 安东尼和克里奥佩特拉自杀，埃及成为罗马的一个行省

前 27 年 屋大维成为罗马皇帝，尊称奥古斯都·恺撒

（下图）尤利乌斯·恺撒的大理石半身像，他是一位功勋卓著的将军，大大扩张了罗马领土，后来他成了独裁官。

公元前 200 年之前的几十年，罗马初具帝国之貌，鼎盛时（2 世纪）面积达 120 万平方英里（500 万平方千米），人口达 6000 万之多。

寡头政治

公元前 2 世纪时，罗马政府的运作沿用传统的共和制（寡头）路线。富有的精英在罗马元老院中占主导地位，身居政府最高级职位。两位执政官是罗马政府中最有权势的人，他们负责国家事务，必要时会被授予固定期限的军事指挥权。执政官每年选举一次，候选者均为保民官，年龄不低于 42 岁。公元前 2 世纪时，寻求公职的人必须曾在罗马军队中担任过下级军官，当然，战利品也给了他们丰厚回报。

共和国裂痕

罗马军队非常强大，帝国扩张迅速。然而这种成就给意大利的经济和社会带来了意想不到的影响。上层集团将他们的新财富投资于大型地产，在这些土地上劳作的是沦为奴隶的战俘。尽管这些地产的性质和地域范围各不相同，但农民普遍失去了家园，他们恰恰是罗马军队的中坚力量。长期的兵役使农民很难维持他们的农场，这成为罗马政府面临的主要问题。流离失所者和贫困农民无法招募进军队，

前10000年—600年
祖先、帝国和古代工艺

失去了农场,就无法具备法律所要求的最低财产资格。

(上图)尤利乌斯·恺撒派遣一支罗马殖民队前往迦太基。图为法国凡尔赛宫天花板上的部分图案,作者是画家克劳德·奥德朗。

危险的先例

在公元前1世纪的最初几十年,罗马的军事霸权在帝国各处都受到挑战。面对努米底亚战争(前111年—前106年)、辛布里人和条顿人的入侵(前107年—前101年)和西西里奴隶起义(前103年—前101年),罗马元老院开始崩溃,元老们谁也不愿意放弃新的奢华生活方式。在元老院没有任何家世背景的盖乌斯·马略当选执政官。他史无前例地先后7次担任执政官,解决了罗马的军事危机,稳定了局势。此前,罗马还从未有人被赋予如此大的权力——这与传统的共和制完全相悖,开启了危险的先例。

马略还改革了罗马军队的征兵制,吸收志愿的

……但说到内战和军队,男人应该追随的是更强大的一方,同时,他们也应该判断出哪一方更好,更安全。

——马库斯·凯利乌斯·鲁弗斯写给西塞罗的书信,公元前50年8月初,西塞罗,《书信集》8.14.3)

（上图）恺撒领导了许多能代表罗马的军事行动，包括前58年至前51年的高卢战争，有100万高卢人被杀，还有100万人被奴役。

无产者入伍。自此以后，罗马军队走上了职业化道路。马略虽然解决了一个问题，却无意中制造出另一个问题。新募兵制意味着军队效忠对象是罗马军队的将军们，而不是罗马。将军招募士兵时当面保证给予的军队养老金——即兵役结束时从战利品中分配到的土地和资金，这一做法对政府的共和制造成了不可预见的毁灭性影响，让雄心勃勃的人意识到，军队是一种可利用的强大武器，可以用来帮助自己出人头地。

意大利的反抗

至公元前91年，罗马领土已扩张至几乎包括整个地中海沿海地区。然而，政府几乎没做任何事情来解决意大利（已成为罗马的省份或同盟领土）面临的社会和经济问题。因此，多年的争取无果后，意大利的一些城市和部落秘密结盟，拿起武器发动了"同盟者战争（前91年—前89年）"。

苏拉

同盟者战争让处于安纳托利亚北部的本都国王米特拉达梯六世，看到了机会。他趁罗马无暇东顾，开始侵占罗马领土。

公元前88年，元老院委任马略的对手卢基乌斯·科尔内利乌斯·苏拉为东征统帅来应付此事。然而，苏拉的任命被保民官普布利乌斯·苏尔皮修斯·鲁弗斯否决，代之以盖乌斯·马略。苏拉决定利用罗马军队赢回他的任命，承诺胜利后给部下（5个罗马军团）土地和财富。

到公元前81年时，苏拉已经通过一系列血腥手段清除了全部政治对手，多达1600名罗马贵族被杀。苏拉成为罗马唯一独裁者。

公元前79年，苏拉出人意料地离开政治舞台。尽管他改变了罗马宪法，但也无济与事，罗马开始

（上图）这幅19世纪的绘画表现的是埃及女王克里奥佩特拉，为了获得在埃及的政治力量，她向尤利乌斯·恺撒求爱。

（下图）罗马通过入侵地中海和西欧地区与罗马相竞争国家的领土来统治该地区。

从一个危机滑向另一个危机。甚至面临奴隶起义重大的挑战,起义军由传奇人物、色雷斯角斗士斯巴达克斯领导(前73年—前71年)。

伟大将军庞培

罗马求助于年轻有为的伟大将军格涅乌斯·庞培,尽管他远远不够42岁,也从没有在罗马担任过任何公职——从法律上讲他没有资格获得军事任命。然而,公元前67年—前66年,庞培被委以重任,先是对付破坏地中海贸易的强盗,后又指挥对米特拉达梯六世(不断制造麻烦达22年之久)的战争。在这些军事活动中,庞培证明了自己杰出的统帅之才,被誉为"罗马和东方的救世主"。

前三头同盟

然而,在国内,政府本身已经无法有效运转。元老院内讧不断,越来越频繁的拖延战术和暴力威

（左图）据传记作者盖乌斯·苏特尼乌斯·斯特尼乌斯称，恺撒在公元前44年3月15日被刺中23刀后而死。

（下图）在统治结束（前44年）前，尤里乌斯·恺撒扩大了罗马帝国版图。公元前30年，屋大维吞并埃及。

胁不断出现，用以阻止某些人的跻身上层之路。这种行为迫使庞培、马库斯·李锡尼·克拉苏以及罗马政治新星尤里乌斯·恺撒达成非正式协定——史称"前三头"。他们将各自的力量集中起来，一起反对元老院。

对恺撒而言，这是一个非常重要的决定。公元前59年，他被任命为执政官，随后开始出任重要省份高卢和伊利里库姆的总督。高卢部落和相邻日耳曼的骚乱给了恺撒机遇——公元前58年—前51年的高卢战争，让他证明了自己是一个杰出的军事家和富有魅力的将军。

问题远没有结束。恺撒的敌人无法接受他的成功，趁他总督任期结束时，想方设法地起诉他；他们还密谋挑拨庞培和恺撒的关系。他们成功了，也为罗马的共和制画上了句号。

公元前49年，由于无法通过谈判获得未来，恺撒在效忠于他的军队支持下，向罗马进军。帝国又一次陷入内战；公民彼此敌视，庞培与恺撒为敌。一年后，恺撒获胜。

恺撒的新政府确实使罗马向着更加光明的未来

发展。然而，虽然恺撒的措施和改革显示出了他的远见卓识和优秀的管理能力，却未能使支持者们感到自己是新政府的有价值的成员。他的举止和行为被人们解读为独裁者。他与埃及女王克里奥佩特拉的私情被认为"不符合罗马人的特点"，克里奥佩特拉被认为是奢侈和邪恶的化身，这对罗马认同的道德品性是一种威胁。

公元前44年3月15日，恺撒被一群元老院成员刺死，其中包括他的密友布鲁图和卡西乌斯。罗马有成为帝国的潜质，但传统的共和制政府已经成为废墟。

> 历史

基督教的早期传播

基督教起源于一个犹太教边缘教派，后来成为世界性宗教，撼动了无疑是历史上最伟大的帝国——罗马帝国的根基。

> 信仰就是相信我们所未看见的，而作为这种信仰的回报，就是看见我们所相信的。
> ——圣·奥古斯丁（354年—430年），奥斯定会的发起人

拿撒勒的耶稣也许是世界历史上最具争议的人物之一，也是最受爱戴的人物之一。尽管他的公开传道仅持续了约3年时间，还被控以叛国罪处死，但却在世界上留下了不可磨灭的印记。

弥赛亚

耶稣的传道生涯大约始于公元27年的加利利乡下。几个世纪以来，犹太人一直受到外来侵略者的压迫，他们在寻找弥赛亚（受膏者，上帝所选中的人），以帮助他们赶走侵略者，恢复国家的合法地位。

26年 施洗者约翰开始了他的传教工作
57年 保罗写就《罗马书》
60年 耶稣基督的使徒彼得死亡
336年 君士坦丁大帝死亡
380年 基督教成为罗马帝国官方宗教

耶稣之前，有许多人宣称自己是弥赛亚，但耶稣所传讲的内容是如此不同，以至于他极其受人爱戴，这对耶路撒冷的宗教领袖构成了威胁。在他们看来，耶稣竟敢将自身置于摩西律法之上，有些人建议，在罗马帝国来惩罚整个民族之前，最好对此日益高涨的群众性运动进行镇压。

在一次去耶路撒冷的传教中，耶稣被犹太最高评议会兼最高法院逮捕，判以渎神罪。由于不能实施死刑，这些宗教领袖拜访了罗马犹太总督彼拉多。得到他的同意后，耶稣遭到毒打，并被钉死在十字架上。由耶稣所掀起的运动似乎也跟着销声匿迹了。

早期教派

事实上，耶稣的死奠定了今日基督教的基础。他的追随者非但没有被吓倒，反而声称耶稣就是真

（右图）在从耶路撒冷去往大马士革的路上，耶稣向保罗显现，保罗皈依基督教。

惩罚基督徒的残酷手段

据罗马历史学家塔西佗记载,对于公元 64 年 4 月罗马纵火案中所谓的犯人——基督徒,罗马皇帝尼禄所使用的惩罚手段如下:

(1) 把他们蒙上兽皮放狗咬;

(2) 将他们钉在十字架上;

(3) 日落后把他们当火把点燃,用来照明。

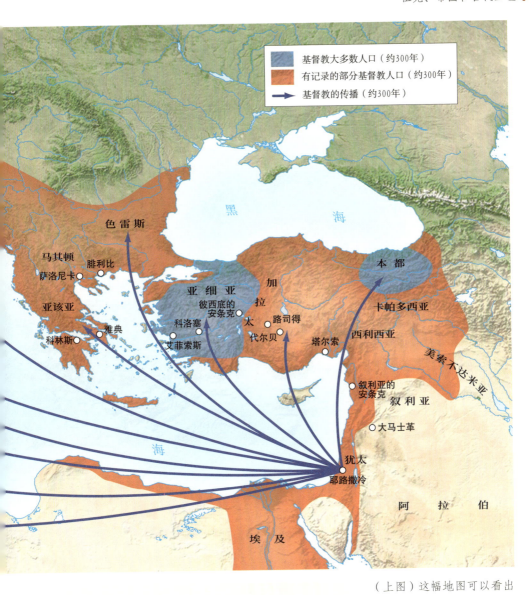

（上图）这幅地图可以看出约公元2世纪末基督教的传播地区。

"尼禄将他的花园作为执行酷刑的场地，整个事件安排得像是一场马戏表演，而他则混在那些穿着战车御夫衣服的人以及站在车顶的人之间，一起观看这一盛事。"

选自《塔西佗编年史》15.44

正的弥赛亚。很快,耶稣信徒就增加至几千人。这个早期"教派"在耶路撒冷遭到了强烈反对,公元 35 年前后,"大迫害"事件出现。

在此前后,出现了世界历史上最具决定性的转折点之一,早期教派开始接纳非犹太人。尽管大多数人认同耶稣所传讲的内容既适用于犹太人也适用于非犹太人,但许多人对是否必须成为犹太人才能服从犹太弥赛亚持否定态度。

传播福音

保罗对基督教未来发展的影响要大于任何人。保罗,原名扫罗,是受过教育的罗马籍犹太人。他参与了公元 30 年—39 年的"大迫害"以及逮捕基督徒行动,在耶稣向他显现后,他成为一名坚定的基督徒,并确信自己此前办了错事。他将名字改为保罗,从此由一个曾带头迫害过早期基督教派的人,开始着手建立基督教。

保罗的第一项使命是进入犹太人教堂,说服人们相信耶稣就是基督,是神所应许的那位领袖。首先,他向人们解释道,耶稣基督实际上是一个被诬告有罪的人;其次,非犹太人不必变成犹太人也能成为基督徒。这一宣扬非常具有革命性。

他的第一次布道之行是在公元 46 年—48 年间,他与巴拿巴在塞浦路斯和加拉太附近走访了安条克、利斯特拉和代尔贝几座小城。在公元 49 年—52 年的第二次布道之行中,保罗拜访了加拉提亚的教会,而后又在马其顿和希腊开创了新局面,在腓利比、萨洛尼卡和科林斯建立教会。公元 53 年—58 年间,他搬到以弗所,继续在爱琴海周边拜访各个教会和城市,并撰写著名的保罗书信。

(下图)在去往大马士革的路上保罗转变了信仰,此后他长途跋涉传播基督教。他最后的旅行是去往罗马,当时是一名犯人。

第一次布道之旅(46年—48年)
第二次布道之旅(49年—52年)
去往罗马的旅行(60年—61年)

公元58年，保罗回到耶路撒冷后被捕，两年后，他戴着枷锁返回罗马，死于公元67年。

尽管此后150年一直遭受迫害，但基督教却传播至法国、西班牙、北非和美索不达米亚，并在那里建立了新的教会。公元300年，基督教已从原来的小教派成长为拥有500万～600万教徒的宗教。到350年，罗马帝国的基督教徒超过3300万，基督教已成为世界性宗教。

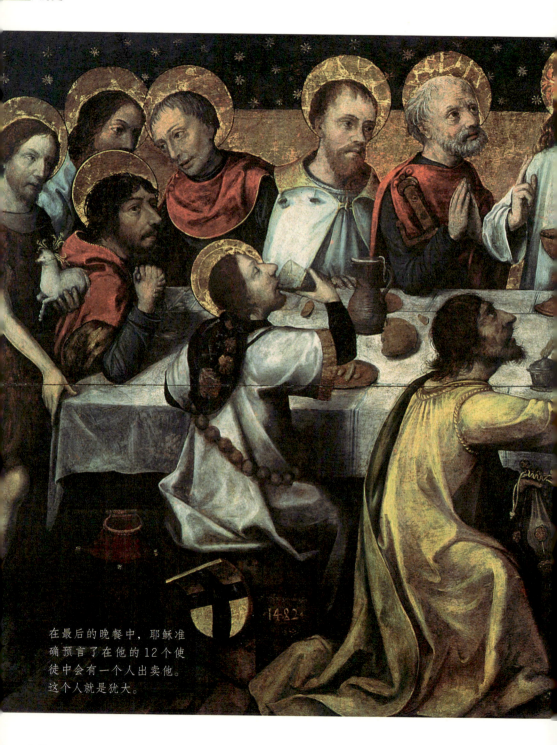

在最后的晚餐中，耶稣准确预言了在他的12个使徒中会有一个人出卖他。这个人就是犹大。

前10000年—600年
祖先、帝国和古代工艺

非洲——土地和语言

大约8000年前,埃及开始进行农业生产,然后沿着尼罗河河谷向南迅速扩散到非洲大陆上其他适合于进行农业种植的区域。

每头野兽都在自己的洞穴里嚎叫。

——班图谚语

农业有可能是非洲之角和西苏丹地区独立发明的。由于没有现存文件提供这方面的信息,历史学家只能依靠考古学家的帮助做出有依据的猜测。

农业和畜牧业

继尼罗河河谷之后,公元前农业方面最重要的发展还出现在尼日尔河流域和非洲之角。这三个地区的农业发展都刺激了人口增长。尼日尔河流域一带涌现出大量城镇,同时,贸易路线的开通将这些城镇与撒哈拉沙漠另一边的北非城市相连。整个萨赫勒地区(从塞内加尔延伸至埃塞俄比亚)的粮食生产一片繁荣。

农业的发展是与畜牧业齐头并进的,这一发展体系被称为季节性农业。在雨季,牧民们将他们的牛、绵羊和山羊向北迁移,以避开携带锥虫病(昏睡病)的采采蝇,这种疾病对引入非洲的家畜物种是致命的。在旱季,随着采采蝇的退去,牧民们又向南迁,让牲畜们享用新牧草。粮食种植者对牧民这种季节性的到来非常欢迎,因为牲畜的粪便增强了土壤肥力——这种农牧体系在某些地方一直持续至今。

前300年 铁在非洲的应用增加

100年 骆驼被引入北非的跨撒哈拉沙漠贸易中

100年—200年 东非沿海一带的人们开始与罗马人和阿拉伯人进行贸易

350年 香蕉和山药等作物开始在东非种植

646年 埃及被阿拉伯人占领

班图语

要确切地描述出农业如何在刚果河盆地南部的传播,是更加困难的事情。19世纪的语言学家则提供了一个线索,他们发现,生活在南非与肯尼亚地区的绝大多数人,使用的语言相关密切,同属所谓的班图语系。他们说"人"时常用同一个词"ntu",复数形式都是

(下图)农业在非洲的传播伴随着人口的增长。在这幅埃塞俄比亚人的手稿中,一个人正在用牛犁地。

（右图）班图人向尼罗河谷的移动使得他们掌握了农业和钢铁冶炼知识。然后这些技能在班图人向南移民时被传播。

采用添加前缀的方式，而不是像英语那样添加后缀"-s"和"-en"，因此"人类"这个词就是"ba"+"ntu"="bantu"。

19世纪的探险家和学者哈里·约翰斯顿首先提出班图语的传播与铁和农业的发展有关。他推测，人口压力使一些使用班图语的先驱从尼日尔—刚果地区向东迁移至尼罗河流域，在这里获得了有关农业和铁器的知识。这一推测有一定道理，因为铁器技术来到非洲的大概日期是已知的——公元前7世纪，亚述军队使用铁制矛头击败了埃及军队。

约翰斯顿的观点是，铁制武器技术的掌握使班图人先驱者披荆斩棘，排除各种阻碍而南下开拓。他认为，他们可能会绕过刚果河盆地的东部边缘，以避开采采蝇、疾病和其他障碍。当班图人到达现今赞比亚和坦桑尼亚等热带草原国家后，便能够迅速四散开来，占据非洲南部的其余大部分地区。

（下图）卡顿·伍德维尔的这幅1878年的精致插图，描绘了一名来自南非开普省的年轻班图人首领。

当今学者虽然承认约翰斯顿的聪明才智，但他们认为他太着迷于欧洲军国主义，他所构想的班图语发展是由战士为先驱的单一快速迁移。当今学者

151

> 历史

更倾向于假设讲班图语的人逐渐和平地从许多不同路线到达现在以他们语言为主的地区。他们中的一些人可能知道制铁技术，而另一些人不知道。

然而，讲班图语的一部分人在获得提炼铁矿石技术之前就已经到达热带草原南部，这也是很有可能的。

铁器制作

最近对铁器时代遗址所属年代的最新放射性碳测定，与学者们的研究假设一致。该假设认为，农业和铁器制作自公元前 7 世纪开始，从尼罗河河谷向南传播，最迟至公元 200 年，到达赞比西河河谷，公元 300 年意外出现于林波波河的南部地区。在此过程中，来自其他地区的一些额外的可耕种作物也源源而至，如来自东南亚的香蕉和大蕉、来自西非的山药和木薯，以及 16 或 17 世纪时来自"新世界"的玉米。

（右图）加纳地区阿桑特人的葬礼面具。

（下图）考古学家推测，农业和铁器制作是在公元前 7 世纪初从尼罗河河谷向南传播的。

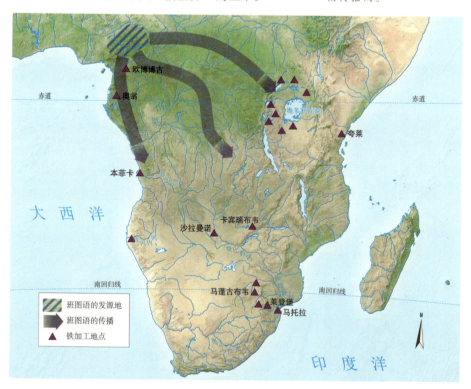

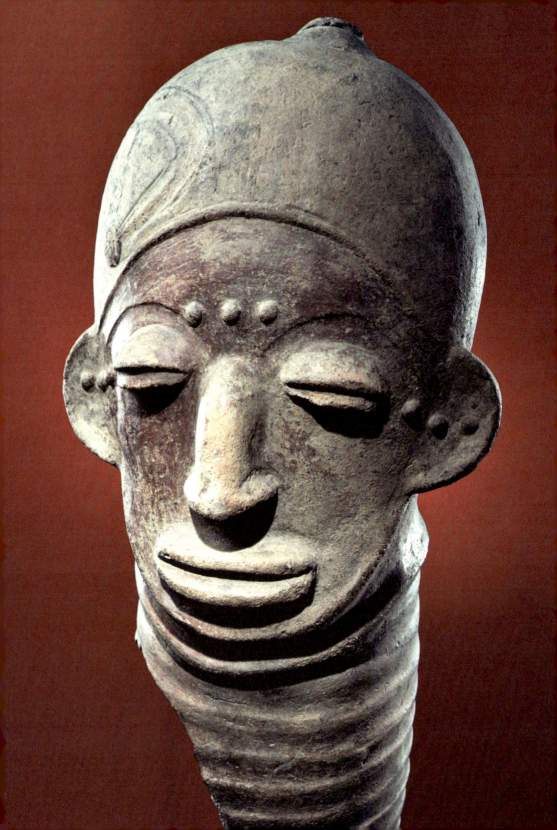

历史

野蛮人

在 中世纪（400年—1000年）早期，东北欧的日耳曼部落进入罗马帝国所属的西欧地区。这些游牧部落摧毁了大部分的罗马文明和西方的罗马政治制度。

> 如果做首领容易的话，那么每个人都是首领了。
> ——阿提拉（406年—453年）

这些部落的好战天性和暴力行为使得他们获得了"野蛮人"的称号，这是一个希腊术语，意思是"文盲"、"陌生人"和"流浪者"。这些人由多个种族组成，包括西哥特人、汪达尔人、东哥特人、法兰克人和匈人等，以临时性的部落联盟形式联合在一起。

西哥特人

处于核心地位的是西哥特人。哥特人属于日耳曼部落，在4世纪末期分裂为东部的东哥特人和西部的西哥特人。匈奴向东欧扩张后，对哥特人施加压力，收服东哥特人，威胁西哥特人。公元376年，西哥特人申请进入罗马帝国避难。罗马人对待西哥特人的方式，采取的政策是大多数帝国对边界人口管理一样——适应和同化。

然而，西哥特人发动的全民族起义，使得罗马人猝不及防。西哥特人在阿德里安堡战役（378年）中击败罗马军队，而后在希腊境内横冲直撞。新即位的罗马皇帝狄奥多西一世招抚了他们，将他们编入罗马军队。狄奥多西一世亡后，西哥特人向西部迁移，公元410年洗劫罗马后，在伊比利亚半岛和高卢南部建立了西哥特王国。

约100年　伦巴特人沿易北河下游定居

约200年—533年　汪达尔人沿多瑙河建立王国

238年　哥特人越过多瑙河

250年—275年　法兰克人开始突袭西罗马帝国

375年　东哥特人被匈人征服

410年　西哥特人洗劫罗马城

555年　东哥特人消失

（右图）匈人王阿提拉是一个残暴的人。有些人认为他杀了他的兄弟布莱达，时间大约在他们共同统治匈人帝国的12年后。

汪达尔人

汪达尔人是另一支东日耳曼部落，他们与西哥特人同时西迁，在击败法兰克人的抵抗后，于公元

406年年底进入高卢,至409年,横穿比利牛斯山进入伊比利亚半岛。后来,他们占领了北非的肥沃土地,建立了汪达尔王国。

东哥特人

东哥特人最初是匈人帝国的一部分,他们追随西哥特人的模式,越过多瑙河进入罗马境内。公元480年—489年,东哥特人摆脱匈人统治,进入罗马帝国,之后被派往意大利为皇帝效命,远离东方。后来,他们在意大利建立了东哥特王国,国王为狄奥多里克(454年—526年在位)。

法兰克人

法兰克是另一个杰出的部落。随着罗马帝国权

(下图)该地图显示的是不同日耳曼部落在西欧扩张时所获得的地区。

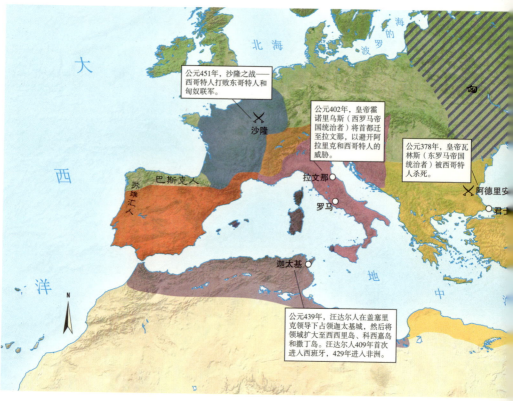

（右图）13 世纪的彩色玻璃窗上描绘了汪达尔人来到高卢的情景。

威在西部地区的陨落，克洛维（466 年—511 年在位）将各个法兰克部落联合起来，创立了墨洛温王朝，从 5 世纪中期至 8 世纪中期统治着古罗马行省高卢——即现代的法国和德国西部大部分地区。他皈依罗马天主教，有力地影响了后来法国和整个欧洲的历史。

因此，至公元 500 年，在西班牙和高卢南部有西哥特人的王国，北非有汪达尔人的国家，高卢大部分地区有法兰克人的国家，意大利则有东哥特人的国家。

匈人

来自亚洲的另一部落匈人停留在了罗马帝国所控制的疆域内。匈人可能来自中亚和欧洲的游牧部落，大约 376 年到达罗马帝国边境多瑙河。至 5 世纪，匈

祖先、帝国和古代工艺

（左图）这幅由文艺复兴时期艺术家贝纳德托·蓬菲力创作的油画描绘的是5世纪时阿提拉围攻意大利的佩鲁贾时的情景。

人帝国领土得到扩张，从中亚的大草原延伸到现今德国的西部边境，从波罗的海延伸至黑海。公元469年，匈人帝国最后一个国王丹克兹克死去，帝国随之灭亡。

历史上最著名的野蛮人——阿提拉（406年—453年）是匈人王，被称为"上帝之鞭"，从公元434年一直统治匈人帝国（最初是与兄弟布莱达共同统治）直到死亡。阿提拉生性残暴、无情，试图吞并西罗马帝国的半壁江山。他率领军队入侵高卢，但在公元451年被罗马—西哥特联盟军赶走。两年后，阿提拉死于他的新婚之夜。

（右图）德国画家汉斯·梅姆林的《圣乌苏拉的殉难》。圣女乌苏拉是不列颠国王的女儿，一位笃信基督教的公主。在结婚之前，她与10名贵族贞女为伴，前去罗马开始她们的朝圣之旅。她们还各自带了1000名童贞女同行，归途中经过科隆时，被入侵的阿提拉所率领的匈人军队袭击，阿提拉欲霸占乌苏拉公主，遭到反抗，最终包括乌苏拉公主在内的1.1万位贞女一同殉道。这个故事是中世纪最流行的传奇之一。

罗马帝国的兴衰

传统看法认为，罗马开始衰亡的时间是在公元 180 年，但公元 238 年是一个更为重要的年份，当时居住在多瑙河下游的哥特人第一次与罗马边境部队发生冲突，开启了外来民族和国家在罗马帝国全线边界地区长达四十多年的破坏性攻击，帝国濒临覆亡。

> 时间的每个瞬间都是永恒的。
> ——马可·奥勒留（121 年—180 年）

192 年 康茂德被禁卫军谋杀

235 年—285 年 反抗波斯人的内战持续不断，野蛮人入侵

313 年 东罗马皇帝君士坦丁和李锡尼同意结束迫害基督徒，基督教合法化

361 年—363 年 皇帝尤里安试图禁止基督教。死于与帕提亚人作战中

410 年 罗马第一次被浩劫

455 年—476 年 野蛮人成为罗马将军和傀儡皇帝

（右图）垂死的马克·安东尼被带给克里奥佩特拉，这幅画的作者是尤金－欧内斯特·希勒马赫。

在 20 年断断续续的内战期间，继尤利乌斯·恺撒（前 44 年 3 月 15 日被杀）专断而短暂的独裁统治之后，他的军队指挥官马克·安东尼和他的甥孙兼继子盖乌斯·屋大维展开权力斗争，后者成为后来的盖乌斯·恺撒·屋大维。他们将帝国一分为二，安东尼统治东部——在那里他娶了埃及艳后克里奥佩特拉，屋大维则统治西部，帝国由此得到了短暂喘息。公元前 31 年—前 30 年，屋大维最终击败对手，吞并埃及，统一罗马，开始了独裁统治。

政治与权利

屋大维（奥古斯都）以元首统治罗马 44 年（前 30 年—公元 14 年），他是公开的、未宣布的专制君主，我们因他高高在上的绝对权力称之为第一位"皇帝"。元老院及其他国家其他机构遵从他的领导，罗马集共和制和君主制一体。

屋大维的继承者是他的四个亲戚，即"朱里亚·克劳狄"王朝的几任皇帝。但公元 68 年尼禄自杀后，后续皇帝，虽然仍在自己名字中添加"恺撒"和"奥古斯都"，但已来自于范围更广泛的贵族家庭。

在屋大维战胜安东尼后的两个半世纪以及 4 世纪的大部分时间里，帝国内和平繁荣。但这并不意味着海外战争的结束。屋大维策划了跨欧洲从北海到黑海征服新土地的战争，几乎将帝国扩大了一倍。

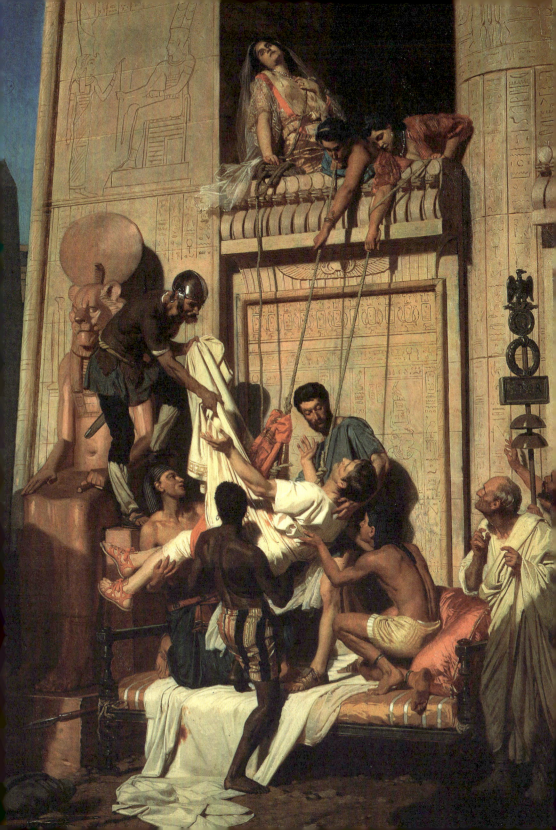

▶ 历史

尽管他反对进一步扩张，但继承者们显然没在意。公元 43 年，克劳狄乌斯入侵英国；图拉真吞并达契亚（现罗马尼亚）以及古亚美尼亚、美索不达米亚和巴比伦尼亚；塞维鲁从衰落的帕提亚帝国手中收回美索不达米亚北部。此后，帝国扩张或多或少地停止了，但无往而不胜的罗马帝国那种穷兵黩武式的自我理想主义却并未终结，它是高高在上而不可战胜的，所有的敌手最后都只能甘拜下风。

文化

社会在本质上是平民的，社会成就是以文学和修辞学教育为基准的。在罗马帝国的西半部，懂得希腊语是教育的另一个标准特征——尽管拉丁语在东半部并没有普及化。读书、写

（右图）这幅 15 世纪的手稿细节图描绘的是罗马皇帝尼禄派大将韦帕芗到朱迪亚，镇压犹太人反抗罗马残酷统治的起义。

字的机会向每个人开放,但只有少数人喜欢它。除了德鲁伊教团员和基督徒(均被视为反社会因素)外,宗教信仰完全自由。

罗马世界在今天看来并不那么具有吸引力——首先是奴隶制,而且奴隶通常会受到严重虐待。有些司法惩戒带有制度暴力,比如让罪犯(有时是基督徒)在竞技场内被猛兽活活咬死,以及血腥暴力的角斗士表演。每个地区的各级官员要么很苛刻,要么不称职,要么两者兼备,他们无视法律,收受贿赂。妇女的活动范围仅限于家。

无论是以国家还是概念化存在,现实中的罗马一直在变化。罗马国家本身没有民族、种族或地理界限。至公元前80年,整个意大利都归罗马,然后是越来越多的行省加入。公元417年,诗人纳玛提阿努斯不无感叹地写道:"你创造了一个世界之城。"

社会与压力

以现代的眼光来看,罗马及其帝国在科技和经济发展上存在局限性,就跟我们现在的社会一样。农业、制造业、交通和日常需求的能源主要来自人力或畜力——奴隶制存在的社会基础,尽管并没有通常想象得普遍。罗马军团和其他部队大都驻扎在欧洲和东部边界,他们为边远地区带来了消费能力和罗马生活方式。从意大利的庞贝和奥斯蒂亚古城、英格兰的切斯特遗迹和西班牙的意塔利卡可以看出,从街道铺装和流水,到有人监督的购物中心和精心装饰的庙宇、教堂及房屋,罗马秩序井然的城镇设施可见一斑。

3世纪危机

从公元238年起,麻烦几乎从未停止。欧洲诸部落聚集成变化无常的大型军事同盟体——阿勒曼尼

历史

（上图）罗马在非洲扩张领土时的相关规章制度被记录在这块石碑上，可以追溯到约公元209年。

人、撒克逊人、哥特人、法兰克人——席卷了许多民族。古老的帕提亚王国被生机勃勃的波斯萨珊王朝所取代。公元3世纪五六十年代，这些新崛起的军事力量使帝国四面楚歌。雪上加霜的是，罗马内部发生了规模空前的宫廷和军队政变，公元260年后流行的瘟疫，又带来了数百万人的死亡。先是位于西方的高卢、西班牙和不列颠，然后是以沙漠城市帕尔米拉为首的东部省份，纷纷称王应对麻烦，帝国被分成两半，分头治理，时间超过15年（258年—274年）。

出于军事需求，此后开始有两个（有时更多）共治者，一个统治东部，一个统治西部，皇帝自称"奥古斯都"，有时由助手和继承人（称为"恺撒"）辅助。

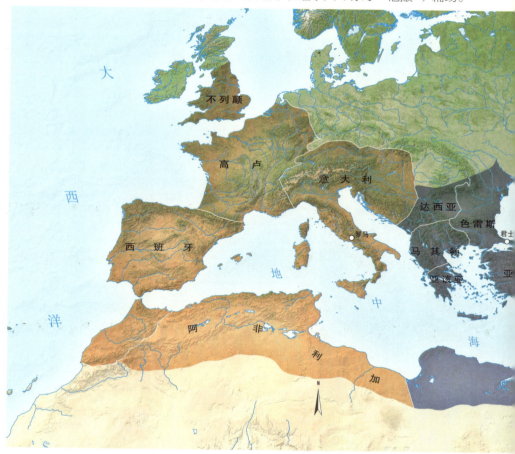

政府机构被重新架构，税收和货币制度被改革（君士坦丁的苏勒德斯金币成为贝占特、弗罗林、达克特和先令的始祖），基督教不但得到接纳，而且还被发扬光大。为了与帝国相匹配，内战最终胜出者君士坦丁大帝将原希腊城市拜占庭改造成他的新城君士坦丁堡。

衰落

晚期的罗马帝国通常被认为集体道德沦丧和经济衰落，辉煌的古典文化也失去了往日光彩。当代研究成果正纠正这一错觉。尽管存在外部压力、基督徒之间的激辩、财政问题和周期性内战，但罗马仍然是强大和繁荣的——东部也许比以往任何时候都更加如此。

公元378年，哥特人暴乱，在阿德里安堡战役中战胜罗马军团，但于383年被制服。406年—412年日耳曼人入侵罗马西部，410年西哥特人趁内乱洗劫了罗马城。这之后，在皇帝君士坦提乌斯三世和贵族埃提乌斯的努力下，西罗马在很大程度上收复失地，东部省份也恢复和平。

公元420年以后的西罗马，实力确实有所下降，放弃了不列颠，授予哥特人和其他部族在高卢和西班牙的独立飞地，被汪达尔人更强硬地攫取了北非的富裕省份。

然而西罗马当局在高卢、西班牙、意大利和多瑙河上游等地仍具影响力。441年—453年，匈人军队在阿提拉的率领下袭击西罗马，后来在哥特人的帮助下被埃提乌斯击退。这已是西罗马帝国最后的辉煌。

公元476年9月4日，罗马军队的德裔意大利指挥官奥多亚克废黜了西罗马帝国最后一个皇帝，掌控了意大利，并向东罗马帝国皇帝表示效忠。具有讽刺意味的是，这个可怜的末帝与传说中罗马奠基人同名，都为罗慕洛。

西罗马帝国就这样"呼"地一声终结了。

（下图）罗马帝国曾拥有巨额财富，让人民享受丰富的文化成果和不断提高的生活。

该浮雕来自罗马战神广场的海神殿,描绘的是一个早期人口普查人员在记录人数。人口普查每5年进行一次。

前10000年—600年
祖先、帝国和古代工艺

（下图）罗马帝国后期版图包括大部分已知世界，它控制着贸易，影响着文化，直到日耳曼部落开始渗透和侵吞这个世界上的大国。

601年—1300年
上帝和国家

▶历史

神圣征服

从公元601年到1300年，新的征服者们建立起了许多庞大帝国。其中一些是受宗教狂热驱使，另一些则是出于对新土地的需求。

（前页图）这幅精致的君士坦丁大帝和圣海伦娜的画像由数百块马赛克瓷砖组成。

罗马帝国最初分裂为两部分。东罗马帝国的拜占庭皇帝们试图重建旧帝国，但要面对很多威胁。6世纪初，波斯萨珊王朝和拜占庭帝国之间的战争令双方都精疲力竭，也没有取得任何决定性的结果。君士坦丁堡的决策者无法阻止伦巴第部落定居意大利北部，无法阻止各种各样的斯拉夫部落征服多瑙河地区。最终，君士坦丁堡失去了与旧罗马帝国西半部的联系，确立了东正教的正统性。

查理曼大帝

公元481年，罗马高卢变成了墨洛温王朝。751年王朝宫相（丞相）矮子丕平篡位，建立加洛林王朝，他的儿子查理曼大帝在此基础上建立起了新帝国，鼎盛时的领土涵盖了西欧和中欧的大部分地区。但查理曼大帝的继承人却未能维护帝国统一，家族阴谋和最终的内战导致843年《凡尔登条约》签订，帝国被一分为三——西部的三分之一后来成为法国，东部的三分之一成为德国，中间的三分之一有些逐渐归入法国和德国，其余合并到比利时、荷兰、卢森堡、瑞士和意大利北部。

查理曼大帝的王国取得了罗马教廷和各地教会的大力支持，基督教在欧洲其他地区的迅速传播，通常是通过战争征服和被迫改变信仰的手段而推广。

然而，国王与罗马教廷之间的关系非常不稳定，教皇和世俗统治者之间在控制人口、税收、领土和

（右图）西罗马帝国灭亡后，基督教继续在欧洲各地传播。该图为绘于约1543年的耶稣升天时情景。

历史

精神方面的争斗，有增无减，持续到现代。

蒙古人

13世纪，蒙古人迫于气候原因而减少了放牧的牲畜，在成吉思汗征服观念的鼓舞下，离开世居的大草原，推翻中国宋朝，征服波斯和中东，统治了俄罗斯。

成吉思汗最终把更多的精力投入到制定法令上来，创建起一套法律准则和司法体系。在中国，忽必烈虽然任用蒙古官员统治，但也尊重汉人的风俗习惯。论及蒙古人的征服影响，其中最深远的是他们无意中打通了中国与西方的交流沟通，扩大了贸易范围。马可·波罗等商人带回了造纸术、火药制作术和更成熟的航海知识，这些技术革新改变了欧洲和世界。

（左图）该图绘于约1250年，描绘了一个十字军战士和一个穆斯林战士一决胜负时的情景。

> 历史

人类的相遇

继上个千年的世界性迁徙之后,公元 600 年左右,世界上已经很少有地方没有人类居住。

尽管全世界的居住人口依然稀疏——公元 1000 年时约有 2.6 亿人口——但随着人类迁徙活动越来越多,不同文化在人们的互动中诞生。这些互动通常都是友好的,如贸易往来,但人口流动的增多也带来了暴力冲突。

请善待地球。它不是父母给予你的,而是子女借予你的。

——美洲本土谚语

700 年 阿拉伯人征服突尼斯

约 1000 年 早期的安第斯文化使用复杂灌溉系统种植作物

1000 年 位于法国卢瓦尔河谷的古拉尼酒庄创建。它被认为是欧洲最古老且持续未衰的家族企业之一

1100 年—1200 年 塞尔维亚人占领已有人居住的阿尔巴尼亚北部和东部地区

1200 年 阿纳萨奇人部落开始在美国科罗拉多州西南部建造悬崖居所

(右图)该地图称为诗篇地图(约 1250 年),因伴随着《诗篇》的早期版本出现,故名。它将耶路撒冷作为已知世界的中心城市,此地图是最早描绘圣经事件的地图之一。

（右图）冰岛尽管之前就已经被发现，但直到公元874年才有人在此定居。

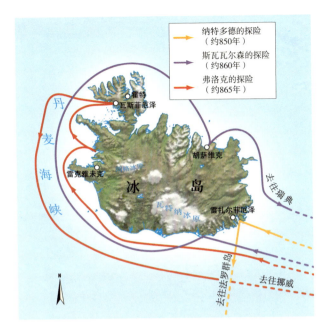

冰岛

这一时期开始时，世界上还有一些地区完全无人居住。欧洲的冰岛就是其中一个。虽然之前曾有人到过岛上，但公元874年才有来自今日挪威的居民，愿意永久定居在这个大西洋中的火山岛。

大洋洲

新的旅行者最后一次发现真正的未知领域也许是波利尼西亚移民到达夏威夷和新西兰时。波利尼西亚人抵达夏威夷的确切时间并不清楚，但学者们一致认为，公元500年到1000年之间，来自马库斯群岛和塔希提岛的第一批殖民者穿过海洋，来到夏威夷岛的海岸。

美洲

欧洲人到来之前，美洲大陆上的人口也远算不上定居。为了不断寻找更好的狩猎场，北美大陆出

▶ 历史

现了不同的迁移群体——通常是来回迁移——从美国西北的犹他州至墨西哥东南部广大区域的一个山谷迁移到另一个山谷。有些群体在某些山谷建立定居点，如霍皮人部落定居在现在的亚利桑那州，据一些学者称，大约公元 500 年在特奥蒂瓦坎的墨西哥山谷居住的人数不少于 25 万。然而，约 250 年之后，这个城市被完全废弃。

非洲

游牧部落经常根据自然情况迁移，赶着他们的牲畜去寻找新鲜草场和水源。在非洲，从公元 1 世纪起，来自尼罗河流域中部的养牛人向南沿着尼罗河上游方向迁移。他们渗透到班图人社会（位于今天的乌干达），常主导那里现有的文化。

亚洲

另一个也具有牧民背景的人口迁移发生在亚洲西部地区。来自阿拉伯半岛的阿拉伯人是讲闪族语的部落，他们主要由牧民组成，在伊斯兰教的信仰下组成军队。他们使用马和骆驼快速远距离跨越，征服小亚细亚、伊比利亚半岛的大部分地区，然后进入北非。他们的迁移不仅仅是人口变动，还伴随着宗教、文化和科学的传播。

欧洲

在欧洲，最特别的人口迁移是维京人的迁移。他们留下的痕迹比同一时期的阿拉伯人少，但维京人的迁移令人印象深刻，在该地区没有先例。他们首先侵入英伦三岛，然后是低地国家和法国，维京人的影响慢慢在地中海扩散——遇到了扩张中的阿拉伯社会——渗透到东部的斯拉夫领土。维京商人的定居点最南至西西里，而在东方，维京人创立了城市基辅，即今天的乌克兰首都。

维京人对于欧洲历史尤其是英格兰和法兰西的历史进程产生过深远影响。他们的船队沿着西欧的大西洋沿岸向南挺进,在欧洲的心脏地带掀起轩然大波。他们大肆劫掠大不列颠岛,并且还向西欧进行了侵扰。

历史

伊斯兰教——先知的启示

通常认为伊斯兰教发端于先知穆罕默德的布道，尽管它的前身已经存在于6世纪的阿拉伯。伊斯兰教的传播可以归功于哈里发的庞大帝国。

> 正如两只手的手指是相同的一样，人类是平等的。没有人有任何权力、任何优先权凌驾在他人之上。
> ——穆罕默德（约570年—632年），先知

约610年 穆罕默德在麦加城附近的一个山洞里见到安拉派遣的天使

632年 穆罕默德去世，阿布·伯克尔继位

约650年 哈里发奥斯曼命令整理《古兰经》

约661年 大马士革成为倭马亚王朝的首都

754年 巴格达成为阿拔斯王朝的首都

（右图）这幅土耳其手稿描绘了穆斯林去麦加朝圣，这是伊斯兰教的"五功"之一。

穆罕默德最先在麦加（位于今天的沙特阿拉伯）布道，但在那里并不受欢迎，因为他的一神论威胁着这座城市内根深蒂固的阿拉伯宗教传统——多神崇拜。

由于麦加接受他教导的人不多，公元622年穆罕默德搬到麦加北部叶斯里卜的绿洲。叶斯里卜后来称为麦地那，穆罕默德的此次迁居（称为逃亡）被认为意义重大，它标志着伊斯兰历的开始。

穆罕默德

穆罕默德声称收到了上帝的启示，这些启示后来被保存在《古兰经》里。在伊斯兰教义中，安拉是唯一的主宰，穆罕默德是安拉的使者。在伊斯兰教功修中，信徒需要履行五项天命功课（简称"五功"），即念功（念诵启示）、礼功（每日五次礼拜）、课功（救济贫困）、斋功（在斋月进行斋戒）和朝功（信徒在一生中至少要去麦加朝圣一次）。

信徒们建立了以"乌玛"为形式的政权机构（而不是教会或国家），穆罕默德本人为乌玛领袖，也不同于罗马世界的君主。穆罕默德不仅接收安拉的启示，并将之记录下来形成《古兰经》，还通过他的生活方式树立典范，记录在穆罕默德的言行录中。

穆罕默德逝世于公元632年，距他搬到麦地那仅有10年，但却成功地创立了伊斯兰教，在他死后的全世界里继续繁荣。现在，麦加已经成为伊斯兰世界的最主要圣地，是伊斯兰教最神圣的城市。

▶历史

601年—1300年
上帝和国家

哈里发

穆罕默德死后，出现了4个继任者，或者称为哈里发。第三任哈里发奥斯曼来自倭马亚家族，公元656年由于他被谋杀而引发了一场内战。内战使伊斯兰教开始分化为两个主要派别，至今依然意义重大。

什叶派和逊尼派

在麦地那，穆罕默德的堂弟兼女婿阿里被任命为哈里发。他和他的拥护者被称为什叶派。

但这个任命受到了质疑，质疑者得到了穆罕默德妻子阿伊莎的支持，还有倭马亚家族的支持。这个群体被称为逊尼派。

阿里死后，倭马亚王朝建立，在另一场内战（744年—750年）中，倭马亚王朝被什叶派穆斯林支持的阿拔斯家族推翻，开启了阿拔斯王朝的时代，该王朝在接下来的300年里一直存在。

在倭马亚王朝和阿拔斯王朝的统治下，伊斯兰世界诞生了两个最伟大城市——大马士革和巴格达。

大马士革和巴格达

倭马亚王朝定都于大马士革，在其统治期间，大马士革繁荣辉煌，建造的著名的大马士革清真寺是其伟大成就之一。

阿拔斯王朝定都于巴格达，巴格达也因此成了一座壮丽壮观的城市，当时有人亲眼目睹并记述了它的富裕景象。

当北非的法蒂玛王朝（伊斯兰王朝）10世纪在开罗建立时，标志着伊斯兰世界另一个重要城市的诞生。

（左图）在几百年间，伊斯兰教在阿拉伯国家和中东地区广泛传播。

历史

犹太教——犹太人信仰的开端

根据犹太传统，犹太教的历史始于上帝与犹太祖先亚伯拉罕之间的盟约。

> 只要有律法，就能支撑着世界。
> ——奥瓦迪亚·约瑟夫，前以色列犹太教大拉比

关于亚伯拉罕和旧约先知的传说，在基督徒和穆斯林中也有流传。以信仰亚伯拉罕为始祖的这三种宗教，在宗教学领域，被统称为"亚伯拉罕宗教"。但就像基督徒和穆斯林遵循他们各自的宗教一样，正统犹太人坚持犹太教是唯一的真正信仰。一个人必须生来就是犹太人，或者拥有犹太人祖先，或者皈依犹太教。

起源

犹太人的历史至今接近4000年，在整个当代世界包括了数百种不同的人群。有人提出，最早的犹太人并非闪族，而是苏美尔人的后代，他们在美索不达米亚创造了有史以来最早的文明。已知的犹太历史可以追溯到亚伯拉罕，据说公元前1950年—前1920年的某个时期，他从吾珥（今伊拉克地区）的一个部落迁徙至巴勒斯坦。更重要的是，尽管至今没有得以证实，但有可能早在前1200年，今约旦河西岸就建立了第一个犹太人定居点。《旧约》中的其他故事则是令人质疑的，例如，一些考古学家认为，耶利哥城在《希伯来书》出现之前至少300年就已经废弃了。

约前1500年—前1200年《出埃及记》完成，犹太人在沙漠中流浪

前1200年—前1050年 占领迦南

前1050年—前920年 在扫罗、大卫和所罗门的领导下，犹太人统一起来，定都在耶路撒冷

前722年 亚述征服以色列

前586年 巴比伦人烧毁耶路撒冷

迫害

在古代，犹太人曾迁移到中东和阿拉伯的各个地区，之后又到达欧洲和亚洲。也有可能在萨拉丁抵抗十字军时，与阿拉伯军队一起穿过北非

进入欧洲南部，其后进入欧洲其他国家。15 世纪，伊比利亚半岛、北非和中东全部处于穆斯林控制下，他们通常允许犹太人自由迁移，虽然偶尔也有迫害事件发生。但公元 610 年—641 年期间，西班牙有人预言罗马帝国会被实施割礼的民族推翻，信以为真的东罗马皇帝赫拉克利乌斯试图消灭犹太人。于是，大多数基督教徒和犹太教徒在公元 637 年—644 年间，被撒拉逊人赶出了阿拉伯半岛。

1146 年以及 1346 年—1353 年，在人们对十字军的宗教热情影响下，犹太人在德国被大肆屠杀。1189 年，英国狮心王理查的加冕礼充满了十字军的狂热情绪，引发了一场犹太人大迫害。一个世纪后，英国爱德华一世（另一个积极的十字军战士，憎恨一切异教徒）指控犹太人制造假币，280 名无辜者在伦敦被绞死。爱德华禁止犹太人放贷，禁止他们拥

（右图）拉比在阅读律法，也称为《摩西五经》。据说这是上帝透露给摩西的启示，内容分别是：《创世记》《出埃及记》《利未记》《民数记》和《申命记》。

历史

（上图）6世纪拜占庭马赛克艺术地图中的耶路撒冷（现存最古老的巴勒斯坦地图），位于约旦马达巴的圣乔治教堂。公元629年，拜占庭从波斯手中夺得耶路撒冷。

有财产；还向犹太人征收人头税，强迫他们佩戴一种特殊的徽章，对土耳其人亦如此。

结构

犹太教是犹太人的一种生活方式，以及基本信仰和价值观，犹太人通过行为方式、社会秩序和文化、宗教表述和观念得以彼此认同。在至今仍存的最古老宗教传统中，它所不同的是，中央权威不归某个人或群体，而是经文和传统惯例。犹太教的核心是在人类实践中体验上帝的存在，从而影响和塑造现实生活以及存在方式。犹太人的生活模式基于上帝和人之间的"契约"，通过服从上帝的教导——律法——而实现。

（右图）"约柜"内存放着刻有"十诫"的两块石板。这幅画刻画了被大卫王打败的腓力斯丁人归还"约柜"，它被安放到耶路撒冷以南的锡安山圣地，大卫王还在它面前跳起了舞。

601年—1300年
上帝和国家

在古代，犹太人曾迁移到中东和阿拉伯的各个地区，后又迁移到欧洲和亚洲。

> 历史

基督教——永恒的救赎

基督教是影响中世纪西罗马和东罗马帝国发展的重要政治和社会因素之一。

> 我坚信人与人之间的接触。每一个人对我来说都是基督,因为耶稣只有一个,因此,每个人是当时世界上独一无二的那个人。
> ——特蕾莎修女(1910年—1997年),罗马天主教修女、传教士和人道主义者

约前6年　耶稣诞生

约26年　施洗约翰开始传道

约27年　耶稣开始传道

约30年　耶稣被钉死在十字架上

约46年　保罗开始他的传教士旅程,传播基督教教义

(右图)这幅16世纪的壁画描绘的是君士坦丁一世(280年—337年)和他的母亲圣·海伦娜(约250年—330年),传统上认为是圣·海伦娜发现了耶路撒冷的真十字架残片,以及耶稣被钉死在十字架时使用过的钉子。

基督教自诞生带着普世救赎的重要特性,并以充满活力的传教活动来持续强化这一信息。这个特性,加上教会愈迫害反而愈强大的能力,使得基督教有机会从最初4世纪的默默无闻,发展到中世纪时主导拜占庭帝国的政治和文化。

教会与国家

基督教最初是被边缘化的宗教,有时还会受到迫害,但君士坦丁一世统治时期(306年—337年)得到了帝王的大力支持。这对后世产生了深远影响,不仅在基督教教会方面。基督教神学和领导权成为重大政治问题,在中世纪欧洲和拜占庭帝国的发展中起了非常重要的作用。至4世纪早期,教会内部神学分歧已经存在,偶尔有暴力出现。出于政治目的,君士坦丁一世出面解决了一些神学争端,强调了团结的重要性。只有团结才会促进基督教的发展,也有助于罗马帝国在他统治下的统一。后来的皇帝们均采用了相同方法——然而现实越是试图实现神学团结,内部分歧就越多。从君士坦丁开始,皇帝们还立法禁止异教徒的某些活动,公元380年,狄奥多西一世统一了罗马帝国,废除了多神教,将基督教定为罗马帝国的国教。

罗马主教

这段时间,在基督教的影响下,罗马世界政治上发生变化。罗马皇帝发现越来越难以维持西部省

到16世纪，基督教的影响范围已经从最初的中东扩展到欧洲、非洲一部分以及美洲。

历史

601年—1300年
上帝和国家

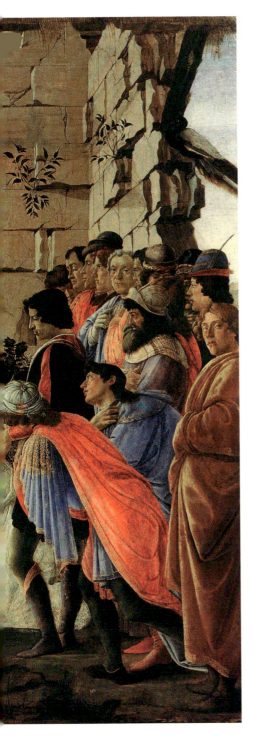

份的军事和政治控制,公元476年,最后一位西罗马皇帝退位。在西欧的各部落群体,如哥特人和西哥特人,在4世纪时皈依了基督教,尽管罗马皇帝变成了他们的领导人,但他们依然强调基督教是一种重要的政治力量。这给了罗马主教巨大权力,西欧各地教会的主教甚至拥有了政治和经济上的权力。随着后罗马时期西欧各王国的出现,人们呼吁教皇将世俗权力正式归还给他们的国王,从而使其统治获得合法性。这在公元800年最为明显,查理曼大帝(现代欧洲之父)由罗马教皇利奥三世加冕为"神圣罗马皇帝"。

基督教对拜占庭帝国的影响在某些方面与对中世纪欧洲的作用是不同的。尽管西罗马帝国至5世纪末已经灭亡,但东罗马(拜占庭帝国)依然成功存活至1453年。君士坦丁一世在某种意义上曾预示了帝国的未来会在东部,他于公元330年创建了君士坦丁堡。君士坦丁堡也被称为"新罗马",随着时间的推移,它将取代罗马成为帝国首都。

公元630年,伊斯兰军队占领了埃及、阿拉伯和叙利亚,使拜占庭帝国面临着最严重的挑战。在这些社会继续起着重要的文化作用的基督教,对政府已经几乎没有影响力。

1054年,东部教会(天主教)和西部教会(东正教)正式分裂。

(左图)桑德罗·波提切利的油画《三博士来朝》(约1473年)描绘的是圣婴耶稣接受瞻仰的情景,前来朝圣的有美第奇家族的各个成员(跪地者为科西莫)、哲学家皮奥·德拉·米兰德拉(戴红帽子者)和画家本人(最右侧凝视着画外者)。

> 历史

佛教——寻求涅槃

公元前6世纪，佛教作为对婆罗门教的反抗在印度诞生。在此之前，婆罗门教已变得仪式化泛滥，并且强调不分场合的自我牺牲。

> 我们所做的一切都是我们内心所想的结果。心即万物。我们的内心所想就是我们的样子。
>
> ——佛陀

与婆罗门教相反，佛教寻求对内心问题更深层次的解决方式，而不需要借助神职人员的干预。尽管佛教摒弃了《吠陀经》的权威，但后来从吠陀文献中借用了业报和与轮回的双重思想，即生、死、重生等循环。然而，佛陀所传授的是一种独立修行，可以将灵魂从轮回的束缚中解放出来，达到涅槃的境界。

佛陀

佛陀原名乔达摩·悉达多，父亲是印度和尼泊尔边界一个王国的国王净饭王。母亲摩诃摩耶怀孕时曾梦见一头大象和一朵莲花入怀。王室占星家释梦说，这会是个男孩，将来会成为天下之王或天下之师，如果目睹不幸，他会成为后者。为了让他远离民间疾苦，父亲让他接受了所有适合王子的技艺培训，又安排他与美丽贤惠的耶输陀罗结婚，尽可能地给他提供舒适的生活。然而，有一天，他在一次乘坐战车外出时，乔达摩看到了四种"景象"，其中三种（一位老人，一个病人和一具尸体）为老、病、死；第四个是一个苦修者——冷静平和。这触动了乔达摩的心弦，他决心解决世间所有的痛苦和不幸。

当晚，乔达摩离开王宫和他的家人，走进森林。在接下来的14年里，他一直试图解决痛苦的谜题。圣人阿罗逻·迦罗摩教了他吠陀知识，但让乔达摩失望的是，知识和自律并没有给出结束人类苦难的方案。

然后他用6年时间尝试禁欲、禁食和苦修，长年的苦修非但没得到答案，反而因为虚弱晕倒。最后，

前483年　佛陀在拘尸那迦入灭

约前200年　印度人与阿拉伯人进行贸易往来，开始传播佛教教义

前120年　两尊金佛被进献给中国皇帝汉武帝[①]

68年　中国修建白马寺，成为中国佛教的发源地

约538年　佛教通过朝鲜传入日本

①译者注：公元前121年，中国西汉霍去病曾攻打匈奴，缴获两尊祭天金人，汉武帝将其放置在甘泉宫中。公元前120年，中国的汉武帝派使节前往亚历山大城（古称黎轩）。

不动明王的一个随从。不动明王是佛陀的好战之分身,在五大明王中,不动明王在日本最受尊敬。

他尝试在摩揭陀国（今比哈尔）加雅岛的一棵大菩提树下冥想，在七七四十九天结束时终于大彻大悟。用佛教用语来说，佛陀在沙那（贝拿勒斯或瓦拉纳西附近）鹿野苑的第一次布道被称为"初转法轮"，阐述了当今的"四圣谛"。

佛教徒认为佛陀生活中最重要和最神圣的四件事是他的出生、顿悟、第一次布道和死亡。他谈到的四圣谛为：1. 存在即痛苦（痛苦的表现）；2. 痛苦源于欲望，欲望未得到满足导致重生（痛苦的起因）；3. 脱离欲望将结束痛苦；4. 中止欲望就会中止重生，人就可以达到涅槃。

追求十戒和八正道可以停止欲望并达到涅槃。十戒是指：不杀生、不偷盗、不邪淫、不妄语、不讲别人的坏话、不沉溺于吹毛求疵或亵渎的语言、不贪婪、不仇恨以及不无知。八正道包括：正见、正思维、正语、正业（非暴力）、正命、正精进、正念和正定。

佛教的大分裂和传播

公元 78 年佛教第四次结集时，分裂为两大教派——大乘佛教（将无量众生渡到彼岸）和上座部佛教（以自我完善与解脱为宗旨）。后者被大乘佛教教徒称为小乘佛教，大乘佛教认为，菩萨可以广"渡"其他人。

自公元 2 世纪起，大乘佛教经由印度西北部传播至中国。然后又从中国稳步扩散到朝鲜、日本和越南等传统上与中国联系密切的国家。

另一方面，上座部佛教从斯里兰卡传播至缅甸南部，11 世纪时传播至缅甸北部，又从那里传播至泰国、老挝和柬埔寨。在印度，印度教与大乘佛教之间的区别几个世纪以来逐渐缩小；到公元 7 世纪和 8 世纪，佛陀本身被印度教作为毗湿奴的化身所吸收。许多佛教寺庙被转换成印度教的礼拜场所。

（左图）大乘佛教从印度向北传入中国，而后传至越南、朝鲜和日本，而小乘佛教则向南经斯里兰卡传播至缅甸、泰国、老挝和柬埔寨。

（下图）涅槃的佛陀。涅槃是梵语，意思是"消灭"。在佛教中它更多的意味着专门消灭无知、仇恨和所有形式的尘世苦难。

印度教——重生与业报

印度教并非静态的宗教。像所有宗教一样，随着时间的流逝，对印度教的解释很大程度上取决于学者们和经文权威机构在心理学和道德方面所做的调节。

> 我们所称的印度教是真正的、永恒的宗教，因为它包含所有其他宗教。
> ——奥罗宾多（1872年—1950年），印度学者、瑜伽修行者和古鲁

今天，印度教信徒接近10亿人，主要分布在印度，另外还有散居在全世界大约2000万的印度人。用精确的术语来定义印度教很难。其基本特征之一是以灵魂的迁移——即轮回为教义；信奉重生和业报；崇拜多神，但最终仍归为一神论，其教义认为所有小神都是主神的下属。

社会结构

印度教有社会分级结构，把种姓制度作为核心教义并要求教徒严格遵守。公元2世纪，那些没有种姓的人被视为不可接触者或贱民。站在历史的角度来看，印度教信仰发端于公元前1200年—前600年的吠陀文献（即《吠陀经》《梵书》《森林书》和《奥义书》）、两部史诗《罗摩衍那》和《摩诃婆罗多》以及《薄伽梵歌》和《摩奴法典》中。所有这些文本都涉及了从吠陀时代至大约公元前300年到公元200年时的社会情况和思想观念。

重生和业报

在印度教的教义里，不可或缺的是轮回（生死循环）和业报。《吠陀经》和《梵书》中并没有谈到灵魂的轮回、重生或业报。自公元前约6世纪至前4世纪起，政治动荡和常年战乱给广大人民带来的不确定性和苦难不断增长，他们需要获得精神上的解释，重生和业报正好可以给出答案。教义认为，一

前1200年—前900年 最早的吠陀经编成

约前1000年 印度教开始在南方获得追随者

约前500年 数量众多的印度教经文编写完成，包括《舒若塔经》《摩诃婆罗多》和《往世书》

约前400年 帕尼尼编成梵文语法书《八章》

（右上图）湿婆神的妻子、八臂女神帕尔瓦蒂怀里抱着她的象头儿子迦尼萨。

601年—1300年
上帝和国家

(下图)这幅壁画来自曼谷的大皇宫,绘于拉玛一世国王统治时期(1782年—1809年),描绘的是印度教梵文史诗《罗摩衍那》中的一幕场景。

个人出生时就带着自己的业报,而他/她的重生又取决于现世生活的"业力"(不可抗拒的善恶报应之力)。重生和轮回的周期会无穷尽地重复,只有通过修行"消业",净化灵魂才能打破这个循环,获得解脱。为此,先知们建议人们遵循四路径——知识、冥想、献身或自律(瑜伽)——中的一条或多条。

印度教经文中还描绘了生命的四大目的——法、利、欲、释(解脱)。法包括吠陀宗教仪式、道德行为、维护瓦尔那和卡斯特制度以及遵守法律。利或物质利益虽然重要,但必须取之有道。欲或爱和愉悦必须求得平衡。最后一个目的是解脱,包括理解终极现实的本质,彻底实现精神化的生活。

阶级和卡斯特制度

印度社会结构的权威性存在于《梨俱吠陀》中,其中谈到宇宙的献祭与《原人歌》。《原人歌》指出,

历史

生主（众生之主，与其他许多早期社会情况不同）是一个原始的人或原人。生主将宇宙生灵（原人）作为自己的祭品献出去。作为祭品的原人身体，被认为是整个宇宙所赖以形成之本，其中就包括了社

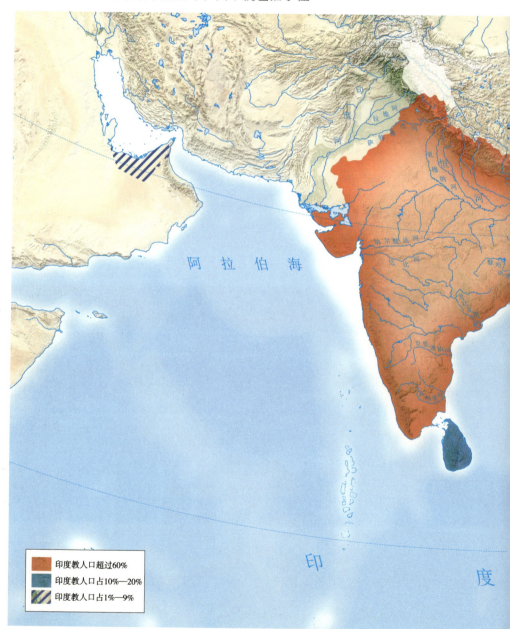

会的四个等级,每个等级都是由原人身体的不同部位构成:嘴巴——婆罗门、双臂——刹帝利、大腿——吠舍、脚——首陀罗,其中婆罗门是最高等级,首陀罗(大多为奴仆)是最底层。这四个等级代表着

(下图)印度教是世界第三大宗教,在印度占主导地位,信徒约8.9亿。

四种主要职业,且相互具有开放性,人们可以通过改变职业,在社会阶层中向上或向下流动。

在过去的几个世纪里,广义的四等级制度被细分为几千个卡斯特或迦提(种姓)。多数情况下,迦提都属于一个特定的瓦尔纳,在同一个地理和语言区域从事生产劳动。

位于索姆纳特布尔的卡撒瓦神庙建于1268年,由印度南部的曷萨拉王朝建立,其建筑以错综复杂的层层装饰为特点。

吠陀时期的许多做法和信念，无论是宗教仪式，还是对宇宙或世界秩序的概念，抑或个体、家庭和社会生活的规范，都是印度教不可或缺的组成内容。大多数神学思想家和宗教改革者都认为，吠陀思想和生活是更为纯粹的印度教形式。

法兰克王国

法兰克人相继征服巴黎盆地，直至中部莱茵河地区，开启了意义深远的地缘政治重组，也奠定了欧洲文明的基础。

> 阿里乌派人占领着高卢的部分地区，我对此感到很沮丧。让我们在神的帮助下征服他们，控制那些土地。
>
> ——克洛维，选自《法兰克人的历史》，作者为图尔的格列高利

751年 "矮子丕平" 成为法兰克国王

800年 查理曼大帝被教皇利奥三世加冕为"神圣罗马皇帝"

814年—840年"虔诚者路易"接替查理曼大帝成为"神圣罗马皇帝"

843年《凡尔登条约》将加洛林帝国分割

870年 依据《梅尔森条约》，法兰克的几个王国瓜分了中间零散的土地，扩张了东部和西部领土

到现在为止，欧洲西部区域一直是辽阔的罗马帝国建立的古地中海和近东文明的附属物。法兰克王国将帝国从未成功征服的莱茵河以东地区纳入领土，并成功在其西北部地区重塑了一个全新的国家，首次使欧洲自身成为政治权力的中心。

这是一个艰辛的过程。481年，拥有罗马省份贝尔吉卡塞康达的法兰克人部落、萨利昂法兰克人的首领希尔代里克一世去世，儿子墨洛温王朝第一个国王克洛维（481年—511年）继任。在邻近科隆的曲尔皮希决定性战役中，克洛维击败阿勒曼尼人首领，据说当时他将手臂举向天空，承诺如果获得胜

（右图）14世纪的法国画作，画中是6世纪初创建了法兰克王国的克洛维，皇后克洛蒂尔达和他们的儿子克洛多梅尔、希尔德贝、提奥多里克和克洛泰尔。

（右图）在公元732年的图尔斯战役（又称作普瓦捷战役）中，法兰克统治者查理·马特击败西班牙穆斯林统治者拉赫曼，将统治范围扩展到欧洲南部。

利就皈依基督教。这个有可能虚构的故事，却凸显了克洛维最意义深远的决策之一——摒弃邻近蛮族国王阿里乌斯派并皈依正统基督教，这一选择使法兰克人与罗马行省的元老院家族展示了更加积极的合作。据说为打击异教，克洛维随后发起了针对西哥特王国阿里乌斯派信徒的战争，借此征服了阿基坦的许多地区。

分土而治

克洛维死后，他的四个儿子各自以巴黎、奥尔良、苏瓦松和兰斯为中心平分了王国领土，这种划分是罗马帝国印记逐渐消失的体现。

7世纪初，墨洛温王国又被分为三个核心王国——纽斯特里亚（卢瓦尔河和默兹河之间的"新土地"）、奥斯特拉西亚（默兹河和莱茵河主流域之间的"东部土地"）和勃艮第（包括罗纳河上游和索恩河河谷）。围绕着核心王国的外围公国有：阿基坦、普罗旺斯、阿尔萨斯、阿勒曼尼亚、巴伐利亚、图林根、萨克森和弗里西亚。

疆域扩张

敌对的周边势力被加洛林王朝时期的法兰克统治者所平定。查理·马特（714年—741年）和他的

▶ 历史

儿子丕平三世（741年—768年）（751年篡夺了法兰克王权）镇压并重建了周边小公国；而丕平三世的儿子查理曼大帝（768年—814年）自公元800年登上皇位后，相继征服了伦巴第王国、西班牙东北部、阿瓦尔汗国和德国北部撒克逊人的土地（经过33年的残酷战争），大大拓展了法兰克王国的疆土，被称为"欧洲之父"。

（下图）查理曼大帝公元814年死亡时，其帝国包含了今天的欧洲大陆核心，法兰克的影响还扩展到丹麦和斯拉夫地区。

601年—1300年
上帝和国家

（右图）秃头查理的王国和日耳曼人路易的王国奠定了中世纪的法国和德国的基础，而洛泰尔则开创了一个传统——谁占据意大利，谁就拥有罗马皇帝称号。

法兰克王国（约768年）
查理曼大帝征服的土地（约814年）
独立省份（约814年）
拜占庭帝国

欧洲的形成

公元843年，查理曼大帝的三个孙子在凡尔登将法兰克帝国的领土分割，这一事件对后世具有深远意义。秃头查理（829年—877年）的西法兰克王国，领土范围包括法兰西岛、默兹河西部的法兰克土地（大致相当于纽斯特里亚）以及阿基坦；日耳曼人路易（825年—876年在位）自称"东法兰克国王"，控制了莱茵河中部地区和莱茵河以外的土地；洛泰尔（817年—855年在位）承袭了父亲"罗马皇帝"的头衔，从两个兄弟之间的土地取得了一些，加上普罗旺斯和意大利，建立了中法兰克王国。

洛泰尔的北部地区，因授予他的次子洛泰尔二世（855年—869年在位），而被称为"洛泰尔王国"，疆域包括现代德国的洛塔林吉亚和法国的洛林。在9世纪后期，洛塔林吉亚成为东法兰克国王的藩属王国。小儿子查理接受了勃艮第的领地，加洛林王朝时曾消失，后来作为德意志国王奥托一世（939年—972年）帝国的一个属地而恢复。意大利则归了长子路易二世。

209

▶ 历史

拜占庭帝国

拜占庭帝国的崛起，源于君士坦丁皇帝决定在博斯普鲁斯海峡的拜占庭建立一个东部的首都，它开启了罗马帝国的最终分裂。

在公元3世纪—5世纪期间，蛮族入侵者不断骚扰罗马帝国的西半部，最终洗劫了罗马城。但由于东罗马支付得起雇佣军费用和必要的贡品，从而抵御了蛮族的攻击，维持了帝国结构。

527年—565年，皇帝查士丁尼一世，即最后一位讲拉丁语的皇帝，发起了收复西罗马帝国领土的战争，事实证明这完全是一场旷日持久的持续投入。在花费巨额支出并取得了一系列战果辉煌的军事行动后，查士丁尼成功收复了达尔马提亚、意大利半岛和北非。然而从长远看，这些短暂的收复是徒劳无功的。

312年 君士坦丁大帝在米维安桥打败马可·奥勒留

324年 君士坦丁建立拜占庭作为他的新首都并迁都，他将他的名字刻在入口处

330年 君士坦丁将拜占庭改名为"新罗马——君士坦丁的城市"。这就是君士坦丁堡

335年 君士坦丁皇帝在耶路撒冷建造了一座圣墓教堂

527年 查士丁尼掌管拜占庭帝国

约560年 查士丁尼将罗马人公元70年掠夺的耶路撒冷财富还给了位于耶路撒冷的圣墓教堂

636年 阿拉伯人从拜占庭帝国夺得了巴勒斯坦的大部分地区

四面楚歌

拜占庭帝国面对着太多敌人。查士丁尼虽已和萨珊（波斯）帝国达成和平协议，但 603 年萨珊王朝悍然翻脸，占领了大马士革和埃及。后来拜占庭遭遇入侵竟成常态。然而，每当帝国的未来摇摇欲坠时，总会有一个强有力的统治者挺身而出，重组帝国并进行反击。这次担当大任的是赫拉克利乌斯，他最终拯救了帝国，但战争使得帝国和萨珊王朝都精疲力竭。后来，日耳曼部落伦巴第占领了波河流域和意大利南部的部分地区，斯拉夫人各部落则突袭了多瑙河流域。对帝国来说，最大的威胁来自正不断扩张的阿拉伯帝国。阿拉伯军队占领了中东的大部分地区、北非、安纳托利亚部分地区，君士坦丁堡再一次岌岌可危。

阿拉伯攻击

718 年，伊苏里亚王朝利奥三世重整帝国军队，沉着击退了阿拉伯人对君士坦丁堡的攻击。受益于上世纪引入的军事改革，他借助希腊火（可以在水上燃烧的液态燃烧剂）让阿拉伯人的舰队全线溃败。

当时拜占庭帝国的军队不是依靠昂贵的中央军支持，而是创立了塞姆制——向本地参军的农民免费提供土地，且免土地税，条件是这些人要代表帝国作战。通过这种方法，帝国的每个地区都保有了强大军力，迅速集合防御力量反击入侵的斯拉夫人或阿拉伯人军队时，无须维持巨额税收来装备庞大的职业化军队。塞姆制保证了帝国的防御，但它也标志着帝国疆域在大规模缩小后出现重要转变。它使帝国避免了敌人的多方威胁，甚至夺回部分失地。850 年—1025 年间，帝国的士兵们相继征服了安提俄克、希腊、克里特岛、保加利亚、克罗地亚和塞尔维亚。

> 因此，街道、广场、两三层高的房子、圣地、女修道院、僧众和修女的居所、教堂，甚至"圣家族大教堂"和皇宫，处处都被仇敌所占，他们全都被战争所鼓动，丧心病狂，嗜杀如命。
>
> ——以弗所主教评论 1204 年十字军洗劫君士坦丁堡

（左图）罗马皇帝查士丁尼的当代马赛克肖像画，他被称为"最后一个罗马人皇帝。"查士丁尼是古典时代晚期最重要的人物之一，被一些正统的基督徒视为圣人。他的统治时期在拜占庭帝国历史上是个独具特色的时代。

（上图）6世纪，在查士丁尼的统治下，军事行动使拜占庭帝国控制了意大利半岛、达尔马提亚和北部分地区。

但战争是残忍的。以保加利亚为例，保加利亚人擒获并处死拜占庭皇帝尼塞弗鲁斯后，国王克鲁姆汗将对手的头颅制成骷髅酒杯。作为回礼，据说拜占庭皇帝巴西尔二世将俘虏的约1.4万保加利亚士兵眼睛弄瞎，强迫保加利亚国王皈依在拜占庭族长庇护下的基督教，血腥的残酷暂时性地结束了他们的长久冲突。

拜占庭帝国的历史，是由激烈战争、朝廷阴谋，以及被偶尔复兴和军事胜利掩盖下的长期衰退所书

写。在君士坦丁堡之外，罗马帝国过去的辉煌更像是一个遥远的记忆。

漫长的衰退

11世纪早期，帝国的扩张已经达到了约400年前伊斯兰教崛起后的最大范围。它甚至成功击退了来自俄罗斯大草原的攻击，并使基辅的领导人皈依了东部教会庇护下的基督教。得益于富人对哲学家和历史学家的慷慨资助，君士坦丁堡的学术成就增多：柏拉图和亚里士多德的名著被刻印，雕塑家留下了经典，画家得塑了宗教艺术。不仅如此，整个地中海地区的繁荣贸易，把君士坦丁堡变成了欧洲和亚洲的财富交汇地。这时的帝国，怎么看都很强大。

只有一点，艰苦的收复失地的战争给帝国带来了严重风险。当农民需要捍卫自己的家园时，兵农合一的塞姆制畅行无阻，当战争对昂贵雇佣军的依赖程度增加时，情况就不同了。对皇帝而言，增加的税收只能来自付得起土地税的富有地方精英，而非那些免税的当地士兵。

崛起的塞尔柱突厥人

1050年，塞尔柱突厥人的崛起威胁到了帝国东部边界。为消除这一隐患，皇帝罗马努斯四世集结了大军，然而运气并未与他同行，在1071年的曼兹克特战役中，塞尔柱突厥人打败了拜占庭军队并俘虏了罗马努斯四世。当整个安纳托利亚都归了突厥人后，似乎牢不可破的君士坦丁堡感受到了寒意。

（右图）西方十字军占领的领土一开始就受到各种伊斯兰力量的威胁。

（左图）拜占庭帝国在被奥斯曼帝国侵吞时，它控制的领土只有少量分散在其他各处的地区。

601年—1300年
上帝和国家

215

十字军的威胁

面对穆斯林塞尔柱王朝的威胁,拜占庭帝国皇帝阿历克塞一世大力呼吁西方在基督教的旗帜下团结起来,反对伊斯兰军队占领圣地,危及帝国。一心想扩大权力的教皇乌尔班二世积极响应,并促成了第一次十字军东征,但西欧的十字军并未像阿历克塞希望的那样受拜占庭的控制。相反,他们先后建立了安条克、耶路撒冷、的黎波里和埃德萨等数量不少的独立王国,而不是将这些征服的土地并入拜占庭帝国。这些孤立的零星基督教军事小邦依然面临塞尔柱突厥人的威胁,最终不敌伊斯兰军队。

缺乏足够支持的阿历克塞,不得不越来越依赖于雇佣兵。为了支撑军队的庞大开支,他被迫向富有的皇亲国戚做出更多的让步。

1202年,教皇英诺森三世发动了第四次十字军东征,拜占庭帝国因此遭殃。鉴于最终参加的十字军人数太少,支付不起威尼斯人要求的运输费用,他们同意转而攻打扎拉城——该城的商人是威尼斯人的竞争对手。而且,拜占庭流亡王子阿列克谢成功说服了急需金钱的十字军攻占君士坦丁堡,阿列克谢登基后无力收拾残局,最终被一个愤怒的朝臣杀死。

1204年4月13日,十字军攻陷了君士坦丁堡,疯狂洗劫和血腥屠杀持续了三天。之后,来自弗兰德斯的鲍德温被推上帝位,拜占庭帝国解体。虽然1261年尼西亚夺回了君士坦丁堡,但光复后的拜占庭帝国已是强弩之末。到14世纪初,它所控制的地区只有君士坦丁堡、安纳托利亚西部小部分、色雷斯,以及伯罗奔尼撒半岛北部至阿尔巴尼亚的狭长地带。1453年,奥斯曼帝国统治者穆罕默德二世攻破君士坦丁堡,拜占庭帝国就此结束。

(左图)皇帝赫拉克利乌斯7世纪击败了萨珊王朝,该图是事件发生800年后所画。赫拉克利乌斯后来在耶路撒冷恢复了真正的十字架。

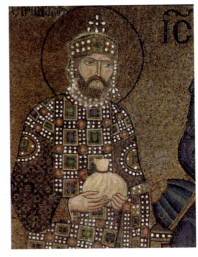

(下图)拜占庭皇帝君士坦丁九世(1042年—1055年在位),在他执政的最后几年,帝国开始受到塞尔柱突厥人的威胁。

阿拉伯帝国

自公元 7 世纪起,一个新宗教——伊斯兰教在阿拉伯世界引发了一场决定性的变化。至穆罕默德去世时,伊斯兰教已占据了阿拉伯半岛的主导地位,并很快向更远处传播,改变着整个地区的政治面貌。

> 如果我们不帮助我们的团体并忠于我们的领袖,就是否认了我们的信仰;但如果这样做,就是放弃了我们的荣誉并熄灭了热情。
> ——一位伊斯兰战士,657 年隋芬战役之前

745 年　伊拉克、美索不达米亚北部和叙利亚爆发瘟疫

747 年　阿拔斯家族的阿布·穆斯林发动革命

749 年　阿拔斯王朝控制波斯

749 年—750 年　倭马亚王朝的统治被推翻

(右图)土耳其艺术家奥斯曼·哈姆迪·贝伊(1840 年—1910 年)的作品《阅读圣言》,强调了伊斯兰教圣书《古兰经》在人们日常生活中的重要性。

公元 600 年,阿拉伯半岛生活着多种民族。在南部,也门农民已会使用先进的灌溉和农耕技术,城镇成为贸易和商业中心。强悍的贝都因人部落游荡在内陆沙漠,通过贸易或抢掠,来获得奴隶、谷物和果干。贝都因文化推崇豪侠行为——勇敢、好义和荣誉感,他们不能忍受战败蒙羞和荣誉受损,为此,对敌人的反击和报复,常常导致几代人陷入循环不断的暴力对抗。他们之间的对抗持续几个世纪之久。

伊斯兰教的崛起

然而,一种新的宗教在阿拉伯世界引起了一场决定性的变化。

在穆罕默德的努力下,追随者多了起来,他的家人和亲朋好友也都皈依了这一新信仰。穆罕默德和他的追随者迁移至麦地那,在麦地那,穆罕默德运用政治、法律和宗教权威,将以往不相干的当地部落团结起来。公元 630 年,在牢牢控制住麦地那后,穆罕默德和他的追随者攻克了麦加。伊斯兰教主导了阿拉伯半岛。

快速扩张

穆罕默德的继任者们用心完成了穆罕默德的嘱托,在帝国急剧扩张的同时,始终大权在握。阿拉伯部落成员无疑是优秀的战士,在颇能负重且数天

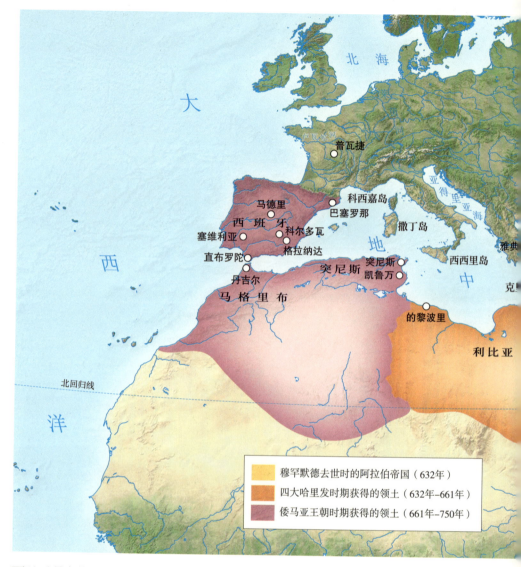

可以不喝水的骆驼帮助下，他们行动迅速。

萨珊（波斯）王朝在与拜占庭帝国之间的残酷战争中筋疲力尽，自然成为他们的狩猎目标。阿拉伯军队迅速征服叙利亚、埃及后，向西穿过北非，最终进入西班牙，占领了伊比利亚半岛大部分地区。公元637年，他们成功征服波斯首都泰西封，661年时已征服整个萨珊帝国。

601年—1300年
上帝和国家

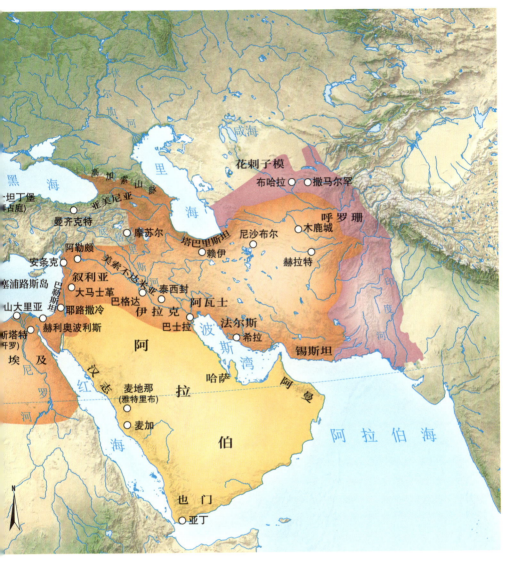

（上图）7世纪伊斯兰军队控制的领土急剧扩张。

伊斯兰军队还向东攻入了查可萨提河和印度河，不想遇到了顽强的抵抗。法兰克王国的"锤子"查理·马特在普瓦提埃战役中获胜，努比亚王国中止他们在埃及南部的脚步。

阿拉伯帝国的领导者在拜占庭帝国和萨珊王朝的遗址上建造驻防城镇，使用当地官员来收税和执行法律。商队和船只在中国与西班牙之间建立起的

221

历史

贸易关系,带动了当地的商业发展。阿拉伯语被帝国规定为官方语言,逐渐取代了当地方言。

内乱和分裂

倭马亚哈里发的统治直到7世纪中期,阿拔斯家族与什叶派结盟共同反对倭马亚王朝的领导地位,最后一任哈里发在战斗中被打败后,阿拔斯王朝得到了王位继承权,倭马亚幸存者在西班牙的科尔多

(上图)倭马亚哈里发一直统治到8世纪中期,被阿拔斯家族(穆罕默德叔叔的后代)及其什叶派盟友推翻。阿拔斯王朝将首都东迁至巴格达,这里更接近他们的强大支持者波斯。10世纪初,阿拔斯帝国被法蒂玛哈里发取代。

瓦建立了一个后倭马亚王朝，阿拉伯帝国就此分裂。

巴格达的麻烦

阿拔斯王朝将首都东迁至巴格达，以便离王朝的最强支持者波斯更近。随着维持庞大军队投入的增加，阿拔斯王朝的国库告急。统治集团发现要确保省级官员上交他们的税收，越来越困难。军饷的减少让士兵们开始寻找更能稳定支付薪水的哈里发。民族和地区差异也增加了帝国的麻烦，当地领导者趁机纷纷在帝国内部建立了实质上的独立王国，阿拔斯哈里发沦为傀儡。

法蒂玛王朝建立

10世纪初，在突尼斯的什叶派穆斯林推翻了当地的艾格莱卜王朝，从狱中被救出的赛义德建立了法蒂玛王朝，成为哈里发。法蒂玛王朝最终控制了北非大部分地区、埃及、叙利亚部分地区，以及至关重要的圣城麦加。法蒂玛王朝将都城迁到开罗，并维持着地中海和东南亚之间的广泛贸易网络。

法蒂玛王朝的统治达两个世纪之久，其间面临塞尔柱突厥人以及西欧十字军的挑战，直到王朝灭亡。

（右图）位于西班牙科尔多瓦的大清真寺约公元600年建造，最初用做西哥特基督教教堂，自784年起重新装修成为清真寺，该寺拥有许多引人注目的特性，包括蜂窝圆顶，以及瓷砖上镶嵌着星星等。

> 历史

塞尔柱帝国

游牧民族塞尔柱突厥人起源于吉尔吉斯草原，后来向南迁移到波斯，拥有勇猛强悍的武士文化。公元985年，他们的首领皈依伊斯兰教。之后占领巴格达，控制阿拔斯哈里发，建立起自己的帝国，范围包括安纳托利亚，南达耶路撒冷，东到中亚。1071年在曼兹克特战役中击败拜占庭军队后，他们对君士坦丁堡的威胁激发了十字军的斗志，最终减缓了塞尔柱帝国的扩张速度。

奥斯曼帝国

1144年，埃德萨被塞尔柱人首领赞吉占领。伊斯兰战士英雄人物努尔丁联合叙利亚共同反对基督教入侵者，赞吉的继任者萨拉丁将军于1187年夺回耶路撒冷。最终萨拉丁征服了埃及，终结了法蒂玛王朝。

13世纪，来势汹汹的蒙古人横扫亚洲，摧毁了阿拔斯王朝的最后残余力量，占领了塞尔柱帝国的大部分地区，塞尔柱人仅以安纳托利亚的一个小公国作为容身之地，这里成为奥斯曼帝国的发源地。

阿拉伯帝国的强势崛起在地中海和中东塑造了一个新的世界，也带来了穆斯林军队与拜占庭帝国、西欧基督教之间长达几个世纪之久的对抗。

宗教的发展周期、科学的进步以及贸易的增加，并未阻止零星的暴力对抗和内战冲突，王朝倾覆，帝国破碎。塞尔柱突厥人的崛起摧毁了阿拉伯人的控制，为奥斯曼帝国统治阿拉伯世界的几个世纪铺平了道路。

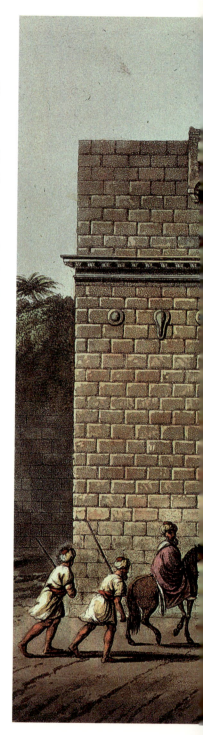

（右图）在叙利亚大马士革的倭马亚清真寺最初是阿拉米人供奉风暴神哈达的寺庙，后来成为罗马人供奉宙斯的神庙，再后来成为基督教堂，最后成为清真寺，著名的穆斯林将军萨拉丁就长眠于此。

601年—1300年
上帝和国家

高棉人——治理自然

从 9世纪中期到15世纪30年代,在东南亚出现了一个非凡的帝国——高棉帝国。

> 对于这个血统纯正、完美无瑕的皇族成员而言,他的崛起就像一朵新莲出水。
>
> ——关于高棉帝国第一个国王阇耶跋摩二世(802年—805年在位)的铭文

802年 阇耶跋摩二世宣布从爪哇统治下独立

1150年 苏耶跋摩二世与中国进行贸易,用象牙和羽毛换取黄金

1186年 塔布隆寺建成。碑文称,维护它的仆役有成千上万

1431年 泰国军队入侵,吴哥城的高棉文明结束,王朝最终迁到金边

在第一个千禧年,东南亚出现了几个公国和王国,特别是在那些农业盈余足以负担起日益增长的海上贸易——即中国、印度、阿拉伯世界与地中海之间的相互贸易——的地区。凡是能运用国家权力激发人的创造性,从季风、河流和湖泊中汲取水源的地方,农业生产都收成丰厚。

与湄公河相连的洞里萨河周围就是这样一个地区。洞里萨河水汇入柬埔寨西部,形成东南亚最大的淡水湖洞里萨湖。高棉帝国崛起于洞里萨湖的北部边缘,面积大约100平方英里(260平方千米),被称为吴哥地区。吴哥地区拥有成千上万建筑物和雕像,当帝国的首都1434年东迁至金边后,这里便被人们遗忘。虽然当地人、偶然路过的旅人和一些西方传教士都意识到了这里的历史遗产,但通常都认为是法国探险家亨利·英哈特于1860年发现了吴哥。

现在的柬埔寨人都自称为高棉人,声称他们的祖先曾经统治东南亚大陆的南部地区,范围从泰国北部到老挝南部、柬埔寨和南越。高棉人认为他们的祖先是隐居的智者甘菩和仙女梅拉的后代,他们的王国叫做柬埔寨(源自中古高棉语)。

扶南和真腊古王国

柬埔寨古王国扶南(1—6世纪中叶)和真腊(6—8世纪)存在于高棉帝国之前。扶南王国的都城在毗耶陀补罗城(现金边附近),统治着柬埔寨的中部和南部,以及南越的湄公河盆地。传说扶南王国的创

建者是憍陈如(印度婆罗门种姓),他娶了公主索玛,于公元1世纪创建了一个印度教王国。

扶南人可能是早期的孟—高棉语族人。大量游记和碑文证明,扶南王朝在剧本和文学、艺术和建筑、音乐和舞蹈、哲学和治国之术等方面表现出了高度的印度化,甚至当高棉人推翻扶南、建立真腊王国时也依旧如此。真腊王国则于公元706年分裂为北方陆真腊和南方水真腊。

高棉帝国

8世纪末,水、陆真腊俱为夏连特拉王朝控制,10年后,高棉统治者阇耶跋摩二世(802年—850年在位)统一真腊,推翻了夏连特拉王朝,将政治中心转移到了洞里萨湖附近,方便控制通往呵叻高原和更远的西部和北部地区的关口。

苏耶跋摩二世(1113年—1150年在位)在位时高棉帝国疆域最广,他在吴哥窟建造了宏伟的毗湿奴

(下图)吴哥地区的庙宇数量超过1000,从普通的瓦砾堆到宏伟的吴哥窟,形式多样。吴哥窟是苏耶跋摩二世(1113年—1150年在位)统治时期的遗存之一,用于供奉毗湿奴。

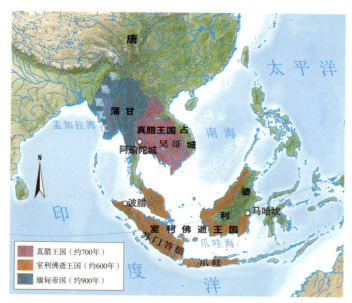

（上图）随着帝国的发展，与爪哇和南方的三佛齐王国的文化、政治和贸易关系也日益密切。

神庙。吴哥窟占地1平方英里（2.5平方千米），可能是世界上最大的庙宇，它的外围环绕着宽大的护城河和长长的栏杆（形状为眼镜蛇的身子），显示了印度教文化的影响。吴哥窟的那些宝塔（现柬埔寨的国旗上就有宝塔图案），高高耸立，中央的宝塔状如一朵盛开的莲花，塔高213英尺（65米）。

阇耶跋摩七世在位时将大乘佛教定为国教，宣称自己就是未来的佛陀。他在吴哥城广修建筑，包括2万座圣坛。他还供养着约30万名牧师和僧侣。所有这一切，连同在占城和泰国的连年战事，极大损耗了柬埔寨的国力。

13世纪末小乘佛教在高棉帝国扎根，它宣扬的平等主义，对菩萨或王权的神圣并不认可。

14世纪，泰国人和占婆人占领了高棉帝国大量地区。1431年，大城王国攻陷吴哥城。虽然高棉人后来又收复了首都，但1434年他们谨慎地迁都金边，实际上标志着高棉帝国权力和荣耀的终结。

（右图）高棉人建立了东南亚地区最大的帝国。统治中心在现在的柬埔寨，范围还包括了现在的老挝、泰国和越南的部分地区。

601年—1300年
上帝和国家

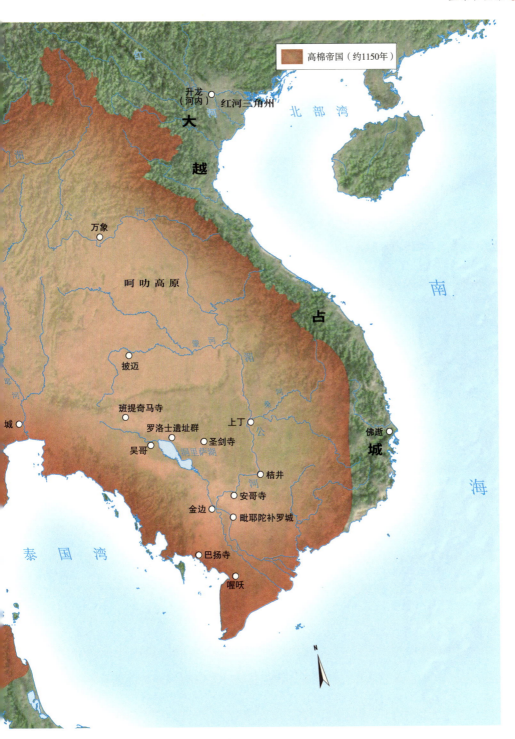

229

历史

席卷欧洲的异教徒

9 世纪时，欧洲遭遇了三管齐下的攻击，这三股不同群体的入侵者分别是：北方的维京人、南方的撒拉逊和东方的马扎尔人。

789 年　维京人发动了对英格兰的第一次袭击

798 年　维京人开始袭击法兰克

约 813 年　壮丽的维京海盗船"奥塞贝格"号建造

827 年　撒拉逊人攻占西西里

844 年　维京人对塞维利亚的袭击被击退

866 年　丹麦维京人在英格兰建立约克王国

871 年　阿尔弗雷德大帝成为威塞克斯国王，并成功阻止了丹麦维京人对英格兰的入侵

882 年　撒拉逊人在意大利坎帕尼亚的加里利亚诺建立基地

898 年　马扎尔人入侵意大利

983 年　维京人在红发埃里克的率领下在格陵兰岛建立殖民地

（右图）这幅在意大利阿纳尼大教堂的 13 世纪壁画，描绘了阿特里主教在等着圣·马尼奥圣物箱（877 年被撒拉逊人抢走）的归还。

来自斯堪的纳维亚半岛的维京人不仅常劫掠欧洲海岸，还把范围扩展到了地中海，建立了经俄罗斯到拜占庭的贸易路线，英格兰、爱尔兰、法兰克北部、冰岛和格陵兰岛都有他们的定居地。与此同时，撒拉逊人占领了地中海西部岛屿和西班牙大部分地区，还进入意大利和法国南部，匈牙利的马扎尔人则在意大利北部和德意志肆虐。

维京人时代

不论作为殖民者、商人还是武士，维京人几乎到达了当时所有已知地区，并在此过程中发现了新大陆。他们的船只从北欧诸国开始，跨越西欧海岸，穿过直布罗陀海峡进入地中海，从那里登陆意大利、西班牙、摩洛哥和圣地。

他们从波罗的海进入欧洲大陆，沿俄罗斯各河流和水道入黑海、里海，直奔巴格达。在亚洲，他们遇到了来自中国的商队，用海象牙和毛皮换取香料、银子和珍奇物品。他们还巡游了整个北大西洋，发现了法罗群岛、冰岛和格陵兰岛，并定居在英格兰、苏格兰、爱尔兰和诺曼底的部分地区，至今有些区域仍以他们的名字命名。

尤值一提的是，维京人在列夫·埃里克的率领下，约 10 世纪时到达北美，在现在的加拿大、美国的缅因州和马萨诸塞州东南部进行探险。这些重大成就之所以被我们获知，一是来自当时的书籍记载，二是得自考古发现。

撒拉逊人的征服

尽管撒拉逊人自公元652年起就经常袭击西西里岛和意大利南部,但直到740年才第一次发起真正的军事征服行动,短暂占领了沿海小城锡拉库扎。撒拉逊人对西西里和意大利南部的征服和占领仅持续了一个多世纪。

711年,撒拉逊人领袖塔里克·伊本·齐亚德从北非穿越到直布罗陀,控制了伊比利亚半岛的大部分地区。这次军事行动的决定性事件是瓜达莱特战役,西哥特王国最后一位国王罗德里克战死战场。此役之

> 英国还从未经历过我们正遭受的异教徒袭击这样可怕的事情,也从没有人认为英国会面临来自海上入侵的局面。
>
> ——公元793年,英国学者、约克郡的阿尔昆在听闻维京人第一次袭击英国时评论

▶ 历史

后，撒拉逊人对西哥特的武装征服就似在旅游观光，当试图向东北跨越比利牛斯山进入法兰克时，被法兰克人、基督教徒查理·马特在 732 年的图尔战役中击败。

马扎尔人的横行

约 830 年，可萨汗国爆发内战，局势混乱。可萨人的三个卡巴部落在迁往艾特尔库祖（今天的乌克兰）时加入了匈牙利的马扎尔人部队。

从 862 年开始，马扎尔人以及盟友卡巴人发动了从艾特尔库祖到喀尔巴阡盆地的一系列抢劫袭击，目标主要是东法兰克帝国、德意志和大摩拉维亚公国、保加利亚和巴拉顿湖公国。以此为起点，他们横行于整个欧洲大陆。

900 年，他们从提萨河上游转移至外多瑙—潘诺尼亚地区，即后来新兴国家匈牙利的核心地带。

德意志的胜利

三股势力的劫掠性扩张都破坏了各王室的权威，触发了政治上的分裂。在法兰克人的加洛林王朝，国王实际上已经向维京人屈服，防御事务只能靠本地精英各自为战，而他们也迅速建立了自身的权力中心。

在英格兰，维京人遭遇了威塞克斯国王阿尔弗雷德大帝（871 年—899 年在位）的顽强抵抗，但 1 个世纪后，维京人的第二波入侵被证明是难以抵抗的。

在法兰克帝国的东半部，奥托一世在莱希费德战役（995 年）中战胜了匈牙利的马扎尔人，这场战役是决定性的，它使德意志成为欧洲第一个从外族入侵中恢复过来的国家，德意志由此在欧洲称霸近三个世纪。

（右图）无论是作为袭击者还是入侵者，维京人、撒拉逊人和马扎尔人远涉异地，都是为了掠夺财富和寻找新的领土。

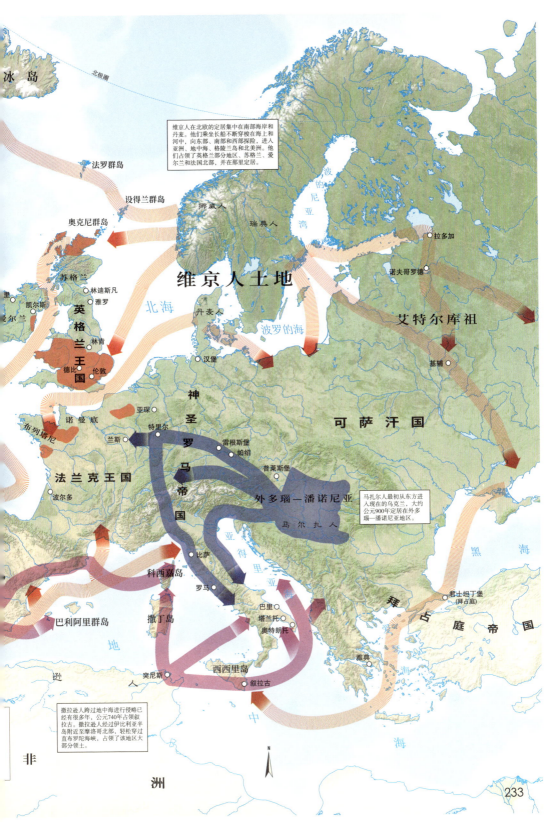

> 历史

基辅罗斯

基辅大公国，也被称为基辅罗斯，是由维京人的军事和政治精英阶层与斯拉夫人中的商人和农民相互融合而成的。

> 最强大的两个勇士是耐心和时间。
> ——列夫·托尔斯泰（1828年—1910年），俄国小说家

约988年—989年 弗拉基米尔皈依正统基督教，委托创作宗教标志和建筑

1019年 雅罗斯拉夫成为基辅大公

1037年 圣索菲亚大教堂开始在基辅兴建

1072年 王公圣鲍里斯和格列布被封为圣徒

1146年 文献中首次提到莫斯科

1156年 克里姆林宫墙在莫斯科修建

1223年 蒙古人第一次战胜基辅罗斯

（右图）基辅罗斯具有内在的扩张主义冲动，因为每个公国的领导者都需要源源不断的战利品来笼络其追随者，以及吸引更多的支持者。

据说该统治王朝是公元862年由维京人首领留里克创立，其后裔一直以这种或那种形式延续统治到16世纪。直到10世纪，维京人和斯拉夫人之间的联系主要集中在内河航运贸易路线上，从斯堪的纳维亚经黑海到达君士坦丁堡。

融合

这群被称为瓦良格人的维京人，最初踏上这块地区是为掠夺而来，他们沿河而下，向当地人索取贡品。最后，他们定居下来，并与斯拉夫人通婚，最终斯拉夫语成为统治精英的必备条件。这点从统治者的名字就不难发现：王公斯维亚托斯拉夫（约962年—972年在位）是第一个拥有斯拉夫名字的基辅大公。他在位时，每个小邦都有留里克王朝的王公，每个王公都有自己的军事随从，称为亲卫骑兵。王公通过分发战利品和提供仲裁获得随从们的效忠。

第一批统治者

基辅的第一个伟大统治者是弗拉基米尔（约980年—1015年），他曾与波兰人、佩切涅格人、拜占庭人和保加利亚人作战，但让他名留青史的却是皈依正统基督教。这一宗教选择是富有政治意义的，他试图在自己的多民族王国中，创造出一定程度的团结和共同纽带。

在弗拉基米尔时代，罗斯已经成为一个地理名词，

但他试图通过寻求共同信仰来实现文化上的统一。他的第一个选择是自由信仰，但事实证明是错的，后来他又考虑过犹太教、伊斯兰教和拉丁基督教。最后的选择使他的王国获得了基督教邻国瑞典、波兰和匈牙利的承认，收获了拜占庭帝国这个盟友，与他的西部邻国有了区别。

权力巅峰

在基辅大公"智者"雅罗斯拉夫（约 1019 年—1054 年在位）的领导下，基辅罗斯达到了其军事和文化巅峰。他下令翻译、创作并收集很多书籍，尤其是宗教作品。他还督造了位于基辅宏伟的圣索菲亚大教堂，帮助俄罗斯教会的发展，协助编制第一部成文法典《罗斯法典》，又称《罗斯真理》。

"大王公"之争

弗拉基米尔和雅罗斯拉夫等强大的统治者是基辅罗斯中的例外。贵族城邦之间的内讧才更为常见。随着各公国的发展，诺夫哥罗德、加利西亚—沃里尼亚、基辅、佩雷雅斯拉夫尔、切尔尼戈夫、斯摩棱斯克、特维尔和弗拉基米尔—苏兹达尔的领导者都成为独立的政治力量，有着自己的联盟和利益。

每个公国包含三个政治机构——留里克王公、波雅尔和人民议会。然而，这三者间的权力平衡在不同地区有所差异。在加利西亚—沃里尼亚等西南部公国，波雅尔最有权势，是拥有土地的贵族。在东北部的弗拉基米尔—苏兹达尔公国，王公居于主导地位，而在北部的诺夫哥罗德，人民议会可行使的权力最多，甚至可以雇佣和解雇王公，并禁止王公拥有该城的土地。

为提高自己的权威，争夺"大王公"头衔，留里克王朝的王公们相互发动战争。1169 年，弗拉基米尔—苏兹达尔王公安德烈·博戈扬布斯基洗劫了基辅，宣称自己是"大王公"后，返回自己的公国。基辅的重要地位不在。

弄巧成拙

在各公国追求自我最大利益化的内部冲突中，基辅失去了统一外交政策和共同防御能力。因此，当蒙古人从东部入侵时，基辅丧失了协调一致的行动，在 1236 年—1240 年间，各公国被轻易击败。

（左图）基辅的彼切尔洞窟修道院，自 1015 年建成后，它一直是东欧正统基督教的主要中心。

中国的文化复兴

唐朝衰亡标志着中国在东亚霸主地位的终结。在唐朝之后的宋朝,中国社会和经济的许多独特特征形成。

> 先天下之忧而忧,后天下之乐而乐。
>
> ——宋朝范仲淹(989年—1052年)在《岳阳楼记》(1045年)一文中对儒家士大夫责任的思考

约1044年 记载有火药配方、描述了早期形式的指南针的书籍出版

1127年 女真士兵围困宋朝首都,俘虏了皇帝及其他皇室成员

1215年 蒙古人攻打中国北部并继续南征

1271年 马可·波罗开始他的中国之旅

译者注:① 907年之后,北方主要是契丹人、沙陀人和中原汉人在互相征战。突厥人被唐和回鹘攻灭后,或西迁,或融入回鹘与汉人。② 赵匡胤在后周任归德节度使,辖地在宋州,即今河南商丘。遂以宋为国号。

在中国北部边疆的草原地区,宋朝处于强大对手的环伺之下。尽管饱经掠夺,宋朝还出现了前所未有的经济增长和文化复兴,越来越多的人口向南迁移,稻米经济的崛起,改变了中国人的生活和物质文化。

五代十国(907年—960年)

到公元907年唐朝最后一位皇帝被废黜时,中国许多地方已经成为军事将领控制下的准独立区域,北方成为突厥人①和汉族军队争夺的战场。内战摧毁了唐朝都城长安和洛阳。位于华北平原战略要地、大运河与黄河交界之处的开封,成为新的北方政治中心。先后有5个政权都在此立都,但很少有一个政权时间能延续超过16年。

在这段时期,中国南方小国众多,因统治者重视生产,经济反而获得较大发展。南方的统治者虽然也经常冲突,却没有人能大规模地扩张领土。

宋朝(960年—1279年)

赵匡胤(927年—976年)是一名久经沙场的将军,他在公元960年的一次政变中上台,废黜了五代时期后周最后一位年幼的皇帝。为纪念他的祖籍河北,他改国号为宋②,定都开封。为避免出现造成唐朝覆灭的藩镇割据乱象,赵匡胤试图将兵权握在皇帝手中,但直到978年,在他的继任者努力下,宋朝才打败南方最后一个王国吴越,统一南方。北方,强悍的游牧民族,

中国敦煌莫高窟第345窟之五代时期射手。

东北部的契丹（辽）和西北部的西夏，占领了长城南部战略区域，持续威胁宋朝。1004 年，辽大举攻宋，最终双方签订了和平条约，宋每年向契丹缴纳丝绸和银两。

儒家士大夫的崛起

宋朝皇帝跟随赵匡胤的脚步，努力建立一种文官地位高于武将的体制。朝廷官员通过科举考试被录用，在此之前需要学习多年的历史、诗歌、时事，尤其是儒家经典。激烈的竞争使从事公共服务的统治阶层文化水平很高。科举考试和印刷术的传播带来了儒学的复兴。宋代学者们推崇儒家圣贤孟子的唯心主义哲学，孟子宣称"人性本善"，每个人都有完善道德的潜力。儒学在知识精英中的复兴及其对家庭和社会的重视，使任何佛教思想都黯然失色。

经济改革

从 8 世纪到 12 世纪，内战和入侵使中国北方地区饱受摧残。为避难，很多人从北方（传统的中华文明腹地）迁移至长江以南的边境地区。南方则需要更多

（上图）宋元通宝，铸于宋太祖建隆元年（960 年），钱式沿袭"周元通宝"成规，为小平钱。钱文仿八分书，顺读，属国号加宝文的国号钱。有铜、铁两种，背有星、月纹等，铁钱十当铜钱一。

商业出版

印刷术最晚 8 世纪初就已经在中国发明，但到宋朝才普遍应用。宋朝政府印刷了儒家经典的标准版本，以及佛教和道教的宗教典籍、王朝历史、法典、哲学著作，还有数学、医学、军事和农业方面的专著。南宋时期，私塾和商业出版商作为官方印刷的有益补充，迎合了日益增长的年历、占卜手册、宗教文献和启蒙读物等市场需求，需求最大的当属有助于科举考试的。印刷拓宽了人们获取知识的渠道，从而鼓励了创新，特别是在农业和医疗技术方面。

（上图、右图）宋朝印刷的佛教经典插图。

劳动力和资本,人口飙升到 1 亿有余。三分之二的人口生活在南方。

农业和工业

新开发的良种、灌溉技术和种植方式极大地提高了水稻种植生产力,中国南方湿润、潮湿的环境还拥有其他优势。在唐代开始流行的茶非常适合南方的多雨气候和崎岖山地的土壤。甘蔗和热带水果(如荔枝、龙眼和橘子)在南方长势也良好,丰富的天然水道也促进了货物运输和人员往来。华南地区的常绿阔叶林也为造船和造纸业提供了木材和树脂,为发展迅速的印刷业提供了油墨。

这一时期,中国与日本、东南亚和印度洋的海上贸易,其繁荣程度使跨越中亚的陆上丝绸之路也为之逊色。宋朝的工业生产也经历了一场革命。采矿术和冶金术的创新大大增加了煤、铁和钢的产量。制陶业的进步制造出第一批真正的瓷器,成为中国最重要的出口品。新机器和新技术的应用也提高了丝织品的质量和品种。丝织业成为高度专业化的行业,城市作坊中有受雇用的熟练男性工匠。

虽然宋朝在巅峰时期每年铸造 60 亿枚铜币,但生产的硬币仍无法满足市场需求。渐渐地,笨重的铜钱和铁钱被世界上最早的纸币("交子")所取代。

发明

宋朝时期广泛使用的重要发明是火药、指南针和印刷术。火药不再仅仅用于烟花,还被用于武器(从大炮到粉碎性炸弹)。航海罗盘以及龙骨船的设计创新使水手敢于在看不见陆地的地方跨越海洋。蒙古人将火药武器带到伊斯兰世界和西方,而指南针知识的传播者最有可能是阿拉伯航海家。

市井生活,大众文化

商业的繁荣刺激了城市的发展,城市中出现了富

(下图)中国宋朝经济强劲,引入了纸币,又称"交子"。一交子价值 1 盎司(28 克)银子。

(上图)文天祥(1236 年—1283 年),南宋末年抗元名臣,民族英雄。

有活力的市井文化。南宋都城杭州,被马可·波罗称为"人间天堂,世上最美丽繁华的城市",居住人口超过100万。来自各地的异域珍奇纷纷涌入杭州市场,为皇宫和政府各部门提供商品及服务的交易超过100宗。城市的娱乐性机构,常有各个阶层的人光顾,酒馆、餐馆、青楼和茶馆比比皆是。说书人、吟游诗人、戏剧表演者共同创造了新的方言文学。朝廷官员和儒家学者组建诗歌俱乐部,在他们的花园中举办饮酒聚会,挥毫泼墨,创作精致的艺术品。然而,尽管商人阶层的财富和影响日益增长,但却缺乏士大夫精英群体的政治权力和社会声望。

女真入侵和南宋

12世纪初,北方满洲地区新部落女真族的突然崛起,打破了宋朝和北方对手之间的力量平衡。1115年,女真人宣布建立金朝,推翻了辽的统治,开始侵入宋朝领土。

在南宋(1127年—1279年)时期,中国北方仍处于蛮族统治之下。1235年,金朝被蒙古军队所征服。南宋屡次遭受蒙古人的攻袭,直到1279年,蒙古大汗忽必烈占领杭州,完成了对南宋的征服。

(下图及下页图)汴河是中国宋朝漕运枢纽,商业交通要道,人烟稠密,粮船云集,人们日常生活的市井气息,都纤毫毕现地展现在中国北宋画家张择端的《清明上河图》这部分中段里。

历史

601年—1300年
上帝和国家

> 历史

神圣罗马帝国——德国的开端

中世纪早期的德国是神圣罗马帝国的一些公国的总称，帝国的继承者通常会被加冕为皇帝，被视为西方基督教世界的最高统治者。

> 它们（我的话）⋯⋯仅仅是直白和有条不紊地讲到了萨克森虔诚国王们的生活和道德观念⋯⋯在他们的时代，我们的土地开始崛起，如同高耸的雪松一般，引发了广泛恐惧。
>
> ——梅泽堡的蒂特玛评论神圣罗马帝国国王，约公元 1020 年

查理曼大帝（卒于 814 年）公元 800 年加冕为神圣罗马皇帝，但随着他的法兰克王国衰亡，他所征服的东部德国部分——远至东南的易北河与巴伐利亚的萨克森地区——处于一系列后续王朝的影响之下，这些王朝包括 1024 年灭亡的奥托王朝（萨克森公爵）、从 1024 年持续到 1152 年的撒利安王朝（巴伐利亚和斯瓦比亚），之后是以 1250 年腓特烈二世死亡而结束的霍亨斯陶芬王朝（斯瓦比亚公爵）。

皇帝与教皇

在奥托一世（936 年—973 年在位）的领导下，帝国的边界大幅拓展。他娶了意大利国王的遗孀，极大地拓展了王国的领土，南部边界几乎到达罗马，这使他得以在公元 962 年说服教皇约翰十二世加冕他为罗马帝国皇帝。历史，从加洛林王朝进入奥托王朝。他的这一举动开启了皇帝与教皇之间的关系问题，几个世纪以来，两人既是盟友，又关系不睦，各自都宣称自己是上帝的代表。

在权力面前，他们相对位置的无

（下图）这幅画的作者是 19 世纪艺术家阿尔伯特·鲍尔，描绘了 1171 年在亚琛的腓特烈一世。

数次冲突引发了很多场重头戏，比如亨利四世1077年冬天在卡诺萨，蓬头赤足，着悔罪服，雪里站了三天三夜，以换取教皇格里高利七世的赦免。受勃勃野心影响，帝国统治者们对繁荣的意大利南部非常看重：西西里岛的谷物意味着的财富堪比黄金。

在帝国与希腊人和诺曼底人进行了长达两个世纪的失败军事行动后，亨利六世（卒于1197年）最终通过与西西里唯一女继承人康斯坦丝公主结婚而得到奖赏，为中世纪最著名的德皇腓特烈二世（被称为"世界奇迹"）的光辉生涯铺设了道路。后者使教皇在他的罗马飞地感到了被帝国包围的压迫。

王室继承通常由选举决定的制度决定了国王或皇帝相对较弱的政治力量，在日耳曼土地上世袭王位在一个王朝从未超过两到三代。由于王朝变动频繁，土地少有扩张。统治者主要依靠自己继承的土地来征税以及招募军队，因而没有足够实力将他们的意志强加于邻国。在欧洲，德国从来没有像王位稳定世袭的英法那样，建立起日益牢固的中央集权的王权。

自500年起 语言的变化引起高地德语在辅音上的变化，使其区别于其他日耳曼语言

800年 查理曼加冕为罗马皇帝

955年 奥托一世在莱希费德战役中打败匈牙利人

962年 奥托一世加冕为罗马皇帝，神圣罗马帝国开始

（下图）在这幅11世纪的德国手稿中，奥托二世在接受臣民们的致敬。公元967年，他成为神圣罗马皇帝。

文化和教育

在文化方面，教会提供了最高质量的教育和学习。奥托王朝和撒利安王朝的女修道院由院长主持，她们都非常博学，如奎德林堡女修道院院长玛蒂尔达，她是萨克森王维杜金的后裔，冈德斯海姆修道院修女罗斯维莎（戏剧家）。两个世纪后，宾根的女修道院院长希尔德加德（作家、作曲家）与整个欧洲各阶层的人

▶历史

（左图）这幅精美作品的作者是意大利艺术家费德里科·祖卡罗，描绘的是教皇格里高利七世祝福德国国王亨利四世。

互通了 200 多封信件，包括国王和教皇。这些修道院的图书馆本身就是手稿、象牙和金银作品的宝库。

然而教会并没有垄断学问。腓特烈一世对罗马法律知识颇具心得，他的孙子腓特烈二世则亲自写了一本关于驯鹰术的书，熟练掌握多种语言。为了满足自己对多种语言体系的兴趣，他还曾主持过一项实验：把刚出生的小孩子交给聋哑乳母抚养，看他们是如何学会说话的。

（下图）自 15 世纪末起，神圣罗马帝国被称为德意志民族的神圣罗马帝国。尽管它包含意大利北部大部分地区，但罗马从来没有包括在内。

> 历史

武士和帝国

我们经常认为日本是一个单一主权的国家。然而，日本大部分历史却围绕着皇室家族与贵族及后来的武士集团之间，在统治权和领土争夺方面的斗争。

> 我认为，这个世界，确实是我的世界。我就像满月一样散发着光芒，不被任何乌云遮挡。
>
> ——日本诗人藤原道长

- 500 年　日本采用中国拼音
- 约 607 年　圣德太子建立佛教寺庙
- 794 年　天皇将首都迁至京都
- 858 年　藤原家族把持朝政
- 1227 年　道元和尚将禅宗佛教引入日本

来自朝鲜半岛的稳定移民是日本群岛的第一批定居者。这些原住民以狩猎采集为生，引入水稻种植后，为获得对农业的控制，强大部落往往采取暴力手段征服较弱部落。

帝国统治

公元 645 年，日本皇室效仿中国建立起官僚体制。中央政府以户为单位进行登记，为每个登记在册的人分配土地，并对土地上的收获物进行征税。为满足扩大领土和征服原住民的需要，日本还招募士兵入伍。

794 年，桓武天皇为巩固自己的统治，削弱权势贵族和僧侣的力量，迁都平安京，即京都，开创了平安时代。然而，新政府的税收制度却很失败，许多农民放弃了所分配的土地，到庄园主土地上寻求庇护。

幕府将军

这样的结果导致了很多显赫家族的出现。藤原家族操纵皇室 300 余年并造成混战，武士集团领袖平清盛抓住这一政治真空，全力支持皇室而平步青云。1159 年，在"平治之乱"中他击败源氏家族，赢得政治领导地位，自此日本从贵族统治转化为军事统治。1185 年，源氏家族的源赖朝击败了平氏家族。为换取对日本东部的控制，源赖朝接受了皇

（上图）这幅精美的图画描绘的是匂皇子与右大臣家六女公子之间的恋情。来自《源氏物语》的作品手稿，成书于约公元1000年，作者是日本女作家紫式部。它是世界上第一部长篇小说。

（左图）穿着全套礼服的、日本幕府制度的建立者源赖朝。他是日本平安时代末期至镰仓时代的武将、政治家。

室赐予的"征夷大将军"的头衔，建立了镰仓幕府。

"神风"相助

镰仓幕府自成立起就面临着来自各方的挑战。1221年，天皇后鸟羽在武士们的帮助下讨伐镰仓幕府，兵败被流放。中国元朝军队分别在1274年和1281年袭击了九州，意外的台风刮翻元朝军队数百艘兵船，元军损失惨重不得已撤退。

这些台风在日本后来被称为"神风"，使国民们深信，日本是一块受上天保护的特殊土地。

敌对派系

皇室内部，关于皇位继承的紧张局势越演越烈。后醍醐天皇的血统（南朝）合法性受到对手（北朝）挑战。南北朝之间的冲突导致了日本长达50年的内战，整个国家陷入混乱。1392年，室町幕府第三任将军足利义满结束了南北朝。社会恢复稳定后，足利义满成为日本武家政权领导，皇室家族处于从属地位。

历史

文化和文字

在平安时代，日本文化蓬勃发展。日本学者研究学习中国知识并将其传播回日本。公元894年，中央政府停止向中国派遣学者，让日本有机会将新出现的和外来的艺术风格及宗教与国内旧有的进行整合，其中最重要的成果就是日文。至今，除中国拼音、汉字外，日语也使用两个假名：平假名和片假名。平安时代著名女小说家紫式部描写宫廷生活的经典传奇小说《源氏物语》就是用假名写成的。

（上图）一之谷之战（1184年）是平氏家族和源氏家族在1180年—1185年间所发生的一系列战役（源平合战）之一。

历史

欧洲扩张——三大王朝

9 世纪末 10 世纪初，中欧分别以皮亚斯特、阿尔巴德和普热米斯尔这三个家族王朝为核心，形成了波兰、匈牙利和波西米亚三个王国。

所以如果我们要写神圣的人、良好的工作和奇迹，那么我们同样也要写世俗的国王和王子的事情。我们在教堂内谈论圣人，（但是）在学校和法院里我们却阅读着国王和王子的故事以及他们的胜利。

——匿名，《波兰王子纪事》，第三册

903 年　好国王温塞斯拉斯（波西米亚公爵）出生

966 年　波兰大公梅什科一世与波西米亚的杜布拉娃结婚，皈依基督教

997 年　波西米亚圣阿达尔伯特殉道

997 年　国王圣伊什特万一世统治匈牙利的阿尔巴德王朝

1100 年　波列斯瓦夫三世将波兰分割给他的儿子们

1055 年　匈牙利蒂豪尼修道院的创立特许状是匈牙利语的最早书面形式

这三个王国的核心民族各不相同，主要来自三大语族，即波兰语、匈牙利语（乌戈尔语系）和捷克语，其政治历史的兴衰取决于以下几点：具有号召力的军事领导人的人格魅力；邻国——西边的神圣罗马帝国、东边的基辅公国和南边的拜占庭——的侵略，常导致边境省份遭受蹂躏；还有就是自身内部的分裂，其根源可以追溯到这三大王朝崛起前的时期。

政治同盟

由于这三个王国有着相对类似的崛起过程，因此其统治家族有很强的相互亲近感，彼此之间及与邻

（左图）一些波西米亚公爵被神圣罗马皇帝授予王室头衔。该画作反映的是腓特烈一世于1157年入侵意大利的事件。1158年，公爵瓦尔狄斯拉姆二世成为波西米亚国王。

国——基辅公国和神圣罗马帝国家族——常会结成协议结成联盟和达成通婚。这三个王国中，只有匈牙利最初是一个王国，在国王圣伊什特万一世（约975年—1038年）之后一直处于国王的统治之下。

基督教

大约在三个王国形成时期，西边的神圣罗马帝国精心组织了一场改变信仰的运动，将基督教成功引入王国，不过波西米亚和匈牙利西部却是在斯拉夫人的影响下改变信仰的，后者的礼拜仪式是东方拜占庭正统教派的一部分。

（左页图）克拉科夫主教和殉道者圣斯坦尼斯洛斯于1079年5月8日去世。这幅由一位不知名的艺术家创作的哥特式绘画作品描绘了他临终前躺在病榻上的情形。

作为基督教世界的一部分，每个王国的政府行政管理模式都会通过文字记录下来，拉丁文尤为普遍，这不仅方便了税收和纳贡，也便利了统治者通过特许状授予封臣土地，并将当地习俗编纂成书面形式的法典。

在这些地区，涌现出一些先前不知名的城市，它们的特别之处在于，不仅为教会提供大主教辖区和主教辖区，也是教会和国家的行政中心所在地，如克拉科夫、弗罗茨瓦夫、波兹南、格涅兹诺（波兰）、布达、佩奇和瓦拉德（匈牙利）以及布拉格和布尔诺（波西米亚）。

在波兰，波罗的海的条顿骑士团发挥着重要作用，他们在波美拉尼亚广阔的土

（下图）匈牙利国王圣伊什特万一世死后被称为"忏悔者"，他是一名真正的基督徒，而不是为利益而皈依。

地上进行殖民活动,还开辟了与斯堪的纳维亚半岛和俄罗斯北部的贸易机会,以及经俄罗斯航运与南方的拜占庭进行贸易的机会。

文学

在文化方面,这三个王国形成了民族主义和种族划分的思想,这些思想体现在了它们国家的历史中。1116年至1120年间,一位不知名的外国作家创作的《波兰王子纪事》最早体现了这些,当时的统治者为博列斯拉夫三世(1102年—1138年在位)。他(这位作者很有可能是男性,但不能绝对肯定)把这部编年史献给了当时的大主教和三位主教。

大约在同一时期,也许是受这位作者的启发,同时代的布拉格的科斯马斯写了《波西米亚纪事》。而匈牙利的第一部相同规模的国家编年史是《匈牙利纪事》,写作的时间则要晚得多(约1200年),作者是王室法庭的公证人。

这些故事全用拉丁语写成,在拉丁基督教体系内表达了最基本的民族认同感。这些作品的手抄本,成为《圣经》、《圣经》注释和圣徒生活等大量基督教文本的一部分。

圣徒

这三个国家都有自己的圣徒。最有名的分别为:匈牙利国王圣伊什特万一世;布拉格主教沃伊切赫(阿达尔伯特)(卒于大约997年),从波西米亚流亡归来后,成为波兰的第一位圣徒;克拉科夫主教斯坦尼斯洛斯(1030年—1079年)。

(右图)形成于13世纪末的东欧政治边界,凸显了波兰及其盟友匈牙利帝国的主导地位。

> 历史

丹麦——千年之久的君主国

自 10世纪起,丹麦就一直是个非常稳定的实体。在这里,丹麦人建立起国家,并将"古斯堪的纳维亚语"的一个变种作为持久不变的丹麦语言。

哈拉尔国王为纪念父亲高姆和母亲翠拉而立此碑。哈拉尔征服了整个丹麦和挪威,并使丹麦人成为基督教徒

——哈拉尔蓝牙王在耶林的纪念碑,约公元965年

690年 英国传教士到达
810年 国王戈弗雷德被谋杀
831年 丹麦维京人入侵爱尔兰
1016年 国王克努特大帝打败英国
1350年 丹麦瘟疫肆虐

(下图)这个维京人面具发现于北欧古代石碑上,此碑是铁匠托克为感谢加蒙德的儿子特勒尔斯送他金币并搭救了他而竖立的。

从地理位置上讲,丹麦包括日德兰半岛——南部紧临神圣罗马帝国——以及东部的菲英岛和西兰岛。自大约1150年起,丹麦王国还占领了当代瑞典的西南地带。用以支撑丹麦国力的,是筑有防御工事的各种贸易的经济活动,诸如日德兰半岛东南端的海泽比和西海岸的里伯。维京人经由这些贸易点南下,在英格兰(丹麦区)、爱尔兰和法国(诺曼底)的沿海地区登陆并定居。

王朝

丹麦自10世纪中期成为稳定的王国,当时在位的是哈拉尔蓝牙王(约930年—988年),约公元965年他皈依基督教。他和他的儿子斯文·弗克比尔德(约988年—1014年在位)在斯堪的纳维亚建立了最令人畏惧的王朝。

自12世纪起,丹麦将征服的重点转到东南方。丹麦国王瓦尔德马一世(1157—1182年在位)和他的儿子克努特(1182—1202年在位)和瓦尔德马二世(1202—1241年在位)组织了对文德人的远征。文德人是居住在神圣罗马帝国北部边缘,易北河和奥得河之间的斯拉夫民族。他们还将帝国版图扩大到远至吕贝克,即西波罗的海的另一个重要贸易港口。在北欧,丹麦国王最早于约1075年起发行持续使用的银币。

基督教化

丹麦自哈拉尔蓝牙王的统治时期开始基督教化。

（左图）选自瑞典地理学家和历史学家奥拉斯·马格努斯的《海图》，是有关斯堪的纳维亚的复杂地图。

有关他本人皈依基督教的事情被记录在著名的耶林纪念碑上，与这块石碑在一起的还有他为父母所建的坟丘。

王国内大多数主教都是外国人（英国人或德国人），这一状况至少又持续了一个世纪，主教们并不是固定在各自的区域进行巡视，而是作为王室随行人员周游各地。至11世纪中期，丹麦教会创建主教辖区，在隆德（当时是丹麦的一部分）建立了大主教辖区。

1170年，瓦尔德马一世在林斯泰兹的奢华仪式上加冕成为第一个丹麦国王。他不但让长子与自己共同执政——保持神圣罗马帝国奥托国王的传统，还宣布自己的父亲克努特三世（1134年被暗杀）为圣徒。

历史著作

最为著名的拉丁文史书是1170年至1220年间由萨克索·格拉马狄库斯和斯文·艾格森编写的两部著作。萨克索的《丹麦史》被敬献给瓦尔德马二世，尽管这部编年史仅写到他兄长克努特统治时期便早早收场，很显然，作者的目的在于颂扬瓦尔德马二世"在名声上超过了他的几个前任"，并证明了从他爷爷——扩张并统一了丹麦王国的瓦尔德马一世——开始，这种统治就是正当的。这些故事中，都强调基督教是真正的宗教，是唯一的上帝将他们从过去异教徒的混乱、暴力和不确定中解救出来的。

（上图）哈拉尔蓝牙王在耶林的古代北欧文字纪念碑，高8英尺（2.4米）。三面上的图案分别为：生命之树、狮子与蛇（面对读者的面）和基督耶稣。

历史

盎格鲁-撒克逊人

"盎格鲁-撒克逊人"是一个集合名词,适用于讲日耳曼语的民族。约公元5世纪初,他们开始从欧洲迁移到不列颠大陆的南部和东部。

> 关于盎格鲁—撒克逊英格兰任何时期的历史,我们所知的越多,越能意识到知识的局限性。
> ——西蒙·凯文斯,《新编剑桥中世纪史》,第三卷

这些民族在语言和种族上都有关联,据本笃会修士比德说,他们是来自欧洲北部的三个强大部落的后裔。这三个部落是来自日德兰半岛的盎格鲁人、朱特人和来自当代德国下萨克森州的撒克逊人。这些民族也可能包括弗里斯兰人、法兰克人等。

移民(400年—600年)

为什么比德称"盎格鲁人、撒克逊人、朱特人"是自己来到英国的,而有些人却说他们是在罗马帝国统治末期,被罗马—不列颠人即被罗马化的不列颠凯尔特人邀请来协助防御这座岛屿的,目前尚不得而知。尽管很难准确地确定英国6世纪时的人口构成,但总体而言,新来的日耳曼人在这一时期已经形成了相对清晰的地区身份认同感。这就是在"盎格鲁—撒克逊"英格兰所建立的最早王国的根源。

七王统治

约720年 威塞克斯国王伊内在格拉斯顿伯里大修道院修建了一座石头教堂

约729年 诺森伯兰人与皮克特人签订和平条约

835年 谢佩岛被维京人袭击

约955年 坎特伯雷大主教奥多重建坎特伯雷大教堂

1052年 忏悔者爱德华创立威斯敏斯特修道院

1067年 伦敦塔开始建造

学者们通常用"七王国"一词来指称7—9世纪时不列颠南部、东部和中部的盎格鲁—撒克逊诸王国,这些王国最终统一为"盎格鲁土地",即英格兰。七王国指的是不列颠南部的七个主要王国——诺森布里亚(包括附属王国伯尔尼西亚和德拉)、麦西亚、东盎格利亚、埃塞克斯、肯特、苏塞克斯和威塞克斯。然而,我们现在知道,这一时期的另外一些王国也非常重要,包括赫威赛、林赛、中盎格利亚、麦肯赛特。

基督教化（600年—800年）

盎格鲁—撒克逊王国的基督教化始于大约公元600年，其影响来自西北的凯尔特基督教和东南的罗马天主教会。皈依过程是自上而下的，统治精英被鼓励接受这种新的宗教，并主动将其介绍给下属。

约公元601年，肯特的埃塞尔伯特与信仰基督教的法兰克公主结婚，由坎特伯雷大主教奥古斯汀施洗，成为第一个皈依基督教的国王。不过，仍有些国王摇摆不定，出现背叛行为，或一直是坚定的异教徒，直到7世纪中期，情况才发生改变。

维京时代

据《盎格鲁—撒克逊编年史》记载，英国的维京时代始于公元793年6月8日北欧人对林迪斯法恩凶残狠毒的袭击——僧侣被屠杀、扔进大海或者沦为奴隶。同一时期的诺森伯兰学者约克郡的阿尔库林称，这是人们所目睹过的最严重的暴行，该事件改变了人们在此后1200年的历史中对维京人及其行为的看法。直到19世纪末，斯堪的纳维亚地区以外的学者们才开始认真地重新评估维京人的文化和科技成就。

洗劫林迪斯法恩，可能使维京人在设得兰群岛和奥克尼群岛获得了很好的立身之所。这些北欧人不久开始在英国大陆越冬，而后定居下来，公元860年时开始着手采取全面征服行动。公元867年，他们占领了诺森伯兰王国的南部，现在的约克郡则成为北欧人控制的英格兰地区的关键中心之一，被称为丹麦区。

威塞克斯崛起（800年—900年）

9世纪期间，威塞克斯成为盎格鲁—撒克逊英格兰的杰出王国，其统治者控制的领土包括之前的威塞克斯、苏塞克斯和肯特，还向康沃尔、西麦西亚和几

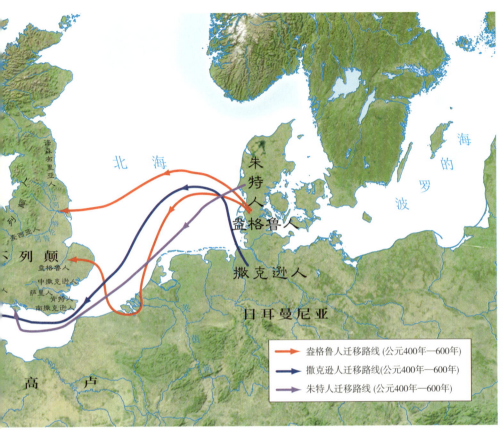

（上图）盎格鲁人和丹麦人沿着相似的海上路线到达他们的目的地——英格兰。

个威尔士国王征收贡赋。公元878年，威塞克斯的阿尔弗雷德大帝在艾丁顿战胜丹麦人，在一段时间内抑制住了丹麦对他的威胁。然而，到那时为止，英国大陆面貌的改变已经不可逆转。丹麦区延伸到当今英格兰的北部和东部，而在遥远的英国北部，挪威海盗则是阿尔巴王国的成因之一，该王国最终演变为苏格兰。

英格兰统一

阿尔弗雷德大帝卒于899年，长者爱德华继位，与他的姐夫麦西亚的埃塞尔雷德一起开始建立国家，并继续阿尔弗雷德的扩张事业。爱德华去世时，他的儿子埃塞尔斯坦（卒于939年）继承了麦西亚王国，在经历各种不确定性后，还继承了威塞克斯。

（左图）图中描绘了本笃会修道士圣比德正在写一份手稿的情景，时间约为1175年。圣比德被认为是"英国历史之父"。

历史

埃塞尔斯坦继续了父亲和姑姑埃塞尔弗莱德的军事力量，是第一个实现直接统治英格兰的国王。

统治权的转换

10世纪末，丹麦的维京人开始入侵英格兰王国。"仓促王"埃塞尔雷德二世（卒于1016年）的统治时间很长，但麻烦不断，对丹麦的战争削弱了他的权威。1013年，埃塞尔雷德二世败给了丹麦的斯万一世。1014年斯万一世死后，埃塞尔雷德二世虽收复了失地，却受到斯万儿子克努特的挑战。

11世纪上半叶，英格兰的统治权在埃塞尔雷德和克努特的后裔之间轮换。到1066年，几个身份特殊的人希望能得到该王位。1066年1月初，西撒克逊伯爵哈罗德·葛温森成为国王，这可能来自忏悔者爱德华临终前的任命。一旁虎视眈眈的是诺曼底公爵威廉（埃塞尔雷德的后裔）和他的第二任妻子诺曼底的艾玛、挪威国王哈拉尔三世（由素与哈罗德·葛温森不和的兄弟托斯蒂格辅佐）以及埃德加·艾特林（埃德蒙·艾恩赛德的未成年孙子）。埃德加可能享有最高权力，1066年10月，被贤人会议（英格兰的政治机构）宣布成为国王，当时大约14岁。但他从未获得加冕，几周后向威廉投降。

诺曼人入侵（900年—1066年）

在这种复杂情况下，诺曼底人开始入侵。1066年9月底，英格兰国王哈罗德在斯坦福桥（位于约克郡）战役中击败挪威国王哈拉尔三世和自己的兄弟托斯蒂格，但为了对抗苏塞克斯的威廉，不得不立刻向南进军。哈罗德于10月14日死于著名的黑斯廷斯战役，他被箭射穿了一只眼睛，被诺曼骑士砍成碎片，随后，他的军队很快瓦解。

1066年圣诞节这一天，征服者威廉在威斯敏斯特大教堂加冕，不久便开始了一场巩固统治的计划。

灾难性后果

征服的直接后果是当地激烈而急切的反抗。1067年，肯特的反叛者与布洛涅伯爵尤斯塔斯二世联合起来，对多佛城堡发起攻击未遂。与此同时，"野蛮人"埃德里克带兵起义，反对西麦西亚的诺曼人，他与一些威尔士统治者结成联盟，攻击诺曼人的城堡赫里福德。

随后几年，全国暴动频发。大多数都被诺曼国王快速残酷地镇压了下去。1069 年夏末，丹麦的斯万二世派遣一支大型舰队抵达英格兰海岸，引发了一场新的反抗浪潮，也使丹麦人与诺森伯兰郡持不同政见者结成了同盟。威廉成功收买了丹麦人，他们同意离开英格兰，1069 年—1070 年冬天，他的军队有计划有步骤地制服了全部反抗。1071 年，在英格兰东部的沼泽地带爆发了最后一场反叛活动，对它的镇压标志着抵抗活动实际上已经结束。盎格鲁—撒克逊贵族阶层几乎已被全部清除。

英国人在黑斯廷斯战役中的损失以及随后的叛乱，使得只有一小撮征服前的军事佃农仍拥有土地。至《末日审判书》（1086 年）颁布时，英国只有两个重要的土地所有者保住了自己的土地，10 年来英国见不到教堂，主教辖区也不在英国人的控制之下。中世纪的欧洲征服活动，几乎未曾出现过在击败统治阶级后，对其造成如此灾难性的后果。

（右图）1066 年 10 月 14 日的黑斯廷斯战役的场景。这场残酷的战争伤亡惨重，估计有 6000～8000 人死亡。

（左图）哈罗德死于黑斯廷斯——被射穿眼睛并被砍成碎片——标志着威廉征服和英格兰改革的开始。

> 历史

耶路撒冷的陷落

十字军东征是欧洲基督教地区为摆脱内外困境而发动的一系列具有宗教色彩的军事冲突。

> 西班牙国内基督教与穆斯林之间存在着矛盾斗争，寻找这场争斗中蕴含的十字军东征理念的起源，探寻圣战的想法如何在这一背景下产生，都是很有必要的。
> ——诺曼·F·坎特（1929年—2004年），加拿大历史学家

1095年 教皇乌尔班二世号召第一次十字军东征

1099年 十字军战士占领耶路撒冷。摩尔人的伟大领袖艾尔熙德被杀

1163年 巴黎圣母院开始建造

1189年 理查一世加冕为英国国王，而后参加十字军东征

1191年 理查在维也纳附近被捕

1194年 理查在美因茨获释后返回英格兰，夺得诺丁汉城堡，因此结束了约翰的叛乱。理查再次加冕为英国国王

穆斯林在圣地的出现始于7世纪阿拉伯人征服巴勒斯坦之时。西欧人起初对耶路撒冷的陷落反应冷淡。圣地远离西部海岸，这种军事活动对基督教的朝圣活动影响不大，而东正教拜占庭帝国又不乐意让西方蛮族插手干预此事。

教会大分裂

在千年之交，西欧正处于内困之境。东、西基督教之间的疏远导致了1054年的"大分裂"，而西方教会又因教皇与世俗领袖对教职人员的任命之权存在争议而四分五裂。9世纪末法兰克加洛林王朝的衰亡，以及维京人、斯拉夫人和马扎尔人基督教化后欧洲当地边境地区相对稳定，一群数量庞大的武装战士，很需要机会一展所长。

1063年，教皇亚历山大二世正式批准抵御摩尔人，

并承诺抚恤那些在战斗中丧生的人。对伊比利亚半岛的骑士和西欧各地的冒险家而言，这场对抗摩尔人的斗争，既有军事上的意义，又有意识形态的意义。

在教皇的宣传下，点燃了日益高涨的宗教狂热情绪。1074年，教皇格里高利七世号召"基督战士"集合在一起，帮助信仰基督教的拜占庭帝国对抗土耳其；1095年，教皇乌尔班二世号召人们为夺回耶路撒冷而发动大战，让民众颂扬"上帝的旨意！"

第一次十字军东征

1095年3月，拜占庭皇帝阿力克塞一世·科穆宁请求教皇乌尔班二世援助对抗土耳其。此举正中乌尔班二世下怀，因为他本来就希望以教皇为首重新统一基督教会，于是便开始计划发动十字军东征。1095年11月27日，在法国克莱芒会议上，乌尔班二世对众多法国贵族和僧侣做了一次富有煽动性的讲话，呼吁人们用手中的剑来为上帝服务，夺取圣地。

平民十字军

在一位富有魅力、来自亚眠修道院的隐士彼得率领下，多达10万名普通民众组成的"平民十字军"提早出发了，但不久便在东欧陷入困境。由于物资供给出现问题，十字军和多瑙河沿岸当地居民之间爆发冲突，彼得的追随者中约有四分之一死于途中。

其余人于8月份到达君士坦丁堡，在那里他们吸纳了来自法国和意大利的武装部队。为避免这支军队成为拜占庭的威胁，阿力克塞一世很快命令他们渡过博斯普鲁斯海峡，十字军由此分裂成两个阵营。大部分"平民十字军"在进入塞尔柱人控制的小亚细亚时被屠杀，另一支由撒克逊人和波西米亚人组成的军队分手时还没有越过匈牙利。

第一次十字军东征也预兆着第一次有组织的、针对欧洲犹太人的暴力行动。1096年夏初，约1万名士

（左图）图卢兹的雷蒙德四世（也称为圣吉勒斯的雷蒙德）接受教皇乌尔班二世的祝福。他第一批响应教皇乌尔班夺回耶路撒冷号召的人之一。

兵组成的所谓"德意志十字军"向北出发,穿过莱茵河流域,远离耶路撒冷,开始实施一系列大屠杀,一些历史学家称之为"第一次大屠杀"。数千人死于这场屠杀,而每次十字军东征过后,都会同样实施一次针对犹太人的杀戮。

主力部队到达

十字军的主力部队在 1096 年晚些时候开始出发。图卢兹的雷蒙德四世以及教皇使节勒皮伊的阿德赫马,代表的是普罗旺斯的骑士;塔兰托的博希蒙德一世和他的侄子坦克雷德代表的是意大利南部的诺曼人;布永的戈弗雷、尤斯塔斯和布伦的鲍德温兄弟率领的是洛林军队;法国北部军队的领导者是弗兰德斯伯爵罗贝尔二世、诺曼底的罗伯特(英国国王威廉二世的哥哥)、布洛瓦的斯蒂芬和福芒杜瓦的雨果(法国国王菲利普一世的弟弟),他们全都打着教皇的"圣战旗帜"。

1097 年 5 月,各路领军人带着他们军队沿不

601年—1300年
上帝和国家

（左图）下洛林公爵、布永的戈弗雷，是第一次十字军东征的一位领导者。他的军队成员大多是瓦隆人、德意志人和佛兰芒人。攻陷耶路撒冷后，他登上王位。

同路线到达君士坦丁堡，在城墙外汇合了。

围攻尼西亚

首战目标被定为尼西亚（今土耳其伊兹尼克）。尼西亚原本是拜占庭帝国统治下的城市，但沦陷后成为基利杰·阿尔斯兰一世统治下的塞尔柱鲁姆苏丹国都城。由于无法封锁尼西亚境内的大湖，十字军被迫实行长期围困。6月18日，出于对十字军洗劫城市的担心，阿历克塞秘密地与向他投降的守城官兵谈判，阻止十字军进入该城，小规模的护送队除外。

进攻耶路撒冷

十字军开始向耶路撒冷行进，布洛瓦的斯蒂芬写信回家称预计这次行动将花费五周时间。事实上持续了两年。

人员和马匹的伤亡，及各位领军者之间的争吵，导致大军10月份才到达安条克。这座城市规模之大，以至于他们无法切断所有的供应链，围攻持续了近8个月。1098年5月，从摩苏尔赶来的卡尔伯格率领的援军逼近之前，博希蒙德通过贿赂手段进入了安条克。十字军屠杀了城内大部分居民后，很快发现被卡尔伯

（下图）这张地图显示了第一次十字军东征之前拜占庭帝国和塞尔柱土耳其帝国的领土范围。东正教拜占庭帝国的皇帝害怕穆斯林土耳其扩张领土对自己带来的威胁，于是寻求教皇的援助。

历史

（下图）在第一次十字军东征（1096年—1099年）期间，来自西欧各处的军队会集君士坦丁堡。1097年年中，他们从那里行军前往最终目的地耶路撒冷。

图例：
- 布永的戈弗雷
- 勒皮伊的阿德赫马和图卢兹的雷蒙德四世
- 塔兰托的博希蒙德和坦克雷德
- 佛兰德斯的罗伯特二世和福芒杜瓦的雨果
- 来自君士坦丁堡的联合部队

601年—1300年
上帝和国家

尔班二世督促他的主教和使者在位于法国和意大利的教区进行布道。他试图禁类人（妇女、僧侣和病人）加入十字人们的热情十分高涨。响应号召的大多非骑士，而是农民，他们千年来的渴望圣战号召中得以释放，不易被教会和世利用的个人虔诚倾泻而出。
划，出发日期是1096年8月15日，但许多民军队和较少量骑士提前出发，由一位得的魅力非凡的僧侣率领。

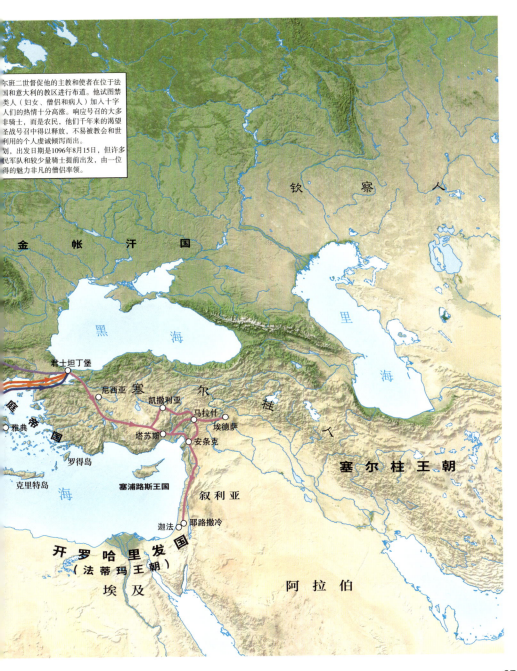

> 历史

格包围。

12月，阿拉伯城镇马阿拉特阿努曼被攻陷，首次出现了十字军疯狂屠杀居民后食人肉的记录。

在十字军到达前一年，耶路撒冷刚被埃及的法蒂玛王朝从塞尔柱人手中夺回，此时又长时间被围困，食物和饮水奇缺。前来围城的十字军亦面临这种境况。主力部队的7000骑士如今只剩1500名左右。7月15日，十字军中的另一名牧师彼得·德西德流斯称基督显灵，在赤脚转城一周后，十字军士气大振，竟然一举攻占了耶路撒冷，圣城沦陷后遭到了血洗。

然而，圣地的收复却是耶路撒冷噩梦的继续。

第二和第三次十字军东征

1144年赞吉王朝的努尔丁率军收复了十字军占领的埃德萨。许多传教士呼吁进行一次新的十字军东征，以法国克莱沃的圣伯纳德最为有名。1147年，法国和神圣罗马帝国的军队分别在国王路易七世和康拉德三世率领下，从欧洲出发向耶路撒冷进军。尽管在地中海取得一些成功，

（下图）东部（希腊语）和西部（拉丁语或罗马语）基督教在1054年分裂。这张地图是第一次十字军东征时的划分。

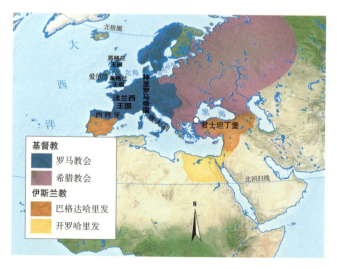

274

《十字军占领君士坦丁堡》,创作者为法国浪漫主义画派代表画家欧仁·德拉克洛瓦。十字军的最初目标是解放圣地,最终却演变成了一场暴行。

但第二次十字军东征在中东地区以失败而告终。

为收复被叙利亚的萨拉丁占领的耶路撒冷，1189年教皇格里高利八世发起了第三次十字军东征，由当时欧洲的三大著名国王率领：法国的菲利普二世、英国"狮心王"理查一世和神圣罗马皇帝腓特烈一世。

腓特烈一世在去安条克的路上在萨列法河溺亡，留下菲利普和理查之间的不稳定联盟。1191年，他们攻占阿克里，占领了港口城市雅法，但看着近在咫尺的耶路撒冷，却没能更进一步。

在归途中，理查被怀恨在心的奥地利公爵利奥波德抓获，交给了敌人神圣罗马帝国皇帝亨利六世，直到被迫称臣并缴纳巨额赎金之后才得以回国。

（上图）至大约1100年，拜占庭帝国的疆域大幅扩张，十字军占领了曾属于塞尔柱土耳其人的领土，包括耶路撒冷。

第四次和第六次东征

这时的十字军东征已变成为私欲而获利的手段。1204年第四次十字军东征洗劫了君士坦丁堡，拜占庭帝国被威尼斯和十字军瓜分。

第六次十字军东征（1228年）是第一次没有得到教皇的正式祝福就行动的东征，建立了除教皇外统治者可以发起十字军东征的先例。

但耶路撒冷永远地失去了。

（右图）该局部图选自法国画家查理—菲利普·拉利维耶尔的油画作品，表现了1177年蒙吉萨战役中的骑士。此役中，耶路撒冷国王鲍德温四世打败了苏丹萨拉丁的军队。

历史

地球上最大的帝国

蒙古帝国成为世界历史上版图最大、疆域最辽阔的帝国，是唯一一个在创立者或部落首领死后仍继续扩张的草原帝国。

> 我的成功还不够——必须让其他所有人都失败才可以。
> ——成吉思汗谈及自己的征服经历

在成吉思汗（原名铁木真）的带领下，蒙古人的疆土超越了之前所有草原民族所征服的地区，其继任者们的统治范围囊括整个欧亚草原地区。

成吉思汗

在控制一切欲望的驱使下，铁木真在早期生涯就显示出勃勃野心。为了更好地掌控本氏族，他射杀了敢于挑衅的同父异母弟弟，显露了超越年龄的狠心。通过与第一任妻子孛儿帖的联姻，铁木真在部落里建立起对氏族联盟的主导权，再推进到对整个西部蒙古各部落和氏族的统治。内战中，他击败之前的结拜兄弟札木合，于1206年成为蒙古人的首领。

1135年 蒙古袭击中国北方

1224年 成吉思汗将他的帝国划分成几个汗国，由他的四个儿子统治

1227年 成吉思汗去世，窝阔台继位，迁都至哈拉和林

1241年 窝阔台去世，蒙古人从欧洲撤退。窝阔台的遗孀昭慈皇后摄政

1260年 忽必烈被任命为可汗，宣布佛教为国教。蒙古人在巴勒斯坦首次被击败

1267年 忽必烈将蒙古首都迁至大都（北京），建立元朝

法律与秩序

统一蒙古民族后，成吉思汗致力于推行多项国内政策，以便加强团结，减少各游牧部落之间的潜在冲突。他以萨满教徒守则为基础，针对所有蒙古人颁布了一套《札撒大典》，将部落体系重组成各个新的军事单位，分配专属的牧场放牧，用以供养各自保有的1000名兵士。这样，他打破了旧的部落敌对的局面，将同氏族的成员在整个组织的范围内进行分配，也将不同氏族的成员融合为一个整体。

大汗

成吉思汗试图通过大汗这种新的体制的绝对权威来缔造统一的帝国。他颁布命令,只有他的妻子孛儿帖生的男性子嗣能被选为大汗，以此建立新的合法性

1206年,在蒙古各部落的一次大会上,有一个人被推选为可汗,尊称"成吉思汗",意思是无所畏惧和不可撼动。这是蒙古人首次推选出唯一的领袖。

历史

（下图）成吉思汗统一蒙古后，将土地分给了他的四个儿子——术赤、察合台、窝阔台和拖雷。附带条件是，只有一个大汗，每个人都要服从。

图例：
- 1208年的中国
- 当时的政权部族界
- 成吉思汗帝国（至1227年）
- 窝阔台时期增加的领土（1229—1241年）
- 贵由（1246年—1248年）与蒙哥时期增加的领土（1249—1259年）
- 忽必烈时期增加的领土（1260—1294年）

> 历史

体制。帝国领土在大汗控制下进行了适当的分配。虽然成吉思汗为四个儿子和他们的男性继承人分配了世袭土地,但仍规定了一个最终的土地所有者,其他所有人都要表示服从。情况也果真一直如此,直到最后一个大汗忽必烈1294年去世①。

成吉思汗给他的四个儿子的封地如下:术赤获得最西边从俄罗斯到土耳其斯坦的土地,察合台持有南方和西南方直到西藏地区边境的土地,窝阔台的封地在南部,直至中国北方,托雷的封地自最东边起,向西远至斡难河和克鲁伦河流域的蒙古人起源之地。

扩张

1209年,蒙古人征服中国高昌回鹘。在对西北部的西夏连续用兵后,1211年他们把兵锋指向北方的金朝。蒙古进军中亚更多的是情况使然而非预谋。1218年,一支蒙古贸易商队在讹答剌城被杀,为了进行报复,成吉

成吉思汗下令鞭打犯人。虽然对他的负面看法始终存在,但他在宗教宽容和促进亚洲、中东和西方的交流方面却功不可没。

思汗发起惩罚性军事行动,讨伐苏丹摩诃末。1220年,蒙古军队聚集在撒马尔罕,征服了布哈拉。惩罚任务结束后,成吉思汗派出3万侦察兵,由哲别和速不台将军率领。在1221年—1223年之间,这支侦察部队在高加索地区战胜了格鲁吉亚和亚美尼亚军队,1223年在卡拉河大败俄罗斯军队。完成情报收集后,他们于1225年返回蒙古。

物资与武器

蒙古人对游牧生活驾轻就熟,他们赶着各种动物——绵羊、山羊、牛、骆驼和马——在方圆500英里(800千米)内的各个牧场间进行季节性迁徙放牧,以此来提供生活必需品。这种机动性产生了巨大的军事潜力。蒙古军队行军作战时,都带着他们的畜群,随时补给。日常性的大量放牧活动以及在广阔地带骑马狩猎实践,丰富了他们的骑射经验。

征服俄罗斯

在窝阔台大汗(1229—1241年在位)的统治下,蒙古人对基辅罗斯发动了新的、有准备的攻击。1236年—1237年冬天,由术赤的儿子拔都指挥的军事行动开始,迅速占领了俄罗斯南部大草原,还攻陷了梁赞和弗拉基米尔两城。由于洪水阻挡了蒙古军队的步伐,诺夫哥罗德才没有被直接征服,但诺夫哥罗德大公亚历山大·涅夫斯基自愿屈服。蒙古人最终到达第聂伯河。1240年12月,他们占领了基辅,以残忍的洗劫作为对这座城市抵抗的惩罚。

译者注:①事实上,拖雷之子阿里不哥就一直不服哥哥忽必烈。与忽必烈争夺汗位失败后被幽禁。而窝阔台之孙海都支持阿里不哥失败后,就一直起兵叛乱,直到死后,其子才归顺元朝。

▶历史

向欧洲进军

征服俄罗斯后，蒙古军队继续向西沿着草原地带进入匈牙利，那里的抵抗很快被瓦解。与此同时，蒙古军队的右翼骑兵穿过波兰，1241年4月在列格尼茨战役中击败来自神圣罗马帝国的德意志军队。1241年底，蒙古军队逼近维也纳。他们还准备进一步向西欧前进，小股突击队已到达亚得里亚海和西班牙进行侦察。然而，出兵西欧的行动却因窝阔台的去世而在12月被迫中止。在确立其继任者之前，蒙古军队要跟当年成吉思汗去世时一样，所有人都要服丧一年。

金帐汗国

术赤的儿子拔都及其后裔延续了蒙古在俄罗斯的统治，并日益成为独立的统治者。13世纪50年代，他们已开始自称"金帐汗国"来暗示其主权地位，并在撒莱（今伏尔加格勒东部）建立了自己的都城。拔都的弟弟别儿哥（1257年—1267年在位）成为首位皈依伊斯兰教的蒙古统治者，以宗教为纽带，金帐汗国与埃及的突厥人马穆鲁克王朝建立了牢固的友好关系。然而金帐汗国与马穆鲁克王朝的联盟，开启了蒙古帝国各部之间关于宗教隶属的冲突。

家族帝国

蒙哥大汗（1251年—1259年在位）和他的弟弟忽必烈、旭烈兀和阿里不哥重启了帝国扩张的步伐，并以排山倒海之势取得成功，共同缔造了世界历史上地域最大的陆上帝国。在东亚，蒙哥和忽必烈完成了对南宋、缅甸和越南的征服，忽必烈建立了元朝（1271

（左图）成吉思汗死后，蒙古帝国继续扩张，在他的儿子兼继承人窝阔台的统治下达到顶峰。蒙古军队进入波斯，终结了西夏，与南方的宋朝开战，最终统一了整个中国。

（左图）天文学家们在马拉盖天文台上。该天文台建于1259年，由伊儿汗旭烈兀修建。蒙古统治阶层对知识的学习，一直非常重视和鼓励。

（下图）蒙哥死后，忽必烈执掌政权。这幅画作画的是狩猎中的忽必烈——蒙古人是凶猛的战士、传奇的骑兵和熟练的射手。

年—1368年）。

同时，在另一端的欧亚大陆，旭烈兀在伊朗和巴勒斯坦之间的中东地区展开了军事行动战争。他于1258年征服巴格达，并彻底摧毁这座城市。巴格达的毁灭意味着阿拔斯王朝的终结。两年后，旭烈兀已经控制了部分亚美尼亚、安纳托利亚、美索不达米亚，还有阿塞拜疆和伊朗全境。旭烈兀和他的后代被称为伊儿汗或第二大汗，只服从蒙古大汗。

其余的世袭土地包括位于中亚的察合台汗国（1227年—1370年），从里海延伸到塔里木盆地。察合台曾受封阿尔泰山脉与阿姆河之间的所有游牧民族和牧场。

影响

蒙古征服对俄罗斯的影响有短期，也有长期的。军事行动的直接后果带来的破坏使市场和经济荒废，政治孤立，或许有 5% 的人口死亡。蒙古人要求所有的货物、钱财和动产都要缴纳 10% 的什一税，后来又发展为将俄罗斯工匠、贵族、马匹和牲畜大规模充军。这些被充军者或行军打仗，或被卖为奴隶。

蒙古与俄罗斯的长期联系，带来了蒙语对什一税的叫法——denga——一词首次进入俄语，即现在俄语中货币一词"dengi"。从政治上看，加剧王公间的竞争，为的是成为从俄罗斯土地上征收全部税赋的唯一全权负责者。最终，莫斯科诸大公先后成功获取该职位，并最终将自身转变为专制沙皇。

历史

马可·波罗的世界

马可·波罗十几岁的时候就到很远的蒙古朝廷旅行，他改变了世界对中国的认识。

> 把世界上所有基督徒连同他们的皇帝和国王都放在一起，然后再加上撒拉逊人，他们也不会拥有忽必烈那样的力量，或者也不能像忽必烈做的那么多，他是世界上所有鞑靼人的上帝。
>
> ——马可·波罗

当父亲尼科洛与叔叔马费奥从中国回到威尼斯，带回了许多他们拜访伟大的元朝皇帝忽必烈的故事时，15岁的马可·波罗一定是肃然起敬的。那一年是1269年，马可·波罗已经有9年多没见到父亲了。

商人兄弟

波罗兄弟是往来于拜占庭帝国与蒙古帝国之间的传教士和商人庞大队伍的一员。"金帐汗国"的别儿哥汗在同他们交易后，颇为赞赏，推荐他们去见见统治整个蒙古帝国的大汗忽必烈。忽必烈接见了他们，并要求他们请教皇派使者来见他。

马费奥和尼科洛回去时恰逢教皇克莱门特去世，没能完成大汗的要求。经过两年拖延的选举后，教皇格雷戈里十世于1271年上任。他派出两名修道士，带着外交信件和礼物上路了。更重要的是，此行还包括尼科洛17岁的儿子马可。

丝绸之路

1271年末，波罗一家离开威尼斯，乘船前往君士坦丁堡，然后穿过黑海，从波斯走陆路到达巴格达和大不里士，目的是到达波斯湾后走水路。

当现实证明不可行时，他们转而继续走陆路，穿过阿富汗和壮丽的帕米尔高原后，又辗转在一部分丝绸之路——连接中国和地中海的贸易路线。

1251年 忽必烈成为蒙古帝国南部领土的统治者

1253年 忽必烈袭击云南，消灭了大理国

1259年 忽必烈的弟弟阿里不哥宣布成为大汗

1260年 忽必烈宣布自己为大汗，导致与弟弟发生战争，最终毁灭了蒙古首都哈拉和林

1263年 忽必烈在与其弟争战3年后最终取得胜利，成为大汗

中国

1275年9月,他们到达元帝国的首都大都(今北京)。据马可·波罗记载:"这座城市到处都是精美的宅第、客栈和民居。在主要街道的两侧,沿路布满各式各样的店铺。"

马可·波罗显示出了语言天赋,在中国他学会了四种当时使用的语言。很快,忽必烈大汗任命他为特使,还让他在扬州担任了三年地方官。

返航

17年后,马可·波罗和他的家人越来越想念家乡威尼斯。因为大汗年事已高,他们担心自己未来的处境。就在他们渴望返回家乡时,正好赶上大汗需要找人护送阔阔真公主与印度国王阿鲁浑成婚。马可·波罗主

(下图)马可·波罗和他的家人从威尼斯出发。这幅画来自约1400年的一幅手稿,现藏于牛津大学的波德林图书馆。

▶历史

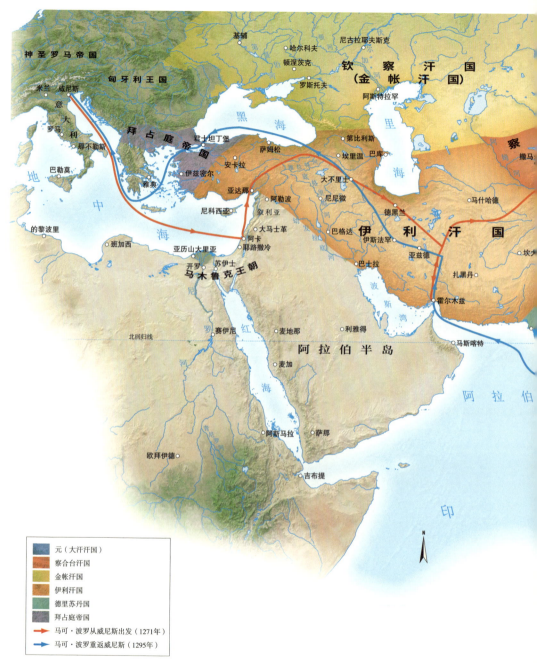

（上图）马可·波罗穿越亚洲的惊人旅程使他们成为最先到访忽必烈帝国的欧洲人。

601年—1300年
上帝和国家

> 历史

动提出,他熟练的航海技术保证年轻的准新娘能走海路安全到达印度。

1292 年,由 14 艘舰船和 600 人组成的船队从中国泉州启航,穿越南海和苏门答腊,前往锡兰,最后到达印度。600 人中的大部分都丧生在漫长旅途中。当他们好不容易到达印度时,阿鲁浑已经去世,公主不得不嫁给阿鲁浑的儿子。波罗从印度继续启程,在波斯他们得知大汗也去世了。1295 年末,41 岁的马可·波罗终于回到威尼斯。

旅程回忆录

直到马可·波罗在热那亚与威尼斯的战争中被俘,他才在狱中将自己的旅程口述给鲁思梯谦。这些口述内容发表后有各种版本,如《寰宇记》,或后来的《马可·波罗游记》。

不管这部作品与事实的贴切程度如何,它的影响在克里斯托弗·哥伦布的身上可见一斑。哥伦布曾试图乘船向西航行,希望能到达马可·波罗所精心描述的那片土地。

(右图)画面展示了波罗一家在大都(北京)城外记录街道和店铺等大量建筑物的情形。

601年—1300年
上帝和国家

▶历史

阿拉伯人征服亚洲

穆斯林首次征服的印度部分地区是巴基斯坦南部的信德，时间是公元712年，当时距伊斯兰教在沙特阿拉伯诞生已经90年。然而，这并不是印度首次与阿拉伯人或伊斯兰教之间的接触。

至少从公元4世纪开始，阿拉伯和印度马拉巴尔海岸就已经存在商业交往，有些阿拉伯船只还远航至斯里兰卡、苏门答腊和中国南方的港口。

▌倭马亚王朝的入侵

712年，阿拉伯人首次侵入印度，当时倭马亚王朝的伊拉克总督哈贾吉派遣17岁的侄子兼女婿穆罕默

他抢走了所有的金银神像，命令士兵们把所有庙宇烧为平地，把里面供奉的神像摔成碎片。20天过后，这座城市大量建筑物化为灰烬。
——穆斯林学者比鲁尼（973年—1048年）在《印度志》（约1030年）一书中写道

1026年　伽兹尼的马哈茂德入侵卡提阿瓦半岛

1190年—1191年　普利色毗罗阁在旁遮普外打败穆斯林军队。古尔的穆罕默德受重伤

1192年　第二次塔劳里战役。古尔的穆罕默德占领乌齐

1193年　古尔的穆罕默德在印度建立王国，首都定在德里

1206年　古尔的穆罕默德被谋杀。由于没有继承人，他的王位陷入混乱，直到库特卜·乌德·丁·艾巴克回到印度并宣布自己为苏丹

601年—1300年
上帝和国家

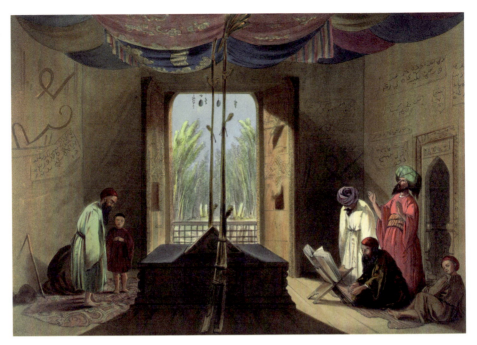

（上图）伽兹尼的马哈茂德死后，在自己的国家，人们把他视为民族英雄加以纪念，因为他将父亲的小王国建成了强大的帝国，尽管其他地区的人们并没对他给予很高的评价。

（左图）10世纪的阿拉伯地图，作者阿布·伊斯哈格·伊布拉欣·本·伊斯塔赫里，展示了印度河和信德地区。左侧空白处上方还标出了基点方位。

德·伊本·卡西姆带领庞大的军队出发，表面上是出于报复行动，借口当地人曾对几个从斯里兰卡到麦加朝圣、不幸遭遇海难的阿拉伯家庭进行虐待。卡西姆沿海路穿过印度河，杀死了国王达希尔。尽管遭到达希尔遗孀的顽强抵抗，仍然吞并了信德。随后，北边的木尔坦也被纳入倭马亚王朝的版图。

许多阿拉伯学者对印度的学问产生了浓厚兴趣，他们充当桥梁，将印度知识经西班牙的大学传播至法国和英国。在这一过程中，印度对世界的一些贡献变成了阿拉伯人的。在阿拔斯王朝第五任哈里发哈伦·拉希德的主导下，许多数学、自然科学、医学和文学的梵文文本被翻译成阿拉伯语。

伽兹尼马哈茂德的袭击

除了信德和木尔坦，阿拉伯人并未在印度次大陆上进一步获得领土，直到11世纪初。这段时期内，今伊朗和中亚之间非常稳定的政治和军事，促生了许多

历史

刚刚皈依伊斯兰教的冒险家，这里面就包含阿富汗伽兹尼王朝创立者苏布克特勤的儿子马哈茂德。年轻冷酷的马哈茂德极负雄心，一心使伽兹尼成为中亚的最强王国。无论关于伽兹尼的蓝图是什么，马哈茂德都将残忍和野蛮的形象写入印度历史。在 1000 年—1026 年间，他先后 17 次入侵印度城市，杀死无辜百姓，不论妇女和儿童，抢掠大量战利品。数以万计的战俘被随意处置，用作奴隶。

当时著名编年史家比鲁尼（973 年—1048 年）曾陪同马哈茂德到达印度，在赞扬马哈茂德征服功绩的同时，也谴责了这种侵略所带来的灾难性后果。

随后相当一段时间内，得益于阿富汗和中亚的穆斯林统治者正全力为争夺权力而内斗正酣，印度再没有发生来自西方的大规模入侵。

古尔王朝的征服

差不多 200 年后，古尔王朝的希哈卜丁·穆罕默德·古尔已经征服了伽兹尼，出于相同的经济动机，他与马哈茂德一样决定掠夺印度财富来建立自己的国家。

1182 年，穆罕默德·古尔进入印度，穿过古马勒山口到达南部印度河流域，希望与同为穆斯林的信德统治者合作，但未能如愿。三年后，他试图穿过开伯尔山口攻击西北地区和旁遮普，去建立一个印度帝国。在塔劳里战役中，以德里为中心的查哈玛纳王朝的普利色毗罗阇击败并俘虏了穆罕默德·古尔，但将其释放后的几个月后，穆罕默德·古尔率领更多人马卷土重来。这一次他取得了彻底的胜利，吞并了德里。

穆罕默德·古尔返回阿富汗，留下他信任的奴隶朋友库特卜·乌德·丁·艾巴克掌管他的印度领土。1206 年，穆罕默德·古尔被他的一个副官暗杀。1208 年，艾巴克加冕为德里的苏丹，北印度历史上的德里苏丹国的第一代王朝——奴隶王朝（1208 年—1290 年）开始了。

古尔的穆罕默德在年代统治加兹尼。侵德里，1193 年攻

古尔王朝

（右图）印度首次与阿拉伯人和伊斯兰教接触是在南部地区，后来成为朱罗王朝的一部分，但穆斯林首次征服的地区是在东北的信德、旁遮普和拉贾斯坦邦地区。

▶ 历史

当东方遇到西方

到14世纪末，奥斯曼人建立的帝国从巴尔干半岛延伸到了幼发拉底河。

土耳其人在出生时并没有什么有别于他人之处；对一个人的尊重，来自他在公共服务中所处的位置
——布斯贝克（约1521年—1592年）《土耳其书信》，1555年—1562年

约1120年　塞尔柱帝国分裂成许多小公国，由皇亲国戚统治

1258年　蒙古人攻占巴格达

1317年　奥斯曼围攻布尔萨

1326年　经过长期战斗，布尔萨沦陷，后被定为首都

（下图）土耳其苏丹奥斯曼一世（1259年—1326年），为后来的奥斯曼帝国奠定了基础。

在蒙古入侵安纳托利亚及由此引起不稳定局势之前的150年，奥斯曼帝国已开始崛起。这种不稳定的局势，加上蒙古人13世纪入侵所导致的小亚细亚和巴尔干半岛的动荡，给了奥斯曼帝国14世纪末的快速扩张机会。

突厥民族的迁移

随着13世纪蒙古人的进攻，突厥民族迁移到拜占庭帝国边境地带的西安纳托利亚。这一带边境地区对奥斯曼帝国的崛起意义非凡，因为各种穆斯林团体都聚集在这里，起初是为了反抗蒙古人的控制，后来则是对抗拜占庭帝国统治。

为控制该地区的丰饶牧场，定居在西安纳托利亚的突厥民族，向拜占庭帝国宣布发动圣战。1260年—1320年间，圣战的领导者们，陆续在从拜占庭帝国手中夺取的西安纳托利亚地区内，建立起许多独立的公国。

而这段时期，拜占庭帝国正忙于修复十字军东征带来的破坏性后果，这对圣战领导者们来说非常有利。奥斯曼从中脱颖而出，不但控制了与拜占庭相邻的地区，1301年甚至围攻了拜占庭的旧都尼西亚（今土耳其伊兹尼克）。"奥斯曼帝国"一词正是来源于奥斯曼的名字，也正是从这时开始，奥斯曼帝国开始被视为一个重要的地区强国而载入史册。

巴尔干半岛

奥斯曼人最终于14世纪初在安纳托利亚成功建立起统治，中期时已成为巴尔干半岛的统治者。导致这一

历史

结果的最直接原因是奥斯曼的儿子兼继承人奥尔汗吞并了达达尼尔海峡东岸的卡里希埃米尔国。1352年,奥尔汗的儿子苏莱曼帮助拜占庭的坎塔库兹努斯,对抗塞尔维亚和保加利亚对加利波利半岛的联合入侵。苏莱曼成功控制了加利波利及半岛上的其他堡垒,并从安纳托利亚调集奥斯曼军队驻守。

奥斯曼人现在控制了色雷斯的大部分领土,在欧洲土地上获得了重要的立足点,欧洲基督教强国据此认为君士坦丁堡正处在威胁之中。

奥斯曼人利用在色雷斯建立的这些基地,开始征服巴尔干半岛。巴尔干半岛当时已经支离破碎,分为许多小的公国,地方首领纷纷争夺领土控制权。这些公国不会一夜之间被征服,尽管奥斯曼帝国挺进巴尔干半岛有时被认为是不可阻挡的,但确实遇到了诸多障碍。主要阻力来自匈牙利王国,匈牙利王国向该地区形形色色

(上图)拜占庭帝国的灭亡,使基督教国家与东方的苏丹国和帝国范围内不断壮大的伊斯兰势力展开面对面的较量。

的统治者和公国提供支持,而后者则联合起来抵御奥斯曼人的进军。拜占庭人也积极支持反抗群体,尽管他们自己实际上也是奥斯曼帝国的附庸。

虽说存在着这些障碍,但此后的30年,巴尔干半岛大部分地区的宗主权仍归到了奥斯曼人手里。这是一项重大的胜利,同时也加强了奥斯曼在安纳托利亚的地位。实际上,奥斯曼帝国在欧洲的胜利,意味着其声望在整个伊斯兰世界大大提高。直到14世纪末,位于中亚和伊朗的强大帝国的统治者帖木儿的出现,给奥斯曼西侵欧洲带来了挫折。

1402年,奥斯曼帝国统治者、"雷神之锤"巴耶塞特一世(1389年接替穆拉德)在安卡拉被帖木儿的部队击败,他本人则被俘。直到1405年帖木儿死后,帝国动荡之机,巴耶塞特的儿子们才有机会摆脱被迫接受帖木儿宗主地位的境地,趁机夺回原本属于自己的东西。

(下图)14世纪期间,奥斯曼人在安纳托利亚建立统治,声称享有巴尔干半岛大部分地区的主权。

君主专制政体形成

在中世纪,英格兰和法兰克的君主不仅都面临着本国内部的权力争斗,两国之间也战争不断,直到在战争中诞生了英法两国的民族和国家观念。

为王者,无安宁。
——威廉·莎士比亚,《亨利四世》,第二部分,1597 年

800 年 查理曼大帝被教皇加冕为"神圣罗马皇帝奥古斯都"

936 年 奥托一世被加冕为德意志国王

955 年 18 岁的约翰十二世成为教皇,在位 9 年

1125 年 德国诸侯废除王位世袭,建立选举体系

英格兰

维京人 9 世纪袭击并定居英格兰后,古老的威塞克斯王国出现了,它是历史上最强大的盎格鲁—撒克逊人的领地。威塞克斯国王阿尔弗雷德大帝(899 年卒)辖下虽领土广阔,但从未统治过英格兰全境;公元 927 年,在光荣者埃塞尔斯坦(939 年卒)的领导下,威塞克斯首次实现政治上的统一。954 年,埃德烈德(955 年卒)打败血斧王埃里克,实现了永久性的统一。

11 世纪时英格兰国家更加稳定,尽管与丹麦人发生了新冲突。在丹麦王克努特(1035 年卒)和哈德克努特(1042 年卒)成为全英之王后,英格兰王位复归忏悔者爱德华和仓促王埃塞尔雷德二世的儿子,"盎格鲁之地"再次成为独立领土。1066 年,诺曼底公爵威廉从英格兰国王哈罗德手中夺得英格兰,成为欧洲最强(或许是)王国的统治者。

威廉一世的继任者是他的两个儿子:威廉二世(红脸威廉)及后来的亨利一世。亨利在位时,实施了很多重要的司法和财政改革,还重新统一了英格兰和诺曼底(1087 年征服者威廉去世时分裂)。1121 年,他的儿子兼继承人威廉乘坐"白船号"遇难,亨利决定让唯一嫡出的女儿、海难中幸存者玛蒂尔达继承王位。

(左图)当亨利一世(1068—1135 年)的儿子艾德林·威廉在 1121 年的"白船号"海难中丧生后,亨利一世指定他的女儿玛蒂尔达为王位继承人,英国的王位继承由此变得复杂化。事实证明此举不得人心,因为全体国民都不愿接受未来可能出现的女性君主。

601年—1300年
上帝和国家

（上图）英格兰的亨利二世（1133年—1189年）有许多雄心勃勃的孩子，极少有人喜欢他的继任计划。图中，他带他的妻子阿基坦的埃莉诺和儿子理查（后来的"狮心王"）去囚禁途中——因为1173年这两个人举兵反对他。

然而，亨利1135年去世后，他的外甥斯蒂芬（征服者威廉的外孙）得到大部分贵族的支持而上台，然而斯蒂芬的脆弱统治给了玛蒂尔达机会，英格兰陷入内战，被称为"无政府时代"。

最终，玛蒂尔达与斯蒂芬达成协议，由斯蒂芬继续担任国王，死后由玛蒂尔达的儿子亨利继承王位。因此，玛蒂尔达与安茹伯爵若弗鲁瓦五世的亨利二世于1154年即位，成为英国安茹王朝（又名金雀花王朝）的第一位君主。

"狮心王"理查一世1189年即位，10年的统治时间几乎全花在十字军东征上。1199年最不得人心的"无地王"约翰即位，同时他也是爱尔兰国王，对金钱的贪婪使他与贵族们发生了激烈冲突，直到1215年《自由大宪章》的签订。但很快约翰又翻脸，从而使英国陷入第一次诸侯战争（1215年—1217年）。1216年10月，约翰去世，战争戛然而止，王位由他9岁的儿子亨利三世（1272年卒）继承。13世纪60年代战争再次爆发时，保皇派获得胜利。

亨利三世的儿子爱德华一世（1307年卒）成功维护了王权。在进行法律和行政改革后，他于1283年

历史

图例:
- 雨果·卡佩即位时的法国（公元987年）
- 卡佩王朝的皇家领地（公元987年）

征服威尔士，吞并苏格兰。但他的一些成果被爱德华二世逆转，后者陷入到与贵族的灾难性冲突之中，于1327年被废黜。随后上台的爱德华三世（1377年卒）是中世纪最成功的英格兰统治者之一，他坚定地宣称自己才是合法的法兰西国王，导致了两个王国之间长达百年的血腥战争。

法兰西

虔诚者路易是查理曼大帝（814年卒）的儿子兼继承人，要维护父亲的帝国并不是件易事，需要对抗外部攻击和内部叛乱。西部疆域（现代法国中心地区）屡次被维京人袭击，他们正沿着塞纳河和卢瓦尔河的宽阔航道进入内陆。840年路易去世，儿子们内战不断，直到843年签订《凡尔登条约》，正式将查理曼帝国分

（上图）卡佩王朝的国王们直接统治的范围虽小，却得到教会的支持，各位统治权在握的公爵们经常面临来自下属的问题。尽管如此，1270年路易九世去世时，卡佩王朝统治下的法国在西欧已经实力非凡。腓力三世（1245年—1285年）和腓力四世（1268年—1314年）统治时期，这种势头在很大程度上得以延续。

在路易九世(1214年—1270年)统治下,法国实现了前所未有的繁荣与安宁。路易是一位受人尊敬的仲裁者,他竭尽所能地与亨利三世解决了领土争端。在《巴黎条约》(1259年)中,他放弃了利摩日、佩里格和卡奥尔,用来交换诺曼底、都兰、普瓦图、缅因、安茹和对阿基坦的宗主权。

为三个不同的"王国"。其中一个就是西法兰克王国，由秃头查理统治。

虽然查理在位曾短暂地统一了法兰西帝国（884年—887年），但维京人的侵袭让法兰西彻底失去了"帝国"的称号。巴黎伯爵厄德因在抵抗维京人进攻中享有盛誉，888年被选举为西法兰克国王，将首都定在巴黎。

新兴的罗贝尔家族，除厄德外，还有他的弟弟罗伯特（922年—923年在位），最终奠基了卡佩王朝。然而，加洛林王朝并没有彻底终结，截至987年，间或掌握西法兰克王国的最后几位加洛林王朝国王是：憨直者查理三世（898年—922年）、拉乌尔一世（又名鲁道夫，923年—936年）、路易四世（绰号"海外归来者"，936年—954年）、洛泰尔（954年—986年）和路易五世（绰号"懒王路易"，986年—987年）。

卡佩王朝开始于罗贝尔一世的孙子雨果·卡佩（约940年—996年），得到教会的大力支持，于987年当选为"法兰克人之王"。雨果决心使王位世袭，他一刻也没耽误地给儿子罗贝尔二世举行了加冕典礼。雨果死后，罗贝尔二世（972年—1031年在位）继续执行父亲的计划。卡佩王朝的领地在法兰西岛和奥尔良附近，法兰西的其余部分由诺曼底公爵、布洛瓦伯爵、勃艮第公爵和阿基坦公爵统治，统治期间局势始终动荡不安。塞纳河下游周围地区911年被割让给诺曼入侵者，据此建立的诺曼底公国成为当时英法两国大患。威廉公爵于1066年征服了英格兰，使自己及继承人成为卡佩王朝的对手，但名义上仍需服从法兰西国王。

在1154年—1189年间，亨利二世（安茹王朝）继承英格兰王位，他是世袭诺曼底公爵、安茹伯爵，是阿基坦的埃莉诺的丈夫，埃莉诺刚与法兰西国王离婚不久，控制着法兰西西南部许多地区。亨利二世的婚姻使得他比法兰西国王权势更盛。

然而，从路易六世（绰号"胖子路易"，1108年—

威廉一世的领土（1087年）
威廉一世的属国（1087年）

601年—1300年
上帝和国家

诺曼底人对英格兰的征服给英格兰的政治、社会、法律、建筑以及——尤其是——语言带来了许多变化。

307

(左图)1188年1月21日,法兰西国王腓力二世与英格兰国王亨利二世在法国吉索尔"圣地"会晤,他们围绕着"圣地"的象征物——一棵榆树——起了争端而大打出手。亨利极力保护这棵树,而腓力则要砍倒它,这一事件的结果也增强了法王对法兰西的控制程度。

1137年在位)开始,法兰西的王权变得更加稳固,亨利二世后裔间的争斗和约翰王与腓力二世(奥古斯都)(1180年—1223年在位)之间的漫长争吵,使得法兰西趁机收复了英格兰控制的大部分领土。腓力二世的儿子路易八世(1223年—1226年在位),响应英格兰贵族反对约翰王,被伦敦的反叛诸侯拥戴为"英格兰国王"。虽然他未曾加冕为英格兰国王,但1224年已成为法兰西国王的他,从金雀花王朝手里夺得了普瓦图和圣通日。

在路易九世(圣路易,1226年—1270年在位)的统治下,法国成为中央集权的王国,他推行了若干行政改革,腓力四世(美男子腓力,1285年—1314年在位)时又在此基础上有所增加。腓力四世镇压圣殿骑士、与苏格兰结盟对付英格兰、建立巴黎高等法院,甚至让教皇听从皇权。然而,当他的儿子查理四世1328年去世时,卡佩王朝宣告结束。登上王位的是瓦卢瓦王朝的腓力六世(1350年卒)。

国家的独立

1337年,英法两国开始了旷日持久的冲突,即后世所称的"百年战争"。这场冲突断断续续持续了116年,最终于1453年结束,安茹王朝的势力被逐出法国(加来地区除外)。这场战争促使了英法两国民族主义的形成和封建君主专制政体的建立。

(右图)数百年来,法国和英国的版图变化不断,领土易手、联盟转变是常有的事。英王亨利二世在英格兰度过的时间很少,他在法国的领地大小甚至超过其王国的领土范围。

> 历史

供应与需求

贸易与城市的兴起，对欧洲未来的影响是永远的。在 12 世纪末，农业产品的富余和人口的显著增加，已大大改观了欧洲的社会面貌。

约 1100 年 中国的瓷窑开始大规模生产专供朝廷使用的陶瓷制品

约 1000—1100 年 在向南通往尼日尔河、向东通往开罗的贸易路线交叉会合处，建立马拉喀什城

1245 年 佛兰德斯的乡间织布工为反对布料商而举行罢工

1250 年 佛罗伦萨成为主要的工商业中心

长久以来，土地一直是经济的支柱。中世纪时，欧洲的大多数人生活在农村地区，以放牧和农业种植为生。到第一个千年结束时，工匠和商人落户于城镇，作为协调性机构的组织行会，如规定价格、工作时间及制定惩罚措施，同时也是非正式的同业网络。行会成员给处于困境的其他成员提供帮助，随着越来越多的人迁移到城镇，这点显得尤为重要，这样的帮助会让那些来自农村的人自愿脱离家庭的温暖。

技术进步

人口的快速增长得益于农业和技术的发展，例如：水力和风力、马蹄铁和马项圈及重犁的应用增多，以及一年三季的轮种制。这些技术的进步使大片土地得到开垦和灌溉，特别是东部和波罗的海沿岸。

市集出现

任何富余的产品都可以在地方贵族赞助的农村市场或季节性集市上出售。在 13 世纪，共有 6 个综合性市集，分别位于香槟区、英格

（左图）在整个中世纪，农民经常为他们所遭受的苦难进行反抗。在之后的年代里，农民起义也仍然不断发生，其中就包括图画中所表现的法国扎克雷起义。

兰、佛兰德斯、意大利北部和莱茵河中下游。

城市的崛起

贸易增长促进了城市的崛起——事实上，二者是并驾齐驱的。最初，大部分城市没有自治权；随着经济实力的增长，他们迫使当地权贵给予更多的法律和经济特权。这一点在意大利北部最为明显。至1300年，意大利的各个城市成为名副其实的城邦，有两个具体的原因。首先，地理位置决定了他们直接处于世俗界和教皇之间不断的斗争中。其次，商人的经济实力非常强大。

人口向城市的迁移，改变了城市的社会结构。在以往的社会结构中，人们分属于三个层级：土地劳作者、战斗者和祈祷者。随着工匠，尤其是商人，更高经济地位的获得，他们成功地改变了城市的权力和权威结构。

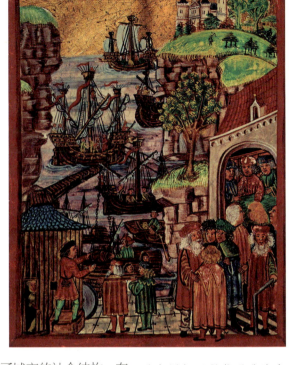

（上图）汉堡位于北海和波罗的海主要贸易路线附近，因此成为被称作"汉萨同盟"的贸易联盟成员的重要港口城市。汉堡的主要出口商品是啤酒。

贸易的扩大

在南北方的贸易中，奢侈品，如香料、药品、焚香、丝绸、瓷器和奴隶等，通过意大利港口卖到北方，布料、羊毛和谷物等日常用品则被运往南方。欧洲南部地中海贸易路线已较为成熟，贸易活动持续进行。意大利商人成为欧洲长途贸易的先驱者。十字军东征为意大利商人，尤其是热那亚人和威尼斯人提供了创新的机会。他们发明了新的商业技术，如转账、货币兑换和本票。他们不但在黎凡特甚至在整个欧洲都确立了自己的业务，尤其是在那些设立了银行的集贸城市。

所有人生而平等，都是上帝用同一块土捏成的；不管我们怎么认为，对上帝而言，贫穷的农民和伟大的王子都是至爱。

——柏拉图，希腊哲学家和老师

历史

贸易联盟

在北欧地区，与意大利海滨城市作用相当的是汉萨同盟。12 世纪时，一些北方商人结成联盟，通过组建公司以确保贸易通道的安全。德国人控制的贸易路线从英格兰延伸到俄罗斯。商人们从东方带来了谷物、蜡、蜂蜜、木材和毛皮，用来交换布料、葡萄酒、盐

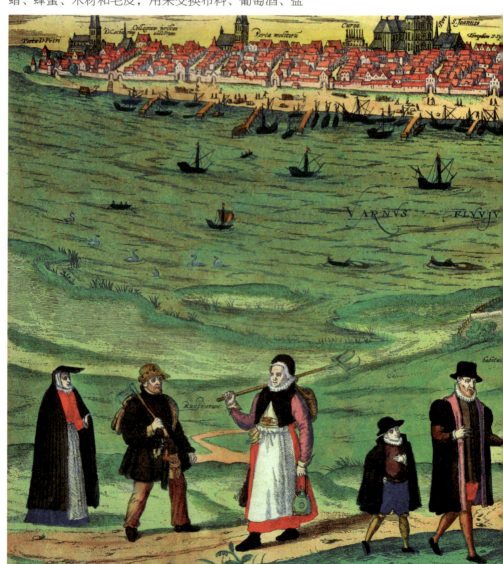

和鲱鱼。汉萨同盟的贸易活动在 1350 年左右达到顶峰，囊括了大约 200 个城镇。位于荷尔斯泰因地峡上的吕贝克，连接着北海和波罗的海，由此成为汉萨同盟的中心。

贸易的增长和充满活力、人口聚集城市的增多，使欧洲重新成为地中海的重要地区，也使欧洲各国在未来几个世纪的影响遍布全球。

（下图）罗斯托克位于德国边远的北方地区，德国商人在此定居，由于加入汉萨同盟，经济快速增长。1218 年，该城开始遵照《吕贝克法》的政府模式实行城市自治。

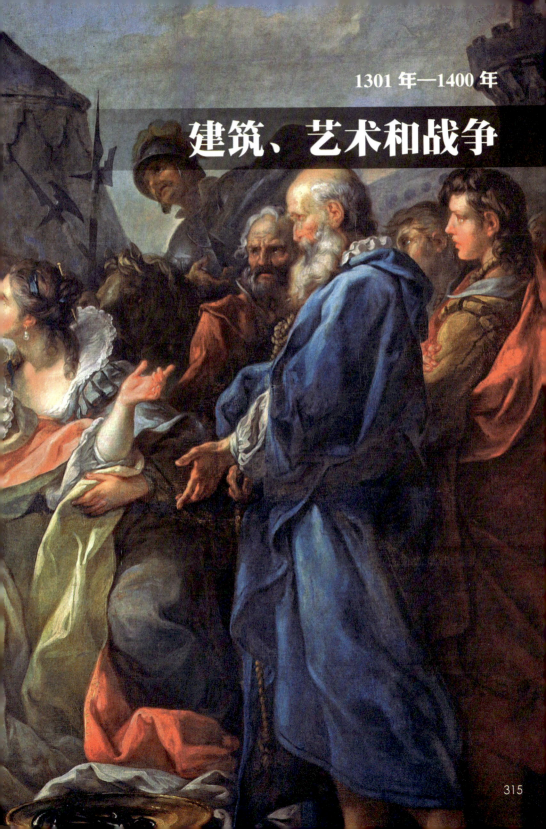

建筑、艺术和战争

1301 年—1400 年

文化觉醒

虽然12世纪出现了学者们所称的文艺复兴,但这个时期并非黄金盛世。14世纪战争不断,帝国兴衰更替,自然灾害肆虐,而此时的人们面对疾病、干旱和饥荒几无抵御之力。

(前页)这幅法兰西油画是为纪念尤斯塔奇·德·圣皮埃尔而作。他与另外五名商人为了使加来人民免于饥饿,结束爱德华三世对该城的围攻,甘愿牺牲自己的生命。1347年,加来人向英国投降。

(下图)这幅绢画中的二人是明朝的官员。他们长袍上绣的补子代表着其文武官职和地位高低。

14世纪的欧亚大陆灾难频仍。人口的长期增长、气温下降以及生长季的缩短,使得粮食供应出现紧张,造成了大范围的粮食不足。除了那些最富有的精英阶层,有的人即使有钱也买不到像样的食物,大部分人都营养不良。

瘟疫

黑死病爆发对人类造成了灾难性影响。它由大鼠身上的跳蚤携带,传播到西南亚和欧洲。1315年到1317年之间,农作物歉收导致饥荒,部分城市人口减少了多达10%。幸存下来的人也时刻面临着疾病的威胁,而城市的拥挤和脏乱让这一威胁更为严峻。锡耶纳丧失了一半的人口,佛罗伦萨丧失了三分之二的人口。具有讽刺意味的是,虽然连续的瘟疫侵袭导致大量人口死亡,却意外提高了许多幸存者的生活质量。劳动力的短缺让许多农民的生活有所改善,因为地主和封建领主为了获得足够的劳动力而不得不做出让步,不过,在东欧和亚洲,却存在着对底层阶级加强控制的趋势。

瘟疫对欧洲的肆虐直到18世纪才停息。

帝国

在中东地区,奥斯曼帝国(以立国者奥斯曼一世命名)对拜占庭帝国的长期性入侵以及对东

土耳其人建造堡垒来保卫疆土。图中可以看到黑海地区的两座土耳其堡垒，一座位于希腊，另一座位于安纳托利亚。

> 历史

南欧的侵略仍在继续。15 世纪时，拜占庭帝国已黯然失色，它仅保有君士坦丁堡、塞萨洛尼基以及希腊境内的一块狭窄地带。事实证明，奥斯曼帝国乐意对自身宗教外的其他宗教保持宽容，并愿意给一定程度的地区自治。强大的军事力量，再加上相对开明的统治

译者注①：元顺帝是年31岁，并不是皇位继承问题。1351年，因变钞和治河闹得民怨沸腾，导致了元末农民起义爆发。

政策，使其在东南欧的主导地位一直沿续到19世纪后期才终结。

中国

14世纪的中国饱经苦难。瘟疫持续削减人口，直到14世纪下半叶，幸存者当中产生了一定的免疫力，这一灾难才停息。江淮流域发生干旱，收获减少，贸易受限。1351年，一场因皇位继承而爆发的内斗酿成了公然反叛，将帝国分裂成多个（起义）政权①。一位叫朱元璋的将军于乱世中崛起，征服了长江流域。他将他创立的王朝称为明朝。他巧妙地平衡了儒家精英、道教和佛教领袖、军队及管理皇宫的宦官集团的力量。明朝时，中国曾派遣规模宏大的舰队在太平洋和亚洲沿海地区国家进行贸易，甚至还征服了一些偏远的"蛮夷"部落。

新知

尽管欧洲遭受了多重灾难，但新的人文主义思想通过诗歌和文学传播扩散开来。这些诗歌和文学作品往往是用本地语言写成，而非古典拉丁语，目标人群是更广泛的普通读者，而不仅仅是牧师和王宫贵族。这种新学术起源于意大利，逐渐传播到整个基督教世界。学者们旨在复兴过去的经典之学。在视觉艺术领域，新的线性透视法让艺术家们可以自由地创作更逼真的场景。

14世纪的人文主义者们无意挑战宗教学说，而是寻求将古代的和阿拉伯的知识和技巧与基督教信仰和谐地结合起来。

（左图）中世纪的公证员们在佩鲁贾的街道上示威游行。13世纪后期，意大利的行政管理精英阶层逐渐壮大，开始挑战商人和银行家的主导地位。

> 历史

人类的新起点

1300 年至 1400 年间,世界已处于一个新的起点,因为人类的居地几乎遍及全球。即便如此,各个大陆的文明之间仍然交流甚少。

> 城市是人类的深渊。
> ——让·雅克·卢梭
> (1712 年—1778 年),
> 法兰西哲学家、作家

在这个世纪,大洋洲和美洲仍然处于与世隔绝的状态,直到下个世纪跨洋路线的开辟,局面才得以改变。虽然亚欧贸易路线自从马可·波罗在 13 世纪后期抵达中国后逐渐形成,但两洲之间并未出现大规模的人口流动。

城市化

欧洲人口流动最主要的驱动力是城市化。从 14 世纪初开始,因为相对安全性高,越来越多的人到大城镇和城市中定居。

1300 年 巴黎是世界上最大的城市,人口达 20 万至 30 万[①]

1300 年 美洲密西西比地区的人们用泥土建立了城市卡霍基亚

1349 年 犹太人被驱逐出瑞士的苏黎世

1350 年 毛利人祖先乘坐 7 艘轻舟从夏威夷来到新西兰

译者注①:同时期的中国,有很多城市的人口都超过 30 万。如大都、扬州、泉州等。

1301年—1400年
建筑、艺术和战争

城市的发展与经济发展息息相关，同时对新增劳动力的需求巨大。当时的城市环境在卫生和各项保障上，都远称不上健康、优良，因此在中世纪早期的城市中，死亡人数通常会超过出生的人数，每个城市不得不靠外来移民来维持原有的人口水平，人口增长就是一种奢望。

从农村到城市

最早出现城市化进程及从农村到城市的大量移民现象的是意大利北部的城市——佛罗伦萨、米兰和威尼斯。15世纪中叶，这几个城市的人口总和达到了10万人左右。欧洲的经济中心在14和15世纪逐渐从意大利北部转移到了西欧的佛兰德斯地区，佛兰德斯地区也出现了相同的发展模式。一些城市，如根特和布鲁日，随着农村人口的流入而发展迅速，呈现出繁荣景象。

（下图）城市的发展也相应带来食物和葡萄酒需求量的增长——这对葡萄酒生产商们来说可是好消息！

(下图)这幅地图展示了15世纪欧洲的政治局势。在这段时间,经济中心逐渐从意大利北部转移到佛兰德斯地区的城市,如布鲁日和根特。

▶历史

文化交流

文艺复兴早期,伴随着城市文化的出现,许多新的文化和学术机构也建立起来,艺术家和学者们广泛游历,互相交流技术和知识。与此同时,欧洲大陆各处都出现了商人聚集区,贸易网络开始形成,最终为下个世纪的全球商业扩张奠定了基础。

美洲

当意大利北部的城邦崛起时,中美洲和南美洲也出现了大规模的移民。虽然学者们对这段时期这个区域的人口流动了解甚少,但他们确信,在14世纪前后,玛雅文明的核心地区已经从今天的墨西哥尤卡坦(于此前的大约四个世纪移民至此)转移到了今天的危地马拉地区。

在稍微往北的地区,有一群外来移民侵入了墨西哥高地。这群人,也就是墨西哥人,在德斯科科湖附近的墨西哥谷定居了下来。特诺奇提特兰成为城市中心,并在之后发展为阿兹特克帝国的核心。

印加帝国和阿兹特克帝国也有相当规模的人口流动,虽然其与这块大陆此前的移民情况有所不同。两个文明对这个地区的征服都带来了人口流动,这与数个世纪后欧洲人对这个地区的征服颇为相似。

最早的冲突

从13世纪的前几十年到14世纪,蒙古军队征服了亚洲大陆的大片地区,并控制了从中国到东欧的草原地带。有位杰出的美国学者称之为"迄今为止征服世界的最佳案例"。由于很多军队由土耳其人构成,因此随着蒙古的征伐,一波土耳其定居者如潮水般移民到欧洲,取代或主导了东欧的斯拉夫文化。在这一案例中,外来移民导致了现存文化的消亡或被压制——预示了下个世纪的诸多类似情形。

1301年—1400年
建筑、艺术和战争

（下图）图中一只鹰立在仙人掌上，口中叼着一条蛇。根据预言，只要看到这样的景象，就是在告诉流浪中的墨西哥人，他们已经找到了新家，也就是后来人们所称的特诺奇提特兰。

神圣罗马帝国

神圣罗马帝国的选举制度主导了日后欧洲的各种事件。虽然这一制度在14世纪以法律条文的形式确立下来,但这个世纪对于这个分裂的帝国来说仍是多事之秋。战争灾难、阿维尼翁教廷以及黑死病,让这个帝国及其各邦步履维艰。

> 这个之前被称为并且现在仍被称为神圣罗马帝国的联合体既不神圣,亦非罗马,更不是帝国。
> ——伏尔泰(1694年—1778年),法国启蒙思想家、文学家、哲学家

1291年 瑞士中部的三个谷地缔结为联盟,共同对抗哈布斯堡

1303年 法兰西国王腓力四世,因国王是否有权向法兰西神职人员征税这一问题绑架了教皇卜尼法斯八世

1346年 在日耳曼,卢森堡家族的查理四世被选为神圣罗马帝国的皇帝

1347年 瘟疫(黑死病)扩散至全欧洲,让欧洲减少了大约三分之一的人口

1411年 西吉斯蒙德成为神圣罗马帝国皇帝

位于莱茵河东畔的日耳曼人的政治制度与英格兰和法兰西的世袭君主制不同。弗雷德里克二世(1212年—1250年在位)期间实行的政策进一步加深了存在的政治分裂,地方领主的影响力超过了王室或帝国成员。虽诸如霍亨斯陶芬、哈布斯堡以及卢森堡等家族都曾建立王朝,但日耳曼人仍保留了国王由选举产生的传统,由公爵和主教来选举国王,与教廷类似。

皇位继承

这一制度在空位期(1254年—1273年)受到了威胁,因为日耳曼王位的竞选者中无人具有明显优势。教皇格雷戈里十世威胁选帝侯们说,如果他们不表态,他就自己选一个,因此选帝侯们只好推选了哈布斯堡家族的鲁道夫一世(1273年—1291年在位)。虽然鲁道夫一世从未获得加冕,但他开创了著名的哈布斯堡王朝。鲁道夫一世将他六个女儿中的三个嫁给了支持他的非圣职选帝侯,另外三个女儿的婚姻也给他带来了政治上的利益。

与其他的皇帝不同,鲁道夫并不看重意大利。这正合教廷的意愿,因为意大利南部的霍亨斯陶芬家族已经让教廷深感压力。在整个14世纪到15世纪,哈布斯堡家族一直与其他家族共享日耳曼皇位。这种局面直到阿尔伯特二世(1397年—1439年)于1438年获选登基才结束。

鲁道夫一世(1218年—1291年),德意志和神圣罗马帝国的首位哈布斯堡家族国王,于1273年即位。他对罗马的关注不多,更注重加强他和他的家族在德意志的地位。这正符合教皇的意愿。

历史

建筑、艺术和战争

（左图）奥托一世（912年—973年），从936年开始成为日耳曼国王，据称从962年开始成为第一任神圣罗马帝国皇帝。在位期间，将意大利、勃艮第和洛泰尔尼亚王国划入了日耳曼的势力范围。

从1438年到1740年，哈布斯堡家族统治从未中断。

教都阿维尼翁

当日耳曼国王和神圣罗马帝国皇帝亨利七世（1308年—1313年在位）试图恢复帝国对欧洲事务的控制力，以便遏制其他崛起的世俗势力（尤其是法兰西和英格兰）时，意大利进行了干涉。法兰西国王腓力四世（美男子腓力）于1303年绑架了一直不得人心的教皇卜尼法斯八世，借此打压了教皇至高无上的权力。年迈的卜尼法斯不久便去世了，继任者教皇克雷芒五世于1309年把教廷迁往被法国控制的阿维尼翁。此举似乎加深了法兰西与德意志之间的对峙。英格兰不支持此举，但又未能与神圣罗马帝国结盟共同对抗法兰西，却与法兰西陷入了另一场战争——百年战争（1337年—1453年）。

克雷芒五世的政治倾向让意大利北部派系斗争四起。教廷与帝国之间的斗争在此前的几个世纪就塑造了意大利北部的政治格局，大部分领土要么属于教皇派（归尔甫派），要么属于帝国派（吉伯林派）。失败方的被放逐者们——其中最著名的或许就是但丁·阿利吉耶里了——会继续在异地支持他们的事业，直到时来运转，

（右图）和同时期大多数佛罗伦萨人一样，诗人但丁·阿利吉耶里（1265年—1321年）被卷入了教皇派和帝国派的斗争中。教皇派又分成了两系：白教皇派（但丁所在的派系）和黑教皇派，其中白教皇派不愿接受教皇领导，要求更高的独立性。在教皇卜尼法斯八世的阴谋下，但丁被驱逐出了佛罗伦萨，他的财产也被黑教皇派夺走。就在这个时期，他开始创作《神曲》。

（右图）西班牙国王查理一世（1500年—1558年），更为人所知的身份是神圣罗马帝国皇帝查理五世。他统治着中欧、西欧和南欧的大片区域。1556年退位时，他将领土分给了他的儿子西班牙国王腓力二世和他的弟弟斐迪南一世。斐迪南一世后成为神圣罗马帝国皇帝。

自己一方重新得势之时。这种情况导致意大利大部分的城市政治持续动荡不安。一部分人希望英格兰亨利七世再次统一欧洲，恢复和平。从教廷受法兰西控制来看，这一愿望在14世纪的前几十年似乎很有合理性。

这一世纪的政治变迁将会让神圣罗马帝国的结构在此后几个世纪更为稳固。在大部分时间里，日耳曼领土是由卢森堡家族控制的。巴伐利亚的路易一世（1283年—1347年，1314年登基，1347年7月猎熊时身亡）对教皇的干涉进行了抗争。日耳曼选帝侯们分别在1338年和1339年，两次声称他们有权选举日耳曼国王而无须教皇的认可。

金玺诏书和罗马法

14世纪的帝国所面临的欧洲，已不再是它之前控制下的模样。原因有二：第一，帝国本身四分五裂，并在本世纪中的1356年通过"金玺诏书"以法案的形式获得确立。该诏书由查理四世颁布，其中订立了神圣罗马帝国的统治原则，这些原则一直存续到帝国在拿破仑战争中最终覆灭。

诏书规定了皇帝（"罗马人民之国王"）的选举制度以及哪些人拥有选举权。选帝侯们直至17世纪都维持未变，他们以简单多数原则来决定下一任国王。这一点具有很大的意义，因为七位选帝侯中只有三位是大主教——科隆、美因茨和特里尔。其他几位——波西米亚国王、萨克森公爵、勃兰登堡侯爵和莱茵的帕拉丁伯爵——因此可以限制教廷的影响。

尽管有这些限制，诏书还是回避了皇帝登基是否需要教皇认可这个敏感问题。依据传统，加冕礼有两次。先在亚琛以"日耳曼人民之国王"的身份被加冕，随后在罗马由教皇加冕正式为帝。但是诏书中却把重点放在了选举城市（法兰克福）、加冕城市（亚琛）以及在纽伦堡举行的首次全体大会（或宴席）上。

（下图）卢森堡家族的西吉斯蒙德（1368年—1437年），匈牙利和波西米亚国王，神圣罗马帝国皇帝，在1414年的康斯坦茨大公会议上，对结束教会大分裂起到了推动作用。

1301年—1400年
建筑、艺术和战争

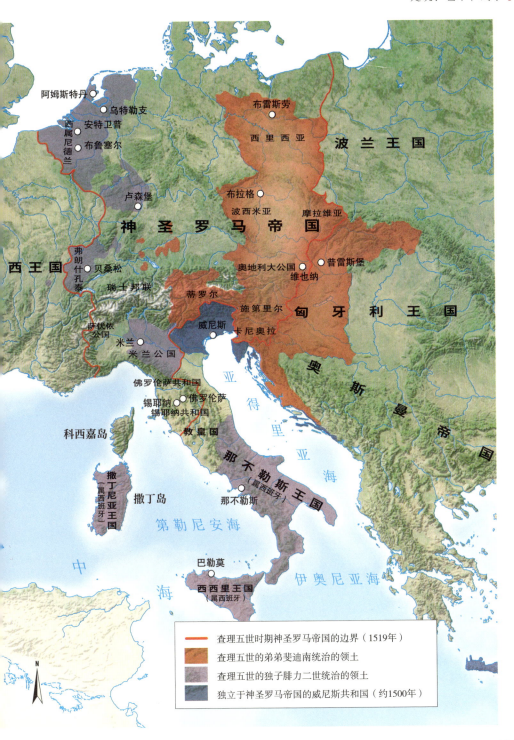

333

神圣罗马帝国所面临的欧洲已不同于以往的第二个原因是，罗马法在其他国家被重新发现并加以采用。这给君主们否定"旧罗马"这一说法从而宣称自己拥有无上权力提供了法律基础。讽刺的是，在意大利的大学里支持罗马法复兴的正是神圣罗马帝国的皇帝们，尤其是腓特烈·巴巴罗萨。在14世纪，"国王是其王国的皇帝"这一格言帮助欧洲的君主们无视神圣罗马帝国皇帝的存在，集中精力实现自己的目的。

社会困境

14世纪初，神圣罗马帝国的人口约为1400万，且人口分布并不均匀。这个世纪的前几十年，夏季多雨，冬季酷寒。农作物欠收导致人口减少，而这个世纪中叶出现的黑死病进一步加剧了人口的减少，让欧洲人口锐减了2500万到5000万人。对于神圣罗马帝国来说，黑死病的最终结果带来了"富者愈富，穷者更穷"的局面。

精神与宗教

和大多数欧洲人一样，日耳曼人在困境中也会求助于神灵。神圣罗马帝国境内共存着多个关系松散的宗教群体，这也是当时政治格局的写照。

比较特殊的是莱茵兰地区，因为在那里，一场新的神学运动正在兴起。这场宗教运动虽带有抛开宗教仪式而指向法律和行政改革的意味，仍然对西方基督徒产生了影响，从1190年条顿骑士团的形成可见一斑。神学运动的领袖和神秘主义者，如迈斯特·埃克哈特、安特卫普的哈德维希、马格德堡的玛提尔德等人，将默祷塑造为一种具有艺术色彩的行为。

在这个宗教领袖潜心政治的世纪，埃克哈特所传达的信息——教会并不是人们认识上帝必不可少的桥梁——引起了共鸣，他也因此被驱逐出教会。

（下图）神圣罗马帝国皇帝腓特烈·巴巴罗萨于1176年在莱尼亚诺战败后，承认亚历山大三世为教皇并且承认他对教皇国拥有统治权，同时亚历山大也承认他为帝国教会的最高统治者。图中表现的是腓特烈作为教皇的战俘被押回罗马的情景。

教会大分裂

14世纪末期,欧洲统一的可能性跟世纪初一样渺茫。其主要原因是教会大分裂(1378年—1417年)影响了欧洲的大部分事件。在教会大分裂期间,开始有两位、后来有三位教皇同时宣称享有圣彼得的教皇之位,他们每一位背后都有不同政治领袖的支持,这种支持对他们来说不可或缺。尽管如此,哈布斯堡王朝在80座帝国城市和富格尔家族等富有的银行家家族的财力的支持下,仍可以确保神圣罗马帝国延续古罗马的多样性遗产,并确保帝国皇位牢牢地攥在日耳曼人手里。

黑死病

黑死病通常被认为是腹股沟淋巴结鼠疫，在当时已知世界范围内数次爆发，数百万人死亡，欧洲人口锐减。

（受害者）午餐还是跟朋友一起吃的，晚餐却在天堂跟他们的祖先一起吃了。

——乔瓦尼·薄伽丘（约1313年—1375年），意大利诗人和作家

1320年—1346年　黑死病开始肆虐

1346年　黑死病传到了克里米亚，包括卡法

1348年　黑死病通过马赛港进入法国

1348年2月　法国的阿维尼翁市人口被黑死病削减了一半

1348年8月　黑死病通过布里斯托尔港进入英格兰

1348年9月　黑死病侵袭伦敦

1348年12月　黑死病开始在意大利出现消失之兆

1349年　黑死病继续在英格兰传播并进入爱尔兰

瘟疫的第一次大流行是在中东和地中海地区，于公元541年以埃及为起点往外传播，一直持续到8世纪末。由于这场瘟疫在541年至544年间肆虐于拜占庭帝国，又被称为"查士丁尼大瘟疫"。虽然据一位拜占庭史学家记载，这场瘟疫在君士坦丁堡每天杀死10 000人，但依当代人估计，在瘟疫最严重的时候，每天死亡的人数或许为5000人。由于无处掩埋，尸体就被堆放在露天环境中。

8世纪时，这场瘟疫已经只是零星的小面积流行病了，但也有人认为这是第二次瘟疫大流行的源头。

第二次大流行

第二次大流行的瘟疫，后来被称为"黑死病"，得名于这次暴发中感染者身体上的黑色淋巴结肿块。1346年时，热那亚商人被一支感染了瘟疫的军队围困在了卡法港。这支军队把携带疾病的尸体抛到了城墙内，让热那亚人也感染了瘟疫。瘟疫从卡法随着商人通过水路传到了西西里。到1347年年末，瘟疫已经出现在了意大利南部和法国，1348年6月意大利北部、西班牙东部也流行起来，甚至包括法国巴黎。同年年底，瘟疫到达了德国南部和英格兰南部海岸。1349年6月，有传闻说瘟疫已肆虐在德国西部、荷兰和英格兰中部，年底时，爱尔兰的大部分地区、英格兰全境、挪威和丹麦都已被瘟疫侵袭。一年后，在瑞典和德国东部也出现了数例瘟疫感染者。

建筑、艺术和战争

(左图)由于瘟疫爆发一直持续到 1700 年左右，它也因此成为艺术表现的主题。在意大利画家西吉斯蒙德·科拉（Sigismundo Caula，1637年—1724年）的这幅画中，米兰的大主教圣嘉禄·鲍禄茂（1538年—1584年）正在给16世纪的瘟疫受害者们发放圣餐。

病因

黑死病通常被认为是腹股沟淋巴结鼠疫，病菌由寄生于黑鼠身上的跳蚤携带。一种叫印度鼠蚤的跳蚤将一种叫鼠疫杆菌的细菌注入人体，这种细菌会沿着淋巴系统游走，导致人体产生典型的腹股沟淋巴结肿块。这种疾病似乎有两种形式，常见的一种是在腹股沟、腋窝或颈部产生疼痛的肿块，这种患者有康复的可能；另一种则会侵袭肺部，引起胸痛和咳血，死亡率百分之百。

死亡人数

根据许多当时的记录者记载，只有十分之一的人在这次瘟疫中幸存了下来。但据目前最先进的估算方法，死亡率大概在 40% 到 55%。并非欧洲所有地方的疫情都那么严重，实际上部分地区和社区只受到了轻微的影响——当然这并不能掩盖这次瘟疫的严重程度。在 18 个月的时间里，英格兰有将近一半的人死于瘟疫。

猜想和传说

关于这场瘟疫，当时的科学家提出了各种各样的解释，有利用占星学来解释，也有认为是地震导致大气污染所造成。

当科学无法给出合理的解释时，宗教提供了其他的答案：有说这场瘟疫是因人类罪恶引起的，也有说是因为人们轻佻的服饰影响了他们向神跪拜的虔诚。

为了驱散疾病获得健康，据说人们曾整齐列队进行祈祷。不幸的是，大量可能已被感染的人聚集在一个封闭的空间，更有利于瘟疫传播。

> 历史

文艺复兴——意大利的艺术与文化

"**文**艺复兴"（Renaissance）一词本义是"重生"。意大利文艺复兴源于古典文化知识的再度流行，带来了城市、自我意识、理性和个人主义的复兴。

虽然文艺复兴的起始时间尚无定论，但大多数评论家认为文艺复兴在14世纪始于意大利，结束于16世纪。这场运动影响了文化的各个方面——文学、绘画、雕塑、建筑、音乐和学术研究——它试图在寻求和复兴古典成就的同时，维持古典文化和基督教传统之间的平衡。

古典遗产

意大利人抛弃了法兰西神学家的哥特风格和思维习惯，开始从自己本国的古典遗产那里寻求灵感。他们用一种更为纯粹，也更注重自我的方式复兴了希腊罗马文化。

在雕塑方面，古典石像的镇定之态和高贵精神让位于关注人体本身的古典文化。建筑家们抛弃了以尖顶和尖拱为特征的哥特式风格，创造了以圆顶、圆弧

1452年4月15日 莱昂纳多·达·芬奇出生

1469年 当洛伦佐·德·美第奇成为统治者后，莱昂纳多·达·芬奇搬到佛罗伦萨

1497年 莱昂纳多·达·芬奇创作《最后的晚餐》

1498年 24岁的米开朗基罗开始创作《圣母怜子》雕像，于一年后完成

1504年 莱昂纳多·达·芬奇创作《蒙娜丽莎》。米开朗基罗完成了阿戈斯蒂诺·迪·杜乔开始创作于40年前的大型雕塑《大卫》

1508年 米开朗基罗开始绘制西斯廷教堂天顶画并于四年后完成

1519年 莱昂纳多·达·芬奇在法兰西昂布瓦斯去世

1564年 米开朗基罗在完成圣彼得大教堂的圆顶设计后去世

米开朗基罗

1508年，教皇尤里乌斯二世委托米开朗基罗为梵蒂冈主教座堂西斯廷教堂的天花板作画。这幅天顶画历时四年完成。作品从勾勒打底一步步发展为后来的包含将近300位人物的复杂场景图，并附有描述宇宙诞生和人类故事的文字。收藏于佛罗伦萨的米开朗基罗的大型雕塑《大卫》，是文艺复兴运动最负盛名的标志之一。

莱昂纳多·达·芬奇（1452年—1519年）自画像。莱昂纳多是文艺复兴运动的代表人物，他的科学研究能力与他的艺术才能一样高超。

(上图)约翰内斯·古腾堡的印刷机(约1468年)。他是一名德国匠人和发明家。印刷带来了知识传播的革命。

和优雅古典建筑立面为特征的建筑。人文主义学者将注意力从亚里士多德和阿奎奈(意大利神学家)的逻辑学转移到了文学上的审美乐趣,画家们开创了线性透视和空气透视技术,使其作品中栩栩如生的人物和景色具有和谐统一的古典美。《圣经》是作品主题的常用来源,艺术家们将古典文化的主题和技法与基督教的肖像画精妙地融汇了起来。

人文主义

人文学科的研究是与逻辑学和枯燥的纯思维训练这些传统大学课程的决裂。学者们开始强调世俗价值观而非超验的价值观。相比于关注形而上学和神学的研究,他们更注重理解和认识人的行为和进步。他们当中的大多数人都以研究新柏拉图主义哲学为主。新柏拉图主义将精神世界和物质世界从根本上统一了起来,深刻影响了文艺复兴全盛期的艺术家们,其中有

雕刻并不难,你只需要刻出皮肤就可以收工了。
——米开朗基罗
(1475年—1564年),意大利文艺复兴时期的雕塑家、画家和发明家

莱昂纳多·达·芬奇（1452年—1519年）、乔瓦尼·贝利尼（约1430年—1516年）、米开朗基罗（1475年—1564年）、桑德罗·波提切利（1444年—1510年）和拉斐尔（1483年—1520年），他们的作品都以和谐、对称和几何学精度为根基。

佛罗伦萨

佛罗伦萨逐渐成为意大利文艺复兴时期的文化中心。大规模的纺织业和国际银行业让巴尔迪、佩鲁齐和美第奇等企业家家族变得极为富有。其中美第奇家族作为佛罗伦萨事实上的统治者和教皇的财政顾问，是艺术家们最重要的赞助人。

（下图）文艺复兴期间创立了很多大学。一部分由教皇或贵族管理，其他的则由市政机构管理。课程种类不断增加，包括医药学、哲学、逻辑学、算术、天文学和"自然魔法"（实验科学）。

历史

（上图）文艺复兴从佛罗伦萨开始，在美第奇等富有家族的赞助下，先往北再往南逐渐传遍意大利。

文化上的革命

这是一个充满发现的伟大时代。地图绘制、旅行、探索以及已知世界的扩展，让思想观念和风格得以传播扩散。得益于各种宗教大公会议等外交聚会的推动，图书贸易迅速国际化。同时，德国人约翰内斯·古腾堡（约1396年—1468年）在15世纪60年代发明了新的印刷技术，也有助于图书贸易的国际化。在此之前，所有书本都是由人工抄写的。

1301年—1400年
建筑、艺术和战争

衰落

文艺复兴标志性的极度自信气质在16世纪开始式微,此时基督教的悲观主义再次抬头,情色内容逐渐减少。伴随着意大利文化的衰落,是天主教的反宗教改革运动。人们的品味开始转而倾向于后来的矫饰主义和巴洛克风格。文艺复兴时期的开放性和对视觉和思维试验的重视开始被打压。技术上的成就被赋予新用,创作更具基督教风格的艺术作品。

(下图)乔瓦尼·贝利尼(约1430年—1516年)的《圣母怜子图》。贝利尼华丽的色彩、流畅地烘托氛围的布景对威尼斯的绘画产生了巨大的影响。

《圣礼的争辩》 意大利画家拉斐尔1509年到1510年创作于梵蒂冈宗座宫的一幅壁画。画面以云层为横断，上层表现上帝和诸使徒及圣人，下层为人间，圣徒们正在争论弥撒圣礼。

> 历史

战争世纪

14 世纪，自然灾害、政治危机和宗教危机并起，就在这样的背景下，英格兰和法兰西却展开了一场为期100余年的斗争，给人民和法兰西乡村都带来了灭顶之灾。

> 就算你们把我大卸八块、形神俱毁，我也不会再透露任何事情。
> ——圣女贞德（1412年—1431年）在审判中如是说

在经历了前几个世纪的稳当之后，西欧迎来了动荡的14世纪。人口的增长本已使粮食供应捉襟见肘，而14世纪前几十年的恶劣天气，更加剧了人们的困顿。14世纪初，教皇克雷芒五世决定将教廷从传统坐落地意大利罗马迁到法国阿维尼翁，并在这个世纪的大部分时间里（1309年—1377年）都没变动过，给局势带来了极大的影响。在种种危机期间，在黑死病（1347年—1349年）大流行之前，一场政治斗争揭开了序幕。

1337年 法国国王腓力六世进攻阿基坦

1340年 法国舰队在斯鲁伊斯海战中被摧毁

1346年 克雷西战役中，英格兰长弓手长驱直入，多达三分之一的法国贵族战死

1360年 《不列坦尼条约》确定了英格兰对阿基坦和加来的所有权

1420年 《特鲁瓦条约》宣布英王亨利五世为法国王位的继承人

1429年 圣女贞德在奥尔良的胜利扭转了对英战争的局面

英格兰的三世爱德华

爱德华一世（1272年—1307年在位）虽然在14世纪的第7年就去世了，但却奠定了英格兰在14世纪此后几十年的基调。他打败了威尔士并在短时间内逼迫苏格兰屈服，巩固了英格兰对不列颠的控制。同时，他还继续牢牢控制着法国的领土，尤其是阿基坦。不过，在他执政的最后几年，也让国家承受了巨大的经济负担，并给他的儿子爱德华二世留下了不少政治难题。爱德华二世在位20年，能力有限，也没能解决这些问题。被认为有同性恋倾向的他，是英格兰史上最无能的统治者（也有另一部分人激烈反对此观点），造成了国家的政治分裂。他的儿子爱德华三世于1327年继承了他的王位，重建了人们对英格兰国王的信任和尊重。

战争催化剂

法兰西国王腓力四世像同时期的英格兰国王爱德

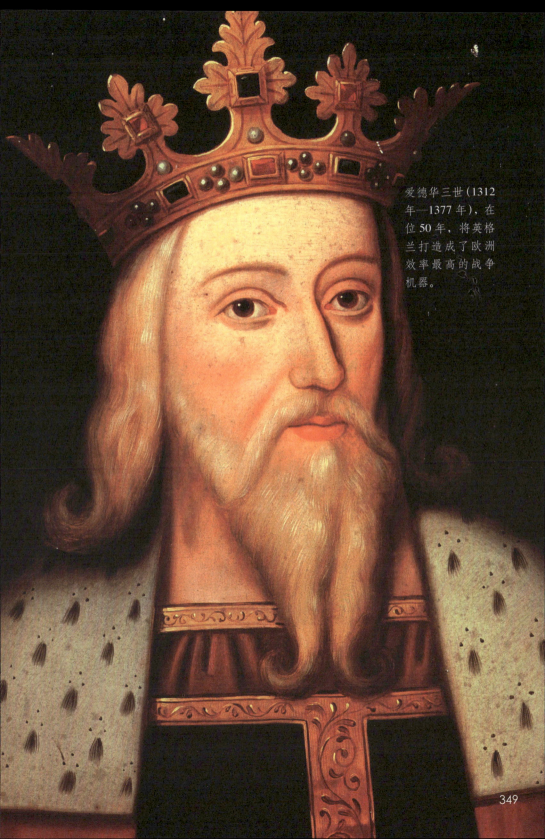

爱德华三世(1312年—1377年),在位50年,将英格兰打造成了欧洲效率最高的战争机器。

历史

华一世,在 14 世纪初期将法兰西推向了充满冲突的深渊。虽然腓力四世是法兰西难得一遇的强势君主,但他为了法国南部跟英格兰打了数次昂贵的战争。而富甲全欧的弗兰德伯国在英格兰的帮助下,获得了暂时的、非正式的独立。腓力四世死后,他的三个儿子相继继位,但在位时间都不长,离世时也都没有继承人。

到 14 世纪 30 年代时,战争的前提条件都已具备——王朝统治和财政不稳、政治经济混乱及社会动荡。1322 年法王查理四世死后,英王爱德华三世是血缘关系上距王位最近的男性继承人——他的母亲伊莎贝拉是腓力四世的女儿。法兰克人的萨利克继承法中规定女性不得继承王位,因此,法兰西王位传给了腓力六世,他是首位瓦卢瓦国王。爱德华在弗兰德伯爵的支持下对法国王位宣称继承权,加速了英法战争的爆发。但这个在诸多战争因素中并不占有多大的比重,两国之间的积怨已达几十年之久,战争正是缘于此。

当腓力四世坚持要求爱德华三世向他称臣效忠,

(下图)1340 年 6 月 24 日在斯鲁伊斯举行法国国王委员会。斯鲁伊斯海战让法国海军舰队几乎被毁灭,从而使得法军无法跨过海峡入侵英国,也让之后的战役大多发生在法国本土。

(右图)百年战争中有两个贵族家族争夺法兰西王国王位。瓦卢瓦家族声称自己拥有法兰西国王之位,同时祖籍在安茹和诺曼底的金雀花家族也声称自己应为法兰西和英格兰国王。

意味着爱德华要全力支持腓力对抗一切敌人时,矛盾升级了。作为另一个王国的统治者,爱德华不可能主动放弃自主权,他当然拒绝了腓力的要求。1337年,腓力对外宣称爱德华放弃了他在法国境内的所有土地,并对阿基坦发动进攻。此举终结了双方的外交谈判和战略性冲突,导致了战争的全面爆发。

三个阶段

历史学家将这场战争分成了三个阶段。第一阶段(1337年—1360年)英格兰取得了数次重大胜利;第二阶段(1369年—1415年)一开始法国优势明显,但

历史

建筑、艺术和战争

（右图）圣女贞德（1412年—1431年）是百年战争中最引人注目的人物之一。这位来自多雷米的乡村少女成功地赢得法国指挥官的信任、国王的尊敬以及法国人民的爱戴，她的故事代代相传。对于法国来说，圣女贞德起到了非常重要的作用，她解除了英格兰对奥尔良的围困，确保了王太子查理在传统加冕城市兰斯顺利加冕，并扭转了战局。1430年她被勃艮第公国俘虏并被卖给了英格兰。1431年，英格兰将其视为异教徒对其进行了审判、定刑并活埋。死时仅19岁。

最终陷入僵局；第三阶段（1415年—1453年）双方互有胜负，开始是英格兰占据上风，但到1453年时，英格兰在欧洲大陆上的属地就只有加来了。

战争过程

1340年，英格兰国王爱德华三世开始以法国国王自居。战争正式打响，英格兰海军在斯鲁伊斯旗开得胜。在这次海战中，英格兰的运兵船在港口围歼了一支法兰西舰队。著名的英格兰长弓手让法国人无从招架，法国人虽然在人数上两倍于敌人但却惨败而归。六年后，爱德华率军进入法国，力图取得陆上优势。腓力的军队在克雷西虽对英格兰军队形成了压制，但最终因为严重的计算错误导致英格兰再次获胜。1347年，英格兰夺取了加来。

1356年，法国在普瓦捷遭受了一次更大的失败，对手是爱德华的儿子"黑王子"，克雷西战役是其首战。

（左图）法国在塞纳河和索姆河之间伏击英格兰失败后，于1346年8月26日在克雷西战役中与英格兰正面交锋。这次战役是这场百年战争中最关键的一次战役，其中所用的新武器和新战术使得很多历史学家认为，它标志着骑士时代开始走向终结。

（上图）1429年，圣女贞德说服了查理七世让她率领一只军队解救奥尔良并在奥尔良取得了决定性胜利，扭转了战争形势。但是最终当她被捕时，查理却没有做出任何赎回她的努力。

疲乏和瘟疫让双方于1360年签订了对法国极不平等的《不列坦尼条约》，确认了英格兰对加来和阿基坦的所有权。作为条件，爱德华放弃了对法国王位的声索。

第二阶段（通常被认为是消耗战）最值得注意的地方是战争对法国乡村的摧残。1369年，法军开始对法国境内的英格兰的领地连续发动攻势，以期逐渐耗垮对方而不用进入全面战争。他们成功了，但是双方的雇佣兵肆意掠夺，损毁了耕地，破坏了庄稼和葡萄园。

就在康斯坦茨议会（1414年—1418年）结束了西部教会大分裂、烧死了宗教改革者扬·胡斯（Jan Hus）的同一年，英王亨利五世再次启动了对法国的侵略战争。1415年，英格兰长弓手在阿金库尔取得大捷。亨利的胜利是决定性的，再加上法王查理六世的软弱，1420年，英、法签订了几乎令法国亡国的《特鲁瓦条约》。在条约里，亨利要求查理六世宣布自己儿子为私生子，亨利为王位继承人并摄政法兰西。条约中还规定亨利的儿子和他的新婚妻子凯瑟琳（查理的女儿，她的这次婚姻也是协议的一部分）将继承法兰西王位。虽然查理的儿子，也就是日后的查理七世发动了报复行为，但没有成功。1428年时，英格兰对战略要地奥尔良的占领似乎近在咫尺了。

就在这时，圣女贞德开始了她的传奇。她的一生象征着日益高涨的民族主义，并通过效忠国王的形式表达出来。她的事迹激励了广大法兰西人民，他们团结起来将英格兰人赶出了欧洲大陆。到1453年时，虽然未签订正式的条约，但在法国境内，英格兰所占之地就只剩加来了。

后续影响

这场百年战争对参战各方的军事技术和政府结构都产生了影响。虽然马镫的发明让骑士一度成为战争的主力,但是这场战争让大家认识到装备了弓、矛或枪的步兵,仍然是战争必不可少的力量,骑士风光不再。

不幸的是,第二阶段的战争——消耗战——因其有效性而被用于之后的三十年战争和第二次世界大战中。

在英格兰,这场百年战争使得国王在税收、立法和参战方面的权力进一步流失到议会手中。另一方面,在法国,国王削弱了三级会议的权力,并征收了足够的钱来打造自罗马帝国之后的第一支常备军。

(右图)在1415年的阿金库尔战役中,英格兰军队凭借战术和先进的武器轻易地打败了人数远远超过自己的法兰西军队。威廉·莎士比亚围绕这次战役编写了《亨利五世》这部戏剧。

历史

1301年—1400年
建筑、艺术和战争

到1453年时,英格兰所占之地就只剩加来,而这场战争,加上瘟疫、饥荒、四处掠夺的雇佣兵(匪患),使得法国人口减少了三分之二。

> 历史

中部美洲

前哥伦布时期的中部美洲生态资源丰富，人口众多，其文明复杂多样，与早期已有很大的不同。到1519年西班牙征服这片土地时，这里居住着多达2500万到3000万人，语言有70种。

中部美洲上的高原盆地海拔5000～8000英尺（1500—2400米），又几乎与海边低地毗邻，因此中部美洲是在相对较短的距离内养育着丰富多样的生命。

中美洲人的主食一直都是（包括现在）玉米。玉米加上豆类和南瓜可以提供丰富的营养和上佳的口味。中美洲其他的土著作物像鳄梨、番茄和红辣椒也是人们的食物。狩猎和渔业，加上家养的主要动物如狗和猴，是蛋白质来源。古中美洲文化一个有趣的怪异之处是他们没有大型的役畜可以作为肉类食用，不像欧洲有牛、南美洲安第斯地区有骆驼。农作物和货物运输只能依靠搬运工。

特奥蒂瓦坎

早在公元前1200年，大型奥尔梅克和玛雅酋邦就占领了热带低地中广袤的沿河居住区域。这些文明发展的顶峰阶段就体现在特奥蒂瓦坎，它位于墨西哥城

> 领主们要管理城镇、解决纠纷、安排处理领土内的事务，而所有这些都是通过一些领袖人物完成。人们对这些领袖人物言听计从，尊敬有加。
> ——对玛雅的描述，迭戈·德·兰达，《尤卡坦纪事》

约公元前1200年 奥尔梅克和玛雅文明兴起

约公元0—150年 特奥蒂瓦坎建成死亡大道和太阳金字塔

约公元150—300年 特奥蒂瓦坎形成网格式布局

约公元650年 特奥蒂瓦坎衰落，中部美洲失去凝聚力

约公元1100年 托尔特克帝国兴起

约公元1300年 墨西哥文化和阿兹特克帝国兴起

（右图）带球场的玛雅城。中美洲人所玩的球类游戏依地区不同而有所差异，但都跟宗教仪式有关。

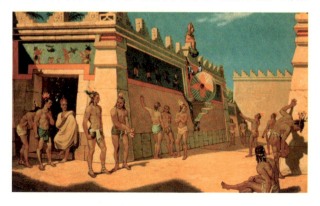

（左图）特奥蒂瓦坎（意为"神的诞生地"）的布局呈网格状，偏离方位基点15.5度。太阳金字塔顶部上方的一条瞄准线代表子午线，牧师以此来确定中午和午夜的时间。

（下图）特奥蒂瓦坎城提潘蒂特拉建筑群中，一幅正在祈祷的阿兹特克牧师的壁画。其他一些壁画描述了雨神特拉洛克从海中升起和分配降雨的景象，以及他所在的天堂。特奥蒂瓦坎人的艺术创造力和娴熟的技艺在壁画和雕刻中随处可见，用来装饰宫殿和寓所。然而，尽管有这些精密复杂的画像，但至今尚未发现文字系统。

东北25英里（40千米）处，其社会分层、城市化和达到国家程度的社会，在3到4世纪的中美洲各处都留下了印记。

这里位于进出墨西哥谷的战略交通要道，此外还有永久性的泉水、可灌溉的冲积平原、黑曜石矿源（石灰石和火山岩）、墨西哥谷东部德斯科科湖中的盐以及用于制陶的黏土。特奥蒂瓦坎的布局是标准化的网格式布局，街道、住宅、宫殿和庙宇的朝向都是依天文观测结果来确定的。这个多语言大城市的人口在公元400年左右达到顶峰时，估计有12.5万人。

特奥蒂瓦坎的大部分男性居民都是耕地的农民，他们在城市外围的田地上从事耕作，女性负责烹饪和家务活儿。有考古证据显示，在黑曜石、陶、玉、缟玛瑙、云母、贝壳和羽毛的工艺品制作方面，已经出现了全日制的职业分工。由于特奥蒂瓦坎城不仅经济

（左图）葬礼上使用的石制面具，由玉石、珊瑚、绿松石和黑曜石镶嵌而成，出土于特奥蒂瓦坎，制作于公元 300 年前后。

和政治实力强大并居于主导地位，也是一个伟大的朝圣中心，因此对中美洲社会产生了巨大的、持续数世纪之久的影响。从城市主街道两旁高大威严的建筑可以看出，这里存在着一个强大的中央权威机构，对工人和资源拥有绝对的调配和指挥权。

特奥蒂瓦坎的市中心有一些重要的庙宇，那里会有宗教献祭仪式的表演活动，这也是显示该城之威严的一种方式。这些都是从近期的考古研究中了解到的。

特诺奇提特兰

生态恶化、气候变化和社会纷争，使古典玛雅文明中的各个城邦在 9 世纪几乎全体没落。10 世纪时，伊达尔戈城图拉镇的托尔特克人将该文明移植到了今墨西哥中部，在墨西哥盆地北部建立了图兰中心。这种行为在特诺奇提特兰的阿兹特克人那里得到了延续，一直到 1519 年科尔特斯率领入侵者到达这里为止。特诺奇提特兰的废墟现被称为"大神庙"，当西班牙人来时，它已经是当时世界上最宏伟的城市之一，至少有 30 万人口，拥有复杂的市场经济和朝贡经济，社会阶层高度分化，法律系统高效运作，军队训练精良且配有职业军官，还拥有复杂抽象的宗教和宇宙学体系。

（下图）古典时期的后期，中美洲的文化分裂日益加深，出现了很多小国和军事力量。从特奥蒂瓦坎的文明高峰开始，战争的硝烟弥久不散。12 世纪的托尔特克和 14 世纪的阿兹特克等军事帝国都是从战争中成长起来的。

印度的苏丹国

大多数印度历史学家认为，1206年—1526年这段时期，印度主要处于德里苏丹国的控制之下。

> ……生活不能只看到表面的光彩，也不能只依靠外在的力量，对此她（印度）始终有深刻的认识。
>
> ——斯瑞·阿罗频多（1872年—1950年），印度学者

实际上，这段时期内除了德里苏丹国，还出现了七个苏丹国——古吉拉特邦（1407年—1526年）、坎德什（1370年—1510年）、马尔瓦（两个王朝，1401年—1531年）、江普尔（1394年—1479年）、班杰尔（四个王朝，1282年—1533年）、木尔坦（1444年—1525年）和位于德干高原的巴赫曼尼苏丹国（1347年—1482年）。

德里苏丹国在1208年至1526年期间先后共出现了五个王朝：奴隶王朝（1208年—1290年）、卡尔吉王朝（1290年—1320年）、图格鲁克王朝（1320年—1414年）、赛义德王朝（1414年—1451年）和罗迪王朝（1451年—1526年）。在这三百余年的时间里，德里的王座上坐过34位苏丹。王朝的转换都无一例外地伴随着暴力、流血和动荡。

奴隶王朝（马穆鲁克王朝）

奴隶王朝之所以如此命名，是因为其建立者以及几个后即位者的奴隶出身。奴隶王朝最著名的苏丹王是库特布丁·艾伊拜克（1206年—1210年）、伊勒杜米什（1210年—1236年）和他的女儿拉齐娅（1236年—1239）以及巴尔班（1266年—1287年）。王朝建立者艾伊拜克虽只在位四年，却留下了著名的库特布塔。据历史学家文森特·史密斯称，这座塔的建造材料掠夺于27座印度神庙。艾伊拜克的继承人伊勒杜米什是一位有才干的雄主，获得了阿拔斯王朝的认可，从而让印度的苏丹国统治独立于哈里发帝国。

1210年 伊勒杜米什采用哈乃斐学派思想对待异教徒，该学派十分强调人的理性

1399年 帖木儿摧毁了德里

1504年 赛柯德·可汗建立了一个新城镇阿格拉，并提高它为苏丹国政府所在地的地位

1517年 赛柯德开始在德里建造莫斯基清真寺

1526年 罗迪王朝的最后一位统治者易卜拉欣死于帕尼帕特战役

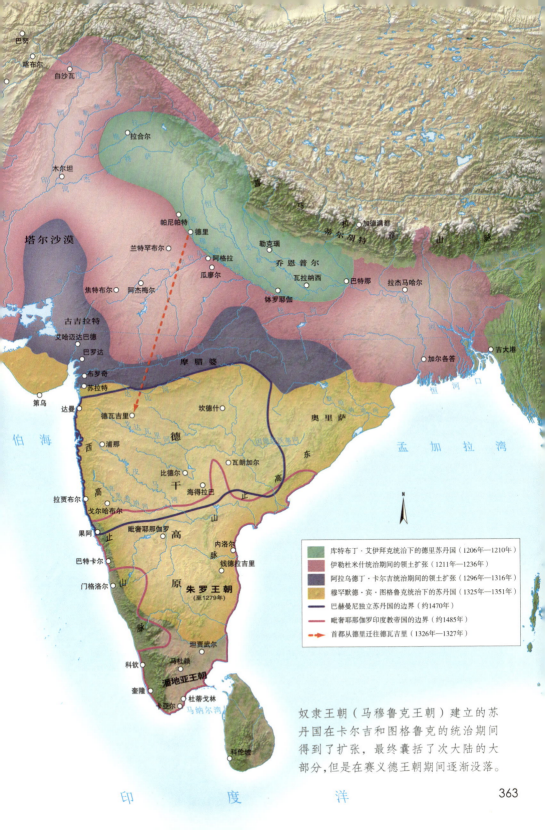

卡尔吉王朝

阿拉乌德丁·卡尔吉（1296年—1316年）是卡尔吉王朝最为著名的统治者，甚至有人认为他是苏丹国时期34位君主中最有能力的一位。在位20年间，他将次大陆的大部分的地区都置于自己的控制之内，包括温迪亚山脉以南的地区。德瓦吉里的雅达瓦斯王朝、瓦朗加尔的卡卡提亚王朝、卡纳塔克邦的曷萨拉王朝以及泰米尔纳德邦的潘地亚王朝，这四个半岛王国也成为卡尔吉王朝的附属国。

图格鲁克王朝

图格鲁克王朝最重要的统治者是穆罕默德·宾·图格鲁克（1325年—1351年）。由他发起的两个计划在历史学家当中引起了广泛的争议。第一个是他在1326年—1327年期间决定将首都从德里迁到德瓦吉里，但很快又放弃了该计划，重新定都于德里，造成严重的劳民伤财，很多人为此付出生命。第二个计划是货币改革。他推行了一种铜和黄铜质的代币作为现行银币的等价物，却没有回收金币和银币，所以这项改革以失败惨淡收场。民众仅用代币来交税，同时却大量囤积金币和银币。

（上图）穆罕默德·宾·图格鲁克（约1300年—1351年），是德里苏丹国的突厥裔苏丹，以喜好铸币见称，他常利用铸币来纪念自己和他的事迹，他所生产的金币超越了前度君王，他的大部分钱币都铸有清真箴言。

赛义德王朝和罗迪王朝

1399年，统治着（包括阿富汗、波斯、库尔德斯坦、叙利亚和小亚细亚在内）广大帝国的帖木儿带兵入侵了印度。帖木儿并未计划在印度建立帝国。

帖木儿的入侵让图格鲁克王朝一蹶不振，1413年被赛义德王朝取代之后，德里苏丹国国力日下，直到1451年赛义德王朝走到尽头时，苏丹的权威几乎仅限于德里及其接壤的周边地区了。一个由阿富汗部落罗迪家族建立起来的统治王朝，结束了长期以来土耳其人至上的局面。

罗迪王朝的最后一位君主易卜拉欣（1517年—1526年）软弱无能，优柔寡断，使得皇室内部出现叛乱和严重分歧。两位心怀不满的罗迪家族成员私下里怂恿莫卧儿帝国的冒险家皇帝巴布尔，让其进攻印度并夺走易卜拉欣的王位，培植他们自己在德里苏丹国的势力。但巴布尔另有打算。在一次决定性战争中，他战胜了兵力远超自己的易卜拉欣·罗迪的军队，在印度建立起了莫卧儿帝国。

（右图）占星家在帖木儿（1336年—1405年）的出生庆典上进行占星算命。帖木儿认为自己是成吉思汗的后代，在试图光复的过程中进行了残酷的屠杀。

▶ 历史

明朝

农民起义者朱元璋领导的红巾军推翻了蒙古人建立的元朝，开创了明朝（1368年—1644年），结束了中国近100年的北方少数民族统治。

……心造万物，非万物造心。

——王阳明（1472年—1529年），哲学家

1368年　开始翻修长城

1421年　开始建造北京紫禁城

1583年　耶稣传教士利玛窦抵达中国

1616年　女真族统一并在中国东北成立金国

1636年　皇太极将其民族的名字从女真改为满族，取其纯净之意

1637年　满族进攻朝鲜

1644年　满族进攻中国北部并占领北京，推翻了明朝，建立了清朝

（右图）明朝的宫廷画师被要求回归更写实的画风，从这幅1500年时绘于丝绸上、表现紫禁城主题的画上就可以看出。

洪武帝朱元璋出身贫寒，曾生活在蒙古人的压迫之下，并目睹了蒙古士兵摧毁了他的家——一座收留过他的寺庙。

▌特务、整肃和禁军

明初的几位皇帝都想方设法将这个庞大且极其复杂的帝国控制在自己手里。为了让官员们安分守己，他们甚至使用恐怖手段。特务和整肃成为朝廷常规活动。无所不在的厂卫是明朝内廷的侦察机构，他们的主要任务是告密，搜集官员和平民对皇帝不利的信息。朱元璋在位期间一共大约有4万人因此丢了性命。明朝的这种暴力文化意味着失职和惹怒皇帝是件非常恐怖的事。

▌舰队司令郑和

1405年，永乐皇帝朱棣（朱元璋的儿子）派郑和率领六艘巨型平底帆船探索性远航，并对爪哇、锡兰等国进行外交访问，最远到达非洲东部。他受命带回异邦的商品和动物，鼓励沿海各国派遣外交代表与中国建立贸易关系。

▌新都北京和紫禁城

1421年2月2日，永乐皇帝正式将北京定为新都，它是以元朝的城市大都为基础，动用20多万人经过16年马不停蹄的劳动建成。北京城的中央是壮伟壮观

1301年—1400年
建筑、艺术和战争

的紫禁城，除了特定的人，平常百姓一律不得入内。

王阳明哲学

先锋哲学家王阳明（1472年—1529年）是明朝思想文化领域的主导人物。他认为，认识世界的方法不是"格物"，而是通过冥想来发现自己的"心"，类似于佛教的修行方式。根据王阳明的思想，万事万物的真理存在于每个人的内心中。人们可以通过摒除物欲等内心杂念，让内心的良知浮现出来，从而发现这些真理。

通俗文化

明朝时白话文学出现了爆炸式的发展，面向低端市场的图书日益增多，价格低廉且插图多样化。在这种环境下，名妓（专门与达官贵人往来的妓女）文化兴盛了起来。明朝晚期大量出自名妓之手的诗作留存下来。长篇小说开始出现，其中包括经典名著《水浒传》《三国演义》《西游记》《金瓶梅》等。其中《西游记》的主人公孙悟空是一只勇敢而野性难驯的猴子，又被称为"猴王"。

宦官与腐败

从商朝开始，中国的每个朝代都有宦官，起初他们的职责是侍奉皇宫里的女眷，后来成为官员和事实上的掌权者。宦官在整个中国历史上常与政治丑闻联系在一起而声名狼藉。明朝晚期尤为如此。宦官最根本的问题在于，他们不像儒生们需要通过艰苦的官吏选拔考试获得官员身份，而是全凭皇帝的随心指派。这就意味着他们没有稳定的职业晋升阶梯，个人前景全凭皇帝本人好恶。宦官的整体地位在明朝获得了提升，最终导致他们干政。17世纪时，宦官刘瑾因图谋政变而被布政使司（相当于现在的省级）官员逮捕，从他家里查抄了24万根金条和500万根银条，这还只是他财产的一部分。

管理问题

明朝后期出现了管理问题。越来越多的土地被日益壮大的皇室贵族非法占有,由于可纳税土地数量锐减,纳税负担就被转移到最贫穷的阶层——农民身上。到17世纪时,山西和河南这两个大省的皇室贵族的免税额达到了全国税收的一半。

明朝晚期时,皇帝身边全是阿谀奉承的宦官,脱离了百姓。当满族人于1644年进攻关内时,明朝国库已经空虚,最后一位皇帝在紫禁城后面景山上上吊自尽了。

(上图)朱元璋在1368年建立了明朝,宣称自己是"中华皇帝"。1382年,他统一了全中国。

(下图)上了彩釉的明朝瓷瓶。对丝绸和瓷器等中国商品的大量海外需求,使中国走出孤立状态,开始与外界进行通商贸易。

瓷器生产的复兴

在中国出口的商品中,瓷器最受好评,在英文中瓷器和中国同为一词,可见一斑。明朝时期,窑厂里瓷器的生产已经达到了相当的规模,尤其是江西景德镇的窑厂。这些地区的黏土质量非常好,用这种黏土做成的容器可以薄到近乎透明的程度。明朝瓷器以蓝色底釉和多色瓷漆尤为著名。

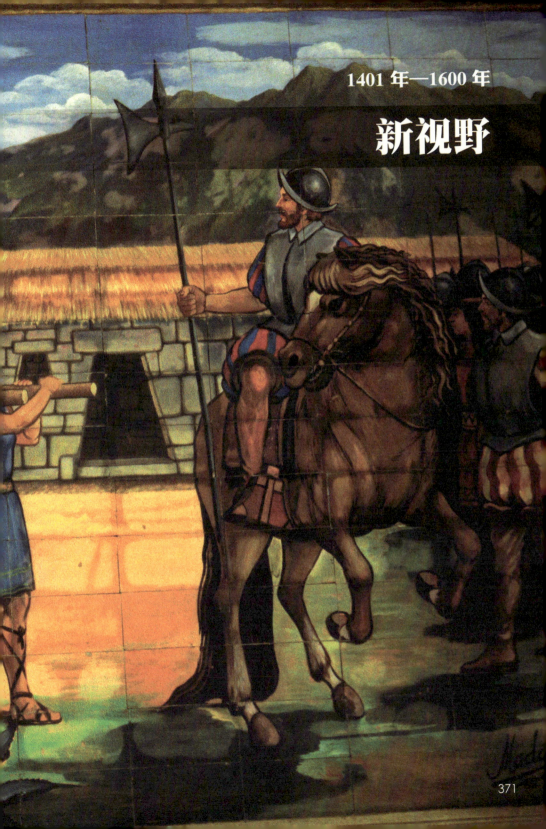

1401年—1600年

新视野

> 历史

寻求财富

中世纪是科学发现和艺术创造力十分辉煌的时代，同时也是一个充满宗教迫害、野蛮战争和残酷的海上对外扩张的时代。

（前页图）一幅出自秘鲁卡哈马卡的镶嵌画。画中为西班牙征服者弗朗西斯科·皮萨罗于1532年会见最后一位独立的印加皇帝阿塔瓦尔帕。皮萨罗利用阿塔瓦尔帕控制印加帝国，但最终还是让人绞死了他，从而终结了印加帝国时代。

（右图）彩绘木质花瓶，上绘一名戴着头饰、手拿长矛的印加武士，发掘自库斯科丛林，时间为1150年—1550年。

随着航海技术的提升以及对风的规律的进一步了解，欧洲探险家们得以漫游在全球的海洋上。这带来的最具毁灭性的结果之一，就是欧洲对所谓的"新世界"的征服。西班牙当时还是一个相对贫穷的国家，却占领了大片的新土地，并且在本土美洲人的帮助下征服了两个多元文化的帝国——阿兹特克和印加。

美洲

印加帝国通过领土扩张和发展贸易，将山脉、山谷和沿海城镇连成一体，以此为基础建立起一个庞大多元的帝国，但也招致了战争受害者的仇恨。例如，印加人对于奇穆人的处置方式不是杀死就是驱离家乡并彻底摧毁他们的文明，以儆效尤。西班牙人很巧妙地利用了由此产生的怨恨情绪征服了这个帝国。

同样，埃尔南·科特斯也是通过精心培植阿兹特克仇敌的势力，夺取了其首都特诺奇提特兰。虽然疾疫在西班牙征服行动的初期还不算什么大事，但事实证明它对当地人的威胁比对西班牙人要严重得多，因为当地人对于天花等欧洲的疫病没有天然的免疫力，从而遭受了灭顶之灾。

（左图）15世纪弗拉芒画派的一幅画，将地狱描绘为一个充满暴力的炼狱。意大利诗人但丁在其中世纪著作中将撒旦描绘成一只贪婪的野兽，这一思想对绘画和基督教神学仍具有强大的影响。

西班牙人和其他欧洲征服者在美洲当地人心中虚构了他们的种族和宗教优越性，为他们摧残和剥削原住民、侵占土地和丰富的自然资源提供了借口和便利。

宗教分裂

罗马天主教的领袖们一直在努力弥合14世纪的宗教大分裂。1409年的比萨会议未能解决争端，导致教会中有三人同时宣称自己为教皇。1417年，康斯坦茨大公会议决定罢黜本笃十三世和若望二十三世，同时罗马教皇格里高利七世接受了会议所授予的权威，后又让位给了获得普遍认可的马丁五世。弥合裂痕并未带来宗教和平。相反，它却使天主教更加肆无忌惮地攻击他们所认定的异教徒、持不同意见者和犹太教徒。批判者们认为教会存在滥权行为，例如出售赎罪券，声称可以缩短在炼狱里受难的时间。比起基督教徒的虔诚，教会似乎更看重世俗的财富。

马丁·路德厌恶罗马教皇们的贪得无厌，也为自己死后不能成圣而忧虑。虽然他毕生都虔诚地信奉基督，但根据教会的教义，他仍不能获得救赎，于是他开始宣扬一种新的教义——信仰本身，即个人与上帝的关系，才是基督徒的真正标志。1520年，他声称罗马教皇是反基督的，这种观点获得了很多人的赞同。随后的新教改革将基督教分裂为数个不同的教派。新教教派很快成为英格兰、苏格兰、德国北部大部分地区、斯堪的纳维亚和波罗的海地区的主要宗教，为17世纪早期的"三十年战争"埋下了伏笔。

艺术和文化

虽然频繁的宗教冲突困扰着欧洲，但是人文主义思想在15和16世纪仍然继续发展。欧洲的工匠们学会了先进的造纸技术，机械印刷的出现让书的印刷和手稿的复制变得更为容易和便宜，从而使知识获得更

（下图）17世纪法国画家克罗德·热莱（勒洛林）的《海港》（美第奇别墅）。举足轻重的美第奇家族产生过三位教皇、多位佛罗伦萨统治者以及一些文艺复兴时期最优秀的艺术作品的赞助人。

广泛的传播。

美第奇家族和斯福尔扎家族等富有的意大利赞助人，对艺术家们给以赞助和支持，成果斐然。莱昂纳多·达·芬奇和米开朗基罗拓宽了肖像画和雕塑领域的边界，他们在意大利和佛兰德的后继者们则使视觉透视的表现力变得更为逼真。

› 历史

人口再分布

15 世纪世界人口迎来了大规模的再分布,规模之大前所未有。

人们进行长距离移动的能力主要取决于交通方式。15 世纪之前,大部分的移民都是短距离移民,并且通常是步行移民。

但随着航海技术的迅猛发展,情况开始出现变化。在 1400 年前后,一个新的全球移民体系应运而生。远距离移民不再只是孤立的、地区性的行动,各种不同的移民体系开始越来越多地联系起来——移民逐渐成为一种全球性的现象。

> 对每位穷人都施以援手对任何人来说都力所不能及,帮助穷人是整个社会的责任。
> ——巴鲁赫·德·斯宾诺莎(1632 年—1677 年),荷兰犹太哲学家

中国

1405 年左右,伟大的中国航海家、宦官身份的郑和率领大约 300 艘船的船队以及数千人,肩负使命,从中国大陆启航,前往印度、阿拉伯半岛、锡兰和东非。由于中国皇帝有意采取了与外界日益隔离的政策,尽管郑和的海上探险活动成果丰硕,但 100 年后,欧洲成为了此后几个世纪征服世界的主导力量。

约 1400 年 托拉查人抵达苏拉威西岛并定居在撒旦河的河岸

1413 年 冰岛使用鱼干作为货币

1514 年 大约 1500 名西班牙人定居于巴拿马

1539 年 瑞典历史学家奥劳斯·马格努斯绘制了一份世界地图

1565 年 菲律宾的第一个西班牙人聚居区在宿务市建立

(右图)一幅 1493 年的德国木刻画,展现了新教徒和犹太人因被判为异教徒或使用巫术,结果被活活烧死的做法。为躲避这一悲惨命运,数千人逃到了非洲和中东。

（右图）特奥多雷·德·布里创作于1591年的一幅画作，描绘了一支登陆美洲的西班牙远征军。当地土著人被雇佣搬运设备和补给品。

洲际贸易路线

伟大的探险活动开启了洲际贸易路线。货物的流动也带来了人的流动。

葡萄牙人在非洲沿海和印度建立了商栈，例如设在果阿的商栈，葡萄牙在那里的影响至今仍十分明显。

美洲

但是就人口的流动而言，哥伦布在1492年的跨大西洋航行才是对人类迁徙最具影响力的事件。葡萄牙在东方各个聚居区的移民无一例外都是少数族群，相比之下，在大西洋沿岸的聚居区，欧洲移民很快占据上风。15、16世纪，伊比利亚半岛的移民达到了空前的规模。1500年到1600年之间，约有25万人离开西班牙和葡萄牙，前往南美洲，平均每年大约移民2500人。

非洲

葡萄牙人和西班牙人的沿大西洋移民也永久性改变了非洲。虽然非洲的奴隶贸易变得日益国际化，规模达到了空前水平。尽管在之后的几个世纪里，又有数百万奴隶被送往大西洋彼岸，但在1450年至1600

▶历史

年这段期间,已有约 12.5 万名奴隶被运往海外,约为同时期前往美洲的自由移民的一半。

流落他乡的犹太人

在 15 世纪末,数万名所谓的犹太改宗者——被强制皈依天主教的犹太人——被驱逐出西班牙。之后这些犹太难民迁移到了葡萄牙,不过几年后又被驱离。之后这些伊比利亚犹太人逃到了非洲穆斯林国家、叙

(下图)全球性移民这一现象的根源在于 15 世纪伟大的航海探险活动。中国航海家郑和的海上行程非常远,比欧洲类似的海上探险要早大约 100 年。

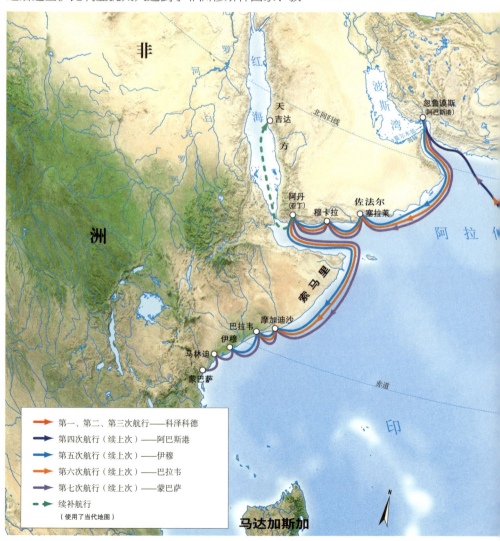

利亚和奥斯曼帝国。其他一些较为富有的犹太改宗者群体定居在了低地国家（指荷兰、比利时、卢森堡—译注），他们在为荷兰的海外贸易提供资金及荷兰贸易帝国的扩张方面发挥了重要作用。世界史上最伟大的思想家之一巴鲁赫·德·斯宾诺莎1632年出生于阿姆斯特丹，他就是这些犹太难民的后裔。这一期间伊比利亚犹太人避难之地中，包括穆斯林世界，有很多至今仍存在犹太人社区。

› 历史

印度尼西亚——荷兰与英国之争

荷兰人进入印度尼西亚之后曾通过两个不同的机构——即 VOC 和荷兰政府——在当地进行统治,时间是从 1602 年到 1948 年。在这段期间,英国东印度公司也开始在东南亚建立英国的势力范围。

> 殖民主义以其原始形式为人所知,也就是说,是以外国压迫性强权的永久性驻军、建立服务和推行各项政策的形式展现出来。这个阶段的印度尼西亚遭受了残酷的殖民占领,一直延续了 300 年。
> ——艾哈迈德·本·贝拉(1918 年—2012 年),阿尔及利亚首任总统

荷兰和英国几乎同时打破了葡萄牙从教皇那里获得特许的、对东方进行探索和贸易的垄断权。英国东印度公司(EIC)在 1600 年就获得了皇家特许状,但直到 1615 年才得以在印度的苏拉特建立边远分部。数家荷兰公司对葡萄牙人发起冲击,从 1595 年开始挺进东方。在荷兰政府的逼迫下,他们于 1602 年合并成荷兰东印度公司(VOC)。英国东印度公司和荷兰东印度公司各自张挂本国国旗,地位相当于国中国。荷兰和英国对这两家公司引起的任何战争行为均不负任何责任,但是保留随时接管公司业务的政府征收权。

1600 年 西帝汶被荷兰攻占

1607 年 荷兰从葡萄牙手中接管东帝汶,但葡萄牙仍保留对东帝汶的控制

1616 年 英国海员兼商人纳撒尼尔·库特霍普登陆班达群岛中最小的伦岛,并说服当地居民与英国就肉豆蔻达成联盟。通过联盟,双方合力阻挡了荷兰四年多

1621 年 在荷兰控制时期,雅加达更名为巴达维亚

港口和要塞

作为一家私营公司,荷兰东印度公司在前一个半世纪表现突出,公布的分红很高,平均为 30% 到 40%,有的年份甚至高达 400%。当时他们在印度和东南亚所控制的领土都局限在沿海地区。

荷兰东印度公司也在摩鹿加群岛(盛产香料)、班达群岛、蒂多雷和安汶建立了分部。不久,它就与英国东印度公司发生了激烈冲突,双方都想垄断与欧洲的香料贸易。1624 年,在一次冲突事件中有 10 名英国人丧生,该事件在英国东印度公司的记录中被夸大成"安汶大屠杀"。该事过后,英国东印度公司决定撤出印度尼西亚水域,只保留了苏门答腊岛上的一家工厂,把贸易活动集中在印度。荷兰东印度公司则垄断群岛的贸易。

爪哇岛较为繁荣，人口占整个群岛总人口的三分之二，但三场王位继位战争（1704年—1708年，1719年—1723年，1746年—1755年）使爪哇岛日益陷入无政府状态。第一场战争的结果是受荷兰保护的巴库布沃诺授权荷兰东印度公司在爪哇岛任意地点建立要塞。根据1743年条约，马塔兰统治者割让爪哇岛的整个北岸以及马都拉岛（官方措辞为"租借"）给荷兰东印度公司。第三场战争的结果是，马塔兰古王国于1757年分裂成了梭罗国和日惹国，二者都承认荷兰东印度公司对他们的控制权。

英国的插足

在法国占领荷兰期间（1795年—1814年），荷兰总督威廉五世（奥兰治亲王）逃亡到了英国，并授权英国政府接管荷兰的所有海外资产。因此，伦敦授权

（上图）这幅1800年左右的版画，描绘了摩鹿加群岛上一条繁忙的街道。

（下图）这幅手工上色的版画反映的是东南亚和东印度群岛。该地图于1635年左右在阿姆斯特丹出版。

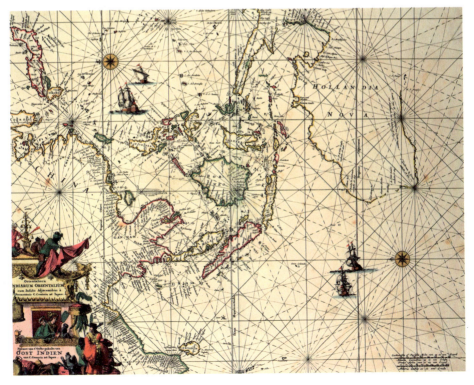

英国东印度公司接管荷兰在锡兰（斯里兰卡）和印度尼西亚群岛的资产。

1814年，英国制定政策恢复荷兰王位，于是荷兰在东方的资产，除了马六甲和锡兰，一律回归荷兰政府。根据1824年的伦敦条约，英国和荷兰一致同意以马六甲海峡作为双方各自势力范围的分界线。

后续

19世纪下半叶，更确切地说是从1860年到1914年，荷兰开始实行扩张政策。经过旷日持久的战争（1871年—1896年），荷兰打败了亚齐，进一步占领了苏门答腊岛和周边的小岛，主要是为了勘探石油和煤矿。

1898年，荷兰发布《简短宣言》作为新政，起初只针对亚齐，后来适用于整个群岛的300多个酋长。这项新政在承认这些酋长财产的同时，要他们承认荷兰的宗主权。在群岛的东部地区，总督兰斯伯格（1875年—1881年）取得了对摩鹿加群岛和巽他群岛的占有权。截至1911年，印度尼西亚——当时名为荷兰东印度群岛——的全部1.2万多个岛屿，都处于在荷兰的直接或间接控制之下。

（右图）这幅油画展示了位于荷兰贸易的首要港口巴达维亚的城堡。

1401年—1600年
新视野

▶ 历史

太阳之子

1532年，弗朗西斯科·皮萨罗率领他拼凑起来的征服者军团向西南美洲的印加帝国发动了入侵时，这个庞大的帝国总是让外界的观察者们充满惊诧，时不时也感到迷惑。

> 至于我的信仰，我是不会动摇的。正如你所言，你自己的神正是被他创造的人给毁灭了，但我的神仍在俯瞰他的子民。
> ——印加国王阿塔瓦尔帕在听到教皇亚历山大六世宣布秘鲁为西班牙领土后如是说

印加（盖丘亚语为Inka）帝国的广袤疆域超过了美洲史上的任何国家，被当时的人们称为"四洲之国"。它在15世纪时达到鼎盛，为当时世界上最大的帝国。印加帝国幅员辽阔，涵盖了当今五个共和国（厄瓜多尔、秘鲁、玻利维亚、阿根廷和智利）的地域，因此地形多样，从太平洋沿岸世界上最干燥的沙漠（智利北部的阿塔卡马沙漠）到世界上第二高的山脉（安第斯山脉），再到世界上最潮湿的地区（亚马孙盆地），应有尽有。

印加帝国荫蔽下的人口数量和多样性也同样惊人——人口大约在1000万到1200万之间，民族数十个，人数、语言和社会结构也各不相同。

帝国通过一个错综复杂的道路网形成一个整体，道路总长4万千米，将各地区的中心及边远村落与号称"世界中心"的帝国首都库斯科连接了起来。

400年 秘鲁神话传说中首次提及印加部落

1200年 曼科·卡帕克成为小城邦库斯科的首位统治者

1400年—1500年 印加开始扩张和征服其他部落

1471年 帕查库特克于80岁时让位给他的儿子

1525年 瓦斯卡尔和阿塔瓦尔帕之间发生内战，使这个庞大的帝国发生分裂

▌帕查库特克——改变世界的人

15世纪中叶（一般认为是1438年），库西·尤潘基王子打败了昌卡人，开启了印加历史的非凡扩张期。他之后改名为帕查库特克·印加·尤潘基。

根据王朝历史中对该战役的记述，他的父亲——印加统治者维拉科查·印加仓皇出逃，留下库西·尤潘基带领一小队支持者面对人数远超过自己的敌人。据说这位年轻的王子之所以能打败昌卡人是因为在太阳神因蒂的帮助下，把战场上的圣石变成了武士。库西·尤潘基获胜后回到库斯科，加冕自己为国王（萨

19世纪早期印第安人对印加国王和王后的描绘。他们的王冠上有太阳神因蒂的纹章。印加神话中描述了因蒂是如何派遣他的子女来到地球并通过统治人们来帮助人们;做一位父亲会为自己的子女所做的一切事情。

历史

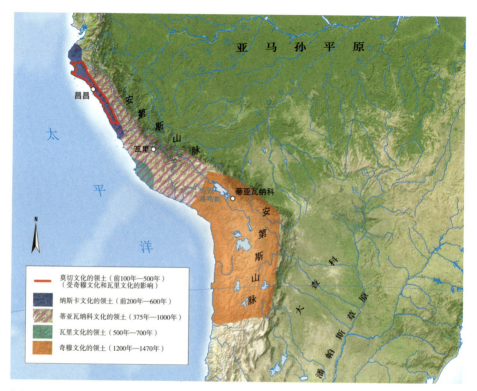

（上图）印加于1200年左右建立了库斯科，此时沿海各种不同的文化已经存在了4000多年。对于统治境内的不同文化，印加采取了同化和融合的做法。

帕·印加），并更名为帕查库特克（"改变世界的人"），开始了扩张帝国的壮举。印加的领土很快就囊括了的的喀喀湖盆地并向南部延伸，安第斯高地及沿海地区，最远到达厄瓜多尔。

独一无二的君主

印加并非单纯依靠武力，也无法只靠武力来维持统治。实际上，他们之所以能扩张得如此之快、如此之广，部分原因源于统治观念，其中利用了很多安第斯人所共有的宇宙学概念。印加的统治者被称为萨帕·印加，意为"独一无二的君主"，他的正妻被称为"科娅"，意为王后。人们相信他们二人是上天派来的统治者，也就是人间的神。印加人声称自己是"太阳之子"，获得了凌驾于其他安第斯民族之上的崇高地位。

在安第斯人看来，生者、逝者和神之间存在着特

1401年—1600年
新视野

有的联系。它们共同构成了露出地面的岩层、田野、泉水、山等生动的景观，称之为"华卡"，意为始源圣地或神。安第斯地区的祖先和圣地——不论他是某个为人所知的人的木乃伊还是传说中的一个完整的种族发源地——都被认为是繁荣昌盛的源泉和守护神。人与这些神灵之间的联系是通过亲缘关系和相互的义务建立起来的。繁荣昌盛只能通过相互的关系来实现，非予勿收。

印加声称自己是太阳的后裔，就等于是声称自己是终极的、最为强大的、超越区域的神的后裔。因而，萨帕·印加作为太阳神的后裔和人间的神而备受敬仰。

中心盛况

这种思想体系被融入到了印加的居住区和建筑的实际构造当中。尽管库斯科是一个以举办典礼的广场、庄严的宫殿和奢华的庙宇而著称的城市，但它只是印加的几个顶级中心城市之一，这些城市沿着高地和沿海公路按一定的间隔建造。

这些伟大的行政中心，例如库斯科以北的瓦努科帕姆帕城、豪哈和托米邦巴以及以南的普姆普（Pumpu）和阿通科利亚，都是围绕大型露天广场（广场中心是举行仪式的平台，被称为祭坛）集中建造的居住区。广场被当做舞台使用，臣服的民族在这里汇报纳赋情

（右图）一座太阳贞女宫的遗迹。太阳贞女宫是侍奉太阳神因蒂的"贞女"居住的地方。她们也负责为节日编织衣物、准备奇恰酒和食物。

（左图）西班牙人到达印加帝国并赶走当时在位的印加统治者之后，又拥立曼科·印加·尤潘基为皇帝。曼科初期较为顺从，但不久因受不了虐待而逃至山中。在山中他和他的继承者们一共统治了36年。1572年，最后一个据点被发现，最后一位印加君主——曼科的儿子图帕克·阿马鲁（图中人物）——被抓获并处决。

况。作为回报，国家也会在那里赞助一些聚会和聚餐活动，颇为壮观。这些中心城市的人口大多是轮替的，大多数是需要向帝国服劳役的周边民族。

节点与网络

印加帝国不是靠市场来运作的，是通过对劳动力和物品的再分配来支撑和拓展帝王特权，而地区性的中心就是这张巨大的再分配系统中的节点。

在印加的统治下，家庭经济和社区经济维持着自给自足的状态。但是臣民还需要向国家尽朝贡义务，方式通常是轮替为国家服劳役。劳役所产生的农产品被集中收集在大型仓储设施中，这些设施通常成行列布局，有固定的间隔和规模大小，被称为科尔卡（colca）。

先进的会计学

对贡品及存储的农产品的管理，印加人使用了一套会计系统，其复杂程度和准确程度都远超当时欧洲的任何系统。人口数据、朝贡数据和累积的农产品数据都用奇普（khipus）来记录，就是一种使用结绳记事的工具，并由被称为奇普读数人的国家财务官员进行读数和计算。

委任统治的艺术

印加帝国得以迅速大范围扩张的另外一个关键原因，是它对大部分地区采取的都是间接的管理方式。被印加所征服的许多族群已经形成了较大的地域性集团，人口达到数万。通过委任认可的当地领导者，帝国可以用最少的投资转变当地人的效忠对象。

从全球视野来看，印加人管理帝国的这种方式都显得很不寻常，因此也格外令人惊叹。西方观察者们时常惊诧于印加人是怎样在"没有"轮子、书写系统、役畜或货币的情况下如此迅速地征服和管理偌大的区域的。这种看法是忽略了这些技术在安第斯山脉地区的局限性，也忽视了印加人及其祖先所展现出来的文化上的创造力。

毁灭性的病原体

虽然印加帝国扩张迅速，成就辉煌，但是其扩张和巩固的进程却因西班牙人的入侵而骤然中断。与美洲其他地方相同的是，欧洲人也把毁灭性的病原体带到了印加帝国，时间上比皮萨罗来到此处要早将近10年。印加最后一位无争议的君主瓦伊纳·卡帕克似乎于1428年在厄瓜多尔的军事行动中感染了天花。

西班牙征服印加的过程中出现了不少具有讽刺意味的事件。其中之一是瓦伊纳·卡帕克的骤然死亡，引发了他两个儿子——瓦斯卡尔和阿塔瓦尔帕——之间一场血腥的内战。在西班牙征服印加的前夕，他们两人基本上已经将印加帝国一分为二了。

阿塔瓦尔帕位于基多，以"新库斯科"为基地，控制以北的区域，而瓦斯卡尔则以库斯科为基地，控制南部地区。这场内战达到高潮之时，也是皮萨罗的舰队抵达通贝斯之时，这为皮萨罗提供了现成的机会，他离间和挑动两派及其盟友之间的矛盾，轻松地左右了战局。

这场内战为印加帝国的没落拉开了帷幕。

（右图）印加帝国的创立者帕查库特克·印加·尤潘基被认为奠定了印加行政管理和城市规划的基础，也被认为是下令建设马丘比丘的人。他的儿子图帕克·印加·尤潘基在其父亲退位前后，也为帝国的扩张作出了贡献。图帕克的继承者，瓦伊纳·卡帕克进一步扩张了帝国。

（左图）西班牙贵族马丁·德·洛约拉与富有的印加努斯塔（公主）贝亚特里斯的婚礼。虽然洛约拉有很多竞争者，但是他打败并处决了贝亚特里斯的叔叔——最后一位印加国王图帕克·阿马鲁，从而占有了她。

以弗朗西斯科·皮萨罗（1470年—1541年）为首的西班牙侵略者与准备不足的阿塔瓦尔帕军队在进行战斗。阿塔瓦尔帕（约1500年—1533年），印加帝国第13代皇帝，拒绝信仰基督教，西班牙人以此为由突然发难。被捕入狱之后，阿塔瓦尔帕提出用足以填满他牢房的黄金作为赎金。印加人支付了足够的赎金，但他们的君主并未如约获救。1533年，阿塔瓦尔帕被以搞偶像崇拜和反叛西班牙的罪名处决。

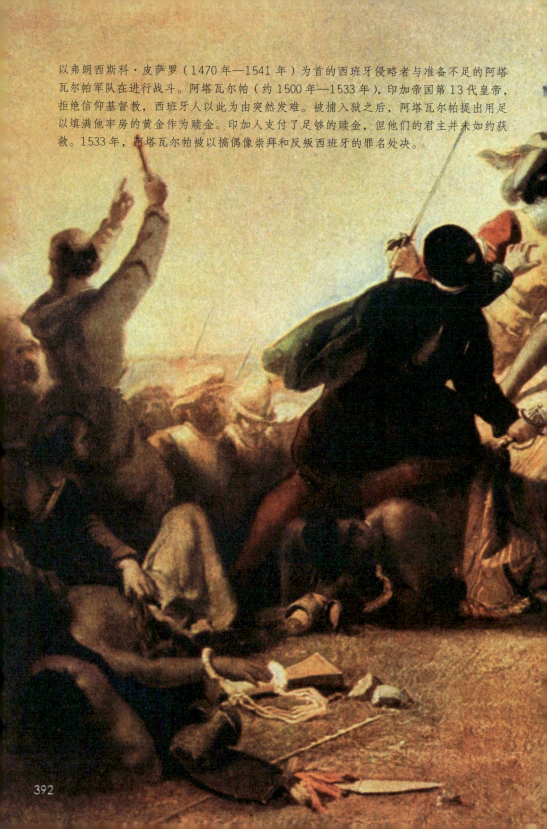

> 历史

信仰即救赎

马丁·路德是继托马斯·阿奎那之后最重要的神学家，也可能是15世纪以来最具独创性的基督教思想家。他的文字永远地分裂了西方基督教并引发了起义、战争以及史上最大规模的文学骚动。

> 信仰是对神仁慈的信心，有生命且勇敢无畏的信心，这种信心十分确定，确定到人们敢于赌上自己的生命千万次。
> ——马丁·路德（1483年—1546年）

1519年 慈运理开始在苏黎世布道《马太福音》；路德与约翰·埃克在莱比锡辩论

1522年 路德用德语翻译的《新约》面世

1523年 加尔文开始在巴黎学习并很快受到路德教义的影响

1524年—1525年 路德和伊拉斯谟辩论自由意志

1529年 慈运理和路德在马尔堡辩论神的晚餐

1536年 加尔文的《基督教要义》在巴塞尔出版

1545年 特伦特大公会议开幕

1483年，路德出生于一个从事矿业的中产阶级家庭，之后在德国的埃尔福特大学接受了教育。他的父亲原来是希望他从事法律工作，但是他没有按他父亲的期望去走，转而进入了埃尔福特的一所修道院。那时僧侣被认为是最有可能获得永久救赎的人。

早期执教

路德异乎寻常的坚定虔诚让他的身体状况开始下滑，因此他的导师施道比次（1460或1469年—1525年）决定将他从埃尔福特的修道院转到维滕贝格的修道院。此时的路德已不再是一名默默无名的僧侣，他很快就被授予了神学博士学位。施道比次催促他在新维滕贝格大学担任教授。路德一开始并不愿意这么做，但最终在1512年接受了聘请，并在这条路上坚定地走了下去。事实证明，路德很受学生欢迎，也受到了学校的赞助人——萨克森亲王弗雷德里克三世（1463年—1525年）——的赏识。1514年，路德成为镇上的传教士和一名新教改革者。后来的发展证明，弗雷德里克的支持对他而言是至关重要的。

新教改革

从一方面来看，改革的呼声始于艺术和建筑领域令人振奋的新进展。当时，罗马圣彼得大教堂，即教皇所在的宏伟教堂，正在进行重建，打算改造成文艺

马丁·路德的画像。马丁·路德原为德国天主教传教士，后来领导了欧洲的宗教改革。

历史

1401年—1600年
新视野

宗教改革之后,宗教狂热演变成了暴力。弗朗索瓦·杜布瓦的这幅画描绘了1572年8月24日法国的圣巴托罗缪日新教徒大屠杀的场景。

复兴时期各种典范之作的纪念堂。罗马当局决定通过贩卖赦罪券来为这项工程筹资。他们承诺,只要用钱买了赦罪券,活着的教徒就能减免罪罚,获得上帝的救赎,甚至包括逝者。

当教廷的赦罪券贩卖人若望·特次勒(约1465年—1519年)来到维滕贝格时,路德凭借自己的地位批判了特次勒这一愚蠢自私的行径。在反对赦罪券的《九十五条论纲》中,他采用了学术惯例,告知大主教他想就这一话题进行一次公开辩论。随着他的《九十五条论纲》在德国全国印发,这场辩论演变成了抗议运动。

路德的成名始于1517年秋季,但在他自己看来,一生中最重要的时刻发生在属于他自己的某个时刻。在他单枪匹马地与17位罗马主教论战时,他突然意识到神的正义不在于对罪人的审判,而在于他给罪人的恩赐。"此刻我感到自己获得了完全的重生,并通过敞开的大门进入了天堂,"路德后来这样说道,"我看到了《圣经》完全不同的另一面。"

397

历史

耶稣基督来到人间是为了维护被罪人们践踏的法律，并代替罪人接受他们应得的惩罚。这是一种为他人赢得的正义，而路德的核心教义就是，要想被神认定为正义或公正，你只需要坚定地信仰这种正义。基于这一点，路德得到了他最著名的格言："罪人只要凭借信仰就能获得救赎"。

路德称自己是一个被神的恩宠所救赎的罪人——一个卑微的传教士，并不是权威的改革者。但追随他的众多学者和传教士们在发展教义的同时，也曲解了他的原意。他给各地的宗教领袖们写信坦言自己的看法，在出版机构的推波助澜下，史上最大规模的文学骚动爆发了，影响之大在 16 世纪无人超越。

路德写什么，欧洲人就读什么。他宣称，他的毕生梦想是让每个在田地里劳作的男孩都能读懂《圣经》。

教廷的回应

不出意料，路德被天主教廷指控为异端。在奥格斯堡接受教会审讯时，路德拒绝忏悔并要求举行教会大公会议来决议此事。当他的教义在莱比锡被否定时，他仍然要求举行各教派联合大公会议，但他同时声称即使是教会大公会议的判决也会出错，《圣经》是判断基督教义的唯一可靠依据。

1521 年，路德被传讯前往沃尔姆斯，要求在神圣罗马帝国皇帝查理五世（1500 年—1558 年）面前承认自己的教义是异端邪说。弗雷德里克的士兵迅速出动，在路德从沃尔姆斯返回途中将他"抓获"——实际上是将他迅速地转移到了瓦尔特堡城堡以保证他的安全，在这里，路德开始将《圣经》翻译成德语。但路德不愿意一直藏身于此，后来回到了维滕贝格继续在那里组织他的改革运动，直到 1546 年逝世。

当教廷再也无法回避路德的主张时，仍然执意推延大公会议的举行。不仅如此，教皇还说服皇帝动用手段迫使新教徒屈从。威压逼迫、天主教耶稣会会士的反改革辩论以及臭名昭著的"异端裁判所"，在压制改革方面都收效甚微。1545 年，教皇终于在意大利的

（右图）从图中可以看出，路德的教义先是传遍德国，之后传到英国和斯堪的纳维亚。

1401年—1600年
新视野

(右图)约翰·加尔文(1509年—1564年)是路德的宗教改革教义的追随者,并很可能发表了更多的教义。

特伦特镇召开了大公会议,但为时已晚,这次世界性的主教大会已无法阻止新教徒从母教流失了。

"激进"的改革

从对《圣经》权威性的看法和救赎方式这两方面来说,路德的宗教改革主张是比较激进的。

尽管路德将教堂圣礼从7件减到2件(上帝的晚餐和洗礼),同时也否定了教皇的权威,但他对圣礼及教会与国家之间关系的理解仍属传统,甚至带着中世纪的色彩。对于支持宗教改革的部分人来说,这种改革是不彻底的。激进派的宗教改革人士要求立即大规模地对礼拜方式和教会管理进行改革,农民们则要求进行社会改革。

对于这互有重叠的两个群体,路德均持反对态度。他努力不让激进派改革者进入萨克森,并写信支持与农民协商解决问题,但同时又公开宣称可以动用武力镇压公然的叛乱。路德的这些宗教主张取得了成功,使得再洗礼论者流亡到了瑞士和其他地方。图林根的

(左图)这幅尼科洛·多利加提(Nicolo Dorigati)的画作描绘了1545年12月13日的特伦特大公会议开幕时的场景。

一次农民起义在血腥的对抗中被镇压,随后是旷日持久的迫害,路德因曾在错误的时刻发表过反对叛乱的小宣传册,虽对整个事件的进程无甚影响,但仍背负诸多骂名。

改革思想的传播

几十年内,德国和大部分斯堪的纳维亚地区以及东欧北部都变成了路德派。在英格兰,国王亨利八世并不是路德的拥趸,但却很敬重路德的同事菲利普·梅兰希通(1497年—1560年)。英格兰第一代改革者和殉教者当中,有很多人是路德派信徒。在德国南部,人们对路德的天赋和勇气非常推崇,他的福音观点受到了当时很多人的认可。文艺复兴学者和瑞士爱国人士乌利希·慈运理,虽然和路德素昧平生,但两人的很多观点都一致。慈运理曾慕名与路德进行过一次私下会晤,讨论圣餐的目的,但未达成一致看法。

加尔文的影响

当慈运理在苏黎世布道时,约翰·加尔文(1509年—1564年)正在巴黎阅读路德和伊拉斯谟的作品,不久就因被怀疑为路德派信徒而逃离了巴黎。他的《基督教要义》(1536年)是关于这次宗教改革阅读量最大的书。在很多问题上他与路德持不同意见,如提倡宗教和国家分离、全面改革神学,包括礼拜等。虽然慈运理和马丁·比塞(1491年—1551年)资历更老,但在世界历史上,只有加尔文的影响力可比肩路德。

加尔文的学生将他修改后的新教教义传遍了瑞士各州、法国(尤其是南部)和荷兰。苏格兰全盘采纳了加尔文关于教会管理、神学和礼拜的教义。受教义影响最深的可能是东欧的扬·胡斯信徒。正是在那里,建立了最早的新教大学,其强大的精神传统至今仍在世界的很多地方焕发出勃勃生机。

(右图)宗教改革时期教会和国家之间的分界十分模糊,教会控制了政治决策和政府。地图显示了整个欧洲不同信仰的势力范围。

玫瑰战争

这些战争的名称是由19世纪小说家沃尔特·司各特爵士创造的，来源于莎士比亚《亨利六世：第一部分》中的一个场景，在该场景中，英格兰贵族们选择红玫瑰或白玫瑰来象征他们对约克王朝或兰开斯特王朝的忠诚。

1455年 第一场圣奥尔本斯战役拉开了玫瑰战争的帷幕

1462年 安茹的玛格丽特在法国的帮助下占领了诺森伯兰郡的城堡。

1464年 赫克瑟姆战役开启了玫瑰战争的第二阶段

1465年 被流放的亨利四世在克利斯罗被约克王朝俘虏

1470年 爱德华五世出生

1471年 亨利六世被囚于伦敦塔并被杀害

1483年 爱德华四世死亡，格洛斯特公爵理查囚禁了爱德华五世和他的弟弟。两个男孩此后再也没有出现过

1485年 理查三世在博斯沃思战役中战死

1487年 斯托克战役终结了玫瑰战争

1455年，兰开斯特王朝和约克王朝因王位争夺爆发了长达30年的"玫瑰战争"。在这漫长的战争中，两个王朝两败俱伤，臭名昭著的都铎王朝由此奠基，为英格兰的中世纪画上了句号。"玫瑰战争"一共有两轮，都见证了英格兰历史上最恶劣的无政府状态。

对决开始

第一轮的焦点是兰开斯特王朝和约克王朝对最高统治权的争夺，战争的序幕是以1455年第一次圣奥尔本斯战役拉开的。战役由约克公爵理查率先发动，以

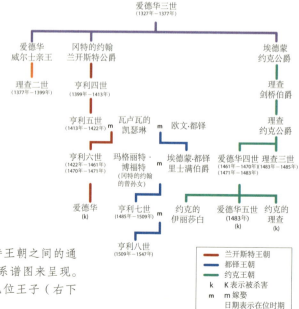

（右图）约克王朝和兰开斯特王朝之间的通婚和阴谋可以通过这张继位系谱图来呈现。1483年被囚禁在伦敦塔的几位王子（右下角）是系谱上的最后几位。

(上图)这幅华丽的画稿描绘了约翰·塔尔波特于 1436 年以法军统帅的身份被授予象征官位的佩剑。约翰·塔尔波特是唯一一位兰开斯特王朝的法国首领。

1471 年亨利六世死于伦敦塔标志结束。

亨利六世的孱弱,是这第一轮充满暴力、背叛和欺诈的派系流血斗争的核心原因。他心智上的不稳定和管理上的无能导致了政局动荡、民众不满以及拥有土地的贵族之间的分歧。这一切最终引发了战争,以及对王位本身的激烈争夺。

当时亨利六世的主要对手是约克公爵理查·金雀花。根据长子继承制,亨利五世死后继承王位的人理应为理查。理查死后,他的王位继承权由其子——后来的国王爱德华四世——继承。爱德华四世最终无情地灭掉了兰开斯特王朝。

亨利六世的权威被他的王后,安茹(即金雀花王朝)的玛格丽特,进一步削弱了。她的儿子爱德华被指控是萨默塞特公爵的私生子。为了儿子的权利,为了兰开斯特王朝(金雀花王朝的旁支),她选择了战争。

约克王朝的胜利

在争夺国家最高控制权的过程中,双方的冲突不断升级,爆发了圣奥尔本斯战役、布洛希思战役和陶顿战役这几场英国史上最血腥、最戏剧性的战役。1461 年 3 月,理查的儿子爱德华四世在陶顿打败了兰

> 我在此预言,今天在庙堂花园的这场争论,导致了两派分裂的局面,将会把成千的人在红白蔷薇旗帜之下,送入死亡可怖的深渊。
>
> ——威廉·莎士比亚,《亨利六世》第一幕

▶ 历史

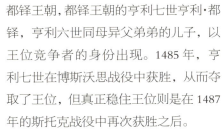

(左图)玫瑰战争中的一系列战役波及了英格兰全境。

(下图)亨利六世(1421年—1471年),兰开斯特王朝最后一位君主,这位孱弱的君主被他的对手约克王朝罢黜了两次。

开斯特军队并成功夺取王位,此役成为第一阶段玫瑰战争的关键点。为了获得对国家的全面控制,爱德华又继续零星地发动了几次战役。1470年,在法兰西路易十一的支持下,逐渐掌握实权的沃里克伯爵与爱德华反目,与玛格丽特和解,起兵赶走爱德华四世,拥立亨利六世重新坐上了王位,但也只维持了6个月。

1471年,亨利六世的儿子·爱德华——威尔士亲王,兰开斯特王朝的继承人——在蒂克斯伯里的战场上战死,亨利六世被谋杀,第一阶段的玫瑰战争就此迎来了决定性的结束,约克王朝为胜利一方。

都铎王朝崛起

1483年,约克的理查三世夺取了王位,从而拉开了第二阶段内战的帷幕。这次战争双方是约克王朝和都铎王朝,都铎王朝的亨利七世亨利·都铎,亨利六世同母异父弟弟的儿子,以王位竞争者的身份出现。1485年,亨利七世在博斯沃思战役中获胜,从而夺取了王位,但真正稳住王位则是在1487年的斯托克战役中再次获胜之后。

为加强自己成为英格兰国王的合法性,并缓和政治矛盾,1486年,亨利七世在伦敦的威斯敏斯特大教堂,与约克王朝爱德华四世的女儿伊丽莎白举行了盛大的结婚典礼,结束了玫瑰战争。

随后,亨利七世又击败了几次约克王朝重夺王位的企图。鉴于理查后代的威胁,亨利七世下令绞死了被关押14年之久的沃里克伯爵爱德华,约克家族的男性绝嗣。

由亨利七世开创的都铎王朝,被认为是英国君主专制历史上的黄金时期。

> 历史

玛雅和阿兹特克——传教士和献祭

在 西班牙人征服中部美洲之前,这块土地诞生了两个伟大的文明。阿兹特克人没有文字,他们使用象形文字的各种变体来记录生活,而玛雅人则创造了前哥伦布时期唯一真正的文字系统。

> ……这些宏伟的城镇……和建筑,矗立在水面上,清一色石制建筑,看起来就像是阿玛迪斯传说里的幻境。实际上我们的士兵当中的确有人问过这究竟是不是梦境。
> ——贝尔纳尔·迪亚斯·德尔·卡斯蒂略,《征服新西班牙信史》

400 年 玛雅高地落入特奥蒂瓦坎的控制范围

500 年 蒂卡尔成为首个玛雅大都市

600 年 特奥蒂瓦坎文明被一不明事件所毁灭。蒂卡尔成为中美洲最大的城邦,拥有 50 万居民

1325 年 特诺奇提特兰及首座庙宇建成

1519 年 科尔特斯征服了墨西哥,并俘获蒙特祖马二世

玛雅文明的起源可追溯至形成期的中晚期(前 1000 年—前 200 年),是当时社会发展的自然产物,地域上覆盖了恰帕斯、尤卡坦、伯利兹和危地马拉的高地和低地。原有的小型农耕村庄在规模和政治复杂性方面不断发展。在伊萨帕、卡米纳尔胡尤、查丘瓦帕、埃尔米拉朵、蒂卡尔和圣巴托罗这些遗址,考古发掘的证据显示,其人口、竞争和冲突、暴力和战争以及文化和民族多样性,都有一个缓慢增长的过程。人们还发现这些地区的经济、社会、政治和意识形态也存在着不断的相互作用。神庙金字塔建筑广泛分布,塔身以灰泥粉饰,带有侧翼阶梯。很多中心地区还雕刻有彩色的大型壁画。

石碑崇拜

另一个引人注目的发展成果,是南方低地多个中心的石碑崇拜的发展,这种情结直接源于南方高地、危地马拉太平洋山麓和恰帕斯的早期传统。很多纪念碑用象形文字和史料描述了著名统治者的丰功伟绩,所有这些特点都表明了当地的精英统治思想观念。

蒂卡尔

在古典时期早期,约公元 250 年时,蒂卡尔就已是中央低地的主要中心之一,而中央低地也是如今的古典低地玛雅文明的重心所在。公元 292 年,蒂卡尔

树立了一座大型石碑，标志其作为主要中心的地位和成就。此后不久，其他低地中心也相继树碑来彰显自身的重要性和独立性。4世纪晚期和5世纪早期的、所有年代较早的石碑都出现在中央低地的各处。

在秘鲁、瓦哈克通和蒂卡尔发掘的数座早期纪念碑都证明，该地区在公元378年遭到了墨西哥中央高地的城市化大国特奥蒂瓦坎的入侵。

此事件之后，人们发现蒂卡尔的势力范围扩大到了整个低地，并在帕伦克、科潘和基里瓜等地形成了王朝制。颇具意义的是，还发现了危地马拉高地地区的特奥蒂瓦坎与谷地的卡米纳尔胡尤之间存在密切关系的证据。

遗弃

在古典期晚期（600年—800年），几个大型的中心实力上升，开始挑战蒂卡尔在低地的统治地位。公元562年，卡拉科尔成功发动了一场针对蒂卡尔的战役，俘虏了蒂卡尔国王并在献祭仪式上将其处决，卡拉科尔由此成为统治中心之一。

当时，蒂卡尔大广场上的很多石碑都遭到了破坏，蒂卡尔就此走向没落，进入了130年左右的瓦解期。与此同时，卡拉科尔却迎来了一个爆炸式的发展期，一直持续到了8世纪。

（右图）玛雅文化是由一系列贸易活动兴盛的务农小村庄发展而来的。这幅玛雅壁画描绘了各种日常生活情景。

1401年—1600年
新视野

（上图）因环境恶化和社会矛盾诸多问题，大部分玛雅城邦在8世纪先后消失。

（左图）出土于科潘玛雅遗址大广场的石碑，时间为8世纪，由科潘第13任国王下令建造。

各地区内精英之间的混战愈加频繁，同时人口压力、气候异变、环境恶化也逐渐显现，这些最终导致了玛雅文明的没落。公元800年—900年间，整个低地上大型的中心先后都被遗弃。各城邦在气候变化、生态恶化和社会动乱的打击下集体崩塌了。低地上幸存下来的人又重回到之前的村庄政治和小规模农业生产状态中。

但玛雅文明在尤卡坦半岛北部低地的延续，得益于这里一直稳定的环境条件。后古典时期早期的主要遗址奇琴伊察与墨西哥的托兰有密切关系。在西班牙征服者到来之前，尤卡坦半岛上有十几个城邦正在争夺半岛周边贸易路线的控制权。

阿兹特克文明

在研究阿兹特克的历史前，有必要了解托尔特克

411

位于奇琴伊察的埃尔卡拉科尔天文台,其后为卡斯蒂略金字塔。天文观测台被认为是玛雅日历让人震惊的精确度原因所在。

历史

（左图）阿兹特克帝国的首都特诺奇提特兰坐落于墨西哥谷中的一个岛上，是一座生机勃勃的城市。这幅墨西哥著名画家迭戈·里维拉的壁画描绘了一位医生或者萨满巫师在街上为人治病的场景。

族的背景知识，否则将会一知半解。第一个定居在墨西哥中部的大型纳瓦特尔语族群生活在托兰，也就是今天位于墨西哥的伊达尔戈州的图拉市。该城市的创建者是从墨西哥的北部沙漠地区迁移而来。虽然考古学证据显示该地区在更早的时候就已有人定居，但按照当地编年史所记载的传统，这里是由传说中的羽蛇神魁札尔科亚特尔在公元968年建立的。

魁札尔科亚特尔可能是古典时期晚期的莫雷洛斯州霍奇卡尔科城邦王室的后裔。当地的编年史声称他是被对手泰兹卡特利波卡（恶魔）逼下王位，之后不甚体面地离开。该事件被称为"托尔特克大迁徙"，目前的研究结果认为其发生于公元987年左右。

托尔特克人社会解体后，大量族群迁进了墨西哥谷。这些族群中的大部分人说纳瓦特尔语，这些人一般被称为奇奇梅克人，意即"野蛮人"。在托尔特克时期，他们住在中美洲西北边缘一个叫做"阿兹特兰"的地方，因此得名阿兹特克人。12世纪晚期，托尔特克邦解体，更多族群开始迁往墨西哥谷。墨西哥人的祖先便是其中的一部分。

（右图）蒙特祖马·霍科约辛是阿兹特克的最后一位国王，也是三方联盟的领导者。

历史

特诺奇提特兰

墨西哥人是以雇佣兵的身份进入墨西哥盆地的，受雇于托尔特克晚期中心库尔瓦坎。当战功赫赫后，他们开始威胁雇主，不久便被库尔瓦坎人驱逐。他们漂泊到特诺奇提特兰岛，并于1325年或1345年（考古证据显示或许更早）建立了一个小渔村。此地位于德斯科科湖中，资源丰富，水上交通便利，极具战略意义。

1372年，墨西哥人与库尔瓦坎人重新交好，并让一位具有墨西哥谷小国库华坎与阿兹特克混血的王子成为他们的首位国王。该王子名为阿卡玛皮茨提里，1372年—1391年在位期间，墨西哥人一直向湖西岸的阿茨卡波察尔科地区的特帕尼克朝贡。在阿卡玛皮茨提里的后两位继任者——惠提黎惠特（1391年—1415年）和奇马尔波波卡（1415年—1426年）——在位期间，墨西哥人仍然在特帕尼克的统治之下。奇马尔波波卡最后被暗杀于一场反对他亲特帕尼克政治的宫廷政变中，德斯科科国王的儿子内萨瓦尔科约特尔也被迫流亡。最终，德斯科科、伊兹柯阿特尔（奇马尔波波卡的继位者）和特拉科潘的君主（其本身也为特帕尼克王室成员，亦是王位觊觎者）形成了联盟。就这样，三方联盟帝国于1426年形成。

扩张

墨西哥人帝国成功扩张的关键之一，是他们会通过联姻来寻求更古老族群的保护，尤其是那些与托尔特克王朝有关联的族群。通过让库尔瓦坎的一名王室成员担任他们的首任皇帝，墨西哥人就可以合法地自

三方同盟帝国（约1426年）
蒙特祖马二世扩张的领土（1502年—1519年）
阿兹特克帝国（1519年）

（上图）阿兹特克帝国持续扩张，直到埃尔南·科尔特斯到来。在美洲人类学里，"阿兹特克"一词一般是指西班牙征服者到来时（1519年）居住在墨西哥中部说纳瓦特尔语（犹他—阿兹特克语）的所有族群。实际上，现在被称为"阿兹特克人"的那些人更准确地说应该是"墨西哥人"，这个词也是特诺奇提特兰居民的自称。

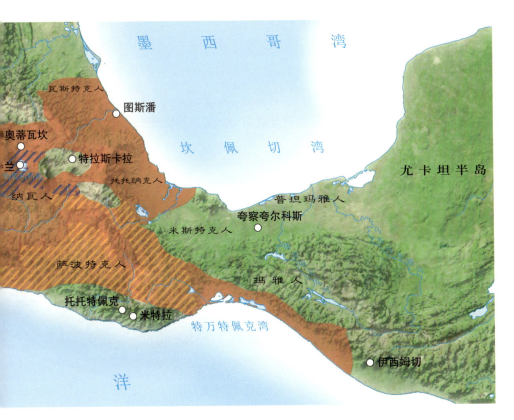

称为托尔特克后裔。另一个关键因素是，他们征服了墨西哥盆地南端富饶的湖边湿地，这块土地是墨西哥人于阿茨卡波察尔科1426年的内乱后从其手中夺取的。

在扩张进程中的大多数时候，其他政体对三方联盟的军事实力闻风丧胆，已没有动武的必要了。因此，外界对其力量的恐惧就支撑了势力的扩张。他们内部为帝国扩张正名的方式，则是通过信仰维持，即阿兹特克的守护神维齐洛波奇特利，必须要用战争中被俘的献祭者的血来滋养。

经过连续不断的战争之后，三方联盟摧毁了阿茨卡波察尔科的势力，不久，特诺奇提特兰成为统治中心。之后历经了四位统治者，最后一任蒙特祖马·霍科约辛于1502年登上王位，并在1519年遇到了西班牙入侵者埃尔南·科尔特斯。

> 历史

西班牙殖民

征服印加——以1533年7月26日阿塔瓦尔帕被处决为标志——通常被认为是一个分水岭，标志着西班牙对南美洲西部殖民统治的开始。

> 那是富饶的秘鲁，这里是贫瘠的巴拿马。抉择，是每一个男人成为勇敢的卡斯蒂利亚人的最佳方式。
> ——弗朗西斯科·皮萨罗（1470年—1541年），西班牙征服者

皮萨罗心里十分清楚：他们这些殖民者在征服地早期的地位非常不稳定，在复杂的高地和沿海地区族群中，人口众多的当地人分布广泛，且文化多样，而西班牙人只占其中很小的一部分。在当地的安第斯人看来，虽然西班牙人蛮横又极具侵略性，但也只是印加内战后支离破碎、错综复杂战场中的一个参战方而已。

阿塔瓦尔帕被处决后，各个敌对的王朝派系都用尽手段争取与西班牙结盟，以期除去对手，再次统一帝国。在皮萨罗向库斯科进军的途中，阿塔瓦尔帕敌对王朝的后代曼科·印加成功地与皮萨罗达成了联盟，他也被人称为皮萨罗的"傀儡印加"。但这次联盟很快瓦解，曼科·印加逃到了比尔卡班巴这个遥远的丛林地区，并在这里重建了一个政权。1536年，曼科对库斯科和利马的周边地区发动了大规模的军事袭击。这个新印加政权对西班牙殖民统治所造成的威胁，一直到1572年他们的最后一位统治者图帕克·阿马鲁被处决才消除。

1513年 西班牙探险家瓦斯科·努涅斯·德·巴尔沃亚穿越了巴拿马地峡，宣称太平洋为西班牙所有

1520年 产自墨西哥的巧克力首次进入西班牙

1523年 西班牙征服者将火鸡从美洲引入西班牙和欧洲

1542年 弗朗西斯科的弟弟贡萨洛·皮萨罗沿着亚马逊河航行至其河口，航程达安第斯山脉之长

疾病

对当地人来说，野蛮不算什么，欧洲侵略者带来的各种疾病——天花、麻疹、瘟疫、百日咳等等——才是他们最致命的武器。

热带沿海谷地中的人口是最大的受害者，在有些地区甚至出现了人口全部灭绝的现象。总体来说，高地人口下降率相对较低，但到18世纪中叶，不少地区的人口也减少了八成到九成。

传教士

在殖民统治的前40年，秘鲁总督辖区内很多省区的西班牙人基本上都只是教会神职人员。西班牙征服者的合法性依赖于基督教的传播。一个人数不多但满腔热忱的传教士团队很快分散到了安第斯的各个地区开拓传教聚居区。在16世纪70年代教区系统正式建立之前，福音主要是靠各个托钵僧修会来传播的，尤其是方济会、道明会和奥思定会。

劳动力的使用

西班牙的早期殖民管理体系是一个混合体系。原印加地方管理体系中的中间阶层有很大一部分都保持原貌，他们通过那些构成原印加地缘政治版图的高地，以及沿海地区各政体的当地首领吸收劳动力和贡品。

（右图）新西班牙是第一个西班牙总督辖区，建于1535年。1542年建立的新卡斯蒂利亚（后来被称为秘鲁）是第二个，之后是1717年建立的新格拉纳达以及1776年建立的拉普拉塔。

历史

（左图）西班牙征服者弗朗西斯科·皮萨罗沿着南美洲西海岸先上后下征服印加帝国，将土地据为西班牙所有。

通过监护征赋制，这些人口以西班牙精英阶层的受委托人身份付出劳动。监护征赋制是一种半封建领主制，在该制度下，受封领主作为当地人民劳动的受益者，有义务——至少理论上如此——让其辖区内的人成为基督徒并保护他们不受迫害。

稳定性

直到 1568 年福朗西斯科·托莱多总督到来后，才建立起一套更正式的管理体系。在福朗西斯科·托莱多为期 12 年的总督生涯中，他最先做的事是对整个总督辖区进行全面巡视，期间进行了完整的人口普查，大部分当地人被重新安排在紧凑的欧式村庄居住。这些村庄围绕一个中央广场、教堂和市政厅而建，构成规则的街区网格结构。虽然这个殖民管理和行政体系打破了原来当地人的居住和用地模式，也给当地社会带来了繁重的劳动和朝贡义务，但在 19 世纪初的独立战争之前，这些制度基本上都完整延续。

（右图）此图为法国画家阿玛布尔·保尔·库坦绘制的弗朗西斯科·皮萨罗画像。弗朗西斯科·皮萨罗士兵出身，后成为秘鲁的西班牙总督。

该图摘自意大利朱利奥·费拉里奥 1827 年绘制的《南美洲地图集》。图中为印加国王阿塔瓦尔帕被弗朗西斯科·皮萨罗俘虏的场景。西班牙人在利用他控制了印加帝国后,于 1533 年将其处决。

▶ 历史

撒哈拉以南的王国

如果一个地方在集约耕作的同时出现了快速发展的贸易,那么这个地方一定会出现大规模的政治组织。古埃及如此,其后的撒哈拉以南非洲也是如此。

公元 900 年左右,伊斯兰教沿着跨撒哈拉地区的贸易路线传播,一些有文化的观察者们趁机做了记录,诸如塞内加尔和达尔富尔等面积和影响力较大的王国情况。信仰基督教的埃塞俄比亚人也同样记录了几个王国的兴衰。

西非

西非出现首批大型王国的确切时间很难说,因为目前的考古工作远远不够。撒哈拉纵深地区出土的绘有轮式战车的岩石画和尼日尔河岸发掘的杰内古城都表明,数个世纪之前在罗马帝国结束对北非的统治时,这里就已存在贸易路线和城市化中心。

公元 10 世纪的阿拉伯史料中提及了一个叫加纳的强大王国,它从大约公元 600 年开始,持续繁荣了数个世纪。这些史料中还提及了其他一些横跨尼日尔河两岸的王国。

马里是中部地区 12 世纪至 14 世纪的主宰者。15 世纪末时,强盛的桑海王国在加奥立都。甚至在远早于 1500 年的时期,廷巴克图,位于尼日尔河河曲的最北点附近,这个城市就以财富和知识享誉世界。

1591 年左右,击败葡萄牙后风头正劲的摩洛哥,为与桑海争夺黄金贸易,其苏丹曼苏尔发动了一场跨撒哈拉入侵,富庶的桑海覆灭。之后兴起的王国将他们的首邑从海岸向内地迁移了些许——这么做最有可能的原因是:那里是控制贸易路线的最佳位置。

> 之后我们去了廷巴克图,该城市位于距河(尼日尔河)数英里的地方,大部分居民都属于马林凯人部落,这个部落的人都戴着面纱。其统治者名叫曼萨·穆萨。
>
> ——摩洛哥穆斯林学者伊本·白图泰在他的旅行记录中如是说

约 1400 年 非洲东海岸开始出现斯瓦希里语城市

约 1439 年 葡萄牙探险家们抵达黄金海岸(加纳),极大地影响了贸易模式

约 1441 年 与非洲以外的国家之间的人口贸易开始出现

约 1500 年 沿着刚果河而建的刚果王国进入鼎盛时期

(右图)撒哈拉以南地区在早期的人口扩散之后,伊斯兰教就很快传播到了这里,并沿着东海岸一路向南,最远传至大津巴布韦。

在今天的尼日尼亚城市拉各斯附近,葡萄牙人发现了繁荣的贝宁王国,当时它可能已经有200年的历史了。17世纪时,阿散蒂王国、达荷美王国、奥约王国相继崛起——它们的位置都恰到好处,非常方便控制从内地到海岸的奴隶贸易和其他商品贸易。

东非

到8、9世纪时,大部分的沿海国家都接受了伊斯兰教,贸易语言以斯瓦希里语为主。然而,人们刚过完1500年,葡萄牙人抵达了东海岸。他们迫切地想要垄断贸易,同时也想扮演消灭伊斯兰教的十字军的角色,在这些无法明言的欲望驱使下,葡萄牙人野蛮地结束了当地王国的辉煌。重要城市蒙巴萨被洗劫和火烧——在冒着烟的废墟上,葡萄牙人建起耶稣堡以彰显实力。

在莫桑比克的海岸城市索法拉,靠近内陆的一侧有一处大型石头废墟群,其中包括壮观的大津巴布韦石头城。继续往南,在林波波河边一个叫马蓬古布韦的地方也发现了类似的遗迹。

利用放射性碳定年法发现,大津巴布韦的大部分建筑建于12世纪至15世纪之间。至于更早的时期,有没有其他国家在这里建造过什么建筑就只能猜测了。可以确定的是,所有这些王国的辉煌都随着葡萄牙人对海岸的控制而衰退。

(上图)这具铜制面具属于西非部落约鲁巴的一位国王,顶部饰以用多个葡萄牙人头像构成的小王冠。

(左图)著名摩洛哥旅行家伊本·白图泰觐见德里苏丹穆罕默德·图格鲁克时的情景。

▶ 历史

奥斯曼帝国

奥斯曼帝国于1453年占领了君士坦丁堡，自此成为世界上最强大的帝国之一。

> 在这个世界上，健康才是最好的状态。
>
> ——卡努尼·苏丹·苏莱曼（1494年—1566年），奥斯曼帝国在位时间最长的苏丹

14世纪，奥斯曼帝国在安纳托利亚和巴尔干半岛的各处都建立了势力，但这些势力在15世纪初遭受了不小的打击。直到15世纪上半叶结束，奥斯曼帝国才恢复到了上个世纪在奥斯曼及其后几位继承者治下达到的水平。1453年对君士坦丁堡的占领，成为这段恢复期的顶点以及大扩张时代的开端。该事件也宣告了拜占庭帝国的灭亡。

1566年 苏莱曼去世

1571年 西班牙舰队在勒班陀大海战中取胜，结束了奥斯曼帝国在地中海的统治

1683年 奥斯曼帝国在维也纳战争中的战败，标志着其扩张时代的结束

1918年 在停滞了两个世纪后，奥斯曼帝国随着《穆德洛斯停战协定》的签订而瓦解，丧失了它在中东的全部领土、安纳托利亚的大片领土及色雷斯的几乎全部领土

▌内战

1402年，中亚突厥人帖木儿（跛子帖木儿）在安卡拉打败并俘虏了君主巴耶塞特，奥斯曼帝国成为帖木儿帝国的属国，并在接下来的几十年里多次濒临灭国。1421年，穆拉德二世即位，在其领导下，奥斯曼帝国恢复了既往的荣耀，到1451年时已完全从1402年的那场灾难中恢复。

▌君士坦丁堡

1453年，年仅21岁的"征服者"穆罕默德二世指挥大军准备占领君士坦丁堡，灭亡拜占庭帝国。4月6日，穆罕默德二世以大约5万人的军队包围了君士坦丁堡，并在5月29日将其攻克，并迁都于此。从此，君士坦丁堡变成了伊斯坦布尔，这座经过重重加固的城市，在接下来的70年里成为奥斯曼帝国对外扩张的重要基地。海军的加强，成为重中之重。

在穆罕默德二世的统治下，奥斯曼帝国焕发出勃勃生机，到1481年他去世时，他已创建了一个大帝国，

（右图）此图摘自一份赞颂苏莱曼大帝军事功绩的手稿，图中为苏莱曼大帝踏上征服欧洲的征途。

428

▶ 历史

一个以伊斯坦布尔为首都，一直延续了四个半世纪的帝国。实际上，奥斯曼帝国控制了多瑙河以南的所有地区，还有安纳托利亚半岛，向东最远到幼发拉底河。

由于穆罕默德二世的统治带有残暴色彩，巴耶塞特二世继位后，不得不面对内部的多次叛乱。1484年，巴耶塞特二世大败摩尔达维亚和马木留克苏丹治下的叙利亚和埃及。

西部扩张

16世纪期间，奥斯曼帝国开始直接参与欧洲的政治和冲突。安纳托利亚前线的战况迫使奥斯曼帝国与威尼斯签订停战协议，并将大部分精力用来对付伊朗境内的伊斯玛仪帝国。1512年，巴耶塞特二世被迫让位给他的儿子塞利姆。塞利姆残忍地清除了所有可能威胁其帝位的成员，并发动了一场针对伊斯玛仪的大规模军事行动。1514年，他侵吞了从埃尔祖鲁姆到迪亚巴克尔的领土。1516年，他又在达比克草原战胜埃及的马木留克王朝。

总体来说，奥斯曼人在叙利亚还是受欢迎的。1516年8月，阿勒颇城不战而降。同月，塞利姆打败了马木留克苏丹，将之杀于战场。很快，大马士革和耶路撒冷陷落。1517年1月，塞利姆进军埃及开罗，并很快从还没坐稳的篡位者手中夺走了埃及。1517年7月，阿拉伯的麦加和麦地那投降，塞利姆控制了南至也门的所有领土。

苏莱曼

1520年，塞利姆病死，苏莱曼一世继位。苏莱曼的执政时间很长，直到1566年才结束。在他统治期间，奥斯曼帝国进一步扩张。

（上图）此图展示了奥斯曼帝国对领土的攫取。地图中所嵌入的框图描述了1571年勒班陀大海战中的海军的位置详情。

1401年—1600年
新视野

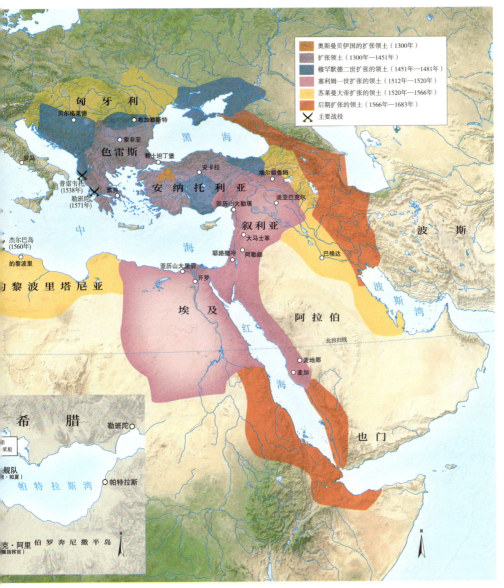

苏莱曼获得了"大帝"的称号,并成功将奥斯曼帝国的控制范围延展至欧洲、中东和非洲。到其统治结束时,奥斯曼帝国成为地中海地区的主导力量,在近东和埃及取代了伊斯兰教哈里发的地位,在小亚细亚和希腊控制了之前属于拜占庭帝国的领土,也是欧洲的一支重要的政治和军事力量。

> 历史

莫卧儿帝国

与苏丹国时期多王朝、多权力中心的情形不同，印度莫卧儿帝国期间权力中心只有一个，即德里—阿格拉地区。

> 泰姬陵就像悬在时间脸颊上的一滴泪珠。
> ——罗宾德拉纳特·泰戈尔（1861年—1914年），印度诗人和小说家

莫卧儿帝国先后诞生了五位伟大的皇帝——开国君主巴布尔（1526年—1530年）、伟大之君阿克巴（1556年—1605年）、子承父志的贾汉吉尔（1605年—1627年）、世界一流建筑家沙·贾汗（1627年—1658年）和"帝位之荣缀"奥朗则布（1658年—1707年），他舍弃了宗教宽容国策并因此葬送了帝国。

▎巴布尔和胡马雍

莫卧儿王朝的建立者巴布尔，来自中亚乌兹别克斯坦的费尔干纳。其父是帖木儿的后裔，其母是成吉思汗的后裔。印度的统治家族中有人对当时的苏丹易卜拉欣·洛提不满，曾先后两次向巴布尔发出邀请，这为巴布尔实现在印度寻找财富的野心提供了帮助。1530年，巴布尔因患疟疾死于德里。

第二位莫卧儿皇帝胡马雍在军事、政治和艺术上均未做出令人瞩目的成就。1540年，他被阿富汗苏尔王朝的舍尔沙·苏尔轻松打败，并在之后的10年里流亡波斯。1555年，他在波斯君主的帮助下重夺皇位，但于1556年，从他图书馆的楼梯上意外跌下而死。

虽然舍尔沙·苏尔只在位5年——在围攻一座堡垒的过程中被炸死——但他凭借杰出的行政管理才能而留名于印度历史。

▎阿克巴

胡马雍死后，他13岁的儿子阿克巴继位。在这位伊斯兰世界著名的政治家、军事家和宗教改革家的统

1631年 沙·贾汗在布尔汉普尔发动了一次军事行动，他宠爱的第三任妻子慕塔芝·玛哈随行。随行期间产下他们的第14个孩子，但死于这次生产。宫廷受令服丧两年

1632年 沙·贾汗下令建造泰姬陵，以纪念其亡妻。工程建造用时20年

1648年 沙·贾汗将宫廷迁至新都德里

1657年 沙·贾汗病危，他的儿子们开始争权

1666年 沙·贾汗去世，被埋于泰姬陵中妻子旁边

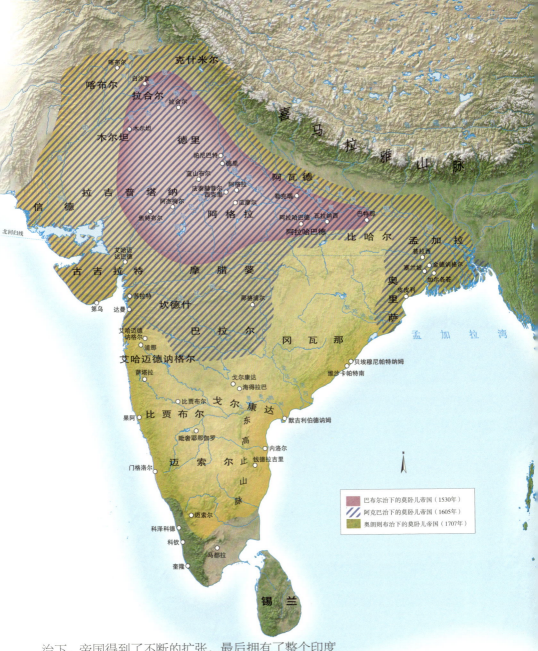

治下，帝国得到了不断的扩张，最后拥有了整个印度北部领土。

在位期间，阿克巴允许所有的臣民信仰自由。这种宗教宽容政策促进了印度两大主要宗教团体印度教徒和穆斯林教徒之间的和睦相处，因此他被历史学家赞誉为"继阿育王之后最伟大的统治者"。1581年，在

（上图）从此图中可以明显看出莫卧儿帝国的扩张。扩张鼎盛时几乎囊括了整个印度。

历史

与各信仰教派的领袖们在新首都法泰赫普尔西克里专门建造的礼拜大厅里进行讨论之后，他又推行了一种新的融合性的信仰"神圣信仰"，信奉一神论，强调道德和理性；倡导俭仆清廉，不食肉，对一切人行"善"等，并据此规定了伊斯兰教的"十诫"和"十德"。

阿克巴的儿子贾汉吉尔维持了他父亲时代所建立的政治和宗教平衡。这种政策在他的儿子沙·贾汗统治期间也得以延续，不过，穆斯林在其宫廷上的影响力有明显的上升。

奥朗则布

奥朗则布是最后一位有才干的莫卧儿皇帝。在其统治期间，非伊斯兰教徒和非逊尼派教徒在各个方面都遭到了大规模的不公正待遇，这成为他统治时的污点。他向非穆斯林人强征歧视性的吉兹亚税，亵渎和破坏印度教庙宇，这在一个世纪里还是第一次。

从1707年奥朗则布的死，到1837年最后一位皇帝巴哈杜尔·沙继位期间，莫卧儿帝国统治下的领土越来越少。巴哈杜尔·沙的命令只对德里的王宫及其周围有效。

到1739年波斯的纳迪尔沙发动"德里洗劫"时，莫卧儿帝国的情形类似于晚期苏丹国时期，当时有多个独立的苏丹国各自割据占领次大陆的一部分。

1765年时，最后一任莫卧儿皇帝巴哈杜尔·沙将孟加拉的行政管理权授予东印度公司，英国由此成为次大陆的政治仲裁者。

泰姬陵

莫卧儿人因其留下的、令人叹为观止的纪念建筑而常常被冠以极优秀之名,沙·贾汗是他们当中最伟大的建筑家,建造的泰姬陵是其中最优秀的纪念建筑之一。泰姬陵坐落于阿格拉的亚穆纳河的右岸,是为他最爱的妻子慕塔芝·玛哈(之后是他自己)所建的陵墓。泰姬陵的陵墓高达63米,还有四座50米高的四层光塔,其宏伟和美丽举世闻名。这座建筑从1631年动工,1653年建成,参与的工匠每日估计达两万人。

这幅 1675 年的牛皮纸画描绘了最后一位伟大的莫卧儿皇帝奥朗则布猎狮的场景。

历史

西班牙无敌舰队

英格兰舰队和西班牙无敌舰队在 1588 年夏天开战于英吉利海峡，战争的走向左右了其后几个世纪的局势。

…… 帕尔马或者西班牙，或者任何欧洲亲王，如若胆敢侵入我的领土半步，我都会让他们知道这种行为是多么地不明智。

——1588 年伊丽莎白一世在蒂尔伯里要塞向军队致辞时如是说

1554 年 英格兰玛丽一世（玛丽·都铎）嫁给西班牙腓力二世

1558 年 玛丽去世，她的同父异母妹妹伊丽莎白继位，伊丽莎白拒绝嫁给西班牙的腓力

1588 年 8 月 在数年政治斗争之后，英格兰舰队摧毁了西班牙无敌舰队，杀死了 600 名西班牙人，伤了 800 人左右

1588 年 9 月 21 日 梅迪纳·西多尼亚的旗舰抵达桑坦德

1588 年 10 月 23 日 在爱尔兰沿海避开了英格兰舰队后，剩余的西班牙舰队返回了桑坦德

英格兰这样一个小型岛国成功抵御军事大国西班牙的进攻，这在当时看来可能性微乎其微。但是事件的发展趋势与两国的君主形成了辉映：当时年迈的西班牙皇帝跟他的帝国一样日渐衰微，而年轻的英格兰女王却备受臣民爱戴，处在权力的巅峰。

西班牙国王腓力二世

西班牙国王腓力二世（1556 年—1598 年在位）是一位有能力的统治者，美德与奉献精神的楷模。他肩负着沉重的责任，既要保卫先辈们打下的广阔帝国，又要维护他所信仰的宗教免受攻击。在他的努力下，哈布斯堡王朝称霸欧洲，但他试图维持一个天主教大帝国，最终未能如愿。

英格兰女王伊丽莎白一世

女王伊丽莎白一世（1558 年—1603 年在位）是一位杰出的战略家，也肩负起先辈们所遗留下来的重担。她的父亲亨利八世（1509 年—1547 年在位）肆意挥霍国库里的钱；她的弟弟爱德华（1547 年—1553 年在位）让贵族们重新夺走了权力；她的姐姐玛丽（1553 年—1558 年在位）致力使天主教为国教，国家由此陷入了动乱和无序状态。

海战缘起

腓力二世并不缺乏征服英格兰的这位"童贞女王"

1401年—1600年
新视野

这幅《女王伊丽莎白一世的基奇纳肖像》刻画了一位坚毅决断的统治者。

1401年—1600年 新视野

的理由,但真正让他有想法将其赶下王位的原因,是伊丽莎白在1585年派兵进入荷兰,支持乌特勒同盟武力反抗西班牙的统治。两年后,伊丽莎白处决了信仰天主教的表妹苏格兰女王玛丽·斯图亚特后,腓力二世最终下定了决心。

1588年2月,经验丰富的西班牙海军司令圣·克鲁斯去世,这对西班牙国王以海战打败英国的计划来说,是一个沉重打击。梅迪纳·西多尼亚公爵不情愿地坐上了他的位置,代替他指挥这支由130艘战船、1.8万名士兵和2000支枪组成的西班牙无敌舰队。1588年5月30日,这支舰队终于在风暴和疲乏中向北缓慢前进。

(左图)"皇家方舟号",西班牙无敌舰队时期英格兰海军的旗舰,是一只配备了38门水炮并载有女王和国家纹章的快舰。

历史

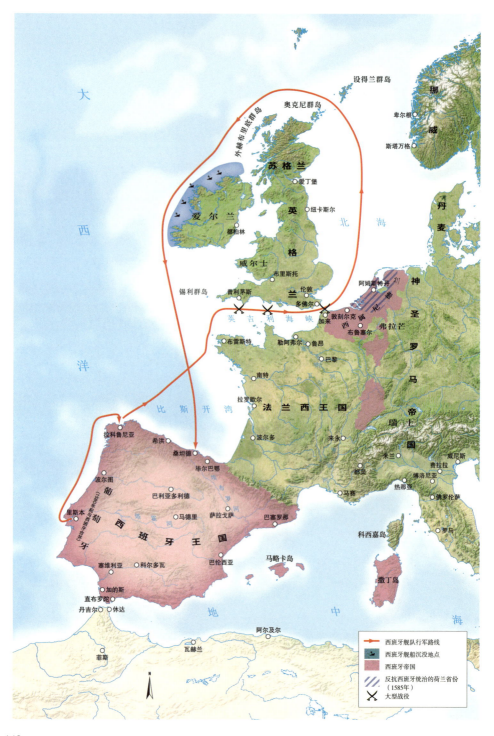

1401年—1600年
新视野

英军的胜利

西班牙舰队的最初计划是与帕尔马公爵的部队在弗拉芒会合。7月末，当西班牙海军的大型帆船沿着弗拉芒海岸前进时，受到了英格兰数支战船小分队的骚扰，被逼进了英吉利海峡。在加来沿海，梅迪纳·西多尼亚与帕尔马取得了联系，却得知原定的计划无法实现，没有船运送帕尔马的部队到战船上，而那些大型战船也无法向浅处靠近。

8月7日晚上，英格兰人果断点燃了8艘小船并让其冲向正在休息的西班牙舰队。看到这些火船，西班牙舰队想起了1585年荷兰"地狱燃烧者"火船带来的大破坏，绝大多数西班牙船长砍断锚缆慌乱逃生，形势大乱。

次日早晨，西班牙舰队已经溃败在风中。部分舰船虽得以重新汇合，但很快就遭到了英格兰舰队的袭击。就整体来看，8月8日的战役跟前几日的战役并无二致。然而，在恶劣天气的配合下，再利用更为灵巧的船只和火药，英格兰人将西班牙舰队逼到了海峡东侧。为避免在海峡中再次受到攻击，西班牙舰队选择北上绕过苏格兰和爱尔兰回到西班牙。尽管存在诸多不利因素——缺少海图、恶劣天气以及疾病——舰队中的三分之二船只仍然驶进了西班牙港口。

后来，虽然英格兰继续骚扰西班牙，腓力二世也继续派遣舰队北上。但在接下来的几个世纪里，随着经济力量逐渐代替军事力量成为欧洲事务的主宰因素，实力的天平逐渐从地中海偏向了北欧。

（上图）图中为1588年伊丽莎白一世在蒂尔伯里要塞检阅她的部队。就是在这里，她说了她"不过一介弱女子之躯"这句话。

（左图）虽然西班牙选择了一条他们认为安全的路线返回西班牙，用以避免在英吉利海峡与英国作战，但是在沿爱尔兰西海岸航行时，却因极度恶劣的天气而损失了多艘战船。

历史

新法兰西

法国企业家和美洲原住民之间的贸易合作为法国在北美洲建立贸易帝国打下了基础,最终占据了起自哈德孙湾和拉布拉多,穿越五大湖,南至新奥尔良的广袤领土。

> 真正的发现之旅不是一味地寻找新的风景,而是磨炼出一双善于发现新风景的眼睛。
> ——马塞尔·普鲁斯特(1871年—1922年),法国小说家和评论家

1524 年 意大利人乔瓦尼·达韦拉扎诺是第一位发现现代纽约的人

1534 年 雅克·卡蒂埃登陆加斯佩半岛,宣称其为法国领土,并将其命名为加拿大

1564 年 法国人在佛罗里达州的杰克逊维尔南部建立定居地

1608 年 萨缪尔·德·尚普兰建立魁北克城

(右图)路易斯安那这片地域让法国占据了北美洲很大的一部分,远远大于其他殖民国家在北美的领土。

在国王亨利四世统治期间,第一批永久殖民地在阿卡迪亚(1604年)和魁北克市(1608年)成形。数家法国特许公司在内陆的河流和湖泊旁边建立了要塞和贸易站,这些要塞和贸易站最终于1663年合并成一块统一的王室领土——新法兰西。

但整体来看,这块土地并非欧洲人的专属居住区,也没有固定的边界。除了魁北克、蒙特利尔和新奥尔良这几个城镇以及海军据点路易斯堡,这块土地上的法国人并不多。

商业和宗教狂热

一群被称作"森林游荡者"的法国商人与印第安人合作,收集动物毛皮,通过河运到圣劳伦斯低地区的转口港。北美洲原住民各群体之间的商业竞争导致了军火扩散和战争。同时,怀揣理想的法国耶稣会传教士们发起了一场众志成城、雄心勃勃的运动,计划让印第安人皈依基督教。在将近1个世纪内,他们所付出的一切努力都被记录了在著名的《耶稣会报导》里,该书在传教士传教史上具有重要地位。

与英国的冲突

虽然法国和英国在同一时期开始崛起,但英国的殖民地很快就在人口、城市化程度和富裕程度上超过了法国。在旷日持久的西班牙王位继承战争中,当法王路易十四在全球范围内向英国发起挑战时,实力已

经决定了结果。

根据《乌得勒支和约》(1713年)的条款，法国放弃哈德孙湾南部海岸、纽芬兰和东阿卡迪亚（被英国重新命名为新斯科舍）地区的领土。为了巩固获得的领土，英国军队强迫说法语的阿卡迪亚人迁移至路易斯安那。

1756年—1763年，欧洲列强之间爆发了"七年战争"，北美洲的英国殖民者则称之为"法国印第安人战争"。英国人早就将法国人和北美洲原住民之间的联盟，视为跨越阿巴拉契亚山脉向西扩张的障碍。英国和普鲁士联盟最终打败了法国和奥地利同盟，双方决定性一役是1759年发生在魁北克的亚伯拉罕平原战。第二年，法奥同盟的抵抗瓦解。

1763年的《巴黎和约》为这次战争划上了句号。根据和约，加拿大全境均归英国所有，而路易斯安那则被转给西班牙。

当拿破仑占领西班牙时，在北美重建法兰西帝国又有了一丝希望。可是，1803年为了给战争筹资，拿破仑将路易斯安那这片领土以每英亩约3美分的低价，卖给了美国总统托马斯·杰斐逊，包括密西西比河及其支流能流到的所有土地。随着美利坚帝国的诞生，法兰西帝国陨灭。

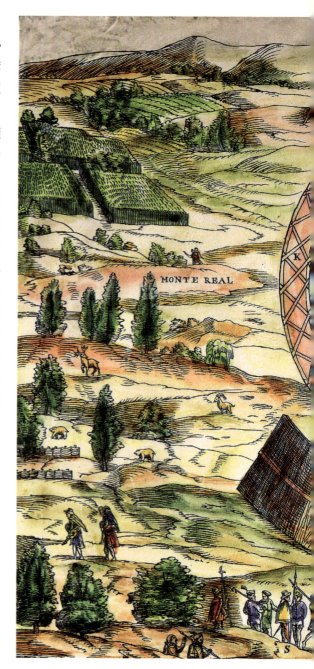

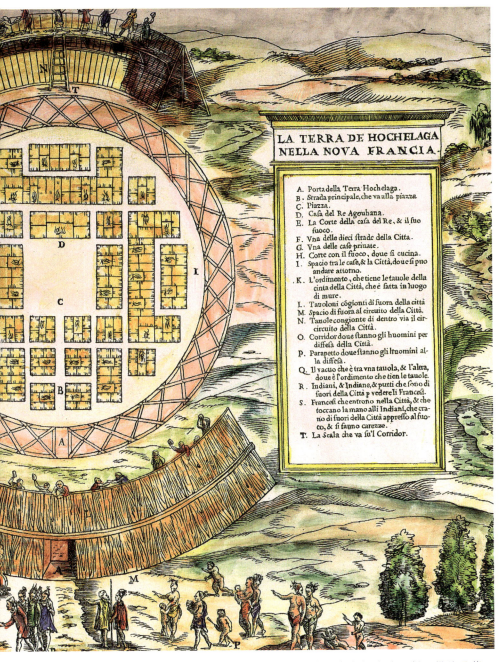

(上图)这幅 16 世纪的加拿大新法兰西版画描绘了第一民族(加拿大土著)、美国原住民与早期殖民者在要塞外见面时的情形。

英国征服

在 希望与财富的丰饶之地的传说鼓舞下，英国探险家们义无反顾地前往北美洲定居，并占领了这片广阔的土地。

> 通过这些殖民地，就可以像海路一样，通过河路和陆路来轻松、迅速而完美地找到通往契丹（实指中国）和日本的西北通道。
>
> ——理查德·哈克卢伊特在《英国主要航海、航行、交通和地理发现》中如是说

1584年，年轻的理查德·哈克卢伊特的《向西殖民论》促使英国加快了在北美殖民的步伐。探险家沃尔特·雷利爵士派遣了一支探险队去探索罗亚诺克岛。1585年，探险队进行了第二次远航，并在拉尔夫·莱恩率领下建立了一个小型殖民地。在1586年被航海家弗朗西斯·德雷克爵士救援之前，这个殖民地仅仅维持了10个月。

1587年原本计划在切萨皮克湾建立的殖民地，成为著名的"消失的罗亚诺克殖民地"。1590年，当约翰·怀

1584年 沃尔特·雷利爵士派遣一支探险队去北美洲东岸探索殖民地。外滩群岛（北卡罗来纳州）被选中

1586年 理查德·格伦维尔爵士被选派继续探索这块潜在的殖民地。拉尔夫·莱恩负责留守

1587年 沃尔特·雷利爵士第二次尝试到北美探险

1589年 理查德·哈克卢伊特撰写《英国主要航海、航行、交通和地理发现》，详细记叙了亲历者对英国殖民过程的描述

1401年—1600年
新视野

消失的罗亚诺克殖民地

很可能是第二个因为洛讷和殖民者哈里奥特在对第一个殖民地的记录中所揭示的类似的原因而失败的殖民地,即当时的宣传让人们盲目乐观,导致了种族矛盾。

理查德·哈克卢伊特在《向西殖民论》(1584)中声称,罗亚诺克的印第安人比墨西哥和秘鲁的印第安人更具智慧,也有一些人认为穿衣很少的北美洲人是英国纺织业一个潜在的巨大市场。

○ 北美洲最早的英国殖民地

(左图)沃尔特·雷利爵士,伊丽莎白的宠臣之一,早期"新世界"殖民计划的支持力量之一。

(上图)罗亚诺克岛位于北美洲东海岸切萨皮克湾的入口处。最先留住的100名成年男女和儿童在第二次殖民行动中,被发现神秘消失了,成为历史上有名的悬案之一。

449

> 历史

特带着补给和军队回到岛上时，却只在一棵树上发现了一段神秘的刻字，原来留住的 100 名成年男女和儿童不知所踪。

请求援助

要想成功建立洛亚诺克殖民地，必须要比之前 16 世纪的探险，投入更多的资金。如马丁·弗罗比舍在纽芬兰建立临时居住地的计划、汉弗莱·吉尔伯爵士在同一地区计划，以及费迪南多·乔治爵士在缅因州海岸建立的殖民地计划。

地理学家哈克卢伊特认识到殖民地的建立，仅靠那些为一时之利的商人和公司所提供资金是不够的，因此他请求王室资助人们跨大西洋航行。但王室的援助仅限于颁发专利和许可，并没打算打破当下多获利一分是一分的局面。

资金方面的不足，丝毫没有影响到探险家们的乐观。弗罗比舍的几次航行给发现西北海道的希望泼了冷水，但出于对美洲大陆面积的尚不知情，探险家们一直对找到一条通往东方财富的便捷之路，充满了希望。

政治宣传

洛亚诺克探险在对外宣称的文献中并未明确提及，因为该岛在一部分人看来是对付西班牙的隐秘基地。因此，对于那些更愿意成为永久居民，而非四处冒险的掠夺者的先驱者家庭来说，该岛就没什么吸引力了。不管人道主义政策宣传会说些什么，拉尔夫·莱恩急于效仿而非羞辱西班牙，相信"发现一处好矿……或一条通往南海的路"将使这座岛变得有价值开发。

规划者们总是期望印第安人很快就依赖他们这些新来者。但事实证明，是这些英国人无法离开印第安人。他们从来没有种活过玉米，也从来没有学会印第安人编制鱼梁捕鱼的技术。他们只有淘金和采铜的野心，

拉尔夫·莱恩和他的船员们在对洛亚诺克岛殖民过程中,展现出了凶残的一面。

而这种野心最终因食物耗尽而失败。

唯一受到优待的是那些帮助殖民者种玉米和编制新鱼梁的印第安人。当他们拒绝继续为殖民者提供帮助时,便出现了拉尔夫·莱恩笔下恩将仇报式的"阴谋"。虽然英国科学家托马斯·哈里奥特在一份报告中出于宣传的目的故意弱化了种族矛盾,但他仍然承认了英国人"在一些在我们看来可以轻易容忍的事情上表现得过于残暴"。

忽视历史

16世纪那些未成功身先死的英国殖民者的失败,理应让17世纪的后继者们更现实地认识到北美与墨西哥和秘鲁文明之间的巨大差异,认识到西班牙之所以能巧取豪夺,是因为后者文明的多样性。但是后来的殖民者们还是基本上忽视了早期洛亚诺克殖民地在财务、行政管理以及人事方面的失败。

参与了弗吉尼亚殖民的人当中,似乎没人读过拉尔夫·莱恩、托马斯·哈里奥特或哈克卢伊特的相关记录,这群依旧不会种植农作物的人,怀着不可能实现的金矿梦和东方梦到处游荡,并猛烈抨击那些在他们快饿死时给他们食物,但在遭到侵略时又被动反击的当地印第安人。

1401年—1600年

桅杆之下

扬帆起航

从 15世纪80年代开始,在短短40年的时间里,从欧洲的大西洋沿岸出发的航海探险完全改变了中世纪人们对世界的认识,并确立了通过海上航线与东方进行贸易的可行性。

贸易是这项伟大的海上事业的发动机。欧洲对东方香料的需求自古就已存在。辣椒、桂皮、丁香和肉豆蔻等商品已被用于给食物提味,但它们却跟药物、香水和染料一样,在欧洲极为稀缺,因此非常昂贵。

贸易受限

这些需求的满足依赖于一个非常复杂的交通网络,包括陆路商队路线以及在印度洋上航行的小船,黎凡特是它们共同的集散地。由于香料要被运往地中海地区,贸易机会逐渐落入穆斯林商人手里。随着伊斯兰教在15世纪传入产香料地区,穆斯林商人趁机蚕食贸易机会的现象在欧洲基督教国家引起了极大的恐慌。

从很多方面来看,这种贸易状态都使欧洲消费者感到不满。香料的供应时不时地被切断或限制;当教廷禁止与穆斯林进行贸易时,只有威尼斯和热那亚可以免受影响,因为他们与穆斯林商人有贸易协议。其他的国家,起初是地中海西岸的国家,试图与产香料的国家或地区之间进行直接贸易,但15世纪中期通往东方的海上路线尚未形成。

船业进步

15世纪初,即便是最大的船也无法在海上远航,但随着造船业的发展,三桅船开始出现,这种船既有宽敞坚固的船体,又有易用的桅帆装置。15世纪中叶时,

(前页图)这幅祭坛装饰画细致地描绘了西班牙征服新世界时舰队的船只。

大西洋沿岸各岛已有人造访和居住，葡萄牙航海家们也能沿着非洲西海岸向前推进了。

赞助者出现

在葡萄牙航海家王子恩里克的赞助下，1487年，葡萄牙人巴尔托洛梅乌·迪亚士发现了好望角；1498年，葡萄牙人瓦斯科·达·伽马登陆印度海岸。

6年前，即1492年，意大利人克里斯托弗·哥伦布获得西班牙女王支持，向西穿越大西洋成功。他预期这次航行会在2400海里左右的里程后，到达契丹（中国）和吉潘古（日本），但他最终到达的只是美洲（他坚信是印度）。他的首航证明了通往东方的捷径是存在的，直到1519年葡萄牙人斐迪南·麦哲伦在西班牙国王支持下，才绕过了南美洲尖端从而建立了一条从西到达亚洲香料岛（印度尼西亚）的路线。

（下图）这幅水彩画描绘了一艘14世纪固定往来于通往东方的贸易路线的威尼斯克拉克大帆船。

▶ 历史

🪶 新航线开辟

北欧国家不得不寻找其他通往东方的航路,尤其是当《托尔德西里亚斯条约》授权教廷将世界划分为葡萄牙利益区和西班牙利益区的时候。当时唯一的选择就只有在北半球高纬度区寻找航线,要么向西从美洲大陆顶部穿过,要么向东到达亚洲北部。

西北路线的探寻始于1496年,这一年英格兰的亨利七世国王授权意大利人乔瓦尼·卡博托进行探索之旅。在第一次航行途中,乔瓦尼·卡博托重新发现了纽芬兰(第一次被斯堪的纳维亚人发现是在11世纪),并认为这里是亚洲的西北边界。随后的探险结果——著名的领导者有法国人卡蒂埃,英国人弗罗比舍、戴维斯、哈德逊和巴芬——推翻了这个想法,却也未能找到一条向西的通道。

在探寻西北航线的过程中,探险家们也没放弃向东的努力。1553年,一群伦敦的商人,在休·威洛比爵士的指挥下,为寻找一条东北通道而开始了远航。在接下来的55年里,抱着同样的目的而进行的类似航海探险活动都以一样的失败告终,其中最著名的是荷兰人威廉·巴伦支和英国人亨利·哈德逊率领的远征。

唯一可行的东向通道需途经好望角,这条路线直到1869年苏伊士运河开通才成为成熟的贸易路线。

(右图)16世纪早期满帆的葡萄牙大船。

1401年—1600年
桅杆之下

> 历史

葡萄牙的发现

15 世纪时，葡萄牙君主积极支持向外探索的战略，这一战略基于当时的社会共识：印度洋就在非洲的东面。

> 如不明确目标港口，则航行途中处处逆风。
> ——米歇尔·德·蒙田（1533年—1592年），法国哲学家和作家

驱使葡萄牙人这么做的因素有两个：一是对财富的渴求，二是为君主从穆斯林（在8世纪到11世纪之间几乎控制了整个伊比利亚半岛）手中开疆拓土积累经验。

休达港

15世纪早期，葡萄牙的东进运动拓展到了海上。随着地中海和北欧之间海路贸易的扩张，凭借其有利位置，葡萄牙在航海技术和海军装备上始终领先。1415年葡萄牙的一只海军探险队占领了北非海岸的休达港，成为最具代表性的事件。这块极具战略价值的领土被它控制了数百年。

黄金海岸

葡萄牙人于1418年抵达马德拉岛时，并没意识到非洲对贸易的价值。1446年到达塞内加尔河时，他们改变了原来的看法：内陆国家马里王国盛产黄金，奴隶来源充足。唯一的障碍就是马里的统治者，皈依了伊斯兰教的国王显然不会欢迎他们。

为寻找盟友，葡萄牙人继续南航。直到1460年他们越过了塞拉利昂，继续南航至贝宁湾，才发现了非穆斯林统治者以及更多的贸易机会。

当发现此地盛产金砂时，葡萄牙人兴奋地将这里命名为"黄金海岸"，并将他们在那里建造的堡垒命名为"矿山"。

- 1419年 航海家恩里克王子在萨格里什建立了一座天文台和一所航海学校
- 1439年 葡萄牙宣称对亚速尔群岛拥有主权
- 1451年 葡萄牙海员定期造访塞内加尔河
- 1460年 航海家恩里克王子去世
- 1482年 葡萄牙在黄金海岸（加纳）上的埃尔米纳建立了一座堡垒

巴尔托洛梅乌·迪亚士

巴尔托洛梅乌·迪亚士是1481年到达黄金海岸的探险队成员之一,同时也是王室贵胄。1486年,天分为他赢得了另一桩更具野心、更具挑战性的任务:一直南行直到绕过非洲大陆的最南端进入印度洋,并尽可能与遥远海岸上的基督教地区——很可能是埃塞俄比亚——建立友好关系。

(下图)这幅颜色浓艳的织锦画描绘了葡萄牙士兵在国王阿方索五世的率领下进入摩洛哥丹吉尔的情形。

迪亚士的第一个目标是刚果河河口——他的同胞迪奥戈·康在 1482 年时已到过此处。之后，他一路向南直到鲸湾港。在这里，他的船被暴风雨持续向南裹挟了 13 天，完全看不到陆地。风停后，他掉头东进，但未能回到非洲海岸。他怀疑自己或许已经完成了此次航行的第一个目标，于是调整航行向北出发，最终于 1488 年 2 月 3 日在今天的莫塞尔贝登陆。

之后他又继续沿着海岸向北，到了大鱼河才返航，并自信在通往印度的航路上已再无障碍。返航中，他绕过了非洲大陆的海角处，将其命名为"风暴角"，但是他的赞助人葡萄牙国王若昂二世则坚持称其为"好望角"。

迪亚士还参与了另一项重大的航海发现行动。1500 年，一支探险队在他和佩德罗·卡布拉尔的共同率领下启程了。这次探险的初始方向是西南，目标是寻找能更加稳定地将船送过好望角的风（事实证明，这个目标是有可靠依据的）。在途中，他们抵达了巴西海岸。在以后数年之内，不但航海家恩里克王子的梦想得以实现，葡萄牙未来的繁荣也得到了保障。非洲沿岸路远利薄的贸易从此告一段落。

（上图）图中为拿着早期指南针的巴尔托洛梅乌·迪亚士。

（右图）风暴将迪亚士吹到了比预期更靠南的地方，使他绕过了好望角，并明确找到了一条通往印度的明确航道。

（左图）葡萄牙人于 1482 年建立的这座"矿山"圣乔治城堡，至今仍屹立在加纳埃尔米纳镇。15 世纪，葡萄牙人将这座城堡作为贸易路线的枢纽，同时，它也是万恶奴隶贸易的保护地。

> 历史

新世界

克里斯托弗·哥伦布（1451年—1506年）四次航行到了"东印度"。第一次航行代表着永久殖民美洲大陆的初始阶段，之后的三次航行，是在第一次的基础上对探索区域的扩大，囊括了整个加勒比海。

> 追随着太阳的光芒，我们走出了旧世界。
> ——克里斯托弗·哥伦布

约1477年—1484年 年轻的克里斯托弗·哥伦布开始了他的冒险生涯，跟随商船抵达冰岛

1492年 哥伦布在他的首次航行中改变了路线，转向西南航行，错过了佛罗里达

1492年11月15日 克里斯托弗·哥伦布在记录中首次提及烟草的日期

1494年 西班牙和葡萄牙签订《托尔德西里亚斯条约》，在亚速尔群岛以西370里格处划定了一条分界线。葡萄牙对在分界线以东新发现的领土拥有主权，而西班牙则对在分界线以西新发现的领土拥有主权

（右图）西班牙画家何塞·罗尔丹（Jose Roldan）所作的海军上将哥伦布画像。

16世纪欧洲扩张前，人们对海洋和大陆的理解是有局限性的，正如天文学家保罗·托斯卡内利曾写道："到达东亚最短的路线是从里斯本出发向西穿越海洋。"

寻求赞助

克里斯托弗·哥伦布1451年生于意大利热那亚，14岁出海，到达葡萄牙里斯本之前已有多次探险经历。在数年的时间里，哥伦布一直试图引起大家对"东印度事业"的兴趣，但是他接连遭到了葡萄牙若昂二世、英格兰亨利七世和法国查理八世的拒绝。西班牙的费尔南多和伊莎贝拉夫妇在拒绝了两次之后，终于于1492年同意了他的提案。

作为这次行动的回报，哥伦布提出了爵位授予、舰队司令的军衔以及所有新发现的岛屿和内陆的总督职权。他的这些要求都得到了满足。

首次航行

1492年8月3日，哥伦布从里奥廷托的帕洛斯港乘坐"圣玛利亚"号，在另两艘小得多的卡拉维尔帆船"平塔"号和"尼尼亚"号的陪同下拔锚启航。9月6日，在加那利群岛中的戈梅拉岛，囤满货物后的船队再次出发。

按哥伦布的预期，只需航行不到3000海里便可到达日本。10月12日，在航行了大约3466海里后，他在巴哈马群岛的一个岛上登陆了，并将其命名为"圣

▶历史

（上图）哥伦布在第一次航行途中认为他抵达了吉潘古（日本）。

萨尔瓦多"（神圣的救世主）。哥伦布认为该岛是日本的一个离岛。

以圣萨尔瓦多为起点，哥伦布继续向西南航行，途中接触了巴哈马很多其他的岛。10月28日，他在古巴岛登陆，并认为该岛就是吉潘古（日本）。在探索了部分北海岸之后，哥伦布穿过了向风海峡并发现了今海地岛，将其命名为"伊斯帕尼奥拉岛"。在卡拉科

尔湾，"圣玛利亚"号在风平浪静的天气下触礁了，不得不被遗弃。这起事故造就了"新世界"的第一个欧洲定居点，虽然这并非定居者的本意。

哥伦布将他在岸上加固的基地命名为"纳维达德"，在西班牙语中意为"圣诞节"，以纪念圣诞节这一天，同时也正是他到达此地的日期。他在那里建造了一座堡垒，并决定留下40人把守此地、耕种农作物以及搜

哥伦布第一次航行出发时的情景,出航的船有卡拉维尔帆船"圣玛利亚"号、"平塔"号和"尼尼亚"号。

历史

（上图）在第一次航行途中，哥伦布建立了定居点纳维达德，但不幸的是，最初的居民都未幸存。

寻金矿。在对伊斯帕尼奥拉岛的北海岸做了进一步考察之后，"平塔"号和"尼尼亚"号于1493年1月16日启程返航了。

冬天时沿着海峡返航，远比来时更加困难。之前的顺风现在变为逆风，他的两艘船都因长年磨损和虫蠹而已经残破不堪。2月12日，"平塔"号和"尼尼亚"号在亚速尔群岛的南部因为恶劣的天气，彼此失去了联系。哥伦布所在的"尼尼亚"号被吹到了葡萄牙属亚速尔群岛最南端的圣玛利亚岛附近，他便命令将船靠岸以其作为避风港。

几经周折再次起航没多久，飓风接踵而至，哥伦布又不得不在葡萄牙的塔霍河停靠。

1493年3月15日，"尼尼亚"号终于回到西班牙帕洛斯港。在西班牙宫廷受到隆重欢迎后，哥伦布确认了他的特权。他声明自己通过西向路线发现了吉潘古（日本），为了充分利用这次的发现成果，他提出了第二次出航的计划并获得了同意。

第二次航行

哥伦布的第二次探险之行比第一次的规模要大得多。包括"尼尼亚"号在内共17艘船,1200多人,于1493年9月25日从西班牙加的斯港出发,随航的很多人是抱着殖民的目的而参与进来的。经过一段顺利的航行,11月3日,多米尼克岛进入视线,船队在其附近的玛丽—加朗特岛抛锚停泊了。

继续航行并命名了背风群岛中的每个岛之后,哥伦布再次抵达伊斯帕尼奥拉岛边的卡拉科尔湾,意外发现当初留守纳维达德的人无一幸存。他们在处于内陆的伊莎贝拉建立了第二个定居点。2月2日,12艘船装载着大量的黄金和被认为是香料的东西被派遣回国。在之后的五个月里,哥伦布一直沿着古巴的南岸向西航行,试图证明该岛是中国的一个半岛,但在即将到达其西端时返航了。这次航行意外发现了牙买加岛。

(下图)哥伦布回到纳维达德时发现无人幸存。探险队在伊莎贝拉建立了第二个定居点,之后船队带着黄金和香料回国了。

第三次航行

在第三次西向航行中,哥伦布成为第一位踏上南美洲大陆的欧洲人,但这次航行的结局并不光彩。他意图把登陆地点选择在比他任何一次探险航行所到达的地点都更靠南的地方,希望能够发现新大陆。

这一次航行只有三艘船参与。船队在特立尼达岛(由哥伦布于1498年7月末命名)附近登陆。在特立尼达岛附近时,哥伦布注意到有大量棕色的河水从奥里诺科河涌入海中,他敏捷地意识到这种水只能来源于大陆上的河流。于是,尽管他当时坚信自己在亚洲,在帕里亚半岛的登陆却使他成为第一个踏足南美洲大陆的欧洲人。

穿过加勒比海,哥伦布抵达圣多明各,这里是继伊莎贝拉之后伊斯帕尼奥拉岛(海地岛)上的主要定居点。岛上正在发生叛乱,忠诚于哥伦布的人寥寥无几,他只能向背叛者妥协。他失去了总督之位,原有的总

(下图)哥伦布是踏足南美洲的第一位欧洲人,虽然他坚信自己到达的是亚洲。

（上图）哥伦布的第四次航行未受到太多关注，他也在数年之后去世。对于自己已经找到了通往亚洲的路，他至死坚信。

督和海军司令的特权也一并被解除，他被继位者锁链加身地遣送回国。不久，哥伦布因第四次航行被批准而获释。

第四次航行

1502年5月11日，哥伦布率队从加的斯港出发，目标是进一步向西探索并寻找一条通往印度洋的通道。当时中间的太平洋航道尚未被发现。

在通过小安的列斯群岛之后，哥伦布先在圣多明各抛锚停泊了一段时间，之后再向西航行直至洪都拉斯湾的博纳卡岛。他在今洪都拉斯特鲁希略市所在的位置登陆了。之后向东绕过了格拉西亚斯—阿迪奥斯角（由哥伦布命名），接着向南航行，并在今巴拿马地区的奇里基潟（xì）湖抛锚。哥伦布当时并不知道，只要再航行一段很短的距离，穿过一个地峡，自己就能进入太平洋。

471

（左图）西班牙巴塞罗那的克里斯托弗·哥伦布巨型纪念碑以青铜浮雕描绘了他一生中的8个场景。

回国

由于没有发现继续西进的通道，哥伦布失望地返航了。他带着两艘剩下的船抵达牙买加时，发现船已经不适合出海了。

1504年11月，在历经重重考验后，他安全回到了西班牙。尴尬的是，他的主要赞助者伊莎贝拉女王已于当年去世，国王费尔南多二世对他也十分冷漠。

当时已有越来越多的人认为，亚洲的位置比目前西向航线所到之处更远。然而，直到1506年去世时，哥伦布仍坚信自己已开辟了一条通往东方财富的新路线。

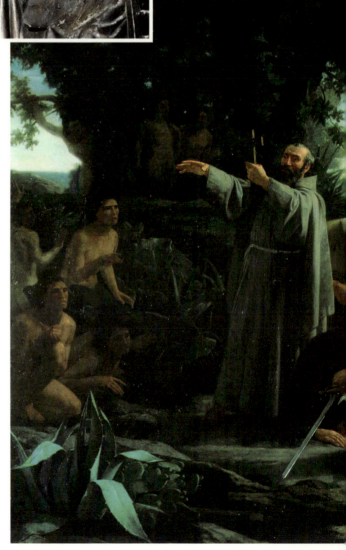

1401年—1600年
桅杆之下

（下图）哥伦布登陆美洲后来被赞颂为一次荣耀神圣的事件，图为西班牙画家普埃布拉对此事的描绘。

▎历史

探索未知的北方

与哥伦布不同，乔瓦尼·卡博托和他的儿子对他们的航行没有留下适当的记录。我们唯一切实了解的、也是有记载的一点：自维京人之后，他们是最早登上北美洲大陆的人。

……沿着这条路线一路西行，扬帆至此，左手边即是古巴，在同一经度。
——乔瓦尼·卡博托

1474 年 乔瓦尼·卡博托与玛泰娅结婚，之后生了三个儿子：罗多维科、塞巴斯蒂安和桑科托

约 1490 年 为了给自己的探险寻找赞助，乔瓦尼·卡博托和家人搬到了英格兰的布里斯托

1497 年 返航回国后，乔瓦尼·卡博托因为发现了新岛屿而获赠 3 英镑作为礼物，同时他还获得了每年 20 英镑的津贴

1499 年 虽然有关卡博托去世的情况并没有记录，但他的津贴持续发放至今

哥伦布并不是唯一一个相信西边有一条通往中国之路的人。意大利航海家乔瓦尼·卡博托也持相同观点。当哥伦布的第二次东印度群岛之行开始返航回国时，乔瓦尼·卡博托（在英国被称为约翰·卡博托，约 1451 年—1498 年）从英格兰亨利七世那里获得授权，去"探索、寻找、发现"新土地。

▎向北

亨利七世深知，任何试图寻找通往中国之路的行为，都可能会招致西班牙和葡萄牙的怨愤。为避免冲突，只能向北寻找通道。但这正合卡博托之意，他可不认为，哥伦布像他自己对外宣称那样已到达亚洲大陆。

▎登陆北美

由于证据极少，人们对卡博托的航行至今仍无法完整了解。1496 年夏，他带了一艘船进行首航，然而

（右图）在英格兰的首次北美洲之行启程前，乔瓦尼·卡博托和他的儿子塞巴斯蒂安作为此次航行的领导者接受教会的祝福。

在补给短缺、天气恶劣的困扰下,他不得不返回英格兰布里斯托港。

1497年5月,卡博托又乘坐"马修"号出发,向西航行。他们通过了爱尔兰,跨过了大西洋,并于6月24日发现了陆地,但具体在哪里我们尚不知晓。极有可能是纽芬兰,因为它的名字意为"新寻获之地"。

无论卡博托是在何处接触的北美洲大陆,确实是他,登上了大陆并以亨利七世的名义占领了那片土地。他认为自己是在契丹(中国)或吉潘古(日本)的某个地方,可能是半岛或离岛。实际上,他是继斯堪的纳维亚人之后首登北美洲的,尽管斯堪的纳维亚人的航海活动在11世纪就中止了。

当时的情况可能是这样:卡博托沿着海岸向南航行了一个月左右,但发现这个国家并没有产香料或东方其他奇珍物品的迹象,于是在七月就失望地返航回国了,返航途中甚至还开辟了一条快速通道。虽然空手而归,但国王仍然为他的此次航行所震撼,特许了他第二次航行。

未知世界

1498年5月,卡博托再次从布里斯托港出航。这一次参加航行的共有5艘船,目的是建立一个贸易据点。船上的货物是用来和日本的农作物进行贸易交换。

由于暴风雨的袭击,其中一艘船被迫返航,余下的船只向着历史上未被知晓的地区继续前进。有关这支舰队和乔瓦尼·卡博托的记录就到此为止了。但是,一些引人联想的、片段式的证据表明,他抵达了美洲海岸,但关于这次航行以及卡博托和其他船员的去向至今仍然是个谜。

塞巴斯蒂安

作为乔瓦尼·卡博托三个儿子中的一个,即塞

(上图)图中为亨利七世和乔瓦尼·卡博托、塞巴斯蒂安·卡博托。亨利七世为他们的航行提供了资助,以期发现通往亚洲的西北通道。

(下图)塞巴斯蒂安(1474年—约1557年)晚年时成为西班牙的总航员和英格兰的大水手。

历史

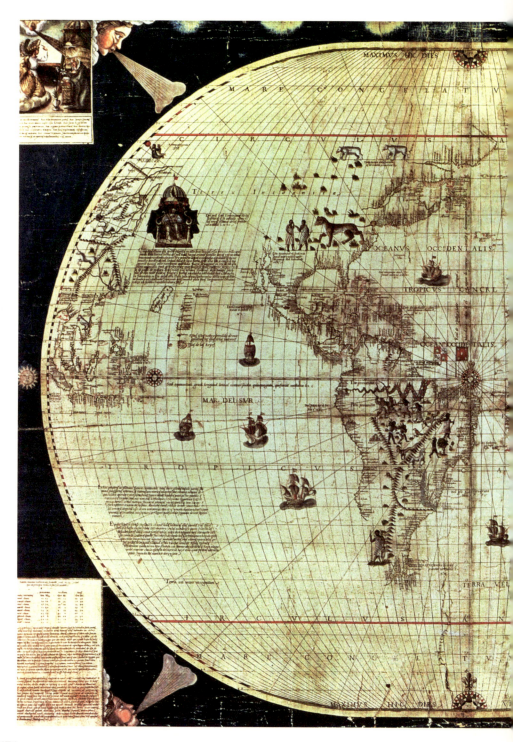

1401年—1600年
桅杆之下

巴斯蒂安·卡博托（约1481年—1557年），被认为或许参与了第一次航行。

无论事实是不是如此，1508年，他的确成功地利用家族人脉筹到了向西航行所需的资金。但关于这次航行留下的证据极少，有可能的情况是：塞巴斯蒂安在被迫返航前进入了哈德逊海峡。

如果真是如此，那塞巴斯蒂安很可能意识到，要到中国还要向西航行很远。他试图以他父亲发现的陆地为跳板，继续北上探索通道。能够合理推测出的是：他的航线比他父亲的航线要向北更远，证明了他对航道情况的认知。

1509年塞巴斯蒂安回到布里斯托后，发现亨利七世已经去世，而人们探索新世界的兴趣也随之退去。直到1576年，英格兰才再次启动了对西北通道的探索。

（左图）塞巴斯蒂安留下的记载不多，但是这幅世界地图的确是他在1544年所绘。

瓦斯科·达·伽马——全球贸易者

探险家瓦斯科·达·伽马（1460年—1524年）出生于一个航海家庭，他是第一个发现从葡萄牙到印度的海上贸易路线的人。

> 我们星期六从里斯迪罗出发了，继续我们的旅程；即前面提到的1479年的7月8日。愿神，我的主，保佑我们，你的仆人，完成这次旅行，阿门。
>
> ——《瓦斯科·达·伽马：他的非洲水域旅行日记》，埃里克·阿克塞尔松·斯蒂芬·菲利普著，1988

1415年 航海家亨利王子率领一支非洲探险队启程

1424年 葡萄牙航海图诞生，图中显示了西印度群岛附近的一块安提利亚陆地

1492年 克里斯托弗·哥伦布发现美洲

1497年 经过四年的战争，西班牙同意葡萄牙垄断非洲西岸的贸易

1521年 斐迪南·麦哲伦开始了他的环球航行。他在中途殒命，他的船员完成了航行

瓦斯科·达·伽马出生于葡萄牙一个名望显赫的贵族家庭，母亲是英国人，他的父亲和哥哥均是出色的航海家。他的早期生活鲜为人知，但据推测，他曾研究过数学和航海，并且在天文学上有较高成就。对于瓦斯科·达·伽马，有史可考的身份是航海家和战士。

登陆纳塔尔海岸

在葡萄牙国王"幸运儿"曼努埃尔一世的鼓动下，一支探险队肩负着任务出发了，他们要确认是否有一条通道通向印度洋及更远地区。巴尔托洛梅乌·迪亚士在1488年时已经绕过了非洲的好望角，这是一件极具历史意义的事件，也是航海家亨利王子打造的葡萄牙航海时代的巅峰之作。

1497年1月，这次探险的指挥权被授予了达·伽马。7月，一支由4艘船组成的舰队从葡萄牙里斯本出发了。随同达·伽马一起探险的有150名左右的船员、他的哥哥保罗·达·伽马和尼古拉·科埃略，他们各自指挥一艘船，剩下的一艘是补给船。

他们循着10年之前迪亚士发现好望角的航路，迂回曲折地驶向东方。11月初，他们在圣赫勒拿湾抛锚停泊，当月的晚些时候又在非洲南岸的莫塞尔贝抛锚。12月16日，舰队抵达了当时葡萄牙人所到过的最远登陆点。因到达当天是圣诞节，他们将登陆的海岸命名为纳塔尔海岸（纳塔尔葡语"圣诞"）。

佚名画家绘的瓦斯科·达·伽马的老年肖像,他64岁时死于印度。

历史

1401 年—1600 年
桅杆之下

贸易竞争

1498 年 1 月末，达·伽马抵达了赞比西河的河口，当时这里属于阿拉伯人进行贸易的势力范围。莫桑比克和蒙巴萨的阿拉伯商人担心自己的贸易受到影响，威胁葡萄牙人离开。在梅林达—马林迪—东非一带，葡萄牙人受到了友好的接待。达·伽马在马林迪竖立了一根柱子，作为其登陆的见证，这根柱子至今仍矗立在那里。在一名阿拉伯导航员的指引下，他们最终于 1498 年 5 月 20 日抵达了印度的科泽科德港。

起初，达·伽马受到了科泽科德国王的友好接待。科泽科德是印度马拉巴尔海岸上的主要转口港，发挥着贸易中心和转运中心的作用，汇聚了来自麦加、锡兰（今斯里兰卡）、波斯、叙利亚、土耳其和埃塞俄比亚的很多商人。在遭到阿拉伯商人的暴力抵抗后，达·伽马被要求支付一笔大额税款并留

（左图）达·伽马是一位残暴的指挥官。据说在一次航行途中，他攻击了一艘阿拉伯商船，杀光了上面所有的人，妇女和儿童也无一幸免。

下他的全部交易货物。结果，探险队离开时不但货物没少，还多了几个印度人质。

1499年9月，达·伽马回到了葡萄牙。很多船员途中因坏血病而死。他的哥哥保罗也在途中去世。回到里斯本后，达·伽马受到了英雄般欢迎，并接受了国王的丰厚奖励。

第二次航行

1502年，国王曼努埃尔派遣当时已是海军上将的达·伽马第二次出航印度。因为预计会有穆斯林商人找麻烦，这次航行他带了20艘武装船只，以策安全。舰队在1502年11月抵达了柯枝（今印度西南部柯钦一带）并受到礼遇。在与当时占据垄断地位的穆斯林商人进行多次谈判后，双方最终在香料价格上达成一致协议，还留下一名葡萄牙代理人开办了一家葡萄牙人的工厂。后来，达·伽马还要求垄断印度洋和马拉巴尔海岸的贸易。

众所周知，达·伽马是一位非常残暴的指挥官。在第二次前往印度的航行过程中，据说他扣住了一艘从麦加返回的船，扣留了所有的货物，并下令将所有船员锁在货舱里，然后放火焚烧了那艘船。船在四天后沉没，船上所有人均未幸免。

回国

国王曼努埃尔死后，若昂三世派遣达·伽马以葡萄牙总督的身份再次前往印度。1524年12月24日，他因病在印度去世，遗体被送回葡萄牙安葬。

（右图）在瓦斯科·达·伽马去往印度的多次航程中，经常遭受阿拉伯商人的威胁，因此他对穆斯林产生了极深的不信任。

> 历史

环球之行

斐迪南·麦哲伦是公认的首位实现环球航行的人。当他在菲律宾被杀后，他的船员继续航行，替他完成了这次创举，最终只有一艘船和大约20名幸存者返回。

教会说地球是平的，但我知道地球是圆的，因为我在月亮上看到了地球的影子。相比于教会，我更相信影子。
——斐迪南·麦哲伦（约1480年—1521年）

1505年 麦哲伦首航至印度

1512年 麦哲伦加入了一支对抗摩洛哥据点艾宰穆尔的军队，并受了伤，导致后来跛足

1517年 麦哲伦旅行到西班牙，并与葡萄牙宇宙志学者鲁伊·法莱罗一道放弃了国籍，转而为西班牙国王查理一世效力

1519年 麦哲伦的船员在南半球航行途中看见了大麦哲伦云（LMC）和小麦哲伦云（SMC）

（右图）这幅斐迪南·麦哲伦（1480年—1521年）肖像由一位佚名画家所作。麦哲伦是第一位率领船队实现环球航行的探险家。

1519年，一位名叫斐迪南·麦哲伦（1480年—1521年）的葡萄牙人觐见西班牙国王查理五世，希望能够得到他的支持，从所谓的"大南洲"和南美洲这两块大陆之间，探索出一条通往香料群岛的路。麦哲伦之前已经绕过好望角抵达印度，且可能到达了东印度群岛。他认为日本的海岸在巴拿马的海域范围内，并首次在葡萄牙国王曼努埃尔面前提出经由西向路线抵达这些岛屿的想法，但未能获得赞助。最终，他成功说动了西班牙的查理五世，被任命为总指挥官，带领一支探险队去证实他的想法。

出发

1519年9月20日，麦哲伦率领五艘船——"特立尼达"号、"圣安东尼奥"号、"康塞普西翁"号、"维多利亚"号和"圣地亚哥"号——从加的斯附近的桑卢卡尔德瓦拉梅达出发了。为避开葡萄牙势力的破坏，他沿着非洲海岸一直向南航行，到达塞拉利昂。可以肯定的是，这里是非洲距离南美洲大陆最近的点。10月18日，麦哲伦开始横渡大西洋。

修整

六周后，11月29日，累西腓附近的巴西海岸进入了船队的视线，麦哲伦沿着海岸向南航行。12月份，船队先是花了两周的时间在今天里约热内卢的位置修理船只，之后又花了三周的时间在拉普拉塔河上寻找

通往西面的海峡，但没有结果。3月末，船队到达了福克兰群岛附近的圣胡利安港。

当时是南方冬季的开始，麦哲伦决定在圣胡利安港停留几天，等待更好的天气。

叛乱

船队在大西洋上向南航行的途中，麦哲伦平息了一场尚未形成气候的叛乱。在圣胡利安港，他又经历了一次叛乱。

隆冬季节，天气寒冻，粮食短缺，船员情绪十分颓丧。有一部分人想返回西班牙或者去拉普拉塔河口。麦哲伦坚定地平息了这次叛乱。他处决了一名带头人，并在8月24日驶离圣胡利安港时，又放逐了两名首领到岸上。

在他驻留该地期间,他派去向南侦查的"圣地亚哥"号在海岸边失事了。

麦哲伦海峡

8月，剩下的四艘船抵达了圣克鲁斯河，在这里麦哲伦一直停留了两个月，直到10月18日才再次出发。三天后，一个看上去像是一个水湾入口处的海角——麦哲伦将其命名为"维尔赫纳斯角"——进入了船队的视线，于是麦哲伦进入了这个海峡。

他将船队分成了几个小队，希望找到几个出口。就在这个时候，"圣安东尼奥"号趁机放弃了探险，独自返回西班牙。为了寻找丢失的"圣安东尼奥"号，船队浪费了一段时间。11月28日，剩下的三艘船驶进了太平洋，成为最早发现和进入太平洋的欧洲船队。麦哲伦的船员将这个海峡命名为"托多斯洛斯桑托斯"（意为"诸圣节"），以纪念11月1日的诸圣节，就是他们当天穿行海峡的日子。不久之后,这片水域就以"麦哲伦海峡"的名字传播开来。

（左图）这幅葡萄牙人绘制的地图显示了16世纪巴西的海岸线。为了能通过这个波涛汹涌的海峡，麦哲伦选择在海岸上的安全港中等待合适的天气。这个海峡后来就以麦哲伦的名字命名。

历史

穿越太平洋

1520年11月28日，麦哲伦心情愉快地站在船头远眺。他很庆幸自己遇到了好天气，因此将这个新发现的海洋命名为"太平洋"。假如当时知道这个大洋的面积，他可能会觉得"浩瀚洋"这个名字更为合适。

进入太平洋后，麦哲伦立刻沿着一条平行于智利海岸线的路线北上，直到遇到了东南信风，这股顺风将他送向了西北方向。航行进入了最艰难的阶段，太平洋的浩瀚无边让欧洲人有些绝望。如果船队再向西航行，他们会到达智利与澳大利亚之间的大量太平洋岛屿。但是麦哲伦选择了偏西北的方向，于是，在第二年1月份进入了土阿莫土群岛以及马绍尔群岛北部的空旷水域。

关岛

在西班牙经历了船用杂货商的欺诈后，中途又遭遇了"圣安东尼奥"号的叛逃，船队的补给不得不一直处于短缺状态，直至耗尽。船员们被迫以老鼠和皮革为食，并开始有人死于坏血病。最终，在3月6日，即离开麦哲伦海峡的100天后，船

（右图）麦哲伦海峡的情景在这幅摘自葡萄牙地图制作师费尔南·瓦斯·多拉多所作的《1571水文地图》第13页的图中获得了详细呈现。

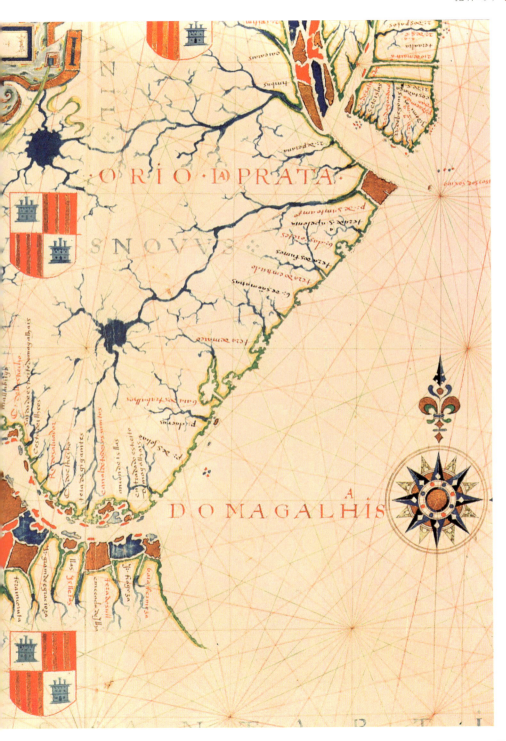

队来到了马里亚纳群岛中的关岛。麦哲伦在这里逗留了三天,让船员们吃饱喝足,重振精神。他将这个群岛命名为"盗贼群岛",以彰显岛上居民的贪婪。当他离开关岛时,他将那里的定居点都付之一炬。

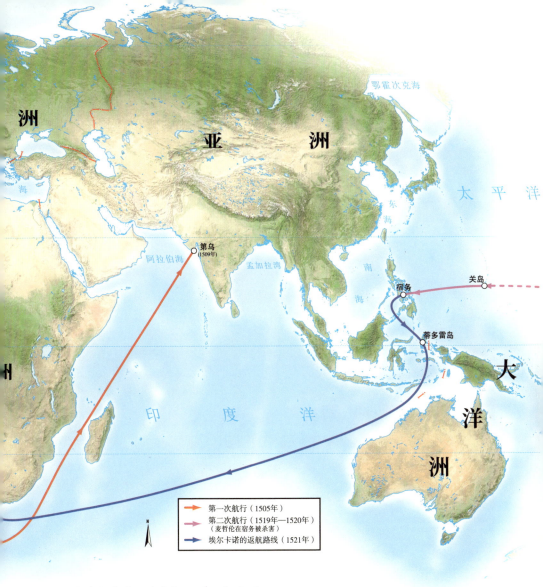

（上图）麦哲伦在环球航行途中不幸被杀害，剩下的船员完成了剩余的航行。

菲律宾和死亡

4月份，船队到达菲律宾的宿务。他们发现流通于东印度群岛的马来语也能被这里的岛民听懂。麦哲伦完成了他的目标——美洲与亚洲之间确实存在一片辽阔水域，从西班牙向西航行能到达香料原产地。可惜，他没享受几天成功的日子。当月月末，为了推行殖民主义，他很不明智地参与了一场当地的冲突，并为此付了生命的代价。不过，为了给船员们争取登船时间，

491

历史

（上图）图中描绘了麦哲伦率领船队穿越麦哲伦海峡进入太平洋的情景。他们是最早完成此事的欧洲人。

麦哲伦奋战到了最后一刻。

虽然麦哲伦未能完成这次史上首次环球航行，但他仍然取得了以下成就：证明了通往东方财富的航线是存在的，只需要绕过美洲大陆这个障碍，这为以后与菲律宾群岛建立长久剥削性关系打下了基础；发现了一个新大洋的真实幅员。

回航

之后船队仍然遭遇了很多困难，很多西班牙官员

被宿务统治者杀害,"康塞普西翁"号因人手不足而被凿沉。最终只有两艘船抵达了蒂多雷岛的香料市场,一个马鲁古海峡中的小岛。在这里,两艘船都装满了丁香。就此,西班牙与香料群岛建立了贸易关系,与葡萄牙争夺贸易利益。

船队决定从不同路线返回西班牙。"维多利亚"号在塞巴斯蒂安·埃尔卡诺的率领下向好望角航行,而之前受损的"特立尼达"号则穿越太平洋去往巴拿马,在那里可以将货物转手给西班牙人。该计划在初期就流产了,"特立尼达"号回到了马鲁古,后来在那里被葡萄牙人扣押。

"维多利亚"号于 1521 年 12 月 21 日从蒂多雷岛出发,于次年 9 月抵达桑卢卡尔。当初随麦哲伦出航的 250 人当中,只有 20 人左右幸存归来,成为真正的首批环球航行者。而"维多利亚"号所装载的丁香,足以抵偿整个航行的费用。

(右图)麦哲伦被尊崇为伟大航海家,其盛名流传数世纪至今。图为哈勃望远镜拍摄的大麦哲伦云。

麦哲伦在航行途中路过了福克兰岛。为了纪念他，那里发现的企鹅被命名为麦哲伦企鹅。

▶ 历史

从海洋到海洋

寻找西北航道是一个持续数个世纪的难题。在积冰和广袤的北极群岛的阻碍下,西北航道直到 20 世纪才被发现。

> 我倾向于相信这就是神给予该隐的土地。
> ——雅克·卡蒂埃在坎纳塔领土内遭遇恶劣天气时如是说

1534 年 雅克·卡蒂埃沿着圣劳伦斯河向内陆航行,并将周围的领土命名为"加拿大",在休伦—易洛魁语中意为"村庄"

1535 年 在一次返航途中,由于坏血病,卡蒂埃损失了 25 名船员

1541 年 卡蒂埃在第三次航行中遇到了受命负责殖民加拿大的德·罗伯维尔

1543 年 德·罗伯维尔因恶劣的天气而放弃了殖民领土,回到了法国

1545 年 卡蒂埃发表了他的探险故事

1494 年的《托尔德西里亚斯条约》划定了欧洲之外西班牙和葡萄牙的专属区域,其他欧洲国家要想与亚洲取得联系,就得被迫找一条不侵犯两国专属区域的通道,法国率先行动起来。1520 年,法国弗朗索瓦一世派遣当时为法国效力的意大利佛罗伦萨人乔瓦尼·达韦拉扎诺穿越大西洋,寻找一条西向的路线。虽然达韦拉扎诺发现了现被称为纽约湾的地方并进入了哈德逊河,但他的三次航行均未发现通往太平洋的海峡。

圣劳伦斯湾

鉴于找到这样一条通道对国家利益的重要性,1534 年,弗朗索瓦一世又委托布列塔尼探险家雅克·卡蒂埃(1491 年—1557 年)继续探索。当年 4 月 20 日,卡蒂埃率领两艘各重 60 吨的船,以及 61 个人从圣马

(右图)图为法国制图师皮埃尔·德塞利耶在 16 世纪绘制的地图之一,图中显示了新发现的加拿大土地上有待发现的丰饶的动物、植物资源和其他财富。

（右图）雅克·卡蒂埃在第二次远航来到加拿大海岸途中，详细记录了当地土著易洛魁人的文化习俗，例如他们即便在极度寒冷的天气里也着装极少。

洛出发了。三周后他们在纽芬兰东侧的博纳维斯塔角登陆。卡蒂埃打算向北探索，因此在花了10天时间整修船只后再次出发了。

进入将纽芬兰与大陆分隔开来的贝尔岛海峡后，卡蒂埃驶进了圣劳伦斯湾。如果当时他沿着右边的海岸一直航行，就会进入圣劳伦斯河的河口。但他转向了南面，沿着纽芬兰的西海岸航行，穿过卡伯特海峡到达了爱德华王子岛。继续向西后船队进入沙勒尔湾，但是80英里（130千米）后，他们失望地发现自己被困住了。

在沙勒尔湾中，卡蒂埃遇到了休伦部落和米克马克部落的捕鱼船队。卡蒂埃很可能是从他们那里得知，北面有一条极佳的水路。但就当时而言，航行已经结束了。到达位于圣劳伦斯河流入圣劳伦斯湾河口处的安蒂科斯蒂岛后，卡蒂埃便返航了，于9月份回到了圣马洛。

魁北克

1535年5月，卡蒂埃再次出航。这次参与探险的有3艘船和100多人，旨在找到之前在沙勒尔湾得知的那条水路。这次随行的有第一次航行时带回的两名休伦人。再次穿过贝尔岛海峡，向西航行后，他们进入了圣劳伦斯湾。9月7日，船队到达了印第安人居住地斯塔达科纳，也就是现在的魁北克市。在这里，卡蒂埃得知前方有一个富饶之地萨格奈，于是改乘船队中最小的船——40吨的"埃默里永"号小型帆船——继续沿河北上。由于急流造成的阻碍越来越大，又赶上来势汹汹的退潮，卡蒂埃不得不转乘大船。

蒙特利尔

10月初，探险者们抵达了一座大山下面的村庄。爬上山顶后，卡蒂埃看到了咆哮的拉欣急流，沮丧地放弃了这条路是通往亚洲的希望。卡蒂埃将这座山命名为蒙特利尔，后来蒙特利尔市便建立在此。

卡蒂埃掉头沿河南下，在斯塔达科纳赶上了冬季，船被冻结了5个月，船员们也因为坏血病而丧命不少。1536年春季，他开始返航法国。但他的"大河"（格朗德河）探索并未就此结束。

1541年，他又回到了此处，只是这次不是为了寻找通往中国之路，而是为了协助法国殖民。

（右图）制图师尼古拉·瓦拉德1547年所作的这幅地图，描绘了卡蒂埃在加拿大被殖民者左右簇拥的场景，也比之前的作品更加现实地展现了纽芬兰和新斯科舍情景。

1401年—1600年
桅杆之下

为了寻找一条通往亚洲富庶市场的专属通道,卡蒂埃在 1535 年沿着圣劳伦斯河北上,并宣称该地区为法国国王弗朗索瓦一世的领土。

> 历史

英国海盗

弗朗西斯·德雷克因打败西班牙无敌舰队而成名。但在此之前,伊丽莎白一世曾派遣他环球航行,执行一项秘密任务。

> 凡伟大之事皆有开端,但只有坚持到底、将其彻底完成的人,才能收获真正的荣耀。
> ——弗朗西斯·德雷克在劫掠时如是说

1577年至1580年间,弗朗西斯·德雷克完成了世界上的第二次环球之旅,其间掠夺无数。他这次航行最重要、最具历史意义的有两点:一是南美洲与一个未知的南方大陆相隔不远;二是大西洋和太平洋之间存在一条彼此连接的开放海路。

虽然德雷克向伊丽莎白一世提出的航行计划中,也可能包含了对"未知的南方大陆"的搜寻,但这个发现仍属偶然。该计划当时并未公开,至今也仍是个未解之谜。

1588年 在沿着英吉利海峡北上追逐西班牙无敌舰队时,德雷克擅离职守,掠夺了一艘加利恩帆船"罗萨里奥"号,因为他得知该船装有支付给西班牙军队的资金

1589年 德雷克率领150艘船,试图围攻西班牙的里斯本,但失败而归

1595年 伊丽莎白一世派遣德雷克掠夺一艘西班牙大帆船,此船满载珍宝,在福塔莱萨失事

1596年 因痢疾,弗朗西斯·德雷克爵士在巴拿马海岸附近病逝,被葬于海中

私掠船长出发

1577年12月13日,德雷克乘坐"鹈鹕"号,率领4艘相对较小的船从英格兰普利茅斯港出发了。早在10月份时他们曾出航一次,但因天气恶劣而被迫返航。私掠成性的德雷克当然不会放过任何一个机会。到第二年年初,他已劫掠了3艘船:2艘西班牙的,1艘葡萄牙的。

反叛

这次航行的隐秘性一开始就在小舰队的内部引起了麻烦。与德雷克同行的人中有一些是非海员出身的人,如大副托马斯·道蒂,一位很有可能秘密为女王掌玺大臣伯利勋爵服务的绅士。当伯利勋爵得知德雷克的意图后非常焦虑,他希望能阻止这次航行以避免与西班牙发生冲突。

英国航海家弗朗西斯·德雷克爵士于1541年左右出生在一个贫穷的务农家庭。幸运的是,他与一个声势显赫的海商家族有亲戚关系,即普利茅斯的霍金斯家族。这重关系让德雷克获得了第一份船上工作。自此,他在这条路上再也没回头。

历史

德雷克在现在的圣弗朗西斯科所在地附近登陆了,并将该地命名为"新阿尔比恩"(新英格兰之意)。他在这里用了五周的时间修理金鹿号。

德雷克海峡
穿过麦哲伦海峡后,德雷克被一场预料之外的风暴向南吹到太平洋。绕过合恩角后,他顺利地找到了向北的航线。合恩角清澈的水便以他的名字命名。

在道蒂的煽动下,舰队内部出现了骚动,德雷克的权威受到了质疑。在到达圣胡利安港——58年前斐迪南·麦哲伦在这里曾绞死一位反叛者——后,道蒂因煽动兵变的罪名而被处以极刑。1578年8月17日,德雷克在重新确立了自己的权威后,从圣胡利安港再

(上图)弗朗西斯·德雷克是第一位实现环球航行的英国人。他一生都在不断地进行掠夺性的海上航行,直到1596年死亡方休。

次出发。三天后,他们绕过维尔赫纳斯角,到达了麦哲伦海峡的入口处。

德雷克海峡

"鹈鹕"号及其僚舰——此时已减至 2 艘——迅速

通过了麦哲伦海峡，于1578年9月6日进入了太平洋。"太平洋"之名源于麦哲伦当时遇到的、风平浪静的好天气，但德雷克却运气不佳，强劲的暴风让他损失了1艘船。另1艘船——"鹈鹕"号的最后一艘僚舰——见机不对掉头向英格兰返航。德雷克的船被风吹着南行，到达了大约南纬57°的位置，合恩角的下方。就是在这里，德雷克发现了现被称为"德雷克海峡"的开放水域。

搜寻北向通道

在沿着智利和秘鲁的海岸向北航行的过程中，德雷克将他的船名改为"金鹿"号，一路劫掠了大量财富，给这次航行的投资者带来了丰厚的回报。由于在沿海

（左图）约翰·科尼尔斯的这幅海狮图是根据牧师弗朗西斯·弗莱彻的描述创作的。弗朗西斯·弗莱彻参与了德雷克1577年—1580年的航行。

(右图)关于弗朗西斯·德雷克爵士的航行,是欧洲一个流行的绘图主题。此图描绘的是德雷克和他的船队在美国东海岸佛罗里达州的圣奥古斯丁时航行的场景。

这一带惹了不少麻烦,如果原路返回穿越麦哲伦海峡会非常危险,德雷克决定寻找猜想中的亚泥俺海峡(今白令海峡),这条海峡如果找到,可以向东穿过北美洲大陆直接进入大西洋。结果,他向北一直航行到了现温哥华所在的维度附近也一无所获,只好沮丧地认为这条通道并不存在。他在现在的圣弗朗西斯科所在地附近上岸,将这片土地命名为"新阿尔比恩"("新英格兰"之意)。在这里逗留了5周,对"金鹿"号进行修整后,他再次出发向西穿越太平洋。

战利品

由于回国路线途经香料群岛(东印度群岛),他在那里装了一船丁香。1580年1月9日,"金鹿"号在苏拉威西岛搁浅,为了减轻重量,这些丁香不得不被丢弃,以保证船只脱离礁石。

然而,这些珍贵香料的损失并不足道。在接下来的9个月里,"金鹿"号穿过了印度洋,沿大西洋北上,最终满载着德雷克劫掠的财宝回到了普利茅斯,这次航行让投资者们获得了47倍的回报。对此非常满意的伊丽莎白女王当场就在"金鹿"号的甲板上授予了德雷克爵士身份。

> 历史

通往中国的海峡

一次又一次对西北航道的探索，让16世纪的人们意识到，北美洲海岸线上的大部分地区都不存在通往中国的海峡。

很显然，哥伦布在旧世界和新世界里每个水手的心中都燃了一把火。这把火预示着一个新时代的到来，它已经无法被扑灭。

——查尔斯·肯德尔·亚当斯（1835年—1902年），美国历史学家

1583年 英国人约翰·戴维斯率先提出探索西北航道的提案

1589年 在三次探索西北航道均失败后，约翰·戴维斯加入了托马斯·卡文迪什的最后一次航行

1592年 离开卡文迪什的探险队后，戴维斯继续探索并发现了福克兰群岛

1596年 在第三次航行途中，荷兰人巴伦支的船被积冰所困，船员们用船的木料建造了一个小屋

1597年 到6月份时，冰仍未融化，船员们便乘坐两艘小船逃亡。7天后巴伦支死亡。巴伦支的小屋在1871年被发现

不久，人们的注意力便开始转移到更远的北方。北方的冰层之广当时还不为人所知，那时的大部分地图中，美洲和亚洲的上方都被画成无冰水域。在16世纪的最后20年里，人们曾多次尝试从东面和西面穿过北冰洋。

约翰·戴维斯

英国人约翰·戴维斯（约1550年—1605年）是伊丽莎白时期最著名的航海家。16世纪80年代，他曾3次率探险队进入格陵兰岛西侧的水域，这个在10年前被英国商人航海家马丁·弗罗贝舍试图寻找仍未找到的区域。

第一次航行始于1585年6月，戴维斯率领2艘小船从英格兰的达特茅斯出发。沿着西海岸向北航行了400海里左右后，他于第二个月抵达了格陵兰岛，最远到达了今天的努克（戈特霍布）峡湾。出

（上图）巴伦支和船员们放弃了被冰困住的船，改乘两艘敞舱船出发了。幸存者们最终在一艘荷兰船的引导下回国。

（左图）在寻找连接欧亚的东北通道的过程中，威廉·巴伦支遇到了很多危险。同伴荷兰人杰瑞特·德·维尔所著的一本书中记载，巴伦支和船员们甚至遭遇了北极熊的袭击。

于对一位赞助人的感激，戴维斯将该峡湾命名为了"吉尔伯特之声"。之后继续向西航行，穿过了今天的戴维斯海峡后，他抵达了巴芬岛的海岸，在那里发现了今称为"坎伯兰湾"的小海湾。他沿着这条海湾航行了大约180海里，之后迫于冬季将临而选择返航。离开时，他坚信"坎伯兰湾"就是西北航道的起始点。

1586年，戴维斯开始了他的第二次航行，但这次航行收获不大，仍没有找到通往亚洲的航道。

虽然前两次的航行结果寥寥，戴维斯仍为第三次航行拉到了赞助。1587年5月，他再次向格陵兰岛和巴芬岛之间的水域出发了。这一次，他沿着巴芬湾一路北上，最远到达乌佩纳维克，直到被积冰阻挡。之后掉头南向，途中船几乎被困在冰中，当他再次找到"坎伯兰湾"后，失望地发现这不过是海洋深入陆地的一个小湾。

▶ 历史

戴维斯沿着拉布拉多的海岸继续向南航行，最远到达贝尔岛海峡后，便返航回国。通往东方之路未果。

威廉·巴伦支

戴维斯第三次出航的 7 年后，威廉·巴伦支（约 1550 年—1597 年）从荷兰的特塞尔岛出发，沿着 1553 年威乐比一钱塞勒的探险路线，开始了他一生中三次东北航道探索中的第一次。

这位荷兰航海家的第一次航行于 1594 年 6 月出发，最远到达北冰洋的新地岛，之后因积冰阻挡而无法继续前进。第二年，巴伦支抵达了新地岛下方的瓦伊加奇岛，但再次因积冰而返回。

最后一次航行于 1596 年成行。途中巴伦支发现了熊岛和斯匹次卑尔根群岛，随后命令他的两艘船分头探索。其中一艘船在简·里杰普的率领下向北探索，另一艘船在巴伦支的率领下向东北探索，并于 1596 年 7 月 17 日抵达新地岛。但不久之后船为冰所困，船员们因此度过了一个极其艰难的冬天。第二年春天，船仍未摆脱冰的束缚，船员们便乘坐两艘修复好的救生小船下海了。他们向南航行，试图去往科拉半岛上的避难所，但巴伦支在途中死亡。12 名船员最终活着回到了阿姆斯特丹。

戴维斯和巴伦支均未能实现从北方航行至中国和日本的目标，时间也证明了他们探索的两条北冰洋航道并非可行的商业路线。

（右图）佛兰德地图学家杰拉杜斯·麦卡托 1595 年的北冰洋地图，显示了约翰·戴维斯和威廉·巴伦支探索过的区域。

1401年—1600年
桅杆之下

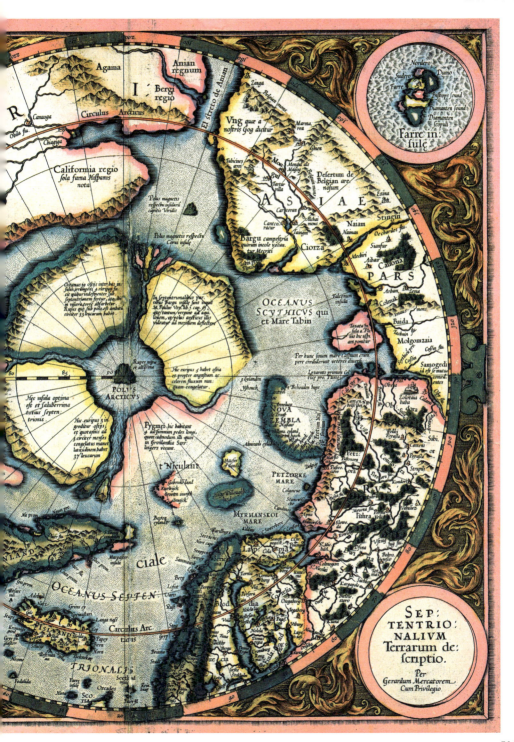

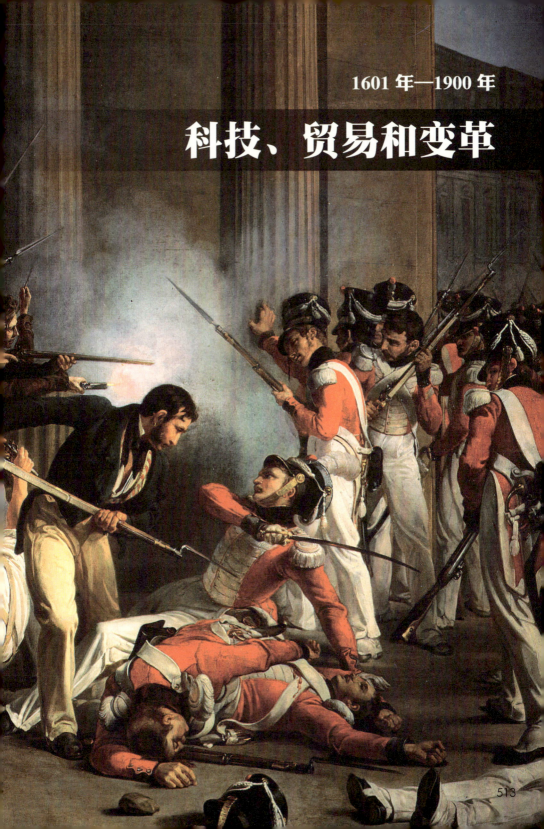

1601年—1900年
科技、贸易和变革

19世纪的变化

受探索和发现新世界活动的影响,世界从1601年开始不断扩张,尤其是19世纪,更是历史的一个转折点,对人类生活影响长达数个世纪之久的所有事情,几乎都是突然改变于此时。

(前页图)让·路易斯·贝扎德的作品,描述的是1830年法国"七月革命"中最重要的一个场景:人们攻占卢浮宫时的场景。这个时期整个欧洲都正经历着一场大变动。

19世纪的变化包括几个方面的"革命"——人口、工业、农业、运输业,银行业以及教育业等。受这些变革的交互影响,人类生活的面貌迅速发生改变,内容也得以扩展。由于人口死亡率下降速度高于出生率,欧洲国家居住的人口数量翻番,有些地区甚至达到了4倍之多。疫苗的接种以及公共医疗卫生服务的引入,使霍乱、瘟疫和天花等具有毁灭性的中世纪疾病消失了。一个世纪之内,人们的预期寿命也增加了一倍。

社会变化

社会和职业结构也发生着变化,传统的三代之家开始被现代的两代之家所取代。人口流动导致大量移民从乡村迁到城市,从一个国家和大陆到另一个国家和大陆。约有6000万人从欧洲移民至美国及其他地区。英国企业家则在其他国家和大陆建立工厂,发达国家的技术工人会受雇于经济不太发达的国家。

科学和技术

(右图)1801年在卢浮宫地下举行的法国第二届工业展览会场景,出自一位佚名艺术家的作品。

然而,19世纪的变革并非全球性的。它始于欧洲西北部,逐渐在全球范围内引起变化。最为巨大的变革是引入机械化工厂和蒸汽机的工业革命,它所带来的变化也同样如此。急剧扩张的煤炭开采和石油钻探均发生在19世纪。随后的科技革命浪潮带

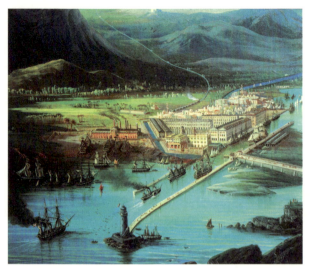

来了钢铁、电力和医药（来自新诞生的制药业）等行业的革新。

交通运输

几千年来，人类社会的交通运输速度几乎完全没有改变过，一直不超过12～15英里/小时（即20～25千米/小时）。而到19世纪末，铁路和汽车将这个数据提高了5倍，连接起了欧洲各国。河流也相互连通，经过运河而入大海，如苏伊士运河和巴拿马运河的通航，缩短了三分之一的海运距离。此外，蒸汽轮船取代了帆船，海底电缆的铺设连通了大陆，为19世纪末电话进入人们生活打下了基础。

教育

19世纪基础教育变为义务教育并且免费。大多数发达国家中，文盲在人类历史上首次消失。但这仅是开始，即便在欧洲，仍有40%～70%的文盲。中等教育开始传播，将教学与研究相结合的现代大学理念在德国产生并被建立。现代科学由此得以发展，新的学科开始确立。

政体

19世纪是民族国家的摇篮，见证了国籍和护照的诞生。今为人所知的若干国家完全独立，如意大利和德国。发达国家为人口和经济发展服务提供帮助，并制定了一些协议和规章制度。议会制开始传播，国际金本位制正式引入。富有的欧洲工业化国家在全球大部分地区进行殖民活动，剥削和奴役非洲及其他地区被征服国家的人民，拉大了不同国家及大陆的贫富差距。

冲突

19世纪冲突不断。首先爆发的是拿破仑战争，然后是德国与法国、俄罗斯与奥斯曼帝国、英国与俄罗斯之间的战争。20世纪则是以第一次世界大战作为开头，800万人死亡、2000万人受伤的悲剧种子，在19世纪就已经悄然埋下。

（左上图）苏伊士运河1869年通航，使得船只直接在亚洲和欧洲之间航行，不再绕行非洲，该运河将地中海的塞得港（图中可以看到）与红海的苏伊士相连接。

（左图）19世纪末，意大利移民离开米兰到加拿大开始新的生活。

历史

采购劳动力

大规模、长距离的人口迁徙在历史上非常罕见,直到科技进步开启了将农业引入新地区的局面,这一现象才出现。

没什么能比事实更加说明我是多么强烈地支持殖民。
——亚伯拉罕·林肯,1862年12月1日致国会的第二年度咨文

1615年 英国枢密院决定授权将罪犯押送到西印度殖民地和弗吉尼亚州

1619年 100个无家可归的孩子被送到弗吉尼亚州

1790年 美国国会通过法案,规定来美移民需住满两年方可成为美国公民

1819年 美联邦立法要求声明轮船旅客名单

1862年 美国《宅地法》规定公民可获得160英亩土地,以鼓励公民归化

1892年 位于纽约港的埃利斯岛被确立为移民检查站

(右页)墨西哥艺术家费尔南多·莱亚尔的作品,描述的是19世纪初委内瑞拉的奴隶们在采摘咖啡豆。

美洲新大陆的发现刺激了欧洲人探索通过多种方法,来开发利用这些大陆的潜力,进行初级生产。16世纪初期,纽芬兰地区的英国渔民开始对鱼实施腌制和干燥技术,然后出口回欧洲。

劳动力短缺

与同样种植棉花、糖和香料的南亚和东南亚不同,美洲的种植园无法压榨当地工人,因为他们习惯于出工付酬。受西班牙占领和疾病的影响,墨西哥和秘鲁在哥伦布时代前的人口锐减,仅靠当地的人口数量远远满足不了种植园园主的需求。

可能会被强迫工作的美洲原住民,往往会逃往自己熟知的地方。尽管种植园园主尝试从欧洲引进罪犯、契约佣工和自愿性移民,仍保障不了供应。渐渐地,他们开始转而将非洲作为主要的劳动力来源地。

奴隶贸易

15世纪,沿非洲西海岸航行的葡萄牙航海家们发现,他们几乎能在任何地方买到人。当他们尝试在沿海岛屿种植甘蔗时,非洲奴隶成为最理想的劳动力。非洲人不但从小就获得了许多热带疾病的免疫力,而且一旦离开故乡,他们就无法逃出陌生的环境。不久,非洲奴隶贩子和欧洲贩奴者们开始交易,一场涉及数百万人、跨越大西洋的罪恶贸易拉开了帷幕。

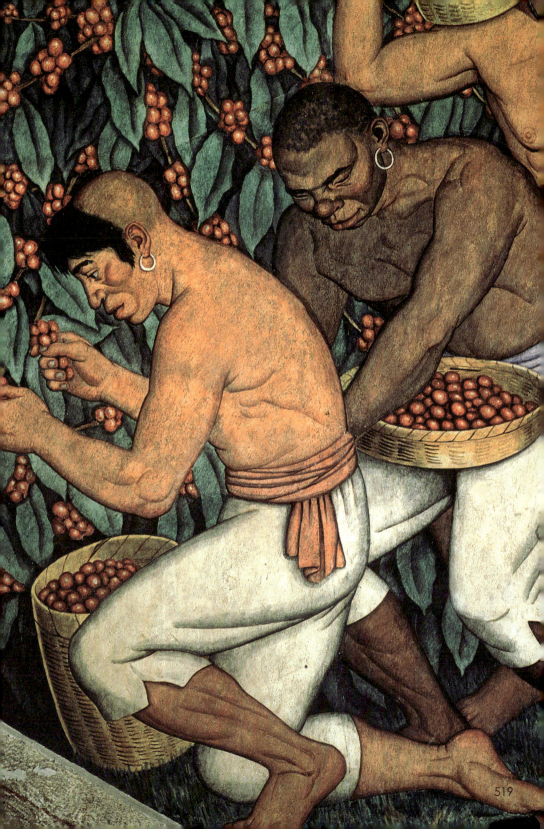

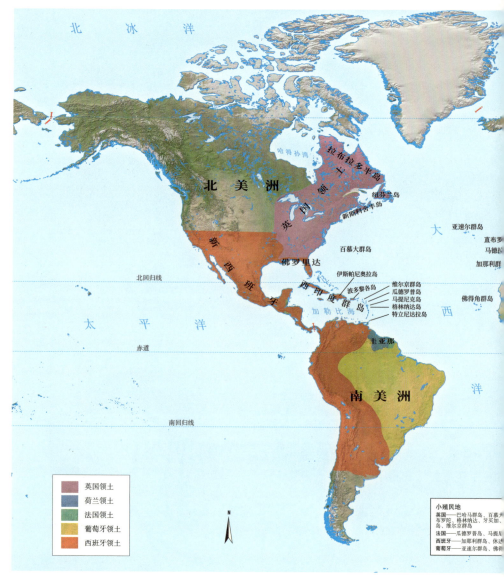

宣称领土

贩卖人口和种植园如此有利可图，以至于欧洲国家纷纷对外声称领地所属权，范围涉及非洲西海岸、巴西、西印度群岛和北美洲的南大西洋沿海地区。虽然非洲危险的热带性气候让欧洲殖民者难以想象，但他们仍建立了一些堡垒来保护各自的交易站，这

（上图）截至1772年，欧洲五个国家殖民了全球大部分地区，这些被征服的土地提供了农业用地以及种地的奴隶。

些要塞最终成为，如塞内加尔、塞内利昂、加纳、科特迪瓦、达荷美共和国、多哥、尼日利亚、刚果、喀麦隆和安哥拉等国家，骇人非奴交易的见证。

交通运输

北美大西洋沿岸毛皮贸易的增长，奠定了未来

1601年—1900年
科技、贸易和变革

加拿大行政区划以及新英格兰一些州的基础，但劳动力主要来自原住民。因此，尽管寻求宗教自由的人们（如马萨诸塞州的清教徒和宾夕法尼亚州的贵格会信徒）可以解决一部分问题，但受限于到北部殖民地的运输速度，直到近18世纪末技术提高了，这种情况才得以改善。

工作场所革命

如果没有欧洲工业和农业革命，这些新开设的农业平原区域就不能吸引足够多的移民。欧洲封建主义的结束、大规模农业的兴起及节省人力的农业机械的逐渐发展，令土地所有者把大量农民驱离了世代劳作的家乡。离开家乡的数百万人选择继续靠土地生活，他们移民到美国、新征服的法属阿尔及利亚、澳大拉西亚和南非。剩下的人则选择进入西欧，那里到处都有新建的工厂。

由于不用自己种植食物，这些新兴的工人们为新领地提供了不断扩大的出口市场。这一情况不仅发生在新世界和澳大拉西亚，铁路的建设也改变了俄国部分地区和东欧的面貌，如乌克兰成为国际谷物市场上举足轻重的力量。

欧洲的农业转型在带来巨大财富的同时，也导致了人类的悲剧。19世纪40年代，爱尔兰土豆严重歉收，数百万饥民不得不寻找新的地方安家，这是历史上有记载的、最大规模的移民事件之一。

（左图）非洲奴隶通常被铁链拴在一起，禁闭在甲板下。反奴隶贸易的英国轮船"信天翁"号上的船员使图中这些在西班牙轮船上的奴隶们获得了自由。

523

幕府时代的将军和武士

最初，受欧洲人枪支和贸易的影响，日本统治阶级为争夺最高权力及控制农业和人口而相互征战。

如果布谷鸟不叫，就杀了它。
——织田信长

如果布谷鸟不叫，就设法让它叫。
——丰臣秀吉

如果布谷鸟不叫，就等待它啼叫。
——德川家康

（描绘了三位幕府将军的不同性格）

1600 年 日本结束近百年内战，开始再次统一

1638 年 幕府将军德川家光下令禁止在日本建造任何船只

1641 年 德川家光禁止外国人来日本（中国人和荷兰人除外）

1797 年 富士山火山喷发

1868 年 天皇重掌政权，日本成为单一统治者的国家

1895 年 日本在中日甲午战争和日俄战争中取得胜利后，成为世界强国

1392 年，室町幕府打破了日本的政治稳定，使日本进入以将军为中心的松散联合体的新纪元。1467 年爆发的"应仁之乱"开启了日本战国时代，举国无首，冲突不断。

混战

尾张国的大名织田信长 1568 年入京执政，进行军事革新，创建了火枪部队。1582 年本能寺之变，部将明智光秀谋反使其自杀，导致他统一整个日本的愿景落空。

1590 年，步兵出身、地位卑微的丰臣秀吉填补了这一政治空白，他是日本战国三杰之一。为分配准确的税额，他丈量土地和清查田户；他禁止农民拥有武器，有效地阻止了动乱的源头；他划分了武士和农民的阶级界限，为底层人民提供了上升的通道；他奖励新兴工商业的改革，刺激了贸易和商业的发展。

1592 年和 1597 年，丰臣秀吉两次入侵朝鲜，试图以此为跳板占领中国，两国外交关系因此紧张。1598 年，丰臣秀吉猝死，日本扩张之事停滞。

1600 年，德川家康在关原之战中胜出，为日本中央集权开辟了道路。1603 年，德川家康成为征夷大将军，开启了他在新都江户（今东京）长达 250 年之久的德川政权。

日本江户浮世绘师奥村政信所创作的云锦条屏,展现的是幕府内大量女性的住处。

德川时代

德川时代被认为是政治稳定时期，幕府将军世代传袭。当时国内经济一片勃勃生机，尤其是在城市建设、艺术创作方面，连传统的能剧院都发展为歌舞伎剧院。

德川家康的统治通过实行身份等级制度和限制大名的权势来保证社会秩序。身份制度的推行基于儒家思想——人们在社会中得有合法的阶层。特定等级出身的人不能与其他等级通婚，以维持等级稳固。武士处于最高等级，儒家思想所重视的农民处于第二等级，儒家思想所轻视的手工业者和商人为底层的两级。在这些等级之上是贵族、僧侣和牧师，最底层则是无家可归之人。"秽多"，即不净之人，主要指屠夫、制革工人和殡仪业者，而"非人"则是妓女和演艺者。直到今天，"秽多"和"非人"的后裔依然受到歧视。

相对平静和稳定的局面结束于18世纪，连年饥荒和自然灾害让农民苦不堪言，由于当时大米是税赋的主要征收物，无奈之下，农民们起来抗议并闯入米仓。江户时代，超过3200次的此类暴动促使政权进行改革。

控制与冲突

德川家康将其相对可靠的盟友安置在靠近首都的地方，而将昔日对手的领地分封较远。他还强制性地要求大名们遵循一套例行的制度，过程耗费巨大。每年，他们都需要到江户觐见，并向中央纳贡，然后在那里与他们的妻儿住上一年。人质掌控和资财消耗让大名们无力叛乱。

（下图）德川家康在1600年的关原之战中战胜丰臣家族——这幅受欢迎的日本版画对此有所描述——迎来了持续250年之久的德川时代。

（上图）德川幕府是日本19世纪的统治政权，其余势力均退居到更为偏远的地区。

1624年，日本与西班牙断交，英国随之退出贸易。1637年，因对基督教的压制，九州发生暴乱，涉及约3.7万名基督教信徒。德川幕府派兵进行了残酷镇压，基督教遭禁，基督徒被严厉打压。此后，只有指定的贸易伙伴在政府允许的港口才能进行对外贸易。外传知识遭禁，尤其是欧洲知识，只有精英学者才有机会接触，日本由此开始了很长一段时间的闭关锁国时期。

撕裂欧洲

为时漫长且破坏力严重的"三十年战争",始于德国新教徒和天主教教徒之间的宗教内战。

> 把我们的马拴在敌人的围栏里,比把他们的马拴在我们的围栏里要好。
>
> ——在得知哈布斯堡皇室希望加强在波罗的海沿岸地区的控制后,瑞典贵族如是说

1619年 费迪南当选为神圣罗马帝国皇帝

1620年 天主教联盟和新教联盟缔结《乌尔姆条约》,保证在帝国范围内互不侵犯

1622年 哈尔贝施塔特的基督教信徒被蒂利伯爵和费尔南德斯·科尔多瓦打败

1626年 蒂利伯爵在卢特尔—班贝克赢得与丹麦战争的决定性胜利

1631年 法国和瑞典签订《巴尔沃尔登条约》

1632年 蒂利伯爵在莱恩镇战役中负伤,在德国巴伐利亚州的英戈尔斯塔特去世

(右图)战后欧洲版图的重新排列建立了仅持续1个世纪的权力新平衡。战争结果让法国变得强大,也激发了英法之间的竞争。

17世纪初,天主教哈布斯堡皇室继承人,神圣罗马帝国皇帝及波西米亚国王费迪南二世打击新教徒,强制推行残酷的反宗教改革。不甘示弱的波西米亚和德国新教徒在各自的省份及城市进行起义,并于1608年组成了新教联盟。作为回击,第二年天主教联盟成立。

1618年,波西米亚新教徒袭击了位于布拉格的王宫,此事成为"三十年战争"的开端,也标志着民族起义拉开帷幕。1620年的白山战役是战争第一阶段中最为惨烈的战事之一,蒂利伯爵所统率的天主教联盟军队击败了波西米亚联军。战役结束后,捷克贵族被迫逃亡,波西米亚失去了一半人口。

天主教联盟军的获胜激起了新教联盟的强烈反响,战争进入第二阶段,各国开始争夺利益和树立霸权。1625年,丹麦—挪威国王克里斯蒂安四世以新教的捍卫者身份加入战争,入侵德意志的萨克森。他还打算利用德国北部疆土来扩大领土。

1629年丹麦战败,被迫签订《吕贝克和约》,标志着哈布斯堡皇室的胜利。1630年,瑞典国王古斯塔夫·阿道夫二世以德意志新教救世主角色,率兵入侵波美拉尼亚,对抗强大的天主教联盟,同时也想借此削弱势不可挡的哈布斯堡皇室势力。他在德国的布赖滕费尔德(莱比锡城)获胜,此后又占领了慕尼黑。

波兰立陶宛联邦与俄罗斯也爆发了武装冲突,直到1634年双方签订了《波利亚诺夫合约》。

战略和物资供应

要供养成千上万的人,就意味着要从被占领的土地上掠夺牲畜及其他粮食物资,这剥夺了当地平民的生活。成功的军队(如瑞典)采取持续的进攻性策略,令军队快速展开地面行动。这种职业化战法以当时所称的"半旋转战术"作为开始,"半旋转战术"指的是几队骑兵排成横排快速冲击,后面的步兵以手中的火枪进行辅助。最终,这套战法发展为由骑兵进行全面冲击。当然,这些战法需要军队训练有素、纪律严明,他们也几乎没有时间去从事劫掠活动。军队作战成功,战士便会获取报酬,古斯塔夫斯所率领的瑞典军队就坚持向当地人付钱来购买他们的产品,而不是像过去一样去偷窃。

哈布斯堡王朝的终结

1635年签订的《布拉格和约》标志着战争的第三阶段(丹麦—瑞典阶段)告终,此后,天主教国家法国与瑞典联合加入战争,剑指哈布斯堡王朝的另一主要领地——西班牙,战争进入混战的第四阶段。1643年,西班牙完败。1644年法军战胜奥地利—波西米亚军队,1648年战胜巴伐利亚—奥地利军队。法国最终战胜神圣罗马帝国,标志着哈布斯堡王朝在欧洲统治的终结。截至"三十年战争"(欧洲最为毁灭的战争之一)结束时,德国大部分地区成为废墟,半数人口被杀。这场战争彻底改变了欧洲局势。

1648年签订的《威斯特伐利亚和约》不但改写了欧洲版图,还带来了一些国家的独立和权力之间的平衡。该和约承认了现代主权国家在其领土内的绝对权力,具有里程碑意义。它终结了宗教间的紧张关系,开创了更具世俗性的欧洲新局面。更为重要的是,哈布斯堡皇室和神圣罗马帝国的统治权受到了很大限制,后者的成员国相继成为主权国。德国进入了200年的分裂时期,荷兰和瑞士独立,丹麦和西班牙失去影响力,瑞典控制了波罗的海,法国开始成为欧洲霸主。

在"三十年战争"的系列战役期间,由于土的反复丢失或收复,国家间边界来回变动,战争带来了数量众多人员伤亡,改变了欧洲的政治格局。

> 历史

南纬44度

亚伯·塔斯曼向南远航至尽可能高纬度的地方,希望找到"未知的南方大陆"。然而,天气条件迫使他的航行偏北了10度,在范迪门斯地登陆,也就是今天的塔斯马尼亚岛——澳大利亚的最南端。

> 这是我们在南海遇到的第一块陆地,迄今还没有欧洲人知道它,我们给它取名为"安东尼·范迪门"。
>
> ——亚伯·塔斯曼,发现塔斯马尼亚岛的日记

1634年 亚伯·塔斯曼时任至中国台湾地区探险的副指挥,在此次航行中半数船员丧生

1640年—1641年 塔斯曼航行至日本,后到苏门答腊南部,在那里他与苏丹签订了贸易协定

1642年 塔斯曼宣布荷兰正式拥有范迪门斯地

1642年 塔斯曼见到新西兰岛,认为它与阿根廷的一个岛屿相连

1643年 塔斯曼的航程先后经过汤加和斐济

1649年 塔斯曼被控非法绞死一名船员,其航行任务暂停

1651年 塔斯曼军衔恢复,此后,他一直在巴达维亚经商

荷兰航海家亚伯·塔斯曼(1603年—1659年)于1632年左右加入荷兰东印度公司,在荷属东印度群岛巡逻。在此期间,他一直与走私者和叛军作战。1642年8月,塔斯曼受命于荷兰东印度公司(爪哇)总督、驻巴达维亚(雅加达)的安东尼·范·迪门。作为东印度公司的管理者,范·迪门把主要精力集中于在锡兰和马六甲之间围困葡萄牙警戒部队,但他却雇佣塔斯曼去探索未知的大陆,这是荷兰船队在去往巴达维亚途中,曾看到过此大陆的西海岸,有些船只也曾在该海岸失过事。

范迪门斯地

塔斯曼整修船队用了1个月的时间,南下时他从毛里求斯出发,尔后向东航行,到达卢因角南部。

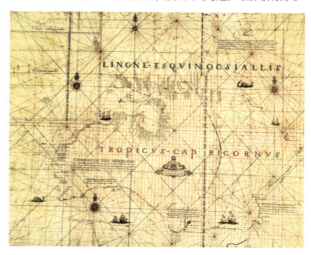

1601年—1900年
科技、贸易和变革

（上图）亚伯·塔斯曼1603年出生于荷兰，他的第一任妻子亡故后，留下了年幼的女儿。图中为第二任妻子，他在巴达维亚当船长时，妻子和女儿与他随行。

（左图）1644年绘制在精美日本和纸上的塔斯曼地图，所绘澳大利亚轮廓的准确程度令人惊讶。在南回归线的正下方，塔斯曼标注出了他所率领的两艘船的航行轨迹。

巨浪、严寒、冰块、狂风和浓雾都封锁了继续东行之路，1642年11月24日，他们邂逅了塔斯马尼亚岛，塔斯曼将其命名为安东尼·范·迪门（简称范迪门斯地）。在福雷斯蒂尔半岛上岸后，塔斯曼继续往东北航行，经过了菲欣纳半岛。之后，塔斯曼决定不再冒险（因此失去了发现巴斯海峡的机会），开始转向东航行。

新西兰

12月13日，新西兰出现在他们的视野中，塔斯曼错误地认为这是离火地岛不远的斯塔恩岛（由荷兰航海家斯豪滕和勒迈尔发现）。他在南岛西海岸（现在的格雷茅斯附近）登陆，然后进一步向北航行，绕行逆风角，在"杀人湾"（现在的金湾）停泊，他的4名船员在此地被毛利人杀害。塔斯曼将库克海

历史

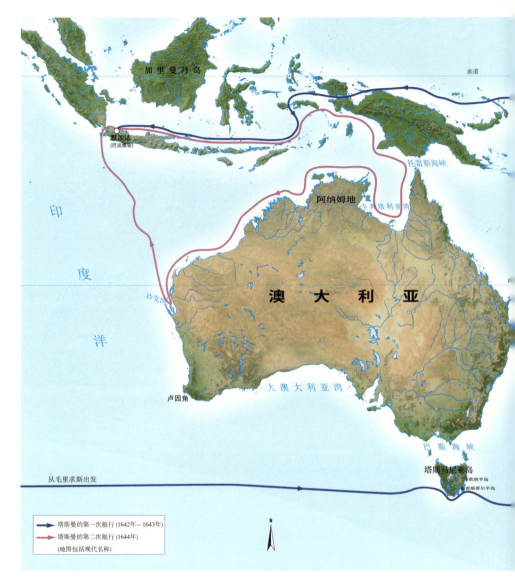

（上图）塔斯曼的航行可能是荷兰人第一次系统性尝试探索未知的南方大陆，他的远征成就有些复杂。1642年，塔斯曼将库克海峡（新西兰南岛与北岛间的水道）错认为海湾（他命名为"泽哈恩海湾"），还将斯塔恩岛认为是一个单独的岛屿。1644年，他错过了新几内亚和澳大利亚之间的托雷斯海峡，因此失去了绘制澳大利亚东海岸的机会。塔斯曼绘制了澳大利亚北部海岸的地图，他仔细观察了岸上的情况，将这里记录为"天然的"和"野蛮的"。

峡当成了一个海湾，于是继续沿着北岛的西海岸航行，直至阿姆斯特丹岛（即汤加塔布岛），受到当地居民的友好接待，临行带足了所需的水和食品。

返航

塔斯曼返回巴达维亚后，荷兰东印度公司委员会认为他并没有充分探索智利西部的海域。尽管他证明了澳大利亚并非向南延伸至南极，也是第一个发现塔斯马尼亚、新西兰和汤加的欧洲人，但他并没有对这些新土地上的整体环境和地域范围进行详细的调查。

因此，他受命于1644年进行第二次探险，以便确立新几内亚、南方大陆（西澳大利亚）的已知地域、范迪门斯地和南方大陆的未知地域的相对地理位置关系。他沿新几内亚航行，最远到达了托雷斯海峡，但未能辨认出这是新几内亚和澳大利亚间的通道。然后，他继续向南沿卡奔塔利亚湾和阿纳姆北海岸航行，穿越西澳大利亚的北海岸，最远到达沙克湾后返回巴达维亚。

退役

尽管后来塔斯曼被任命为海军指挥官和巴达维亚司法委员会的成员，但公司对他的这次航行还是感到失望。17世纪的荷兰交易主体是黄金、木材和香料，不能交易的土地在他们眼里毫无价值。1653年，在一次指挥8艘船俘获1艘马尼拉大帆船失败后，塔斯曼离开荷兰东印度公司，成为独立商人，在巴达维亚从事贸易活动，直到1659年去世。

历史

新一代美洲人

17 世纪到达北美洲的绝大多数移民都独立于英国政府的直接管辖之外，在当地出生和长大的移民后代主要受当地管理机构的影响与控制。

为期 10 年的英国内战推翻君主政体后，这一趋势已开始在本世纪中期发生变化。与整个新法兰西只有 3000 移民相比，1650 年时英属北美殖民地的人口达到 5.04 万人。

英国在北美的第一个殖民地是 1607 年建立的詹姆斯敦，归一家弗吉尼亚公司所有，该公司已经有 15 年没有向投资者提供有价值的回报。1622 年，数名印第安人残杀了 347 名殖民者，这一恶性事件导致该公司的特许被取消。但该公司所属集团在弗吉尼亚的移民定居点，两年后成为皇家殖民地。

烟草种植业

烟草种植业在当时是弗吉尼亚的经济命脉，劳动力主要来源为契约佣工和罪犯，17 世纪中期，第一批非洲奴隶被引入。烟草业和奴隶制度在邻近的马里兰也扎了根，此地 1632 年被查理一世封给了天主教徒巴尔的摩男爵，后者鼓励天主教徒和新教徒来此定居。

宗教差异

宗教宽容并非新教徒的目标，他们被英国国教中的极端派别所排斥。1620 年创建普利茅斯的早期清教徒（新教宗派之一），是已经在荷兰流亡的分裂主义分子。实际上，获得的马萨诸塞海湾公司的特许权的清教徒也是，从 1630 年起，他们更多地涌入波士顿地区，而其他人则留在英国"净化"国教。

1655 年 马萨诸塞湾殖民地清教徒惩罚了第一个贵格会教徒，后来禁止他们举行集会

1664 年 施托伊弗桑特投降英国后，新阿姆斯特丹更名为纽约

1670 年 哈德逊湾公司获得特许经营执照

1676 年 烟草种植园园主内森·培根申请袭击正在抢劫殖民地的萨斯奎汉诺克印第安人，被拒后，殖民者烧毁了詹姆斯敦，杀死许多印第安人

1684 年 批评声传到英国，《马萨诸塞湾宪章》被废除

1699 年 在缅因州签订的和平条约结束了北美印第安人和马萨诸塞州殖民者之间的战争

殖民地企业主

尽管英国对西班牙属佛罗里达北部的整个东海岸宣称主权,但这并不能阻止荷兰公司1613年创建新尼德兰殖民地,并于1624年从当地印第安人手中获取了曼哈顿岛,用来作为他们的首都——新阿姆斯特丹。

这些荷兰定居者都是皮货商,如同1638年在德拉瓦河创建新瑞典殖民地的少量瑞典人和芬兰人以及新法兰西的定居者一样。

航海条例

1651年,英国试图以奖励出口来推行重商主义理论,即殖民地的经济能服务于母国。针对荷兰商人向英国殖民地供应欧洲制成品,并将殖民地的农产品运往欧洲市场,英国议会颁布了《航海条例》,规定所有

> 噢,新英格兰啊新英格兰,我是多么地忠诚于上帝,竟授予我如此大的仁慈,让我踏上你的地皮。
> ——爱德华·特里劳妮写给罗伯特·特里劳妮的"一封来自新英格兰的信"(1635年)

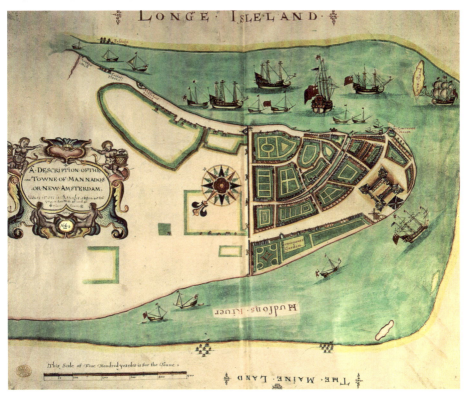

(下图)纽约最初是荷兰人定的荷兰首都,命名为新阿姆斯特丹,更名为纽约后,成为美国最初的13个殖民地之一。这幅纽约规划图绘于1664年。

历史

进口至英国或其殖民地的商品运送必须使用英国船只。

英国干涉

1660 年恢复君主政体后,英国对外扩张趋势加速。查理二世试图在新专有殖民地卡罗来纳、新泽西和纽约(1664 年征服新尼德兰后更名为此,新尼德兰在 1655 年兼并了新瑞典)创建相互依赖的欧洲社会,并且进一步加强了重商主义控制。

1660 年颁布的《航海条例》加强了对外国航运的限制,规定殖民地产品只能运到英国所管辖的土地上。数量巨大的土地授予(1663 年卡罗来纳,1664 年新泽西和纽约)是英国对贵族支持者们的奖励。在 1675 年的培根起义中,没有土地的边疆移民要求赶走土著印第安人,与富有的种植园主发生冲突,他们占领了詹姆斯敦,还险些推翻伯克利总督的统治。

而宾夕法尼亚的情况则迥然不同,该州由威廉·佩恩 1681 年成立,用作在英国受迫害的贵格会教徒的避难所。1686 年,詹姆士二世将罗德岛、康涅狄格与马萨诸塞湾和普利茅斯合并,与纽约、新泽西一起组成皇家统治的新英格兰领地。斯图亚特王朝 1688 年被废黜后,该领地迅速消解,但新君主威廉和玛丽保留了新英格兰的严格控制,将马萨诸塞湾、普利茅斯和缅因州合并为新的马萨诸塞皇家殖民地。

(左图与下图)欧洲在北美的土地瓜分从不同地区的命名上就可以看出来,最早的定居点通常是为保证居民安全而建立的堡垒。

(右图)宗教在大西洋彼岸继续发挥着对人们的影响,这幅平版印刷画展示的是早期美国人在去教堂的路上。

> 历史

人口贸易

纵观整个人类社会，奴隶制存在的形式多种多样，但通常都有两大特点：强迫其劳动并进行剥削、劳动者的所有权作为个人财产而存在。

> 人们在将铁链绑在同伴的脚踝上时，最终总是会发现链子的另一端拴在自己的脖子上。
> ——弗雷德里克·道格拉斯（1818年—1895年），美国废奴主义者、政治家、作家

1851年 弗雷德里克·道格拉斯首次出版发行了一系列报纸

1862年 美国总统亚伯拉罕·林肯发表解放宣言，第二年生效

1865年 美国《宪法第13条修正案》中称："奴役和强迫劳动（对正式定罪的罪犯做出的惩罚除外）都不应当存在于美国或受美国管辖的任何地区。"

（右图）在世界各地（包括波斯）都能发现奴隶市场，正如艾尔·哈里里绘在牛皮纸上的这幅画所描绘的情形。

在新世界废除奴隶制，并不意味着各地的奴隶都消失了。20世纪期间，仍有多种形式的奴隶制存在，尽管奴隶不再作为法律被承认的劳动关系显现，但世界各地仍有数百万人（包括儿童）被迫工作和生活在英国反奴隶社团所描述的"奴隶制条件"中。

远古时期

在古代的亚洲、埃及、希腊和罗马，社会及文化都是由奴隶辛勤劳动创造的。那时人们会被奴役的原因有很多，如无力偿还债务、因犯罪受到惩罚，或者战争中被俘等。古时奴隶的待遇相差很大，虽然少数取得了社会地位，被赋予了一些特权，但拒绝工作或者逃跑的奴隶会受到严惩。在严重依赖奴隶劳动的古罗马，逃奴被抓回后会被钉死在十字架上。

中世纪

维京人也使用奴隶,许多维京人的奴隶来自西欧。当地不同宗教信仰之间的连绵战争是双方持续不断的奴隶来源。

现代奴隶

15和16世纪期间，葡萄牙冒险家开始探索非洲海岸，他们把非洲数量惊人的黑人作为奴隶运到欧洲和美国。丰厚的利润让其他欧洲国家也加入了这一贸易。奴隶制在许多非洲国家其实早已存在，但欧洲开

وكنت أحسبه سينظر شزراً إلى ويغلي السمة على فأحلق الحبس حلفت بما أعلق بل قال إن العبد إذا أبرز ثمنه وخفت مؤنته ترك جمولاه والتخفيف على مولاه وأنت

لا ترجعني هذا الغلام البلد بأن أخفف ثمنه عليك فإن ما بقي دهوان شيء واشكرني ما جنيت فقبلته المبلغ في الحال كما أنقذني في أخير الغال ولم

非洲奴隶在北美的主要职业之一是采摘棉花,巨大的种植园之所以能够蓬勃发展,仅仅是因为使用了免费或廉价的劳动力。

历史

(左图）地下铁路路线图，上面散布着帮助逃奴到达安全地区的个人和组织。

发奴隶的规模和无节制暴力的使用使两个体系迥然有别。较早的奴隶制形式经常依靠群体间的差异，如种族、民族或宗教，而现代奴隶体系公然以种族作为依据，黑皮肤成为奴隶地位的一个标志，几乎成为永久性身份，也可能是其后代子孙的毕生身份。

据估算（历史记录有偏差，此数据并不精确），截至 19 世纪末非洲奴隶贸易最终废除时，从非洲运出的人口超过 1200 万，是人类历史上人口流动（非自愿）的最高数据。

奴隶贸易的恐怖

奴役行为自始至终都是一个残酷的过程。运往美洲的奴隶最初是被抓走的，要么被欧洲贩奴者直接抓走，要么被替贩奴者工作的其他非洲人抓走，后者则更为常见。他们被赶往一系列"奴隶围栏"中的任一个，直到被买走，运往美洲。

跨越大西洋是奴隶贸易中最具风险的环节之一。奴隶们被挤在为运送更多数量的人而特别建造的轮船甲板之下。惊恐的非洲奴隶通常发现自己与其他人捆在一起，彼此部落不同，语言不通。奴隶在船上的死亡率非常高，但大部分贩奴者会因为运价便宜，而没有动力（更没有人道主义精神或道德义务）去花钱来改善船上的条件。

美洲

奴隶制是美洲经济生活的重要组成部分。在某些地区，欧洲殖民者最初想要征服美洲土著，但这种尝试通常均以失败而告终，美洲男性土著不愿意进行农业劳动（他们认为这是女人的工作），还因熟悉环境而容易逃走。

自 16 世纪起，整个美洲的农业劳动力需求远远超过白人契约佣工的供应。在许多殖民地，白人契约佣工只约定工作特定的一段时间，为的是换取他们跨越大西洋的船票。这里自然成为非洲奴隶的稳定市场。

奴隶的生活

奴隶的生活因时代和地区而有所不同。一部分奴隶主甚至为自己的严苛"管理"感到骄傲，强调虐待奴隶并非为了自身利益。还有一部分则吹嘘说，非洲深肤色的异教徒变得"文明"并"成为基督徒"，他们贡献匪浅。

奴隶们从法律那里也得不到保护，因此，奴隶的预期寿命总是远低于白人。在法国加勒比海殖民地圣多明克等地区，奴隶主对待他们的奴隶更为残酷。女奴遭到白人奴隶主的虐待最为严重，因为在奴隶主眼里，她们存在的价值仅是生出更多奴隶小孩，为主人增加财产。

（上图）美国佐治亚州萨凡纳的一对获得自由的夫妇。1862年，亚伯拉罕·林肯的《解放宣言》释放了约400万奴隶。

反抗和叛乱

尽管受到各种残酷虐待，各处的奴隶们也没有放弃过自由的信念，他们通过多种方式来改善恶劣的处境。奴隶们反抗形式多样，最方便的是建立和维护自己的文化。逃跑是其中一种，整个美洲有成千上万奴隶逃跑。尽管许多人很快就被抓回来，面临着一系列残酷惩罚，但更多的人还是成功逃入"自由之地"的殖民地。逃离南方的奴隶在相对宽容的北方寻求庇护，美国革命后，北方的奴隶制逐渐被废除。

反叛是奴隶们最为直接的对抗形式。尽管奴隶主试图说服自己的奴隶们要安心命运，但一直担心奴隶们反抗的他们，大多数还是通过暴力或者威胁来维护自己的权益。

在美国南方，有着严格的体系控制和管理，奴隶反抗几无成功。当南方奴隶罢工抗议其白人主人时,迎来的一定是暴力。如1831年,拿特特奈尔就在弗吉尼亚领导了一次血腥的、不成功的奴隶暴动。

废除奴隶制

18世纪末和19世纪初,英国和美国出现了有组织的废奴运动。在托马斯·克拉克森、威廉·威伯福斯和威廉·劳埃德·加里森等人领导下的运动要求解放奴隶。之后在美国,最为人瞩目的争议是曾为奴隶身份的人引起的,尤其是弗雷德里克·道格拉斯,他让人们更真实地了解了奴隶制的残暴和奴隶的人性。

1833年,英国通过国会法案废除了奴隶制。1865年,美国通过《宪法第十三条修正案》,正式确立并扩展了亚伯拉罕·林肯早前颁布的《解放宣言》内容。巴西于1888年正式废除奴隶制,是美洲最后一个解放奴隶的国家。

(下图)英国画家艾尔·克洛1852年的作品,描述的是非洲奴隶经过艰辛的海上航程后被带到人口市场上。

> 历史

太阳王

路易十四是专制主义者的象征，他在位期间加强中央集权，削弱法国贵族的影响和权力，发动与弱小邻国的战争以扩张领土。

朕即国家。
——路易十四对巴黎高等法院所说的名言

1660 年　路易十四与西班牙国王腓力四世的女儿玛丽亚·特雷丝结婚

1665 年　路易十四命建筑师克劳德·比罗设计卢浮宫的东立面，当时的卢浮宫是一座王宫，现在，它已经成为世界上最受欢迎的艺术博物馆

1682 年　凡尔赛宫开放

1683 年　玛丽亚·特雷丝去世

1685 年　路易十四与弗朗索瓦丝·德·奥比尼结婚

（右图）路易十四通常被称作"太阳王"，源于他的信仰——正像行星绕着太阳旋转一样，他认为法国应该绕着他转。尽管路易十四发动并参与了无数战争，但他的统治给这个国家带来了稳定的社会和精深的文化。

路易十四登基时只有 4 岁，当时是他的母亲及其情人红衣主教马扎然摄政。不甘心的贵族们在投石党运动（1648 年—1653 年）期间挑战摄政权威，中低阶层的人士也参与其中，抗议高额税收以及马扎然的专横统治。路易十四一直没有忘记由此带给他童年时的耻辱，后来他回忆道，曾有一群巴黎人直接闯入他的卧室以确信国王仍然在巴黎。

1661 年马扎然去世后，路易十四亲政。他拒绝任命宰相，而是自己独自做决策。他提拔平民官居要职，这些人对他感恩戴德。一旦他们失去公职，也将失去土地继承权。

贵族们对路易十四的心情也一样，当国王穿衣服时，官员们争相为他拿衬衫，得宠与否，可以极大地改变他们在朝廷上的地位，而亲近国王，或许就能提供得宠的机会。大臣们强烈地意识到，要想晋升，就要全心全意地为王权以及路易十四的统治服务。同样必不可少的，就是参与到凡尔赛宫的阴谋策划活动，以获得路易十四的注意。

凡尔赛宫

凡尔赛宫发挥着多重作用。优雅壮丽的镜厅、精确设计的宫殿、一望无际的花园，无不象征着法国国家和君主的权力。

路易十四赞助的名艺术家们确保了剧院、音乐、舞蹈和视觉艺术的稳定，所有精心的安排都为了显示

历史

(右图)这幅宏伟的版画作品描述的是1643年法国在直布罗陀海峡截获三艘土耳其船只的场景。

出"太阳王"的权威和庄严。如果角色有足够吸引力,路易十四会在芭蕾舞剧中亲自跳舞。让·巴蒂斯特·拉辛写的戏剧描绘了国王所钦佩的古典美德——秩序和自律。阿波罗的绘画和雕塑隐晦地将英勇的"太阳王"和神话中的太阳神联系在一起。虚拟的战争绘画则安全地展示了法国民族的勇敢。

世界的中心

事实上,路易十四的权力远非绝对,他常常与贵族和地方精英合作。他所供养的贵族、赞助的艺术、凡尔赛宫的奢华生活及他对战争的巨大胃口,都需要财政支持。路易十四需要钱,大量的金钱支持。由于没有集权的官僚机构,路易十四不得不出卖合约,允许买家征税。拥有土地的贵族经常购买此类合约,利用他们在地方的特权去开拓新的营业。作为回报,路易十四也会收到来自贵族家庭的"礼物",对于那些慷慨支持国库的人,他给予丰厚回报,如提供社交和政治机会,安排有利的婚姻,提供教堂、政府或军队职位。如果路易十四不再慷慨地赠与,他用于支持战争的钱就会少得多,贵族们对他的忠诚也会减少。

(左图)1714年的乌特勒支和拉施塔特条约瓜分了欧洲领土,限制了路易十四的扩张,结束了他代价高昂的战争。

历史

尽管路易十四的绝对权力只是理论上的,但他的声望足以使法国大臣们确信自己处于世界的中心。圣西蒙公爵在他的回忆录中评论道:"没有什么比奉承更让他喜欢的了。"

(右图)在一次抗议路易十四的运动中,人们看到路易十四的表姐安妮·玛丽·蒙庞西耶进入法国奥尔良。

战争

路易十四是个好战的国王,为了扩张领土,他在欧洲发动了一系列漫长的战争。西班牙腓力四世死后,路易十四找了个极为牵强的借口进攻西班牙,夺取了西属尼德兰和弗朗什孔泰。法国的胜利令欧洲其他国领导人十分惊恐。为对抗路易十四,英国、瑞典和荷兰共和国(路易十四的前盟友)结成三国联盟。但路易十四并没打算直接面对这种威胁,而是在1668年5月同意签署《爱克斯一拉—夏贝尔和约》(《第二亚琛和约》)。

这场战争奠定了以后半个世纪的战争模式。1672年,路易十四与英国联手攻打荷兰,尽管荷兰1674年与英国缔结了和约,并恢复了与西班牙和神圣罗马帝国的结盟,但辉煌的军事行动让路易十四不仅击退了他们的结盟,而且再次占领了弗朗什孔泰和大部分西属尼德兰。在耗尽人力、物力后,双方于1678年签订了《奈梅亨和约》,确认了法国对弗朗什孔泰和西属尼德兰部分城市的占领,但路易十四也归还了占领的荷兰国土。

至17世纪80年代中期,路易十四的势力达到顶峰。他的野心导致其他欧洲各国领导人结成大联盟,包括神圣罗马帝国、英国、奥地利、西班牙、瑞典、葡萄牙、荷兰和各个德国封邑。路易十四的将领和士兵在战场上表现异常干练,经常击败大联盟的军队,但事实证明,如果没有资金和专业技术支持,路易十四不能实现任何持久的胜利。

(下图)1660年—1683年间,西班牙公主奥地利玛丽亚·特雷丝成为法国王后,她育有6个子女,只有"大太子"路易长大成人。

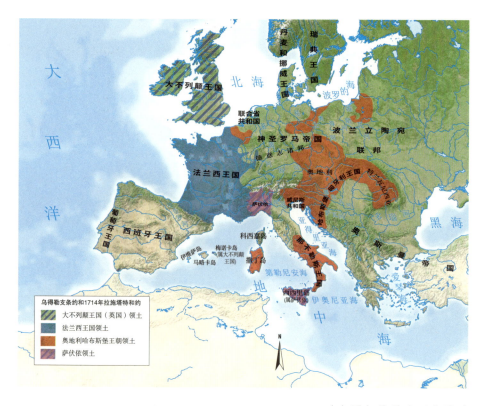

战败和条约

1688年—1697年的奥格斯堡联盟战争使法国在谈判桌上让步。1701年—1714年的西班牙王位继承战榨干了法国。布伦海姆战争、拉米伊战争、都灵战争和奥德纳尔德战争都粉碎了法国战无不胜的神话，迫使路易十四处在了防御位置。最后一次战争一直拖到了1713年，疲惫和对成长中奥地利帝国的恐惧，使法国说服英国和荷兰签订了《乌特勒支和约》，1714年又签订了《拉施塔特和巴登和约》，至此，路易十四的数十年战争结束。

战争需要军队保障。18世纪初，法国军队人员增加至约30万，相当于敌人的数量总和。军队因引入更加严格的制度和训练，也变得更加专业，同时也进行了现代革新，如为受伤士兵建立医院等。

（上图）路易十四统治时期，以整个民族为代价，耗费巨资进行战争。他通过出售权利，向农民征税，以此获得财政支持，进行下一步的战争。

1693 年，在奥格斯堡联盟战的高峰期，路易十四在军事上的花费超过 1.14 亿里弗，几乎是摄政王在他执政早期所花费用的 10 倍。

路易十四在最后时光里不断发动的战争几乎没有给法国带来多大回报，收益大部分来自 17 世纪 80 年代之前的战争，后期的战争只付出了不菲的代价。当若侯爵菲利普·德·考西隆在他的回忆录中这样描述路易十四国王临死前对继承人的告诫："不要模仿我，要做一个热爱和平的君主，愿你的大部分精力都用来减轻人民的负担。"

路易十四最终没能征服欧洲，但在他统治时期，法国军队在欧洲处于主导地位，法国国力上升飞快，其他国家不得不组成大联盟，借此来牵制法国扩张的速度。

（下图）1667 年 6 月 21 日，路易十四在围攻图尔奈的军队里。这幅弗兰德人的作品藏于路易十四位于巴黎郊外的著名居所——凡尔赛宫。

伟大的俄国

在 彼得大帝和其继任者的领导下，沙皇俄国领土不断向西扩张，转变为俄罗斯帝国。

> 我曾经战胜一个帝国，但一直不能战胜自己。
> ——彼得大帝

1709 年 俄罗斯在波尔塔瓦战争中战胜瑞典

1711 年 彼得大帝制定法律，允许上议院在他不在的时候通过法律

1715 年 彼得迫使儿子阿列克塞同意他的改革，否则将不能继承王位

1716 年 为逃避服兵役，阿列克塞逃到奥地利

1718 年 在得到自由的允诺后，阿列克塞回到俄国，被审讯、折磨，死于彼得保罗要塞

1721 年 大北方战争结束，签署了《尼斯塔德条约》，彼得成为人人皆知的俄国皇帝。

（右页）1717 年所绘的彼得大帝肖像，一个准备战斗的男人。彼得在统治时期有效地扩张了俄罗斯的领土。

彼得大帝将在位（1682 年—1725 年）的大部分时间都用来与瑞典进行大北方战争（1700 年—1721 年）。双方统治者 1700 年在纳尔瓦的战役中相遇，尽管彼得大帝的军队人数众多，与瑞典军队人数比例达到三比一，但还是被查理十二世打败。这次耻辱的失败深深刺激了彼得，他开始征召越来越多的农民入伍，在西部边界重建军队。

彼得给新军队配备了当时最先进的燧发枪，训练他们用刺刀冲锋的技术。俄国国内武器生产也增加迅速，至彼得统治结束时，俄国已成为武器自给自足的国家。

圣彼得堡

1703 年，彼得的战略目光回到波罗的海，当时他的部队占领了芬兰湾的涅瓦河口。为保护这个立足点，俄国人建造了彼得保罗要塞，然后围绕该要塞建立了新的城市，即圣彼得堡。尽管这里是沼泽地带，农业用地贫瘠，还缺乏足够人口，彼得坚持颁布法令称圣彼得堡将成为他的新首都，以及他"通往西方的窗口"。成千上万的俄罗斯农奴被强行搬迁进入该地区，为这座城市奠定基础，约有 10 万农民死于这一迁徙过程。

胜利的代价

1709 年，俄罗斯—瑞典战争的决定性战役在乌克兰的波尔塔瓦进行，最终彼得大帝胜出，迫使查理

历史

（左图）1770 年，凯瑟琳大帝身穿奢华的俄罗斯服饰，佩戴珍贵的宝石。战争的胜利使俄罗斯变得富有。

十二向南逃往奥斯曼帝国。

查理十二的失败激起了奥斯曼帝国对俄国的怨恨，1710 年末奥斯曼帝国对俄宣战。1711 年，彼得南征奥斯曼，在普鲁特河战役中掉入了土耳其人的陷阱，军队被围困。作为与奥斯曼帝国的和解条件，彼得不得不放弃早些日子获得的乌克兰的亚速海，并允许查理十二回到瑞典。1721 年，俄罗斯与瑞典达成和平协议，俄罗斯获得了包括拉脱维亚和爱沙尼亚在内的部分波罗的海海岸。

凯瑟琳大帝

凯瑟琳大帝（1762 年—1796 年在位）完成了自彼得大帝开始的向西领土扩张。在凯瑟琳的领

1601年—1900年
科技、贸易和变革

（下图）在彼得霍夫建造的这组宫殿、喷泉和花园复合体，是专为新首都圣彼得堡的夏宫而建。

历史

导下,俄军成功占领克里米亚,最后到达黑海海岸。更为引人注目的是,俄罗斯与普鲁士和奥地利联盟,于1772年、1793年和1795年三次瓜分了波兰。俄罗斯帝国领土由此扩张至西乌克兰、白俄罗斯和立陶宛。这些兼并使俄罗斯帝国新增居民超过700万,包括100万犹太人。

西方影响

在推动俄罗斯贵族西方化这一过程中,彼得大帝至关重要。1699年,他改用西元纪年,并颁布法令,规定贵族剃须、穿西服,要不就会面临监禁。官方社会职能必须跟西方接轨,女性也不例外。凯瑟琳大帝时期,法国文化和思潮传入俄国,幸运的是,她与伏尔泰及启蒙运动时期其他杰出人物的思想,保持一致。

(左图)在彼得之后,凯瑟琳大帝进一步扩张领土,并成功瓜分了波兰。

英国皇家海军

16 世纪亨利八世统治时期,英国海、陆、空三军中最古老的军种——皇家海军开始了它的光辉历史,其中最大的军舰"上帝的亨利"号和更为有名的"玛丽玫瑰"号曾在索伦特海峡与法国作战。

> 英国希望每个人都能尽自己的职责。
>
> ——特拉法加海战前,来自霍雷肖·纳尔逊上将所在"胜利"号战舰上的最后旗语

英国皇家海军制海权从 18 世纪一直持续至 20 世纪初期,成功地保障了英国与其盟国之间的贸易,对于战时依然能顺利地运输军队和物资这点,让对手艳羡不已。

海上霸主

为保证主导地位,一开始英国对任何威胁其霸权的行为都采取战争方式解决。1713 年签署的《乌特勒支和约》结束了西班牙王位继承战,在权力平衡的基础上,最大的赢家英国试图在欧洲和海外建立稳定的秩序。这种情况一直持续到 1739 年,英国皇家海军与西班牙舰队在加勒比海爆发战争,袭击了西班牙在太平洋和菲律宾的领土;1841 年在卡塔赫纳战争又攻击了西班牙在哥伦比亚的领地。但这些攻击大部分并不

1547 年 皇家海军拥有一支由 58 艘船组成的舰队

1634 年 为建立海军,查理一世创造了"造船税",该税成为英国内战的主要原因

1759 年—1765 年 "胜利"号战舰建造,是现存最古老的战舰,现停放于英格兰朴茨茅斯港的干船坞

1793 年—1815 年 皇家海军共损失 344 艘船,其中 254 艘遭遇海难,损失超过 10 万海员

1831 年 海军委员会被废除,皇家海军由海军部接管

1601年—1900年
科技、贸易和变革

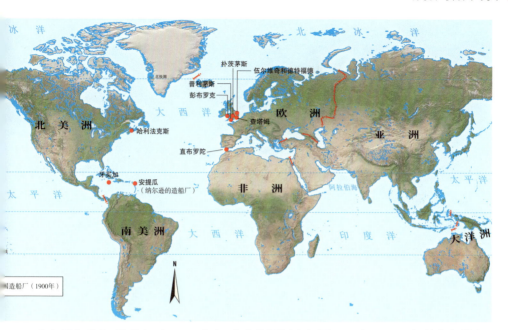

（上图）进入20世纪时，英国已经在世界上几个战略要地都建立了造船厂。

（左图）1536年重建后的"玛丽玫瑰"号。该船最初受亨利八世的命令于1511年前后建造。

成功。皇家海军还参与了1756年—1763年的七年战争，包括法国和印度的战争，战争范围波及整个欧洲和殖民地，当时欧洲主要强国都卷入了这场战争。

胜利

英国皇家海军参与的、最为激烈的战斗发生在18世纪后期和19世纪初，几乎全是与法国之间的战争，大部分情况下都是英国获胜。英国的优势在于能够将主要力量部署到世界海洋，不像法国将其力量分散在陆地和海洋上。

然而，一系列最伟大胜利发生在拿破仑战争中。这场战争于1793年爆发，持续22年，是英国领导下强有力的民族联盟对年轻的法兰西共和国宣战。英国皇家海军的效率达到航海时代的高峰。

与法国的战争一直持续到1815年。在此期间，皇家海军最伟大的贡献在于不断阻止拿破仑重建他的舰队，并鼓励欧洲各国起来反对法国。

美国试图与英国和法国都进行贸易，但英国阻止

565

世界上最大、最强的海军——皇家海军在大英帝国建立全球霸主地位的过程中发挥了关键作用。

历史

法国舰队重建阻扰了美国的计划,1812年英美爆发战争,主要的战斗是通过一些快速帆船完成的。对于根本构不成威胁的美国海军,英国从容地封锁了美国东海岸,直到1814年双方签订和平条约。

经过皇家海军的努力,至1815年,英国成为无可匹敌的海上霸主。

(右图)1805年10月21日参与特拉法加海战的法国旗舰"敬畏"号,英国纳尔逊上将在这场海战中阵亡,随后"敬畏"号和其主帅维尔纳夫一同被俘。

> 历史

大西洋贸易体系

工业革命之初,英国大部分商品出口地是欧洲,18 世纪英国与美国和英属西印度群岛的贸易激增。至 18 世纪末,受棉花市场飞速扩张的影响,英国与北美洲的贸易变得更为重要。

欧洲是通过什么方式变得如此强大?既然他们能轻易地进入亚洲和非洲进行贸易或侵占,为什么亚洲人和非洲人不能侵占他们的海岸,在他们的港口安置殖民地,为他们的君主制定法律呢?
——塞缪尔·约翰逊,《拉塞勒斯》(1759 年)

1792 年 美国第一个商业工会由鞋匠成立

1793 年 伊莱·惠特尼发明轧棉机,提高了棉花的生产速度以供出口

1808 年 美国国会禁止输入非洲奴隶

1858 年 第一条横跨大西洋的电缆完成

(右图)加勒比海群岛是出口至欧洲的蔗糖的主要来源地。这幅美国探险家威廉·克拉克的作品中,工人正在将装有蔗糖的滚桶移动到大艇上,然后装到商船上。

在欧洲各国争夺殖民地的过程中,英国相对于西班牙和葡萄牙来说起步较晚。然而,至 1696 年,英国已经获得许多法属加勒比群岛,这是法国从 17 世纪 50 年代起就已经开始殖民的地方。其他殖民地收获还有 1655 年取得的、位于北美洲的牙买加,在这之前牙买加属于西班牙。

至 1800 年,英国的对外贸易已非常频繁,货物从英国殖民地再出口至北欧。如糖来自加勒比群岛,而美洲则提供烟草和棉花。

直到 19 世纪,富饶的加勒比群岛一直是英国最有价值的海外领地。

人口贩卖

在殖民地最具经济价值的产品生产过程中,奴隶起到了关键性作用。人们发现加勒比海的许多岛屿都

1601年—1900年
科技、贸易和变革

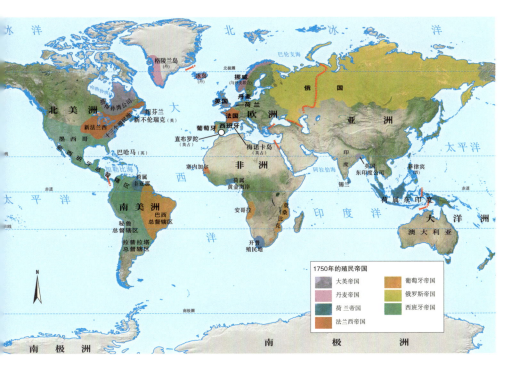

（上图）截至 1750 年，世界上大部分地区都已经被 7 个主要贸易国家瓜分。

可以大规模地种植蔗糖，大型种植园需要许多劳力，奴隶贸易因此急剧扩张。这段时间最大的贸易利润是由奴隶创造的。

亚洲贸易

与跟亚洲进行贸易的其他欧洲国家相比，这一时期英国在贸易中的地位越来越突出，这种影响很大程度上取决于她的印度帝国。

在印度之外，英国的影响有限。如虽然与中国之前就存在着贸易关系，但英国在中国并没有获得政治让步或有利的贸易条件，18 世纪前一直遭遇贸易赤字困扰，原因是英国对中国茶叶、丝绸和瓷器的需求很大，而中国对英国出口物的需求则相对较少。

这种贸易不平衡最终被鸦片贸易所打破，英国用获得的大量白银来支付从中国所进口的货物。在此期间，中国比菲律宾、泰国和印尼群岛的贸易利益更有

571

价值。这段时期结束时,中国与美洲之间的贸易量也增加了。

工业革命的出口

英国工业革命中最突出的一个特征是棉纺织业的量级,当然冶铁、蒸汽机和煤炭也引人注目,但棉纺行业的输入和输出市场均涉及海外国家,因此对贸易有着重要的影响。

贸易是在多边体系下进行的,出口加工产品,然后换回热带主要产品。这一过程如此广泛与成功,令英国成为世界上最大的贸易国家,这种成功一直持续到20世纪。

从哈得孙湾返回英国时,通过借助盛行风,航行时间能够减少到6周,是来程的一半。

盛行风
- 全年
- 4月—9月
- 10月—3月

从伦敦出发的航线及所需时间
- 波士顿(5周—7周)
- 牙买加(10周)
- 哈得孙湾(12周)
- 印度(6个月)
- 中国(6个月)
- 澳大利亚(5—6个月)

(上图)港口间距长,花费时间多,这些都需要良好的运输。

(左图)位于伦敦泰晤士码头的海关。所有货船在海关必须为所装载的货物缴纳关税才能卸货。

1601年—1900年
科技、贸易和变革

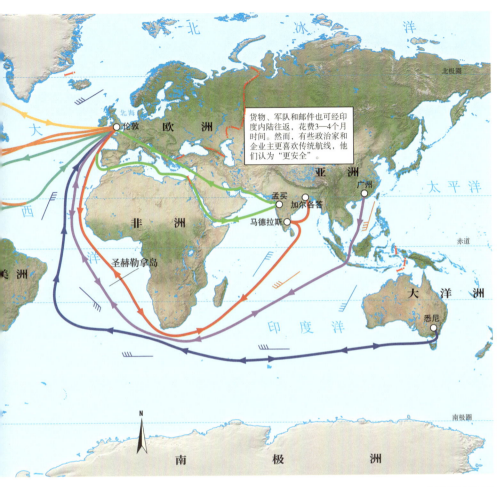

货物、军队和邮件也可经印度内陆往返,花费3—4个月时间。然而,有些政治家和企业主更喜欢传统航线,他们认为"更安全"。

(右图)从贝德罗岛看到的纽约城,英国画家詹姆斯·普林格尔绘于1847年。至19世纪中期,纽约是美国最繁忙的港口,运送货物和乘客总量高于国内其他港口的总和。

美国独立进程

1776 年 7 月 4 日签署《独立宣言》的 56 人中，没人会在 13 年前就能想到美国殖民地将与英国脱离关系。

1763 年，七年战争结束，法国将辽阔的加拿大领地割让给英国，讲英语的美国将要进入新的繁荣期。军事上的失利导致法国无法继续利用印第安人同盟来阻止英国殖民地向西扩张。

> 大陆会议代表们（宣布），未经本人或代表的同意不得向民众征税，这是英国人最基本的自由，是不容置疑的权利。
> ——大陆会议印花税法案决议（1765 年 10 月 19 日）

英国统治

《1763 年公告》中英国王室禁止美洲殖民地向西扩张，解释说这是为应对印第安人的暴动而做出的临时性防护措施。但议会决定将殖民地财政用于自身防卫，加深了外界对英国统治收紧的印象。1764 年《糖税法案》颁布，通过关税来实现必要税收，限制新英格兰和西印度群岛之间的贸易。1765 年又颁布《印花税法案》，要求任何印刷文件都需要缴税，北美大地上第一次大规模抗议出现，打出了"无代表不纳税"的著名口号，称当地统治应该基于当地代表大会，而非英国议会。

暴乱

1767 年，《唐森德法案》使用关税来提高税收，再度激起了殖民地人民的抗议，他们在反《印花税法案》中组织起来斗争。一艘涉嫌走私的殖民地商人的船只被海关当局扣押，抗议行动的升级导致英国派遣了 1000 人的部队前来。此举在居民当中引发了紧张情绪。1770 年的"波士顿惨案"则将事件推上顶峰，英国士兵向激愤的群众开枪，有 5 名当地人死亡。然而，这件事并不是"独立"获得广泛支持的主要原因。

1774 年　美国第一届大陆会议召开

1775 年　保罗·瑞威尔被派遣向约翰·汉考克和塞缪尔·亚当斯报信

1776 年 7 月 8 日　费城的独立钟敲响，约翰·尼克松上校极具历史意义地公开宣读《独立宣言》

1783 年　约翰·亚当斯帮助起草与英国的和平条约

1789 年　《权利法案》成为美国宪法前十条修正案

1789 年　政治家乔治·华盛顿成为美国第一任总统

（上图）1774年第一次大陆会议在费城一座简陋的木屋中举行。

茶叶法案

后来《唐森德法案》大部分被停止，只留下了对茶叶（代表国会对北美征税的权力）的征税权，殖民地人民的反抗和抵制减少，维持了两年的英美稳定关系。但1773年通过的《茶叶法案》使冲突重现。该法案试图为东印度公司提供茶叶垄断市场，让他们给殖民地提供比走私价格还低的中国茶（北美人民最喜欢的饮品），这威胁到了那些从国外走私茶叶的波士顿商人的利益。于是"波士顿倾茶事件"爆发，示威者将东印度公司运来的342箱茶叶扔进海港，以反对马萨诸塞州总督支持法案。

反抗

作为惩罚，英国1774年通过《强制法案》将波士顿港口关闭，派军队到达马萨诸塞州，将军代替了原来的总督，还在英国为殖民地罪犯建立了审判庭。与

（下图）为反对英国强加税收，美国革命分子破坏茶箱以示抗议，这就是著名的"波士顿倾茶事件"。

历史

（上图）1775年4月19日，马萨诸塞州莱克星顿响起的第一枪，拉开了美国独立战争的序幕。

此同时，《魁北克法案》将魁北克省延伸至1763年公告划定的区域，永久限制殖民地向西部边境扩张。

北美人对此做出回应，召开第一届大陆会议，促成各殖民地更为正式的合作和更有力度的反英商业战。在抗议呼声最高的殖民地马萨诸塞，英国军队和人数超过自己的殖民地自卫队僵持了6个月，直到1775年4月莱克星顿和康科德战役打响，英国军队撤退至波士顿。5月，第二届大陆会议在费城召开。战争已经开始，但人们更多的是对议会当局的抗议而非独立意愿，许多反抗者依然忠诚于英国王室。

效忠派

1775年7月5日，那些寻求独立的美国人在第二届大陆会议中被温和派以多数票击败，温和派的《橄榄枝请愿书》宣称了殖民地权利，但同时强调了对英王乔治三世的忠诚，正率军与英军作战的乔治·华盛顿对此毫不知情。在所谓的这场美国第一次内战中，胜利属于哪一方并不确定。

大陆军

尽管从大陆会议得到的财政支持不足,而且个别殖民地还优先供给当地民兵,乔治·华盛顿还是不费一兵一卒就将英军赶出了波士顿,这成为革命象征,也是乔治·华盛顿的伟大成就。英国军队(包括德国雇佣军和易洛魁印第安人)的实力原本占优,但指挥

(下图)英国宣布的殖民地边界,名义上是应对印第安人起义。

历史

（上图）被迫撤离纽约后，美国大陆军司令乔治·华盛顿率部队进行了大胆反击，跨过特拉华河夺取了新泽西。

官威廉·何奥在 1776 年迫使北美军从纽约撤退后就变得谨慎，给了华盛顿两次在新泽西胜利反扑的机会。更值得一提的是，后来，为了孤立新英格兰（革命的核心），英军曾发动三路并进的攻势，汇合点在纽约州奥尔巴尼，威廉·何奥所率部分未能如约到达。

福吉谷的危机

1777 年—1778 年冬，乔治·华盛顿军队在宾夕法尼亚的福吉谷度过了最严峻的危机。恶劣天气和供应不足导致超过 1000 人逃跑，近 3000 人死于营养不良和疾病。后来，曾在普鲁士部队服过役的军官冯·施

托伊本对军队进行了专业训练和军事演习，成功恢复了士气。等春天再次出现的大陆军，虽然清瘦却更加坚强，萨拉托加大捷说服了英国在欧洲的对手们支持这场战争。

转折点

法国和西班牙的直接军事介入，以及北美军队从荷兰获得的财政支持，成为美国独立战争的重要转折点。国外的军事支持不但威胁到了英国在北美的统治、西印度群岛及印度的利益，甚至重要的海上战略要地直布罗陀都受到了西班牙的威胁，这让英国本土对战争的反对情绪高涨。

英国投降

继1779年征服乔治亚后，英军又取得了一系列胜利，1780年确立了在南卡罗来纳的统治。然而，7月，当5500人的法国军队来到罗得岛，同北美军队在南北卡罗来纳取得一系列胜利后，促使英军司令康沃利斯退出这个最南端的地方，在弗吉尼亚寻求决定性的胜利。

（右图）历史上著名的约克敦之围，华盛顿所率部队和法军联合围攻康沃利斯所率的英军，战争结果决定了国家的未来。

历史

（左图）美国独立战争开始时，早期殖民地只占据北美大陆最东部地区。

乔治·华盛顿领导的美军和拉法耶特侯爵领导的法军联合，再加上法国海军控制的切萨皮克湾，迫使康沃利斯于1781年10月19日在约克敦投降。这场长达8年的战争就此结束，但直到1783年9月3日，双方签署了历史上著名的《巴黎条约》，英国才正式承认美国独立。

战争结束后，超过10万英室效忠派移居加拿大、西印度群岛或英国，包括一些极富争议的人，例如大陆军中最具战略才华的少将本尼迪克特·阿诺德，为逃避大陆会议的财务审查和可能面临的军事法庭审判，叛变至英国。

或许最让人无法理解的是约翰·迪金森，一位反英律师和民意代表，大陆会议国防安全委员会主席，《关于拿起武器的原因及必要性的宣言》作者。他拒绝签署《独立宣言》，却又是大陆会议议员中仅有的两名武装志愿者之一。

权力限制

1783年的美国更像是现在的联合国，而不是一个民族国家。《邦联条例》1777年就已经起草，但1781

（右图）据称这面曾经飘扬在布兰迪万河战场上、后来被国会采用的贝奇·罗斯旗是星条旗的前身，十三颗星星和十三个条纹代表美国的13个殖民地，而颜色则象征着纯洁（白色）、英勇（红色）和警醒（蓝色）。

年才全体通过，保护的是各个州的"主权、自由和独立"。国会与每个州的代表战时被赋予了必要的权利：如处理国外事务，宣布战争或和平，维护陆军和海军等。但政府没有征税权，不能管理州与州之间的贸易，不能制订法律，也就不能坚定地处理内外部的主要问题，这些都导致了新宪法的出台。

殖民地宪章

根据1783年的和平条约，英国将20年前从法国手中获得的、西至密西西比河的领土全部割让给美国。但英国借口美国没有信守承诺对没收财产的效忠派给予赔偿，在美国境内保留要塞，为新成立的美国设置管理障碍，从而在西北印第安部落之间依然留有军事和经济影响。

地方主义

尽管保留了从英国继承的政体，但许多新的州宪法将《独立宣言》中"人生而平等"的理论具体化，把选举权给予那些之前因财产不足而被剥夺公民权的人。

这种政策的结果之一就是新当选的政治领导人非常本地化。对那些领导了反英运动的许多杰出人士而言，这种地方狭隘主义不但分散了人们对战争的注意力，还干扰了社会变革。

选举代表

黑人奴隶制度的存在这一局部因素也威胁着新国家的稳定。托马斯·杰弗逊（《独立宣言》主要作者）和乔治·华盛顿（最重要的军事领导人）在世时，弗吉尼亚依然保有奴隶。然而，在南方以外的地区，由于奴隶在经济上的作用并不突出，"平等"这一革命口号开始深入人心。

（右图）1776年7月4日，北美大陆会议通过《独立宣言》，正式宣布北美13个殖民地独立。《独立宣言》的起草和通过是世界历史的转折点。

我们合众国人民，为建立更完善的联盟，树立正义，保障国内安宁，提供共同防务，促进公共福利，并使我们自己和后代得享自由的幸福，特为美利坚合众国制定本宪法。

——美国宪法（1787 年）前言

（右图）至 1783 年，大部分东海岸已经被牢牢控制在美国手中。

要克服这些区域性意识形态分歧，为达成协议需要做出巨大让步：南方有奴隶的州需遵守新宪法，在 20 年内废除奴隶贸易；统计国家人口时要含三分之二的奴隶，用来确定新国家议会的代表人数。詹姆斯·麦迪逊设计的国会有重大创新，即设立选举产生的众议院，同时设立参议院，给予每个州平等代表权，不按人口多少。即便如此，直到 1790 年 5 月罗得岛成为最后一个批准宪法的州时，这一过程才结束。

（下图）美国第一位总统，乔治·华盛顿（1732 年—1799 年）画像。

宪法妥协

当美国西部边界超出了最初的密西西比河后，扩大的领土及管理让宪法中对人权规定过少的最基本弱点，开始暴露出来。尽管允许继续保留奴隶制与独立战争所宣称的"平等"有明显差别，但这对美国的生存至关重要。即便经济上并不可行，南方也坚持将奴隶制发展到新成立的州，从而引发了 1861 年—1865 年的美国内战。

1601年—1900年
科技、贸易和变革

历史

最伟大的航海探险

詹姆斯·库克船长的三次航行被认为是"大航海时代"最卓越的行动,为科学探索创造了一直保持至今的新范例。

> 我们靠近海岸时,他们全部逃跑了,只剩下两个人,这俩人像是已经决定要对抗我们的登陆。
> ——詹姆斯·库克船长(1728—1779年),写于1770年4月29日到达植物湾时的航行日志

1755年 詹姆斯·库克加入海军,希望参与"七年战争"促进自己职业生涯

1757年 库克通过航海长考试,取得资格掌管和驾驶皇家海军舰只

1762年 詹姆斯·库克与伊丽莎白·贝兹结婚,他们育有6个子女,只有2个长大成人

1775年 库克擢升为上校舰长,还获准从皇家海军荣誉退役,此外,他还当选为皇家学院院士

1776年 库克擢升为皇家海军上校

詹姆斯·库克是绘制加拿大纽芬兰地图的第一个探险家,在地图方面的卓越才能让他获得了英国海军部的青睐,委任他为风帆战舰"皇家奋进"号的指挥官。

库克的航行被认为是"水文地理"式探险,他主要的任务是绘制大陆海岸线、岛屿和海湾的地图,以辅助英国至高无上的商业战略。他还想要寻找"未知的南方大陆"(非澳大利亚)。库克坚持认为全体船员的饮食对航行的成功起决定性作用,因而航行中船上一直备有水果和蔬菜。

第一次航行

"皇家奋进"号第一次航行的最初目的是参与观测非常罕见的金星凌日天文现象,如果成功,科学家们将计算出太阳与地球之间的距离。

随船的有英国皇家学会指定的天文学家查尔斯·格林,植物学家约瑟夫·班克斯和自然学家丹尼尔·索兰德(生物学家卡尔·林奈的弟子)带队的一批植物学家,以及两名植物学画家。船上还装载了皇家学会精心挑选的科学仪器,包括两架反射式望远镜和一座由库克亲自监督建造的便携式观察台。

1769年1月,库克航行的第一站绕过麦哲伦海峡到达合恩角。班克斯和索兰德登陆火地岛研究植物时,一场暴风雪差点要了他们的命。1769年6月3日,在大洋洲的塔希提岛,一行人完成了金星凌日观测,在此期间,他们也到访了附近多个大洋洲岛屿,并把各

英国著名肖像家纳撒尼尔·丹西尔—霍兰所画的伟大探险家和航海家詹姆斯·库克的画像。

历史

（上图）詹姆斯的第一次太平洋探险到达新西兰，他宣布新荷兰（澳大利亚）的东海岸属于英国。

个岛屿统称为社会群岛。库克绘制了整个岛屿的地图,班克斯研究了塔希提的社会结构。

此后,航海家们航行至新西兰的北岛,在当地与原住民发生了一次小冲突,几名毛利人被杀。在奥克兰地区探险后,库克和随行人员航行至南岛,在那里发现了毛利人食人的证据。库克用6个月的时间完成了环绕新西兰的航行,绘制了此次航行的整个海岸线,并证实了分隔开新西兰北岛与南岛的库克海峡并不是前人所以为的海湾。班克斯总结称,那些"大陆投机者"们不得不承认,如果"未知的南方大陆"存在,新西兰绝不是其中一部分。

当时叫做"新荷兰"的澳大利亚是库克的下一站。因班克斯在那里收集到许多独特的植物物种,库克将他们停靠的地方命名为"植物湾",即现在悉尼港(又名杰克逊港)南部的一个大湾。库克宣布澳大利亚的整个东海岸属于英国。关于南方大陆的几种谬论,在库克完成澳大利亚地图的绘制后,被破除了。6月11日,在大堡礁内航行时"奋进"号搁浅,船身受损严重,不得不停下来维修。在库克进入巴达维亚(今印尼雅加达)进一步维修船只时,有29名船员死于当地的疟疾感染。经过3年海上航行,"奋进"号于1771年7月13日返航至英国多佛。

第二次航行

库克的第一次航行在英国引起相当大轰动。1772年7月13日,两艘船——"决心"号和"探险"号——计划从普利茅斯出发进行第二次航行,每艘船上都有随行的天文学家和植物学家。库克同意随船测试4台航海计时器性能,其中1台由哈里森设计,另外3台由亚诺设计。因认为英式饮食会对太平洋岛民有益,他还携带了花种和活的动物。

借助精确的航海钟,很快就实现了航海时的正确

1601年—1900年
科技、贸易和变革

（上图）第一面英国国旗在澳大利亚土地上升起之前，澳洲土著在这里生活了大约有四万多年。

历史

（上图）库克的第二次航行，继续往南穿过太平洋中部。

经度,误差不超过 1.5°。1773 年 1 月 17 日,库克横穿南极圈——之前无人曾航行至如此靠南的地方,这里并没有发现大陆,只有大量冰川。他折返航行至新西兰,在那里开辟了一个花园,并释放了一些牲畜,然后去往塔希提岛。

从塔希提岛到达汤加,英国船员们成为当地原住民见过的最文明的人。在再次向南朝着南极洲航行之前,库克又一次回到了新西兰。然后,再次向北航行,1774 年 3 月偶遇了以巨大石雕像而闻名的复活节岛,该岛 1722 年由荷兰人雅可布·罗赫芬发现。当时,库克想要找到 1595 年西班牙人门达尼亚发现的马克萨斯群岛和位于新喀里多尼亚(他发现并命名的有人岛,地图上未标出)东南约 450 海里的新赫布里底群岛。

1775 年 1 月返航途中,库克经过合恩角进入南大西洋,发现了另一个岛屿——南乔治亚岛,岛上覆盖着更多的冰和冰山。他认为冰山是在陆地附近形成的,由此推断在更南的地方——南极周围肯定有一个寒冷的大陆。"决心"号最终在 1775 年 7 月 29 日抵达普利茅斯。

(下图)约翰·维博(库克最后一次航行时的随船艺术家)所画的塔希提的一个海湾景色。

1601年—1900年
科技、贸易和变革

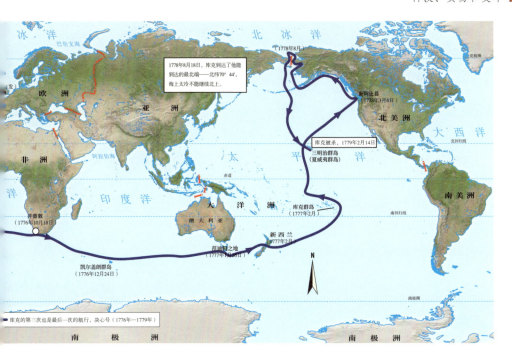

（上图）库克的第三次航行，也是最后一次，穿过太平洋到达北美洲海岸。

第三次航行

第三次航行是为了寻找从西部终点连接太平洋和大西洋的西北航道。"决心"号再次起航，同行的还有僚舰"发现"号。1777年1月，库克绕过好望角到达新西兰。1778年1月，他们发现了夏威夷群岛，当时库克以赞助人三明治勋爵的封号将该岛命名为"三明治岛"。现在，库克已经访问了波利尼西亚岛群的四周——北部的夏威夷、西南方向的新西兰、东南方向的复活节岛，以及中间的主要岛群，萨摩亚除外。

库克曾登陆夏威夷群岛两次，第一次是在1778年1月，当时正赶上一个仪式，人们把库克视为神明龙诺神下凡，根据仪式，岛民希望龙诺神每年到访一次，来更新土地的生产力。

离开夏威夷5周后，库克探险队看到了北美海岸线的俄勒冈州。最后，他在温哥华岛的一个海港附近登陆，将这里命名为努特卡海湾。随着库克向北航行，

595

历史

1779年，詹姆斯·库克死于夏威夷土著人手中。

1601年—1900年
科技、贸易和变革

他意识到这个大陆实际上比他在地图上绘制的还要往西延伸很多。6月,他到达白令海,登陆阿留申岛,穿过白令海峡进入北冰洋,浮冰迫使他回到北纬70°10'。他沿亚洲海岸航行了一段时间,不太确定自己到底在哪里。

库克第二次到访夏威夷是在1779年2月,也是在新年节日期间。库克开始行为怪异,但当地人依然将他看做是上帝。2月第一周库克离开此地,但后来不得不返回修理船只,这是致命的错误,因为在仪式里龙诺神只能出现一次,他失去了岛民的信任。

2月14日,库克带人去寻找一艘被偷的救生艇,他们与一群当地人交火,杀死一人,当他返回时,遭遇袭击,头上遭到棒击,脖子被刺伤,最后倒入水中死亡。他死于土著手中颇具讽刺意味,生前他在太平洋岛民中很受欢迎,库克在与他们的平等交易中获得了很高声望。

> 历史

北美的冲突与扩张

在外交手段、地产买卖以及残忍杀戮的共同作用下，位于北美洲东海岸的13个英国小殖民地得到扩张，美国民众获得了领土的主权，而这些领土在他们的意识里，早已为自己所有。

> 我们的使命就是扩张，控制整个北美大陆，这是上帝承诺给我们的。
>
> ——约翰·奥沙利文

1787年 新独立后的美国通过宪法

1789年 乔治·华盛顿成为美国第一任总统，约翰·亚当斯为副总统，托马斯·杰斐逊为国务卿，亚历山大·汉密尔顿为财政部长

1790年 国会在临时首都费城举行会议，最高法院举行第一次会议

1800年 华盛顿成为美国首都

1854年 美国最高法院赞成奴隶制，否认美国黑人的公民身份

1861年 亚伯拉罕·林肯成为美国第16任总统

1763年英国打败法国后，拥有了密西西比河和大西洋之间的所有领土。然而，东海岸的殖民地却依然受到《1763年公告》的限制，承认原住民的主权以及在"保留区"内自治。在"印第安人保留区"内禁止白人定居，该区面积约有这13个殖民地的3倍大。

独立战争后，情况开始发生变化。新独立的美国坚持要获得西边的英属大片土地。果然，1783年英美签订的《巴黎条约》将东海岸至密西西比河的新殖民地整个划入美国。人们开始向西移民，迫使原住民为他们让路。

购买土地

1682年以来，西至密苏里河、东到密西西比、南至墨西哥湾、北到如今的加拿大为法属北美领土，"七年战争"结束后，依1763年签署的《巴黎条约》割让

1601年—1900年
科技、贸易和变革

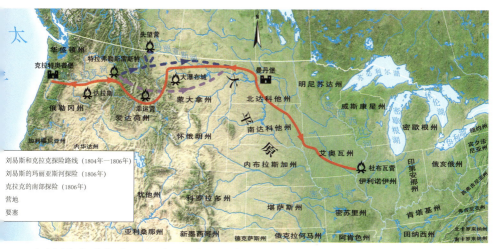

刘易斯和克拉克探险路线（1804年—1806年）
刘易斯的玛丽亚斯河探险（1806年）
克拉克的南部探险（1806年）
营地
要塞

（上图）梅利韦瑟·刘易斯和威廉·克拉克试图到达太平洋，最终于1805年初见成效。

（左图）美国的诞生经历了很多次战役，1793年英国"伏击"号护卫舰和美国"波士顿"号发生在纽约港的这场战役就是一个例证。

给了西班牙。1800年前后，西班牙又将其归还法国，这增加了美国对密西西比河的拥有渴望，因此杰斐逊总统派外交官至巴黎购买新奥尔良和西佛罗里达附近土地。

令人意外的是，拿破仑开出的交换物比预期的还要丰富，他将整个路易斯安那州以1500万美元的低价（约合英亩三美分）出售给了美国。

向西扩张

1803年路易斯安那购地案使美国将扩张的眼光向西转移至太平洋。梅利韦瑟·刘易斯和威廉·克拉克上尉的成功远征进一步激励了这种想法。杰斐逊总统委任他们两人率领一支"探索队"，1804年离开美国沿密苏里河北上，经由陆路至太平洋，于1805年11月抵达太平洋。他们花费近一个月时间考察了海岸、平原及印第安部落情况，并建立了一座堡垒。探险队于1806年9月23日回到圣路易斯。

获得佛罗里达

西班牙人对法国"出售"领土颇有微辞，外交争论随之而来。然而，西班牙在北美并没有讨价还价的

599

筹码。首先,在西属佛罗里达爆发的民众起义后,美国军队占领了该地。1812年,国会获得该领土,一半归入路易斯安那州,一半归入密西西比州。其次,1817年—1818年塞米诺尔战争中,门罗总统命安德鲁·杰克逊侵占佛罗里达,声称西班牙人没有管好殖民地内的印第安人。实际上,是美国经常越境追捕逃亡黑奴,而与西班牙人和原住民塞米诺尔人开战。1819年美西签订《亚当斯—奥尼斯条约》,佛罗里达以500万美元卖给美国。而西部,国务卿约翰·昆西·亚当斯做了一笔交易,美国放弃对德克萨斯的领土要求,以换取西班牙放弃对太平洋西北地区的任何领土主张。

美国获得独立战争的胜利后,国内士气高涨。1812年为抵御英国压制,确保民族独立,美国与英国宣战。尽管在现在的加拿大地区遭遇多次战败以及1814年白宫和首都被烧,但安德鲁·杰克逊将军在南部英勇地打败了英国,并于1819年取得佛罗里达。

(右图)北美大陆由新成立的美利坚合众国和多个欧洲国家共享了很多年。

(下图)为了解从法国手里购买的路易斯安那地区情况,梅利韦瑟·刘易斯和威廉·克拉克带领军队对太平洋西海岸进行了一次官方探险。

历史

孤星之州（德克萨斯）

1821年，墨西哥人同意美国人在德克萨斯定居。但没想到1835年移民们要求独立。1836年，他们的领袖史蒂芬·奥斯汀宣布德克萨斯为独立的共和国，这就是著名的"孤星共和国"。1836年，第一任总统山姆·休斯顿要求将德克萨斯并入美国，墨西哥本就不承认德克萨斯的独立，美墨战争一触即发。1845年，德克萨斯正式并入美国。为了确定边界，波尔克总统派出武装部队至格兰德河，逼迫墨西哥承认格兰德河是德克萨斯边境的声明。

加利福尼亚

1846年5月，美国对墨西哥宣战。接下来发生的墨西哥—美国战争（1846年—1848年）中，美国军队势如破竹，最终于1847年占领墨西哥城，墨西哥投降。

1848年在双方签订的《瓜达卢佩—伊达尔戈条约》中，不止德克萨斯，整个加利福尼亚的太平洋地区都并入了美国。

（右图）整个19世纪，美国不断向西、向北和向南扩张。

（下图）美国的成立使各个殖民地和地区联合在了一起，每个地区都有自己的旗子。

历史

（上图）俄勒冈小道是大西洋沿岸和太平洋沿岸之间重要的移民通道。俄勒冈小道大约2170英里（3500千米）长，横跨半个大陆。当时马车队通过该小道大约需要6个月时间，1869年铁路修建后，该道路几乎废弃。

其他州的获得

在墨西哥领土割让过程中，有一个地区的主权归属不明确。自约翰·昆西·亚当斯签署《1818年条约》以来，俄勒冈地区的问题一直未能解决，此条约中，英国和美国同意共同拥有俄勒冈地区一段时间。在1846年的《俄勒冈条约》中，英美将双方边界设在北纬49度，通过西部沿海航道延伸至太平洋。

1842年美国与英国确定了缅因州的归属。在1853年的加兹登购地中，墨西哥又割让了一点土地——部分在现在的亚利桑那州，最终确立了美国—墨西哥边界。之后，1867年美国仅用720万美元从俄国买入了阿拉斯加。

金矿带来的财富及痛楚

1848年，与墨西哥的战争刚刚结束，人们便在加利福尼亚州发现了金矿。不到两年时间，加州（实际上是整个西部）发生了不可逆转的变化。加州人口和基础设施需求呈指数化增长。黄金需要能便利运输，并且能快速进入东北部的商业中心，第一条横贯大陆的铁路很快建成。

铁路越多，表明有铁轨的城市越多，这对许多美

1601年—1900年
科技、贸易和变革

地产交易

美国现在的许多领土都是用钱购买的，据传曼哈顿岛仅用24美元购得，路易斯安那州，82.8万平方英里（214.5万平方千米）的土地花了1500万美元。

加利福尼亚州、亚利桑那州和内华达州是1848年以1825万美元从西班牙购买的50万平方英里（129.5万平方千米）土地内的一部分，几个月后，加利福尼亚州就发现了金矿。美国也同意了国内民众向墨西哥付清300万美元欠款的要求。

与墨西哥的边界处那一长条土地，即现在的新墨西哥和亚利桑那州，是1853年以约1000万美元的价格购得的。

阿拉斯加州是1867年以720万美元从俄国购得的。

国原住民来说无疑是灾难——土地所有权被侵蚀，野牛群减少。至19世纪结束时，美国领土扩张已经达到了今天的规模。

代价

流血最多的或许是1850年—1880年的平原战争，1864年战争达到白热化，住在桑德河友好的印第安部落夏延族人遭到了惨绝人寰的大屠杀。

迁徙和屠杀美国原住民成为独立后的美国一种西部扩张的模式。19世纪30年代，乔治亚人整体从南方迁移到密西西比河以西。

（右图）美国原住民被迫踏上"血泪之路"，迁移至印第安领地，导致许多美国原住人死亡。

> 历史

"丛林流浪"

航行 8 个月后，英国海军上将亚瑟·菲利普船长率领的由 11 艘船组成的"第一舰队"抵达植物湾，船上主要是来自英国监狱的罪犯。在那个耀眼的夏日——1788 年 1 月 18 日，澳大利亚开始了白人居住时代。

1788 年 1 月 26 日（今澳大利亚国庆日），菲利普到达杰克逊港（即现在的悉尼港），这里拥有更可靠的水资源供应。菲利普宣布成立新南威尔士殖民政府并担任总督，他没有与当地土著缔结协议，因为英国政府将自己看作是移居者，并非这个国家的征服者——这一观点目前颇受争议。

我爱这阳光灼晒的国家，
我爱这一望无际的平原，
我爱这群山起伏，
我爱这干旱和暴雨连绵。
——多萝西娅·麦凯勒（1885 年—1968 年），澳大利亚诗人，选自《我的祖国》第二节

1803 年　马修·福林达斯环航该大陆

1808 年　总督布莱取缔朗姆酒贸易，引发朗姆酒暴乱，事件导致布莱回到英国

1817 年　新南威尔士银行在悉尼开业

1831 年　《悉尼先驱报》创刊，即后来的《悉尼先驱晨报》

1833 年　罪犯流放地阿瑟港在塔斯马尼亚岛建立

距离障碍

1788 年，澳大利亚土著居民约为 75 万，在此生活了大概 4 万年，然而，对于移民们来说，新殖民地却难以解决温饱问题。这里的季节是"颠倒"的，降雨量不稳定，庄稼歉收。

这里距离英国超过 1.2 万英里（1.9 万千米），穿过广阔无垠的大洋需要几个月的时间，而且亚瑟·菲

（右图）包括柏拉图在内的希腊哲学家认为，既然北半球有土地，那么南半球也应该有土地，否则这个世界就不平衡了。16 世纪，随着有航海家报告更南部的地方有新陆地，"未知的南方大陆"开始出现在地图上。

亚瑟·菲利普（1738年—1814年）是新南威尔士（今悉尼附近）的首任总督。他提议第一批移民要包含具备农业、建筑和手艺经验的人，但遭到拒绝，所带的772名罪犯（其中732名在航海中活了下来）大部分是伦敦贫民区的小偷。

利普总督只保留了两只小船。

1788年末，"天狼星"号从悉尼出发，绕过合恩角和开普敦，花费7个月时间带回所需物资。最后，1790年6月，几近饿死的人们才看到抵达的"朱莉安娜女士"号，除了珍贵的食物外，还带来了更多需要养活的罪犯。6月底，又有4艘英国船只抵达，至此，最难捱的阶段已经过去。

新南威尔士面临的间歇性食物危机长达25年，直到1815年左右该殖民地的生活必需品能自给自足，但这促使澳大利亚的广阔海岸线很快又建立了更多的殖民地。

（上图）第一舰队由2艘海军舰艇（"天狼星"号和"供应"号）、3艘补给舰和6艘运输船（运输罪犯）组成。货物包括大量硬件（用于建造小屋）和帐篷。

自给自足

起初，澳大利亚是英国犯人的流放地，在80多年里共有16.2万犯人来此，按军事原则统治。随着时间的流逝，澳大利亚的角色发生了巨大变化。英国和美国捕鲸船将澳大利亚作为基地，在欧洲、美洲、中国和印度之间航行的船只也在澳大利亚进行货物交易。自由人也开始来到这里，许多人具有农业种植经验和技术。澳大利亚人也开始利用当地的自然资源，包括海豹和木材，尤其是鲸鱼。

然而，是羊毛打开了内陆平原区的大门，为澳大利亚带来了第一笔财富，也吸引了新的自由移民。美利奴羊非常适合澳大利亚的干旱夏季和温和冬天，至19世纪20年代后期，澳大利亚羊毛在伦敦拍卖出了很高的价格。该殖民地是"骑在羊背上的"，但这一切对原住民来说，则意味着破坏。

（右上图）送到第一舰队运输船上的罪犯直接来自监狱，后来运输船队在朴茨茅斯相遇，起航那天最后一批罪犯在这里上船。

罪犯流放地

1803年范迪门之地成为罪犯流放地，1825年与新南威尔士分离，1856年更名为塔斯马尼亚。天鹅河殖

（右下图）第一舰队的11艘船携带约1400人和必需品航行252天，超过1.5万英里（2.4万千米），抵达植物湾。令人意外的是，尽管比较拥挤，但路上仅有48人死亡。

民地（后来的西澳大利亚）1829年成为自由定居的殖民地。1836年，自由定居的南澳大利亚也建立。位于东南海岸的菲利普港区1834年迎来第一批白人移民，1851年成为维多利亚的独立殖民地。莫顿湾1824年建立，成为昆士兰的一个殖民地。北部地区1824年成为新南威尔士的一部分，1863年划归南澳大利亚，1912年分离。新西兰也是新南威尔士的一部分，直到1840年。

矿产开发

澳大利亚是一个相当具有挑战性和充满矛盾的国家。由于中心地带为沙漠，澳大利亚成为人类居住的最干旱的大陆。然而，这里却有热带雨林，有冬天会飘雪的东南部山脉，有起伏的绿色山丘和温带森林。

澳大利亚在降雨和耕地方面的缺憾幸运地被丰富的矿产资源所弥补。19世纪40年代，南澳大利亚发现了银矿和铜矿，新南威尔士发现了少量金矿，但1848年加利福尼亚发现金矿后，许多澳大利亚人跨越太平洋去淘金。有些人——特别是爱德华·哈格雷夫斯——给澳大利亚带回了有关勘探的新知识。哈格雷夫斯声称很快会在新南威尔士发现金矿，但这种说法后来颇受争议。

1851年，维多利亚发现了数量巨大的金矿，吸引了世界各地的勘探者来到澳大利亚。除南澳大利亚外，其他殖民地也都发现了黄金。19世纪最后一次淘金热发生在80年代的卡尔古利附近。黄金改变了澳大利亚，支撑起它的经济。

（右图）即便被殖民后，人们还是花费了一段时间，经过了几拨船员和探险家的冒险，才使南大陆成为关注焦点。

澳大利亚探险
- ➡ 贝斯和弗林德斯（1788年—1799年）
- ➡ 弗林德斯（1801年—1803年）
- ➡ 艾尔（1841年）
- ➡ 莱卡特（1844年—1845年）
- ➡ 斯托特（1829年—1830年）
- ➡ 伯克和威尔斯（1859年—1860年）

黄金的出口帮助澳大利亚度过了由干旱或市场原因引起的严重周期性萧条。

自由的土地

淘金热带来了负面影响,放大了由孤立、恶劣地形和新移民社会引发的问题。如在19世纪的大部分时间里,澳大利亚男性一直多于女性,某些时段男女比例会高达4∶1。尽管如此,澳大利亚在19世纪还是取得了巨大的社会进步。由于对昂贵的许可费感到不

文学

19世纪的澳大利亚文学作品反映了许多陌生国度里移民社会被关注的问题。班尼欧·彼得森的诗歌,以及亨利·劳森的小说,都加深了这一印象。一位女诗人多萝西娅·麦凯勒写了激动人心的诗歌《我的祖国》,马库斯·克拉克的《无期徒刑》叙述了流放犯的真实生活,获得人们的喜爱。罗尔夫·博尔德沃德的《武装抢劫:丛林和澳大利亚的冒险生活》,讲述的是星光船长的故事,一个著名的丛林居民或者说是拦路的强盗。许多资深女作家更为关注的是国内主题,作品有清晰可辨的澳大利亚背景。艾达·坎布雷奇、罗莎·布利德和芭芭拉·布恩顿写的都是关于女性在婚姻中面临的冲突。

(左一图)作为殖民地位置的首选,植物湾让人失望,于是菲利普总督一行人出发向北寻找另一处港湾,发现了菲利普认为的"世界上最好的港湾,一千条船能同时在这里安全航行",这就是杰克逊港(即悉尼港)。菲利普决定将殖民地迁移到这个新的地址。

1601年—1900年
科技、贸易和变革

（左二图）探险家查尔斯特（1795年—1869年）于1844年从阿德莱德出发去往澳大利亚内陆。他对内陆进行了几次探险，有从阿德莱德出发的，也有从悉尼出发的。在寻找传说中的"内陆海"时，他发现了几条向西流的河流，将他们合并称为"墨累河"。

（下图）受殖民地扩张影响，之前的土地所有权被忽视，澳大利亚原住民延续了几千年的生活方式因此难以为继。

满，矿工们发动了象征着向民主前进一步的"尤里卡栅栏事件"。19世纪60年代，土地向小型选购者开放，非法土地占有者的财富和权利被稀释。1895年，南澳大利亚女性获得选举权，1908年全部殖民地获得选举权，这点远早于英国。澳大利亚还实行义务教育。体育、剧院和报业繁荣发展，流犯时代所造成的耻辱和社会分裂逐渐消失。

1869年苏伊士运河竣工通航，加上电报从19世纪60年代开始发展，澳大利亚与世界其他地方的联系更为紧密。之前，消息（不论是商业的还是个人的）从英国传来需要数月时间，而19世纪80年代消息则缩短到几小时内。19世纪末的澳大利亚已经与1788年时不同，城市、乡镇、农业和工业都更加繁荣。黄金和羊毛使城市豪宅和高楼林立，铁路、公路和电报在一定程度上克服了距离和孤立的障碍。女性移民及自然增长令性别比例平衡。各个殖民地自治，已经准备好组建新的联合国家——澳大利亚联邦。

> 历史

革命——自由、平等、博爱或死亡！

法国大革命（1789年—1799年）是人类历史上被书写得最多的事件。没有其他历史时期能如此彻底地改变人类命运，法国大革命摧毁了法国君主专制制度，撼动了社会机构和组织，拉开了第一次现代性危机的序幕。

我坚持过来了。
——当被问及在法国大革命中做了什么时，埃马努尔·约瑟夫·西哀士这样回答

1789年　召开了自1614年以来的首次三级会议

1789年5月5日　三级会议投票按照等级而非人数进行，导致第三等级单独举行会议，稍后自行宣布组成国民议会

1789年6月27日　路易十六承认国民议会的有效性，命令第一和第二等级与第三等级结合

1791年　王室逃至瓦雷纳时被抓回巴黎

1792年　男性强制佩戴三色帽徽

1793年　路易十六审判后被推上断头台

1795年　"马赛曲"成为法国国歌

法国大革命的起因有多个，但目前为止公认最重要的原因是法国不断加深的金融危机。由于参与了许多战争，再加上政府管理不善，法国巨额债务缠身。1789年5月，法国国王路易十六召开已经中断175年的三级会议，试图减轻债务并克服贵族们对他经济改革措施的阻挠。

三级会议

冲突很快就出现了，贵族想要召开三个等级的会议并分别投票，来获取与教士和第三等级人们比重相同的投票，而人数众多的第三等级想要召开三个等级同时参与的会议，促使普通民众的声音能够占主导地位。

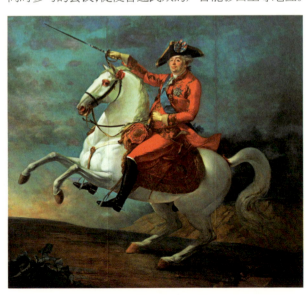

（上图）这里描绘的是著名的攻占巴士底狱事件。1789年7月14日巴黎民众要求监狱长交出武器，放弃抵御农民进攻，遭到拒绝后，他们攻占了监狱，释放了囚犯。7月14日后来被定为法国国庆日。

1789年6月，第三等级自行组成国民议会，路易十六站在了贵族一边，关闭了第三等级召开会议的大厅，后来第三等级代表在附近的一个网球场举行会议，立下《1789年6月网球场誓约》，他们宣誓要继续集会直到起草宪法。这在法国是史无前例的事件——不经国王同意，政治团体自行约定，为国家制定法律。

攻占巴士底狱

1789年，法国庄稼严重歉收，经济一片萧条，昏聩无能的政府无法实施通常的救济措施。底层社会发生暴动，成群的巴黎人民开始武装自己。7月14日，一群武装群众来到关押着许多著名人物的巴士底狱，监狱长拒绝说出武器隐藏处，于是群众攻占了巴士底狱，释放了囚犯，并杀了监狱长和几个官员。

（左图）路易十六整日喜欢骑马，对国家的治理则严重依赖顾问。然而，他的顾问们却无法战胜根深蒂固的贵族特权。

公民的权利

与此同时,"强盗来了"的喊声传遍了农村。这就是1789年的大恐慌,农民们武装自己反抗流民,但最终他们摧毁了土地所有者的庄园。8月4日晚,国民议会中的一些贵族决定满足农民的要求,放弃他们的传统特权,废除依然存在的封建主义——8月26日,制宪国民议会通过了《人权与公民权宣言》。

教会和国家

关于国民议会的政策,或许最值得注意的是与教会的争论。1790年,国民议会通过《神职人员民事宪章》,要求法国神职人员宣誓效忠国家。大部分神职人员在效忠国家还是效忠教堂之间做选择时都拒绝宣誓。随后的12年内,法国一直有两个教会——其中一个由国家来管理,另一个听命罗马,后者遭到国家压制。

《神职人员民事宪章》坚定了路易十六拒绝革命的信念,因为如果他接受革命则意味着签下了对自己永恒的诅咒。因此,1791年6月,他和家人试图逃离法国,但途中在

(右图)1789年庄稼严重歉收,农民们发生暴动,他们袭击了当地土地所有者的庄园,摧毁了记录他们债务的文件。

1601年—1900年
科技、贸易和变革

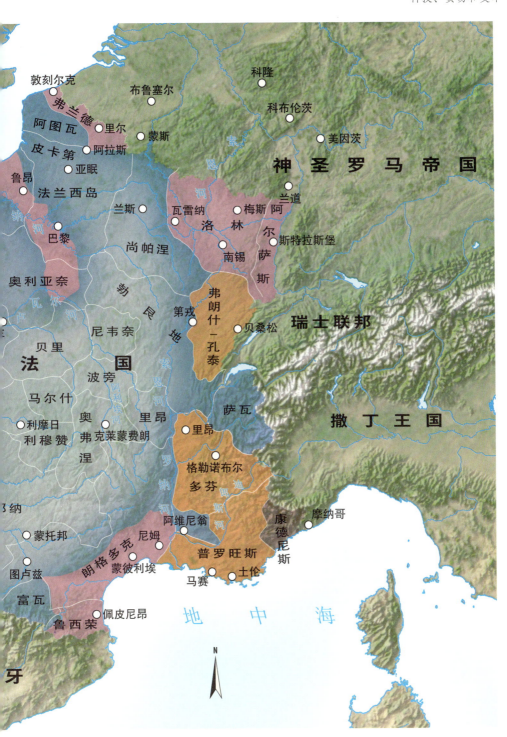

历史

瓦雷纳被抓，送回到巴黎后被软禁起来。

（上图）大约有 6000—7000 名女性从巴黎游行至凡尔赛，抗议面包价格昂贵且供应不足。在那里，她们将要求呈递给了国民议会。

宪法

1791 年 9 月，制宪议会批准宪法，并解散，成立国民公会，10 月由雅各宾派最有权的一个派别吉伦特派统治。吉伦特派坚持将革命传播至全世界，镇压欧洲日益增多的反革命运动，尤其是邻国奥地利和普鲁

1601年—1900年
科技、贸易和变革

士。为达此目的，国民公会于1792年4月对奥地利宣战。

第二次革命

战争对较低的阶层不利——如果败给反革命力量，则可能导致封建特权复辟。1792年8月的"第二次革命"中，巴黎工人进入杜伊勒里宫，囚禁了皇室

(上图)1789年,庄稼严重歉收导致农民起义不断,巴黎人开始武装自己进行防卫,大革命开始。

成员。他们建立了地方自治政府巴黎公社,解散国民公会,废除宪法,选举全部由雅各宾派组成的共和制宪议会。在"九月屠杀"中,约有1100名教士和反革命者被拖出监狱杀害。

法兰西第一共和国

1792年9月新的国民公会举行会议,决定禁止使用公历,采用革命历法,即共和历。接下来的几个月内法军取得了军事胜利,共和国军队推进到了比利时、萨伏依和莱茵河左岸。

在这种一触即发的氛围中,路易十六以叛国罪被审判,罪名成立,一致认为应处以死刑,1793年1月他被推上断头台。他的死刑令国民公会内部争论进一步激化,由于其成员超过半数同意弑君,再回归君主制已无可能。

4月，法国将领穆迪里埃叛变，投奔奥地利，恐慌情绪在法国蔓延，比利时也爆发了反奥起义。5月，巴黎公社、山岳派和无套裤汉大规模反击，逮捕了吉伦特派成员。

罗伯斯庇尔的恐怖时期

吉伦特派倒台预示着马克西米连·罗伯斯庇尔力量的崛起。他旨在赢得战争，镇压反革命暴乱，创建善良公民的共和国。为达到这些目标，他说服国民公会无限期停止1793年起草的宪法，开始了他的恐怖统治时期（1793年—1794年）。

不到一年时间内，4万名有嫌疑的"共和国敌人"，包括保皇党、贵族、牧师、资本家、吉伦特派、右翼雅各宾、反革命分子、阿贝尔派（激进的"极端革命分子"），尤其是农民和工人——约占受害者的70%，被砍头或立即执行死刑。

1794年7月27日热月政变发生，国民公会内一个右派团体密谋策划反抗罗伯斯庇尔及其同伙，剥夺了他们的权利，将他们送上断头台。热月党人结束了罗伯斯庇尔的恐怖统治，关闭了雅各宾俱乐部，起草了1795年新宪法，建立了另一个政府——督政府。

开放的独裁统治

1797年，督政府遭遇危机，在法国第一次真正自由的共和党选举中，

（上图）法国王后玛丽·安托瓦内特，犯有叛国罪，1793年10月16日被推上断头台。

（上图）马克西米连·罗伯斯庇尔，是一名激进派革命者，1794年7月28日成为自己恐怖统治的受害者。

1601年—1900年
科技、贸易和变革

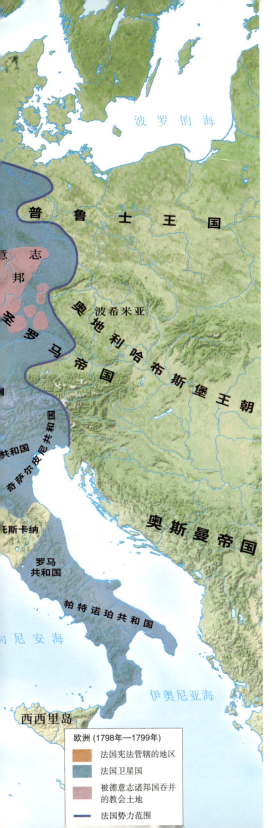

欧洲（1798年—1799年）
- 法国宪法管辖的地区
- 法国卫星国
- 被德意志诸邦国吞并的教会土地
- 法国势力范围

保皇派取得了胜利。督政府感到害怕，转而向军队寻求帮助。拿破仑·波拿巴当时是一位才华横溢的年轻将领，已经为法国征服了意大利北部。为保护征服的土地，他想要在国内建立一个扩张主义的共和政体。他派将军奥热罗到巴黎，让军队随时待命，迫使王党操纵的督政府宣布选举结果无效，王党复辟君主制的阴谋失败，这就是"果月政变"。意大利、荷兰和德意志的大部分城邦依然是法国的附庸国。

由于督政府是开放的独裁统治，内战变得更为激烈，致使经济难以稳定。与此同时，拿破仑侵入埃及，并试图间接袭击英国。但英国对此做出反应，组建了第二次反法同盟，成功回击了法国。

见法国督政府政权不稳，拿破仑趁机回到巴黎，与督政府内的反对派成员联系，于1799年11月9日发动"雾月政变"，解散了督政府。

然后，拿破仑宣布成立执政府——法国第三共和政府，自任第一执政。

（左图）"恐怖统治"是指法国1793年—1794年间的一个阶段。在这个阶段内，革命当局希望通过国家暴力来稳定局势，这导致了数万人的死亡。

623

> 历史

小个子将军

拿破仑·波拿巴（1769年—1821年）出生在科西嘉岛的一个小贵族家庭，个子不高，却成为历史上最强大且具有争议性的人物。

> 相对于我需要法国，法国更需要我。
> ——拿破仑·波拿巴，法国军事和政治领导人

1796年　拿破仑与寡妇约瑟芬·博阿尔内结婚

1799年　拿破仑发动政变，建立执政府，任第一执政

1804年　拿破仑加冕称帝

1810年　拿破仑与约瑟芬因无子嗣而离婚，后与奥地利公主玛丽·路易斯结婚

1815年　拿破仑被流放到圣赫勒拿岛，1821年死亡

得益于法国大革命（1789年—1799年）后采取的精英教育体制，让才华比出身更受重视，拿破仑才能从法国军队中的一个低级军官，一步步登上帝王的宝座。在获得政府和军队的统治权后，他大量征募忠贞之士入伍，以备国家战争之需。

在身兼国家元首和武装总司令的十余年内，处理国家政务的拿破仑具有非常大的自由。政治和军事权力的运用被拿破仑完美地发挥到了极致。

大陆经济封锁政策

尽管如此，拿破仑的这种权力融合，缺乏现代治国之道所需的权力间的相互制衡。他所缔造的法兰西

（右图）从画中可以看到拿破仑和约瑟芬加冕为法国皇帝和皇后时华贵的法国朝堂。最右端为意大利籍教皇庇护七世。

1805年被加冕为意大利国王的拿破仑肖像画。

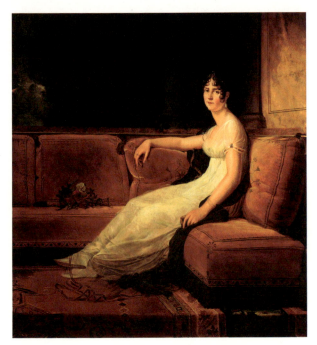

（左图）拿破仑的第一任妻子约瑟芬·博阿尔内，因没有子嗣而与拿破仑离婚，尽管两人关系疏远，但拿破仑离世前最后呼唤的依然是她的名字。

帝国虽控制了欧洲大陆，却没有适应欧洲政治现状，更多的只是为了满足自己称霸欧洲的野心。

由于1803年—1804年间入侵英国受阻，加上因法国海军在特拉法加战争中的惨败激起的耻辱心，拿破仑于1806年实施了大陆封锁体系，针对英国贸易进行欧洲封锁，旨在破坏英国经济。尽管俄国1807年同意加入大陆封锁体系，但拿破仑却在封锁与反封锁的较量中败下阵来。英国控制着对法国存亡至关重要的海上贸易通道，法国无法对这样的对手发动经济战。

战争

经过近10年的战争后，奥地利、普鲁士和俄国等其他国家开始效仿法国。拿破仑为支持大陆封锁体系而发动经济战时，在世纪之初所拥有的制度和战术优势已经不复存在。虽然拿破仑的战术天分仍然是一支强大的力量，但法国已失去了率先采用革命手段发动战争的战略优势。

打击敌人

法国大革命在政治和社会上所带来的积极影响、过人的政治手腕、军事和政治方面的才能以及战场上惊人的胜利,令拿破仑的个人威望和权势达到顶峰。他在欧洲以绝对的权力和统治,虽然压制了其他国家的扩张野心,却也颠覆了各国权力之间的平衡。

尽管在发动战争和重塑法国社会方面才华横溢,但除了在战争上打击敌人,拿破仑想不到其他对策。这对他的快速崛起以及在欧洲建立法兰西帝国都有好处。辉煌的成功更加坚定了"战争"在他制定政策时的首要考虑因素。

然而,拿破仑未能将实现目的手段与目的本身的价值相匹配,这最终导致他和法兰西帝国的垮台。当时的法国资源远不足以支撑他称霸欧洲的野心。

(下图)1796年—1797年间,拿破仑在意大利北部指挥战役,赢得了皮特蒙特至威尼斯的领土。

年轻的将军拿破仑率军在1797年的里沃利战役中战胜了奥地利。

▶ 历史

拿破仑战争

拿破仑战争（1805年—1815年）让欧洲产生了根本变化。在此期间，法国在谋求捍卫主权的同时，也将法国大革命的理念传播到国外。

在此期间，为阻止大革命传播到自己国家，欧洲各国君主都试图找到法国的劣势。为击败法国，他们甚至组成了军事联盟。

最初，由于法国是当时欧洲的军事霸主，他们成功机会极少。然而，机会还是来了：雄心勃勃的拿破仑决定1808年入侵西班牙，1812年入侵俄国。

1814年，奥地利、英国、普鲁士和俄罗斯联手击败法国，拿破仑被流放。尽管他于1815年重新执政法国100天，但最终在滑铁卢战役中失败，被永久流放至圣赫勒拿岛，并在那里死去。

战胜时，你应得香槟，战败时，你更需要它。
——拿破仑·波拿巴（1769年—1821年），法国军事和政治领导人

1791年—1792年 第一次反法同盟

1798年—1801年 拿破仑侵入埃及，他的舰队被纳尔逊摧毁

1805年 第三次反法同盟失败，法国取得了乌尔姆战役的胜利，大败俄罗斯和奥地利

1808年—1814年 半岛战争中拿破仑部队惨败

1812年 拿破仑入侵俄罗斯是历史上最严重的军事错误之一，法军历经艰难，大量死伤。最终撤退，逃出俄罗斯，数千人死亡

原因

有三个因素导致拿破仑战争的发生。首先是欧洲其他国家试图制造法国的内乱，满足自己的领土野心。第二是法国一直担心王室、流亡者和国外势力密谋，

（右图）这幅油画是西班牙画家戈雅的作品《1808年5月2日的起义》，描绘的是西班牙民众与执勤的法国猎骑兵卫队之间的冲突。

1601年—1900年
科技、贸易和变革

(上图)1805年,拿破仑在乌尔姆战役中战胜奥地利,占领了维也纳。该图为胜利后的拿破仑在维也纳检阅军队。

想要逆转革命成功的局面。这种担心导致法国迫切想要消灭所有的假想敌。拿破仑在执政和战争中的才华,使他选择以战争作为解决国内外一切问题的唯一手段。最后,法国和其他列强之间的一系列误判更将双方均推向了战争。

法国大革命(1789年—1799年)

法国大革命为拿破仑战争奠定了基础。大革命结束了法国传统的社会和政治体系——自动赋予贵族领导权。新的价值体系向充满热情的底层社会敞开了大门。军队里,以前由贵族占主导的军官群体现在由许多中产阶级组成。此后,法国官员的任命都要凭借功绩,而非血统。拿破仑的权力就是靠功绩获得的。

看到大革命后法国混乱的政局,欧洲列强想要从中获利。大革命所引发的思潮力量虽影响有限,但也

631

历史

足够让欧洲各国的君主害怕法国。他们手中的权力依靠的是传统，而非投票箱。自由主义和民族主义双重意识形态的传播可能会唤醒人民群众，用暴力夺取政权。为了应对可能的糟糕后果，他们结成了一系列反法同盟。

"大军"

1793年，面对入侵威胁，法国颁布了大规模征兵法令，使法国军队人数增加至75万。然而，接下来的10年中，主要受逃亡影响，法国军队规模缩小，但军事经验和专业技能日臻娴熟，并保留着革命热情。至1805年，法国军队被称为"大军"。

法国军队由公民组成，在拿破仑的领导下，他们愿意为三色旗和国家奋斗至死，这点与由雇佣兵和被迫应征入伍的农民组成的敌对军队形成鲜明对比。因此，能最大程度地利用全民资源和精神力量为国家利益服务的法国，已武装至牙齿。

目标

经拿破仑实施军事改革后，法国"大军"取得霸主地位。

拿破仑从当时的军事惯例入手，引入全新作战风格。法国设定了雄心勃勃的目标，为军队提供了实现这些

（右图）拿破仑与欧洲列强进行了十多年的战争，最终失去了巴黎，被迫流亡。

1601年—1900年
科技、贸易和变革

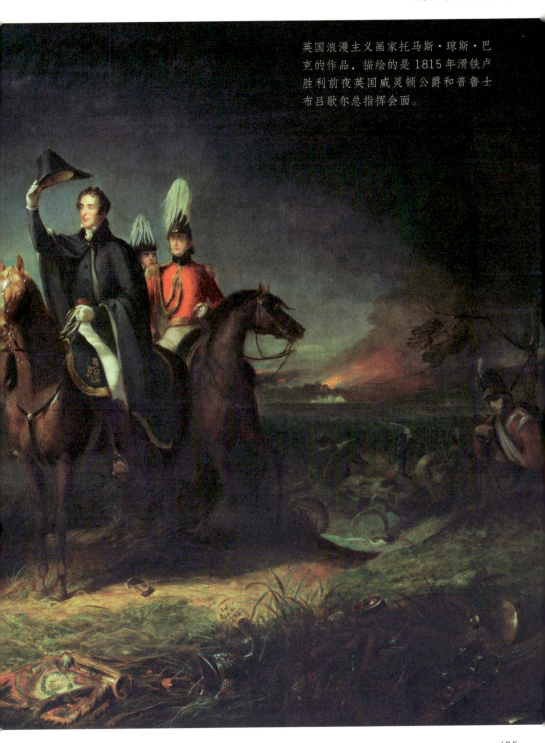

英国浪漫主义画家托马斯·琼斯·巴克的作品,描绘的是1815年滑铁卢胜利前夜英国威灵顿公爵和普鲁士布吕歇尔总指挥会面。

目标的手段。不同于为进行土地交易而获得土地，一种新的战略成为"有限战争时代"（约1648年—1793年）的特征，拿破仑意识到战争的真正目的是摧毁敌人的有生力量，而不是占领他们的首都。其他列强的军队明显弱于法国"大军"。

胜利和失败

19世纪第一个10年，法国遭遇国家安全挑战，但战胜了其他欧洲列强，赢得一系列惊人的军事胜利。但后来胜利局势开始消失：1808年，拿破仑入侵西班牙，陷入了漫长而血腥的游击战；1812年，法国入侵俄罗斯失败。自1812年至1814年间，奥地利、普鲁士、俄罗斯、英国、瑞典和一些德意志邦国结成反法同盟，最后逼近巴黎。

尽管取得一系列惊人的胜利，但拿破仑未能阻止盟军，巴黎最终失守。和平谈判失败后，1814年拿破仑被迫退位，流放至厄尔巴岛。1815年，他短暂执政100天后在滑铁卢战役中惨败，再次被流放，这次是圣赫勒拿岛。

彻底击败拿破仑后，欧洲列强重划欧洲政治地图。

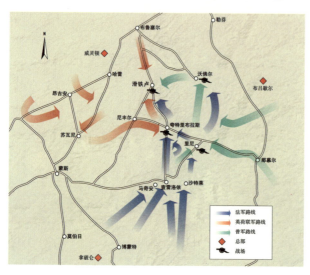

（左图）滑铁卢战役持续3天，共有4场战争。拿破仑在夸特里布拉斯之战中击退了英荷联军，在里尼之战和沃佛尔之战中战胜普鲁士，但1815年6月18日，在比利时小镇滑铁卢，拿破仑的军队最终被威灵顿和布吕歇尔的联军击败。

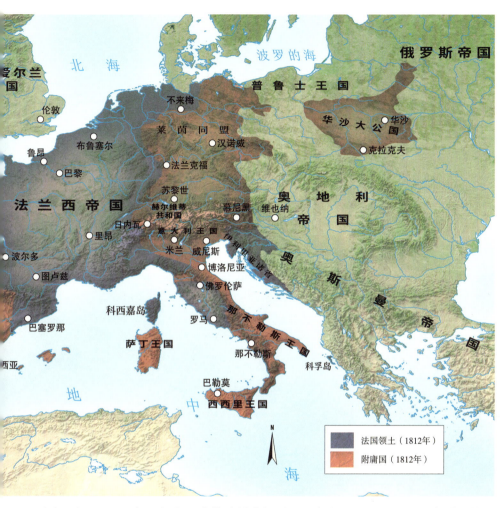

(上图)至1812年,拿破仑不但控制了法国邻国,还与其他地区结盟或签有协议。

在维也纳会议(1815年)上,为阻止另一个霸主的崛起,与会者们寻求维护权力均衡以及保守的社会秩序。欧洲列强决定,不但不将法国排除在战后国际政治体系之外,还允许法国保持当前的边界,波旁王朝复辟,路易十八成为国王。法国承诺在欧洲协调体制之内,扑灭国内自由主义和民族主义的任何火花,防止它们强大到足以破坏或威胁君主统治。欧洲协调机制成功完成了使命,但到19世纪中期,由于成员国间的利益冲突,欧洲协调机制瓦解。然而,欧洲确实保持了长时间的相对和平,直到1914年第一次世界大战爆发。

滑铁卢战役（1815年）中因预定的援军没有到达，法军全线崩溃，无力回天的拿破仑不得不逃离战场。

世界工厂

启蒙运动和亚当·斯密开创性的现代经济学,使英国成为自由社会和自由竞争经济的先驱。

> 劳动者是生产成本,是原始购买货币,是为所有东西支付的钱。
> ——亚当·斯密(1723年—1790年),苏格兰经济学家和哲学家

1761年 由詹姆斯·布林德利主持开凿的布里奇沃特运河开通,使得驳船能从沃斯利运输煤炭至曼彻斯特

1777年 连接默西河和特伦托河的大干流运河开通,将中部工业区与布里斯托尔、利物浦和赫尔等港口连接起来

1792年 詹姆斯·瓦特的助手威廉·默多克使用煤气在家里照明

1811年—1815年 工人担心被替代而失去工作,结伙袭击工厂,破坏机器

1849年 莫尼尔发明钢筋混凝土

16至18世纪,英国成为经济强国。这种经济增长是以君主立宪制、英国宗教改革的成功以及农业技术的改革(提高了生产力,确保食品的充足供应)为基础。仅150年间,英国人口就增加了3.5倍。

大发明时代

经过200年的发展,一系列相对独立但相辅相成的技术革新,改变了18世纪后三分之一时期的工业。约翰·凯伊于1733年发明的飞梭纺织机,将纺织生产率提高30%～50%,同时也增加了对螺纹的需求。艺术协会1760年授予其奖项,鼓励他创造更高产的纺织机器。1764年,纺织工人和木匠詹姆斯·哈格里夫发明了八轴"珍妮纺纱机",将生产率提高8～10倍。理发师理查德·阿克莱特发明的水力纺纱机在1769年

(右图)詹姆斯·哈格里夫发明的"珍妮纺纱机",有8个木轴,能让一个人同时旋转几股线。

苏格兰工程师詹姆斯·瓦特（1736年—1819年），在1765年大大改良了蒸汽机，并在后来创造了"马力"一词。功率的标准单位"瓦特"，就是以他的名字命名的。

历史

（上图）妇女和孩子在拣选煤炭。能源对工业生产极其重要，风和水等传统能源不能满足工业需要，但煤可以，幸运的是英国煤炭储量丰富。

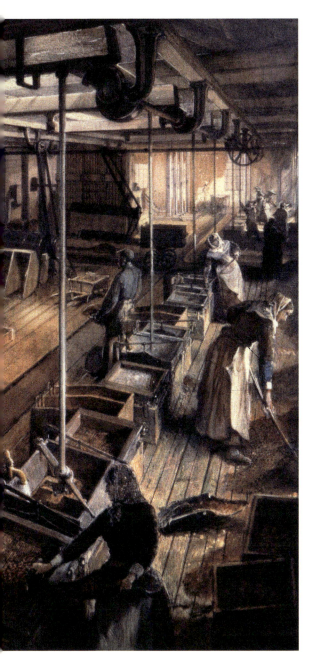

获得专利权,这台纺纱机使用水力可让 100 个线轴转动。塞缪尔·克伦普顿还是孩子的时候,父亲就去世了,他很小就学会了纺纱以养家糊口,1785 年,他将哈格里夫的"珍妮纺纱机"和阿克莱特的水力纺纱机结合起来,发明了蒸汽"走锭纺纱机"(又称骡机),纺出了优质棉纱。

机械化回报

牧师埃德蒙·卡特怀特发明的动力织布机 1787 年获得专利权。4 年前,詹姆斯·贝尔发明的辊筒轧花机获得专利,可以替代 40 个人工压花机。纱线置于阳光下变白,需要耗时数周或者几个月,法国化学家克劳德·路易·贝托莱 1784 年使用氯做漂白剂后,这一过程缩短到几个小时。受机械化纺织厂影响,纺织品的整体价格降至机械化之前价格的二十分之一。英国很快就为全世界供应纺织品。18 世纪 80 年代,棉花制品占出口总额的 7%。到了 19 世纪 40 年代,份额攀升至 45%。

蒸汽动力

1705 年,五金商和铁匠托马斯·纽可门建造了一个 20 马力的简便蒸汽机,在矿山泵水。

工匠詹姆斯·瓦特则在格拉斯哥大学建立了一个小车间，致力于改进纽可门的发动机。1763年，他制造出更高效的发动机，能够让机器持续运转。1784年，瓦特制造出大大改良的蒸汽机，效率比纽卡门的发动机高5倍。

1800年，英国发动机总功率约为1万马力。1815年提高至21万马力，至1850年提高至129万马力。

冶铁的革新

亨利·科特是朴茨茅斯港工厂的厂长，1783年他发明蒸汽碾压法，1784年发明"烧炭反射炉"，取代了缓慢而耗力的锤打。他将搅拌和碾压结合起来，给生铁脱碳以利于锻铁，仅此简单一步就将生产1吨粗铁所需的耗煤量降低了三分之二。1839年，工程师詹姆斯·内史密斯发明了蒸汽锤。现代钢铁工业在英国诞生。

当纺织、铁和煤炭行业经历着快速变革时，大部分其他行业则在接下来的几十年内一直保持着传统的小规模。1841年时大部分人口从事农业。机械业在19世纪下半叶爆发，然后逐渐传播至整个大陆，宣告了工业资本主义的到来。

（右图）1851年5月1日，维多利亚女王举办万国工业博览会，当时英国是世界上最强的工业国家，铁、煤和棉布产量占世界总产量一半以上。伯明翰成为"千行百业的城市"。

（左图）詹姆斯·瓦特在伯明翰希斯菲尔德的车间，1790年至1819年去世，他一直在这里工作。

1601年—1900年
科技、贸易和变革

645

▶历史

反抗西班牙

19 世纪初，西班牙持续了 3 个世纪的和平统治结束，经过 1808 年—1830 年间的战火之后，现代拉丁美洲共和国建立。

> 为革命服务，犹如在大海上乘风破浪。
> ——西蒙·玻利瓦尔（1783 年—1830 年），南美独立运动领导人

1494 年 西班牙和葡萄牙签订《托尔德西里亚斯条约》，旨在瓜分新世界

1500 年 佩德罗·阿尔瓦雷斯·卡布拉尔宣布巴西为葡萄牙殖民地

1507 年 为了纪念意大利人亚美瑞格·韦斯普奇（1454 年—1512 年），一名德国制图师在发布新世界地图时第一次使用"亚美利加"（美洲）之名

1519 年—1522 年 科尔特斯征服了阿兹特克首都特诺奇提特兰

1823 年 美国发表门罗主义，警告对西属美洲新独立的共和国的再度殖民

1846 年—1848 年 墨西哥与美国战争结束，签订《瓜达卢佩伊达尔戈条约》，美国吞并了墨西哥北部领土

这一过程可以追溯到 18 世纪中期。尤其是，波旁改革时代（大约为 18 世纪 40 年代到 90 年代），人们对西班牙殖民的不满明显增加。

打破常规

1809 年，上秘鲁（玻利维亚）的拉巴斯和丘基萨卡（1825 年更名为苏克雷）两城人民揭竿而起，组成独立政府，拉开了独立战争的序幕。1810 年，中央政府解散。受此鼓励，南美洲拉普拉塔河领地（阿根廷、乌拉圭、巴拉圭）、智利、新格拉纳达（哥伦比亚、厄瓜多尔）和委内瑞拉，纷纷建立独立政府。在阿根廷首都布宜诺斯艾利斯，西班牙总督被免职；战争在巴拉圭和蒙得维的亚也同时宣布。

1811 年，巴拉圭宣告独立，此后从 1814 年至 1840 年拥有了相对繁荣的 26 年。1816 年的图库曼大会上，阿根廷宣布从西班牙独立。

乌拉圭的诞生更延后一些，拉普拉塔河东岸地区在 1817 年至 1828 年间曾并入巴西，1825 年蒙得维的亚城解放，1828 年乌拉圭共和国成立。

智利

1817 年，何塞·德·圣马丁领导的安第斯军队和贝尔纳多·奥希金斯领导的智利军队在进行艰苦卓绝的行军后，终于在查卡布科战役中取得胜利，把智利从西班牙保皇派的专制下解放出来。1818 年智利宣布独立，奥希金斯成为第一任总统。

1821年，卡拉沃沃战役胜利后，西蒙·玻利瓦尔将象征解放的旗帜交到爱国武装力量手中。

历史

西蒙·玻利瓦尔

西蒙·玻利瓦尔是南美最伟大的独立英雄，1812 年他到达加拉加斯。早期军事失利后，玻利瓦尔于 1819 年在博亚卡战役中领导爱国军打败了西班牙保皇派的军队，解放了博亚卡和新格拉纳达的其他省。事实证明，玻利瓦尔领导下的爱国军是锐不可当的，1821 年卡拉沃沃战役胜利后，委内瑞拉宣布独立。此后不到一年时间，新格拉纳达并入委内瑞拉，安东尼奥·何塞·苏克雷在皮钦查战役中解放了基多地区。新格拉纳达变成了哥伦比亚共和国。

（右图）经过一系列的战争和革命后，拉丁美洲的国家获得独立。

秘鲁

通往利马的道路开放了，玻利瓦尔的远征军从北部进攻，同时，圣马丁率领的远征军从南部策应。1822 年，两支军队在瓜亚基尔胜利会师时，圣马丁将秘鲁远征军指挥权交给玻利瓦尔。秘鲁解放后，上秘鲁成为西班牙保皇派的唯一一个堡垒，1825 年玻利瓦尔的将军苏克雷彻底击溃保皇派军队，解放了上秘鲁，这次胜利是西属南美洲独立的辉煌顶点。

（下图）墨西哥天主教神父米格尔·伊达尔戈·伊·科斯蒂利亚是墨西哥独立战争最早的领导人，被称为墨西哥"国父"。

墨西哥和中美洲

1821 年 2 月 24 日，《伊瓜拉计划》宣布墨西哥独立，奥古斯丁·德·伊图维德担任南方军队总司令。1822 年，在军队的支持下，伊图维德成为皇帝，但很快被驱逐。最终，1824 年宪法确定墨西哥为联邦共和国。

在中美洲，独立是通过艰苦卓绝的努力实现的。5 个即将成为中美洲国家的——危地马拉、洪都拉斯、尼加拉瓜、哥斯达黎加和萨尔瓦多——国家分裂了。1823 年伊图维德倒台后，墨西哥人对它们就失去了兴趣，这 5 个省宣布完全独立，但 1824 年宪法把它们组成了"中美洲联邦"。1830 年，每个省分别宣布建国。西属南美洲几乎同时成为羽翼丰满的国家。

历史

帝国世纪

亚历山德里娜·维多利亚女王出生于1819年5月2日，父亲是肯特公爵，母亲是萨克森—科堡的维多利亚公主。作为历史上最为著名的君主之一，她无嗣的叔叔、英国国王威廉四世则曾希望她不会有机会继承王位。

最重要的不是他们怎么看我，而是我怎么看他们。
——英国维多利亚女王
（1819年—1901年）

1847年 通过十小时工作制立法，限制工厂中孩子们的工作时间

1852年 伦敦维多利亚和阿尔伯特博物馆开放

1855年 巴尔莫拉城堡竣工

1858年 英国政府正式接管印度

1863年1月10日 伦敦第一条地铁开通，连接帕丁顿和法灵顿街

1876年 维多利亚女王加冕为印度女皇

1891年 新苏格兰场竣工

1901年 伦敦人口达到660万

维多利亚的父母并不受人欢迎，但由于王室不幸，英王威廉四世死后，年仅18岁的亚历山德里娜公主于1837年6月成为维多利亚女王。她与表弟萨克森—科堡的阿尔伯特王子的婚事从孩提时代就已经确定，幸运的是，维多利亚爱上了阿尔伯特，两人于1840年成婚。

阿尔伯特从未受到英国人民的喜爱，主要因为他的德国人身份，但他是一个尽责的丈夫，工作努力，还给予了维多利亚很好的指导。阿尔伯特成功筹办了1851年的万国工业博览会，这是关于工业、发明和发现的第一次国际展览。

首相支持

维多利亚也得依靠首相们的支持。在她的10个首相中，她非常不喜欢威廉·格莱斯顿，但非常钦佩墨尔本子爵。她最喜欢的首相是本杰明·迪斯雷利，他对她献媚，与之调情。

内战和革命给人民带来自由，加上英国煤和铁储量丰富，受此推动，英国工业革命大踏步进行。然而，在光鲜的帝国和工业财富表面下依然存在着贫穷。激进分子和共和主义者逼迫政府要把他们的提议安排上议事日程，而爱尔兰要求地方自治。尽管维多利亚是保守派，但在她统治期间，政治和社会改革缓慢发生。维多利亚的七次遇刺都是不理智的人所为，而非危险的革命者所为。

维多利亚女王在位64年,是英国在位时间最长的君王。

历史

(上图)广袤的大不列颠帝国管控范围跨越全球,维多利亚统治时期(1837年—1901年)领土翻倍。

1601年—1900年
科技、贸易和变革

（左图）维多利亚女王去世前一年所拍摄的照片，与4个曾孙（共37个曾孙）在一起。坐在前排垫子上的艾伯特王子，后来成为乔治六世国王，是伊丽莎白二世的父亲。

帝国权威

维多利亚统治时期，大英帝国领土翻倍。两个多世纪以来的英国商人和探险家帮助英国获得了广袤的领土。维多利亚统治的63年间，让散布全球的领土成了更统一的整体。新西兰、加拿大和澳大利亚虽有自治政府，但依然是大英帝国的一部分。1876年，迪斯雷利设法让她宣称自己是印度女皇，这正是她所渴望的头衔。

整个19世纪，欧洲列强都在家门口互相挑衅。为稳定局势，英国再三与法国、奥地利、德国和俄罗斯缔结联盟。英国和法国是传统的敌国，英国和德国在政策上却大部分时间意见一致。1815年至1914年间，英国卷入的唯一一场欧洲的主要战争就是1853年—1856年的克里米亚战争。

（下图）维多利亚十字勋章，使用克里米亚战争期间俘获的大炮上的青铜做成，是英国奖励英勇行为的最高军功勋章。

皇室姻亲网

维多利亚是个浪漫主义者，她鼓励子女和（外）孙子（外）孙女们为爱而结婚，但皇家婚姻难免具有政治和战略意义。维多利亚的9个孩子中有8个与欧洲皇室联姻，另一个嫁给了一位英国公爵。德国皇帝威廉二世是维多利亚的外孙，维多利亚的外孙女亚历山德拉成为俄国皇后。女王伊丽莎白二世和丈夫爱丁堡公爵都是维多利亚女王的后代。

当1861年12月阿尔伯特亲王离世时，悲痛万分的维多利亚躲在自己最喜欢的房子里——位于怀特岛的奥斯本宫和位于苏格兰的巴尔莫勒尔。她的哀痛持续至1887年，当时英国已经极度危险，她与来自苏格兰高地的仆人约翰·布朗的友谊丑闻，加剧了这一形势。

1887年登基50周年纪念活动中，出现在公众视野的维多利亚，成功提高了女王和王室的威望。在60周年纪念的时候，她已经成为传奇而仁慈的人物，统治着庞大而繁荣的帝国。1901年1月22日，维多利亚女王死于奥斯本宫，享年81岁。

655

> 历史

沙皇俄国晚期

1801年，罗曼诺夫王朝已独裁统治了俄罗斯帝国200年。俄罗斯帝国由不同种族组成，领土从西欧延伸至亚洲，从冰冷的北极延伸至南部的黑海。

> 我并没有统治俄国，而是成千上万的办事员在统治。
> ——尼古拉一世（1796年—1855年）

1812年 拿破仑入侵俄国，人们烧毁莫斯科，阻止他获得战利品

1814年 拿破仑在俄国被击败

1855年 俄国吞并哈萨克斯坦

1859年 俄国吞并车臣

1867年 俄国将阿拉斯加出售给美国

1895年 弗拉基米尔·列宁参加革命被捕

亚历山大一世

亚历山大一世（1777年—1825年）是凯瑟琳大帝的孙子，他的父亲保罗在1801年的宫廷政变中被杀，于是由他执政。沙皇虽是独裁统治者，但依然需要与贵族保持良好关系，贵族团体虽小，权力却很强大。俄国大部分人要么是农民，要么是私人土地所有者的农奴。沙皇害怕贵族的报复，不愿给予农奴自由。贵族和上层社会人士占据官僚机构和部队军官——19世纪初期，俄罗斯仅有一小部分中产阶级。

（右图）亚历山大一世，原名亚历山大·帕夫洛维奇，死时47岁，在位24年，他是一个神秘的人，后半生沉迷神秘主义。

尼古拉一世的专制统治受到当时作家的批评,如作家尼古拉·果戈里和伊凡·屠格涅夫

历史

经过约120多年的版图扩张,俄罗斯领土广阔,从西部的华沙延伸至东部的海参崴。

富有侵略性的外交政策让俄罗斯拥有了庞大的常备军。1812年，俄罗斯联合英国、普鲁士和奥地利共同对抗法国入侵。拿破仑军队进入俄罗斯领土后，俄军一撤退就施行焦土策略，甚至是莫斯科。1813年在寒冬和物资匮乏的双重打击下，法国军队溃败。

尼古拉一世

亚历山大死后，他的弟弟尼古拉一世（1796年—1855年）于1825年12月继位，当时正面临十二月党人起义，受法国革命思想影响，发动起义的军官想要制定宪法，结束独裁统治。但该活动没有得到群众的支持。奉行"正教、政权和国家"理念，尼古拉镇压了此次起义，他统治期间极少改革。1848年—1849年，欧洲大陆政治动荡的影响更坚定了他维持独裁的决心。后来，欧洲列强担心俄罗斯过于强大，开始联合孤立曾经的盟友。1854年英法联军干涉俄土之间的克里米亚战争，尼古拉一世在战争中死亡。

亚历山大二世

尼古拉一世的儿子、"解放者"沙皇亚历山大二世（1855年—1881年）1861年颁布《解放法令》，废除农奴制。贵族失去了部分土地，农奴则可以使用国家贷款购买土地，但要受村务委员会约束。农民和贵族都遵照了这一安排。农奴解放迫使政府体制做出改变，军队和司法体系也相应做出了改变。

然而，19世纪中期，成长起来的中产阶级对君主专制提出了质疑。知识分子消极对待《解放法令》的条款，推动政府进行更多改变，最后却演变成恐怖主义活动和革命。中产阶级恐怖主义团体民意党于1881年3月暗杀了亚历山大二世。

亚历山大二世统治时期，学术空气相对自由。作家陀思妥耶夫斯基描述了底层人民的艰辛，而列夫·托

（下图）沙皇尼古拉二世和妻子亚历山德拉皇后，两人于1918年被处决。

(右图)1807年7月,《提尔西特条约》签订前夕,拿破仑接见亚历山大一世,以及普鲁士国王弗雷德里克·威廉三世和他的妻子路易斯皇后。

尔斯泰则展现了贵族的生活:1869年《战争与和平》出版,1877年《安娜·卡列尼娜》问世。许多同情革命的知识分子受到压制,诗歌和小说成为思想传播的途径。

亚历山大三世

工业化和铁路的延伸促使社会发生了更多变化。在城市工人阶级成为推动改革的主力,但针对父亲的暗杀事件让亚历山大三世(1881年—1894年)完全改变了想法。他以加强专制的方式征服所有反对派。

他重视经济,推动工业化,修建了西伯利亚大铁路。人口虽得到增长,但传统农业却没有进步,人民温饱得不到保障。他在位期间推行的俄罗斯化政策伤害了国内的少数民族,尤其是犹太人。

尼古拉二世

1894年,俄国最后一位沙皇尼古拉二世(1868年—1918年)即位,当时俄国在政治、社会和经济方面均落后于欧洲其他列强。第一次世界大战爆发时,尼古拉二世和俄国上下均被参战所消耗的资源所震惊。在战争和革命的巨变中,罗曼诺夫王朝300多年的统治结束了。

历史

"贝格尔"号的航行

查尔斯·达尔文跟随英国皇家海军舰艇"贝格尔"号进行了为期5年的远征探险,令学术思想发生了永久改变。

1831年12月27日,"贝格尔"号在罗伯特·菲茨罗伊船长的率领下从德文波特出发,查尔斯·达尔文是随船的博物学家。在佛得角群岛稍作停留后,他们向西跨越大西洋。与詹姆斯·库克的第二和第三次航行相似,"贝格尔"号装了22台航海经线仪,用来测量经线和纬线之间的距离,以及一天之内的航程。

发光的海洋

1832年2月16日,达尔文在圣保罗礁观察到典型的火山地质结构。距离圣保罗礁约350英里(560千米)处就是费尔南多—迪诺罗尼亚群岛,那里的"海洋发出闪亮的光芒"(现在称为"生物荧光"),达尔文将其归因于有机粒子的分解。

1832年2月28日,"贝格尔"号停靠巴西的巴伊亚。菲茨罗伊船长做了短暂绕行以更正一些海图,达尔文则留在岸上,这是22岁的他第一次进入热带地区。

阿根廷海岸

航行的下一阶段是从1832年8月到1834年3月,"贝格尔"号沿着乌拉圭海岸航行,向南至火地岛和福克兰群岛,后者是有争议的英国群岛,是印度航线的重要补给点。在那里,达尔文完成了两组让他反思物种起源的观察,第一组是在有相关的、较小的现存物种的区域发现了大型哺乳类动物化石,这暗示着基因的改变。第二组是密切相关的物种在区域上有重叠,也暗示着有共同的祖先。

1839年 达尔文与表妹(著名陶艺家乔赛亚的孙女)艾玛·韦奇伍德结婚,后来生育了10个子女

1844年 查尔斯·达尔文写了一篇关于自然选择的论文,该文从未发表

1859年 达尔文发表《物种起源》

1882年 查尔斯·达尔文死后,人们在威斯敏斯特教堂为他举行国葬

1601年—1900年
科技、贸易和变革

1834年6月至1835年9月,"贝格尔"号在南美洲西海岸持续航行。1835年3月,船队在瓦尔帕莱索经历了大地震。此后继续向北航行至卡亚俄——智利利马港口(7月19日抵达)——然后向西进入太平洋和加拉帕戈斯群岛,从9月15日至10月20日在此地逗留约1个月。

加拉帕戈斯群岛

与人们的普遍看法相反,达尔文并没有在加拉帕戈斯群岛上发现进化现象。他怀疑的是,如果他在各个岛上发现的稍有差别的雀鸟是不同种类,那么物种的不变性则存在疑点。但他认为它们是同一种类,因此未能按照各个岛屿来标注他的样本。达尔文回到英国后,著名鸟类学家约翰·古德论证了那些雀鸟实际上是新物种。

(下图)"贝格尔"号花了18个多月的时间沿着南美洲东海岸航行,如画上所绘,在包括火地岛在内的许多地方停留。

历史

（上图）"贝格尔"号花了五年时间去探索自然界中一些最重要的科学领域。

1601年—1900年
科技、贸易和变革

历史

1601年—1900年
科技、贸易和变革

太平洋

1835年11月13日，达尔文在土阿莫土群岛第一次见到珊瑚环礁，几天后在塔希提再次见到。1836年4月1日至12日，"贝格尔"号停靠基林岛，该岛是印度洋内的一个珊瑚环礁，是达尔文唯一仔细调查过的暗礁。他最后到访的环礁是毛里求斯（当月晚些时候）。达尔文的理论经受住了时间的考验，即如果珊瑚环礁一直往下延伸，那么海底则一直在下沉，因为珊瑚不能生活在超过160英尺（50米）深的地方。因此，珊瑚环礁一定是相互缓慢发生作用的产物，火山活动令岛屿升高，珊瑚虫占据其倾斜面，后来岛屿逐渐下沉到海中。

1836年5月31日，"贝格尔"号经过好望角，在圣赫勒拿岛和亚森欣岛短暂停留，8月1日到访巴西的巴伊亚，跨越大西洋至佛得角和亚速尔群岛。1836年10月2日，"贝格尔"号返回英国，抵达法尔茅斯。

（左图）查尔斯·达尔文过度工作使健康出现问题，妻子艾玛无私地支持了他。

> 历史

鸦片战争

鸦片战争是 1839 年—1842 年发生在英国和中国清王朝之间的战争。为扭转对华贸易逆差,英国进口更多鸦片卖到中国市场,中国想要禁止鸦片贸易,导致战争爆发。

1729 年　清政府在中国禁止鸦片贸易

1781 年　英国商人开始从印度大规模进口鸦片

1821 年—1837 年　英国商人提高鸦片进口量,试图扭转对华贸易逆差

1839 年 7 月　中国查缴 2 万箱鸦片,英国水兵破坏九龙庙,杀死一名中国人

1839 年 8 月　英国控制香港。查理·义律封锁珠江口,禁止英国船只进入中国大陆,禁止与中国进行贸易

1840 年 6 月　詹姆斯·伯麦率领的英国海军以及来自英国东印度公司的船只航行至广东

1840 年 6 月　英国发动攻击,向北移动至厦门

1841 年 1 月　英军在宁波打败清军

1842 年　英国占领长江口

1842 年　上海未加抵抗就被占领

19 世纪期间,清政府实行限制贸易政策,导致低附加值消费品的贸易毫无利润可言。相反,中英贸易中贵重奢侈品占主导,比如中国的茶叶和英国的白银。由于英国对中国的商品需求高,而中国对英国商品需求低,巨额的贸易赤字让英国开始寻找其他商品出售。拥有巨大潜力的鸦片进入了英国视线,英国政府垄断机构英国东印度公司开始在印度生产鸦片。

鸦片出口

尽管此前曾承诺尊重清政府的禁毒决定,但 1781 年英国开始大规模出口鸦片至中国。早在 1729 年清政府就曾禁止鸦片进口,但每年仍有约 200 箱鸦片进入中国,至 1767 年,变为 1000 箱,19 世纪 30 年代末,这个数字超过 1 万箱。尽管清政府继续尝试扭转局面,但至 19 世纪结束时,中国已有约 1500 万人吸食鸦片成瘾,还有 3000 万人偶尔吸食鸦片。这种情形在鸦片战争时达到顶点,而战争的深层目的是强迫中国接受从英国进口鸦片的贸易合法化。

英国进攻

1839 年 8 月 23 日,英国首先攻占了香港(当时为边区小村落)作为据点。清朝颁布法令,禁止所有在中国的其他外国人帮助英国,为对抗此法令,英国政府和东印度公司决定攻击广州。1840 年 6 月,15 艘战舰,4 艘蒸汽舰艇,25 艘较小的船只,以及 4000 名士兵抵达

1601年—1900年
科技、贸易和变革

广东。海军统帅詹姆斯·伯麦要求清政府赔偿英国因贸易中断造成的损失。中国政府拒绝后,英国出兵开战。至1841年1月,英军控制了广州周边的制高点,并在宁波和定海获胜。1842年中期,他们在长江口打败了中国守军,占领了上海。

(上图)15世纪中国开始在医疗中使用鸦片,但因为鸦片罕见并且价格昂贵,所以使用有限。17世纪鸦片获得的途径容易化,人们吸食鸦片成瘾。

中国割让香港岛

1842年8月,第一次鸦片战争结束,中国同意签订第一个不平等条约《南京条约》,清政府对英国商品征收固定关税,割让香港岛给英国,开放广州、厦门、福州、上海和宁波等五处为通商口岸,英国商人可以与中国商人自由贸易,清政府还被迫赔偿英国被焚鸦片和战争费用。此外,英国还攫取了最惠国待遇,享有清政府赋予其他国家的任何权利,而且英国公民在通商口岸拥有特权。

清政府不再强大,鸦片战争中屈服于世界上最大的帝国,表明清政府在政治上和战争中都无法与西方列强对抗。中国帝王权威被破坏,导致了社会动荡,如1851年—1864年的太平天国起义,多起这样的起义撼动了中国最后一个封建王朝的根基。因此,鸦片战争预示着清朝统治的结束,是中国近代史的开端。

战争的开支可以及时付清,但鸦片一旦吸食成瘾,费用只会随着时间不断增长。

——汤森·哈里斯(1804年—1878年),美国首任驻日公使

(右图)圆明园绘画。第二次鸦片战争(1856年—1860年)的最后一年,英军损毁了位于北京的颐和园和圆明园。

长白云之乡

一个小小的英国殖民地是怎样占领今日的奥特亚瓦罗（或新西兰）整个岛屿的？

> 英国女王陛下特此给予所有新西兰土著居民保护，并授予其一切英国臣民之民权及特权。
> ——1840年《怀唐伊条约》第三章

英国王室从一开始与新西兰有牵连时，就正式承认了毛利人对土地的所有权。实际上，当时毛利人占据了北岛的大部分土地。然而，接下来的40年中，土地和主权问题引发了一系列血腥的复杂战争，被称为新西兰土地战争、毛利人战争或白人的愤怒。

土地出售

尽管英国政府早期曾坚持获得整个部落的同意来进行土地买卖，但在新来殖民者的政治压力下，规则改变了。1859年3月，英国的新西兰总督戈尔·布朗宣布毛利族酋长无权干涉土地买卖，只有当酋长是土地直接所有者时才可以。南岛塔拉纳基地区一个部落的酋长威瑞姆·金吉（Wiremu Kingi）反对这一原则，站出来阻止出售位于怀塔拉河的、他们部落的土地。

1840年 毛利酋长和维多利亚女王代表签订了《怀唐伊条约》

1841年 新西兰成为英国殖民地

1842年 奥克兰成为新西兰首都

1865年 惠灵顿取代奥克兰成为新西兰首都

1893年 新西兰成为世界上首个给予女性选举权的国家

（右图）1864年4月，在试图袭击毛利人大本营失败后，英国士兵正在看守废弃的战壕。

历史

（左图）毛利人认为头部是身体最神圣的部位，所有高层的毛利人都刺青，用骨头在皮肤上雕刻出花纹，在这一过程中会进行特殊的仪式。

（下图）1864年，位于蒂帕帕的英国营地之外，毛利人在此处建立了一座要塞，导致战役爆发。英国遭遇了最大的战败，不久后开始和平谈判。

由土地引起的紧张关系也不仅仅是因为土地。威瑞姆·金吉（Wiremu Kingi）加入日益高涨的毛利人统一运动，反对出售土地，支持建立团结毛利部落的主权——毛利王国，反对英国女王。毛利战争很快就不再仅仅涉及土地，还关乎主权和权威。

小规模战斗

1860年1月，毛利人酋长阻止英国测量部落新土地，战斗开始。英帝国军队侵袭了一座空要塞"帕"，沦为笑柄。毛利人过去控制着周围的山区，在一系列小规模战斗后，毛利人遭受重大伤亡，1861年4月，双方休战。

帝国的胜利

1863年，双方紧张关系破裂，新的、更大的冲突出现。5月，毛利人军队埋伏在塔拉纳基，试图占领位于冲突中心的土地。英国总督认为埋伏是违法的，想要"惩罚"下令埋伏的人——雷维·马尼亚波托（怀卡托国王运动领袖）。结果，邓肯·卡梅伦率领 2 万兵马入侵了整个怀卡托地区。面对约 5000 名敌人，帝国军队从奥克兰冲下来，占领了在纳鲁阿瓦西亚的毛利人国王住所。他们乘炮艇沿怀卡托河顺流而下，占领了一个又一个要塞，在陆地作战中使用了榴弹炮。

　　战争的一个主要结果是殖民政策——没收属于叛军的土地作为战争赔偿。毫无意外地，这在接下来的几年内引发了进一步的怨恨和流血牺牲。19 世纪 60 年代末至 70 年代初，游击战争接连发生，并非是"国王运动"和英帝国军队（1866 年返回英国）之间的战争，而是殖民地人民与各种新毛利宗教运动间的战争。领袖们（如南岛的托科瓦鲁和北岛的蒂·库梯）损失惨重。然而，尽管遇到顽强抵抗，但战争整体标志着毛利人主权的结束，他们失去了在北岛的土地所有权。

> 历史

马铃薯枯萎病

爱尔兰大饥荒前夕,超过 **80%** 的人口居住在乡下,许多人生活在自给自足的小农场里,以土豆为主要粮食作物。

> 我几乎不能忍受这种可怕的奇怪气味,味道从茂盛的作物散发出来,很快变得到处都是。
>
> ——威廉·斯图尔特·特伦奇,《爱尔兰的真实生活》,第二版,(伦敦:Longmans, Green and Co., 1869 年)

爱尔兰人几乎完全依赖这种有营养的块茎生存。在发生土豆饥荒前的 1 个世纪,爱尔兰人口迅速增长,甚至达到同时期的欧洲标准。1750 年时爱尔兰人口为 260 万,1845 年人口达到 850 万的历史最高,增长了两倍多。

霉菌

1845 年,爱尔兰土豆受来自美洲的新霉菌——致病疫霉菌——的影响,未等收获就腐烂在土里,散发着难闻的气味。土豆整体歉收四分之一至三分之一。

1845 年的这次土豆歉收与以往不同,引发了爱尔

1800 年 《联合法案》通过,爱尔兰成为英国的一部分

1817 年 皇家运河开通

1828 年 《天主教徒解禁法案》通过

1838 年 威士忌酒产量降低

1867 年 数千位爱尔兰裔美国人回国为爱尔兰共和兄弟会而战

1879 年—1881 年 租赁法改革导致土地战争

1892 年 爱尔兰自治法案再次被否决

674

兰史无前例的危机。1846年，疾病比上一年更加严重，土豆收成大大降低，爱尔兰土豆总产量低至1844年产量的五分之一。至19世纪50年代初，土豆整体产量一直维持在饥荒前产量的三分之一或更低水平。

死亡人数

饥荒造成的死亡人口规模（至今仍具争议）令人震惊，最新估算有超过100万人死亡，而且爱尔兰在饥荒期间或许放弃了40万的新出生人口。

移民

饥荒导致1845年—1855年10年间有超过200万爱尔兰人（包括男女老少）移民，以饥荒年份的移民最盛。之前离开爱尔兰的人口大多来自阿尔斯特省和伦斯特省，但饥荒时期大量人口从康诺特和明斯特逃走。其中大部分是罗马天主教徒，去了美国。

（下图）纽约港景象，尤其是埃利斯岛是爱尔兰难民逃离饥荒的登陆点。

> 历史

(上图)由于从爱尔兰至美国的航程较去往澳大利亚的航程短,因此大多数移民选择去往美国,由此改变了美国主要城市的文化。

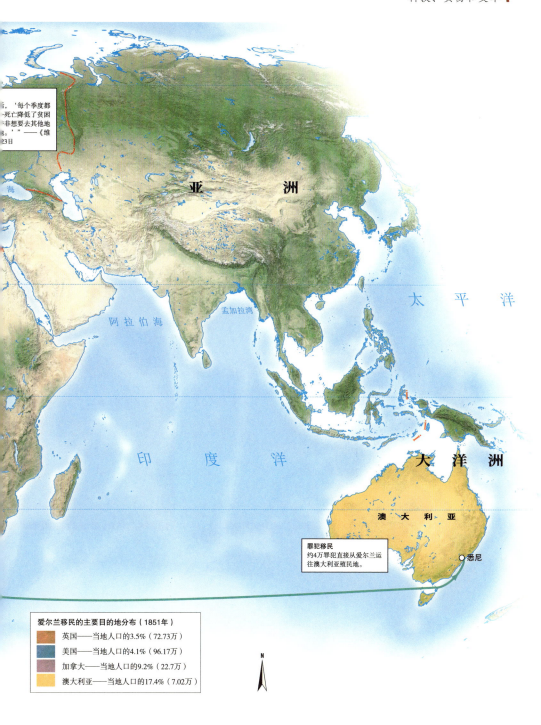

历史

其他移民中的大部分则到了较近的英国,只有较少的饥民去了澳大利亚,因为后者花费更多、航程更长。在人们拼命逃离爱尔兰的过程中,很少有人关注到他们的利益。横渡大西洋的航行对衣不蔽体和营养不良的人来说非常危险,尤其在冬天。据估算,30% 出发至英属北美的最贫穷移民,和 9% 去往美国的移民死在"棺材船"上,或者到达新世界后不久死亡。

(左图)发表在《伦敦新闻》上的这幅素描描绘的是一个饥饿的妇女和孩子在地里寻找可以吃的土豆。

1601年—1900年
科技、贸易和变革

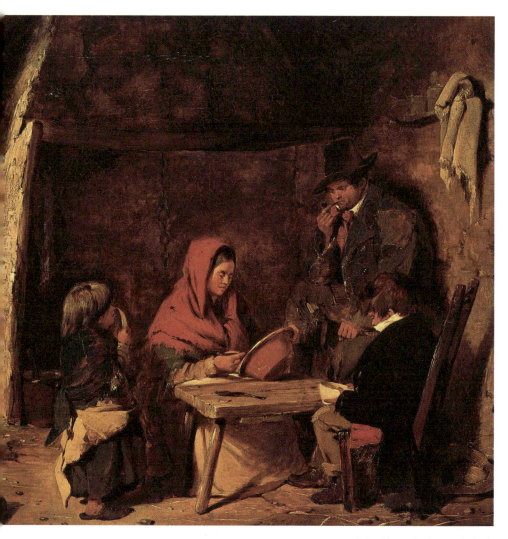

（上图）厄斯金·尼克尔的这幅画描绘了土豆饥荒造成的破坏。土豆烂在地里，让那些接近贫困线的农民失去了主要食物来源。

救济

英国政府在爱尔兰大饥荒期间做出的救助努力一直被批评。19世纪作家频繁称英国强迫爱尔兰出口那些可能会维持他们人口生存的谷物。毫无疑问，约翰·罗素的辉格党政府所做出的救济努力严重不足。他对自由经济的承诺，以及相信爱尔兰和人们需要从根本上进行改革的想法，都导致了救济准备不足。这一经历给英国造成了持久的痛苦。

> 历史

六百轻骑兵

克里米亚战争之所以让人不能忘记，可能是因为坦尼森的著名诗歌《轻骑兵的冲锋》中对不朽的巴拉克拉瓦的描述。其中骑兵"一齐杀进死亡谷"一句使进攻成为勇气的象征。

- **1854年3月12日** 英国、法国和奥斯曼土耳其之间结成联盟
- **1854年9月14日** 俄军跨过多瑙河撤退，联军入侵克里米亚，想要夺得塞瓦斯托波尔，破坏俄国舰队
- **1854年9月20日** 俄军在阿尔玛战役中被打败，英军伤亡约2000人
- **1854年10月17日** 盟军开始围攻塞瓦斯托波尔
- **1854年—1855年** 英军在克里米亚过冬后伤亡惨重。《泰晤士报》的报道引起了公愤，弗洛伦斯·南丁格尔奋力争取改善医院条件和护理
- **1856年3月30日** 《巴黎合约》的签订标志着克里米亚战争的结束。俄国同意停止向巴尔干半岛和斯堪的纳维亚扩张，黑海成为中立区

战争的源头可追溯至1699年的《卡尔洛夫奇条约》，该条约结束了奥斯曼帝国在欧洲大陆的300年领先地位。欧洲列强协助巴尔干半岛的起义，帮助巴尔干半岛在19世纪脱离了奥斯曼帝国的统治。为协助希腊独立战争，英法联军1827年在纳瓦里诺湾打败奥斯曼军队，1828年在巴尔干山脉打败了俄罗斯地面进攻。

对权力的欲望

奥斯曼帝国的衰落令欧洲列强填补这一真空的渴望增强。自17世纪末至19世纪末，俄国组织了一系列军事行动对抗奥斯曼帝国。但当俄国秘密提供瓜分奥斯曼帝国的协议时，英国竟然拒绝了，不仅如此，还改变了立场，帮助奥斯曼土耳其来对抗俄国。

（右图）克里米亚战争期间，苏格兰高地皇家警卫团在军营里。该团在1854年阿尔玛战役中取得决定性胜利中发挥了关键作用。

（上图）巴拉克拉瓦战役中的轻骑兵有 118 人生还，127 人受伤。

哥萨克与俄国兵，
被马刀杀得一片惶恐，
逃跑四散，无影无踪。
他们跨马返回，
但并非那六百英雄。

——艾尔弗雷德·坦尼森(1809—1892 年)，《轻骑兵的冲锋》，第四节

入侵

战争的转折点发生在 1853 年 3 月，俄罗斯对奥斯曼苏丹发出最后通牒，拒绝了苏丹提出的从瓦拉吉亚和摩尔达维亚（后来的罗马尼亚）公国撤军的要求。1853 年 10 月，苏丹对俄宣战，英法联军舰队出现在君士坦丁堡。当俄罗斯海军在黑海破坏奥斯曼船只时，英国和法国海军进入海面保护奥斯曼船只。3 月，英国和法国宣布对俄作战，9 月，他们的部队登陆克里米亚半岛，在塞瓦斯托波尔发起攻击。

轻骑兵的冲锋发生在 1854 年 10 月 25 日的巴拉克拉瓦战役中，这是一次损失惨重的、自杀式的冲锋，由骑兵指挥官卡迪根勋爵带领，当时俄国正用炮火尝试突破塞瓦斯托波尔围攻。

人力和武器

英国、法国和奥斯曼同盟在克里米亚的军队人数

（上图）这些地图是克里米亚战争（1854年—1856年）期间英法联军和俄罗斯军队的进攻路线图，这场战争被认为是世界上第一次"现代化"冲突。

加上撒丁区和皮埃蒙特的军队，约有士兵59.3万人，法军人数最多，共有30.9万人。

尽管当时的俄罗斯是欧洲军事强国之一，却在这种情况下展现出了所有的弱点：缺乏基础设施和现代工业，庞大的军队行动迟缓。

俄军（88.8万大军派往克里米亚）在数量上占有优势，但在现代武器配备上依然落后。这个从死亡人数上就能明确，俄军死亡率为50%，而联军死亡人数

仅占总人数的28%。1855年因无法在第二前线高加索地区和波罗的海取得胜利,俄国决定放弃塞瓦斯托波尔。

俄军撤退

俄罗斯在自己领土上遭遇惨败。1854年9月,俄国被迫退出摩尔达维亚和瓦拉吉亚,同时也放弃了南部的比萨拉比亚和多瑙河河口。俄罗斯使黑海成为其领海的一部分的目标也失败了:它成为非军事区。

意大利王国

至 1861年，得益于帝国主义列强和敌对省份之间竞争关系的愈加复杂，统一的意大利王国因此成立。

> 我们要么成就意大利，要么死亡。
> ——朱塞佩·加里波第（1807年—1882年），意大利将军

今天的意大利，以其伸入地中海的靴子型半岛地理轮廓而最著名。实际上，约200年前，欧洲政治家梅特涅伯爵曾评论称，意大利除了地理轮廓特别外，并无其他，因此没有机会成为政治统治的权力机构。从罗马时代到一连串帝国主义列强的入侵，正如我们现在所知，意大利被分裂成各省份和城邦，没有一个强有力的中央政府把它们联系起来。

共和制帝国

1795年，拿破仑·波拿巴横扫意大利，建立了仅存20年的共和制帝国。1815年拿破仑战败后，帝国主义列强召开维也纳会议，决定重划拿破仑战败后的欧洲政治地图。只有意大利西北部的撒丁王国保持自治，撒丁王国还获得了沿海城市热那亚。

奥地利问题

1848年，欧洲事件再次影响到意大利。一股革命的巨浪席卷巴黎、德国和奥地利。日益壮大的意大利独立运动领导人抓住这个机会发动战争。西西里、威尼斯和米兰均发生了叛乱。撒丁王国国王查理·艾尔贝特想要将奥地利从北部驱逐，却遭到拥有优越军事力量的奥地利的反击。

尽管撒丁王国有所损失，却依然保持自治。战后，新国王维托里奥·埃马努埃莱和新首相卡米洛·迪·加富尔上任，他们成为独立统一运动的实际政治领导

1805年 拿破仑宣称自己为意大利皇帝

1814年 意大利分为许多小省份

1820年—1850年 威尼斯、罗马和托斯卡纳宣布成立共和国

1849年 法国军队接管罗马共和国

1861年 意大利王国建立，不含罗马、威尼斯和圣马力诺。原撒丁王国国王维托里奥·埃马努埃莱二世成为国王

1870年 意大利军队占领罗马

1871年 罗马成为意大利首都

（上图）在都灵皇宫会议室内，托斯卡纳特使向意大利国王维托里奥·埃马努埃莱二世（1820年—1878年）介绍《托斯卡纳并入意大利王国的法案》。

人。迪·加富尔是一名处事圆滑的外交家，他意识到应该利用外部力量将奥地利从意大利境内驱逐出去。在与法国精心筹划后，他答应动用撒丁军队发动对奥地利的突袭战。当奥地利有所回应时，法国介入。终于，在1859年—1860年，意大利第二次独立战争爆发。

意大利诞生

1860年3月，在一系列投票中，除威尼斯外，意大利北部所有省份依然属于奥地利，其他省份则并入撒丁王国。意大利国家开始初具雏形。

1860年4月，西西里又发生了一次起义。政府的残酷镇压激怒了朱塞佩·加里波第（著名战争英雄，北部爱国者），他集结军队航行至南方解放了西西里。加里波第和他的千名红衫军比预料中更为成功——不仅解放了西西里，还有那不勒斯，甚至还被提议统治撒丁王国。外围的（东部）教皇国在进行投票后也被允许加入撒丁王国（但法国坚称，罗马不受意大利控制）。因此，1861年3月17日，意大利王国由新的意大利议会在首都城市佛罗伦萨宣布成立。

罗马回归

1866年，作为意大利帮助普鲁士对抗奥地利战争的结果，威尼斯划给了意大利王国。当普鲁士再次发动战争时（这次是与法国），法国被迫从罗马调集军队。尽管遇到教皇军队的阻击，意大利也很快占领了罗马。在1870年10月的投票中，罗马最终成为意大利王国的一部分。1871年，罗马成为意大利王国的首都。

（右图）撒丁王国（位于皮埃蒙特和萨伏依中间）国王查理·艾尔伯特试图统一意大利，但并没有成功，这个愿望由他的儿子维托里奥·埃马努埃莱二世完成。

1601年—1900年
科技、贸易和变革

▶历史

美国内战

因 奴隶制引起的南北方紧张关系，导致了美国内战（1861年—1865年），打破了美国刚刚建立的、来之不易的统一。

> ……我们在此下定最大决心，不让这些死者白白牺牲；我们要使国家在上帝福佑下得到自由的新生，要使这个民有、民治、民享的政府永世长存。
>
> ——亚伯拉罕·林肯（1809年—1865年），美国第16任总统，葛底斯堡演讲（1863年）

1861年3月 亚拉伯罕·林肯正式就任美国第16任总统

1861年7月 北方开始对南方进行海上封锁

1862年7月 联邦军队任命亨利·哈勒克为大将军

1863年11月 联邦军队在查塔努加战役中击退南方联盟军

1864年7月 联盟军逼近华盛顿特区5英里内

1865年1月 饥饿的士兵开始从南方联盟军逃跑

1865年4月 格兰特将军要求李将军投降

19世纪50年代，美国政党和领导阶层无力解决日益增长的派系间的紧张关系。1850年妥协案仅暂时缓和了南方和北方的紧张关系。1852年，哈里耶特·比彻·斯托发表小说《汤姆叔叔的小屋》，生动地描述了奴隶制度的恐怖，让许多北方人确信废奴主义者对奴隶制的谴责是正确的。19世纪50年代中期，奴隶制支持者和反对者在新领土堪萨斯州内发生冲突。

南方脱离联邦

1860年末，林肯当选总统后，紧张已久的南北关系破裂了。在南卡罗来纳州的带领下，南方许多蓄奴州正式脱离美国，建立了"美利坚联盟国"，杰弗逊·戴维斯勉强任总统。南方认为，他们是自愿加入合众国的，因此也可以选择离开；而北方的观点则是，神圣的宪法将各个州已经联系成不可分割的整体。林肯称，美利坚合众国是"永久的"。

1861年4月12日，南军攻占南卡罗来纳州查尔斯顿港萨姆特要塞，内战爆发。

战前实力对比

看起来，美国内战两方实力悬殊——北方诸州人口众多，而且集中了美国所有的主要工业区；北方人口总数接近2100万，而南方人口总数包括300多万奴隶在内才900多万。经过长时间的考虑，边境州马里兰州、肯塔基州、特拉华州和密苏里州加入了北方合众国。可是从军队上看,南军素质较高,而且得到英、法支持;另外,在自己的领土内作战,联络方便也是一大优势。许多美国军官,其中也包括被认为是美国军事史上最伟大的将军罗伯特·爱德华·李当时选择为联盟国服务,而非合众国。

早期战斗

战争的爆发很快在联盟国和合众国均引发了高涨的爱国情绪。南方和北方的美国人都相信自己是正义的,战争不会持续很久。从城镇到农场,成千上万的人自愿参军。由于联盟国首都里士满距离华盛顿特区仅65英里(100千米),因此,合众国领导人希望迅速进军里士满,占领联盟政府所在地。

但在1861年7月的第一次布尔溪战役(南方人称为马纳萨斯战役)中,南军以实际行动击碎了北军的乐观。在战争中,成百上千的观众见证了北军的混乱和沮丧。

(下图)1861年4月19日,纽约州民兵第7团的1050人奔赴前线。

▶ 历史

南军的胜利

南军在布尔溪之战的巨大成功,为战争早期阶段的胜利奠定了基础。尽管北军指挥官乔治·B.麦克莱伦麾下的部队非常出色,装备也相对不错,但事实表明他并没有充分利用这些优势。相比之下,南军将领更愿意直接对抗敌人。

1862年早期,麦克莱伦的军队试探性向南挺进,遭到了在罗伯特·爱德华·李领导下的南军的猛烈抵抗。当北军向南持续挺进至距离里士满仅18英里(30千米)的地方,指挥官麦克莱伦却决定向北撤军。由于同情奴隶主的麦克莱伦屡误战机,林肯将其撤职。

北军的惨败

1862年8月,第二次布尔溪战役中,北军再次战败且损失惨重,南军兵临华盛顿。9月,被召回的麦克莱伦再次指挥联邦军,南北双方在马里兰州的安蒂特姆展开战斗,这是内战流血最多的一次战役,超过4500人死亡。战前麦克莱伦很幸运地得到了罗伯特·爱德华·李的详细计划,他非常乐观地认为南军成不了气候了。然而,在取得军事优势后,麦克莱伦却又一次未能采取果敢行动,反而让南军从容逃走。

在1862年12月的弗雷德里克斯堡战役,以及1863年5月的钱瑟勒斯维尔战役中,北军再次被人数较少的南军打败。然而,在钱斯勒斯维尔战役中,南军也伤亡惨重,一名最炙手可热的领导托马斯·杰克逊误中己方枪弹截肢后,因肺炎去世。

(右图)围绕是否废除奴隶制,南方联盟军与北方联邦军打响了美国内战。

历史

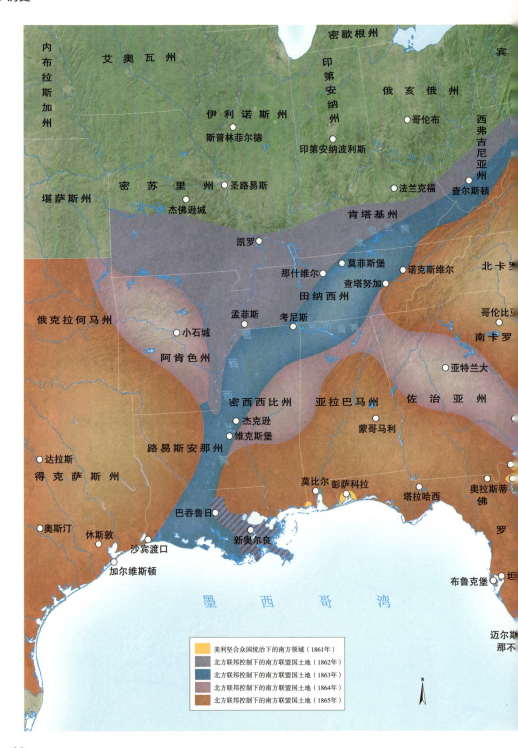

葛底斯堡

1863年7月,在南方宾夕法尼亚州小镇葛底斯堡,北军和南军展开了整个内战中最具决定性的战役。尽管南军依然不屈不挠,但北军最终还是取得了胜利。南军将军乔治·皮科特指挥了一次大胆的、几乎是自杀性的进攻,被北方联邦军击退。因未能取胜,罗伯特·李将军开始撤军,幸运的是乔治·G.米德率领的北军未能再次利用自身优势,而使南军趁机退回南方。

奴隶制度

尽管许多北方人一开始否认他们战斗是为了解放奴隶,但废奴主义者和奴隶们知道内战的最根本原因是奴隶制。安蒂特姆战役后,林肯亲自起草了《解放黑人奴隶宣言(草案)》,计划在1863年1月1日宣布解放奴隶。

《解放黑人奴隶宣言》

1862年12月31日午夜钟声敲响时,林肯的《解放黑人奴隶宣言》生效。废奴主义者和非裔美国人欢呼沸腾。然而,不久后该宣言遭到批评,因为它并没有解放北方联邦控制领域的奴隶,宣言仅适用于那些从联邦脱离的州。虽然如此,人们依然承认这次战争确实是有关奴隶前途命运的战争。

外交困境

《解放黑人奴隶宣言》令联盟国的外交变得复杂。许多南方人希望英国和其他欧洲强国能承认美利坚联盟国,尤其希望得到对南方有棉花需求的英国承认,然而从欧洲、印度和埃及,英国也能获得足够的棉花。《解放黑人奴隶宣言》公布后,英国政府就更不可能承认为保留奴隶制而战的联盟国。毕竟,英国在30多年前就已经解放了国内的奴隶。

(左图)经过五年时间,北方联邦军逐渐获得了南方联盟军的土地。

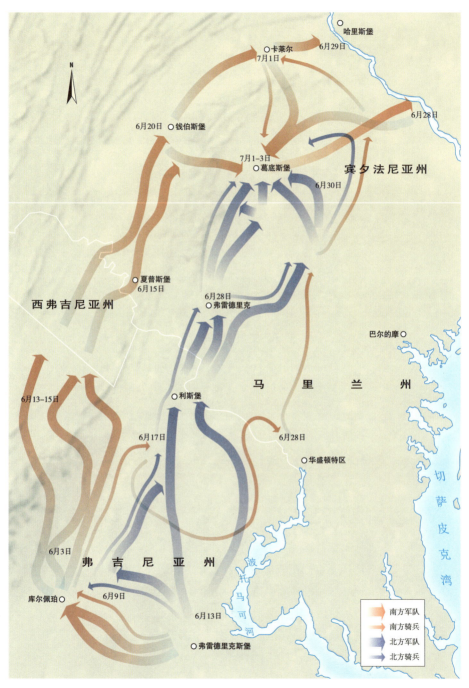

（上图）葛底斯堡战役是内战的转折点之一，北方联邦军战胜了顽强的南方联盟军。

1601年—1900年
科技、贸易和变革

控制密西西比

由于联盟国未能获得英国的承认，使得南军与北军的海战变得不可预测。战争初期联盟国曾从英国购买战舰，但1863年在英国政府的干预下，造船公司拒绝向联盟国海军提供战舰。这使南方海军实力大为削弱。他们做了几次大胆的尝试，试图发挥海军优势，建立"装甲"舰船以及潜水艇，可惜这些都不足以为胜利奠基。

北方联邦拥有海上霸权，就意味着能够控制联盟国从密西西比河运输货物。战争早期，联邦司令官也意识到，控制南方贸易所依赖的密西西比河和其他河流将会影响战局。

1862年，联邦将军尤利西斯·辛普森·格兰特占领了田纳西河畔的亨利堡以及坎伯兰河上的多纳尔森堡。1862年4月，联邦军占领了密西西比河口的新奥尔良城。当格兰特带部队推进至联盟国控制的内河港维克斯堡时，接下来发生的围城引发了全国性关注。最终，在格兰特将军许诺释放全体守城将士回乡后，弹尽粮绝的联盟军于1863年7月开城投降。与此同时，联邦军已全部控制密西西比河，并且获得了西边的邻近领土。

（下图）联盟国曾希望英国提供战舰支持，但英国拒绝了，联盟国在海上的命运已经注定。

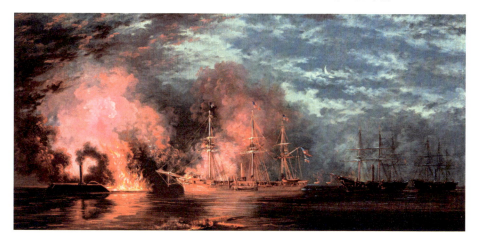

历史

（上图）美国内战最具决定性的战役发生在葛底斯堡，南方联盟军败给北方联邦军。

格兰特的胜利

当北方联邦军将军威廉·特库赛·谢尔曼在佐治亚州大肆破坏时，尤利西斯·辛普森·格兰特的部队已经朝着里士满前进。北弗吉尼亚州罗伯特·李的军队尽管在很长时间内都经受住了数量庞大的联邦军攻击，但也发现自己的境地日益令人绝望。南方经济混乱，奴隶制在瓦解，杰弗逊·戴维斯的联盟国政府已经没有能力控制战争，也没有能力管理经济。尽管许多军队依然坚信南方独立的初衷，但联盟军在战场的努力逐渐失去意义。1865年4月，李将军和他在政治上的领导人都明白，战争再打下去已经毫无胜算。4月9日，在弗吉尼亚州的阿波马托克斯县府，李正式向格兰特投降。几周之后，战事全部结束。北方联邦军获胜。

非裔美国士兵

在联邦军获得胜利的背后，非裔美国士兵做出了巨大贡献。战争爆发时，北方非裔美国人尽管被告知不需要参战，但依旧愿意为联邦而战。在南方，大量奴隶的逃跑使得南方经济最重要的劳动力供给短缺,北方却获得了雄厚的兵源,同时也给联邦军指挥官带来了价值不菲的军事情报。因此,当北方改变政策,最终允许非裔美国人参军时,有超过18.6万的非裔美国人加入了联邦军。尽管他们比白人士兵获得的报酬少,经常做些卑微的工作,还常被威胁如果成俘虏会被处死,但他们依然对联邦表现出了足够的忠诚。当有机会上战场时,非裔美国人都勇不可挡。

暗杀和遗留问题

经过四年的流血和破坏后,亚伯拉罕·林肯想要和平解决南北问题。1865年4月14日晚,林肯总统前往位于华盛顿特区的福特剧院,与夫人一起观看《我们美国的表兄弟》,戏剧演员、同情联盟军的约翰·威尔克斯·布斯开枪击中了他的头部,林肯于第二天死亡。布斯开始逃亡,但很快被逮捕,4月26日被击毙。

林肯是美国内战中死亡的62万美国人中最为著名的。美国内战解放了奴隶,确保了联邦国家的存在。美国内战后尝试"重建"南方,却没有给予非裔美国人平等权利。这表明奴隶制虽是南方问题,种族歧视却成为整个美国的问题。

(右图)林肯总统与北方联邦军领导人威廉·特库赛·谢尔曼、尤利西斯·辛普森·格兰特和大卫·波特。

噢，加拿大！

随着英国议会通过《英属北美法案》，1867 年加拿大自治领诞生。新不伦瑞克省、新斯科舍省、安大略省和魁北克省四个省份，组成了一个新的国家。

> 我们首先是加拿大人，这是最重要的，而且永远是加拿大人。我们的政策应该在加拿大决定，而非其他任何国家。
> ——约翰·乔治·迪芬贝克（1895 年—1979 年），第 13 任加拿大总理

1774 年 《魁北克法案》承认该殖民地法语和罗马天主教的地位

1817 年 英属北美第一个永久银行——蒙特利尔银行建立

1836 年 加拿大第一条铁路——尚普兰—圣劳伦斯铁路建成通车

1885 年 加拿大太平洋铁路竣工

1896 年—1899 年 在克朗代克地区发现黄金，引发淘金热

该法案体现了英属北美殖民地想要直接决定自己未来的愿望，决策过程的重点是要求每个省的立法机构进行宪法修正。就建立加拿大的意愿以及应该采取的形式进行辩论和谈判后，1864 年在夏洛特敦和魁北克召开了两次制宪会议。

联邦

1866 年，在伦敦召开的第三次会议中，来自四个省的代表同意了在魁北克制定的确定联邦条款决议的最终形式。然而，爱德华王子岛省和纽芬兰通过选举，决定不加入联邦。1874 年的联邦选举中，自由党人亚历山大·麦肯齐击败保守党候选人胜出。当时爱德华

（右图）1861 年的斯波坎印第安人。欧洲人在美国西北部斯波坎瀑布的第一个定居点是一个皮毛贸易站。

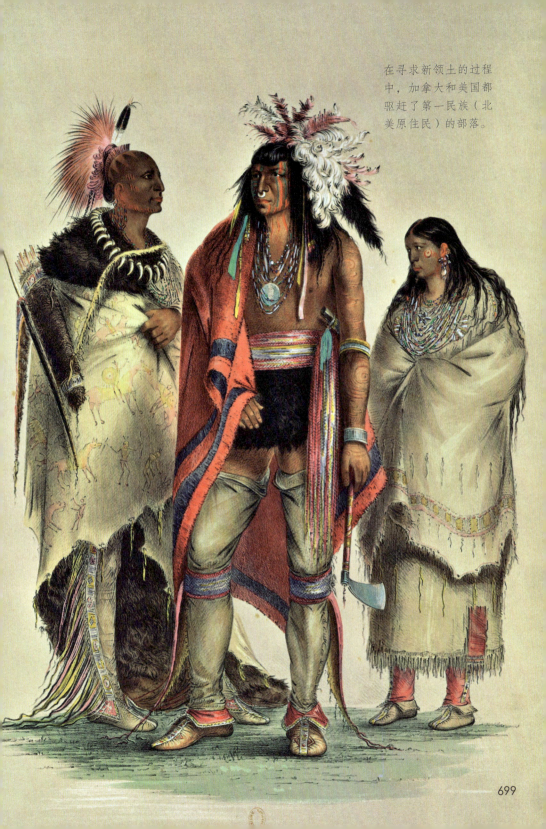

在寻求新领土的过程中,加拿大和美国都驱赶了第一民族(北美原住民)的部落。

> 历史

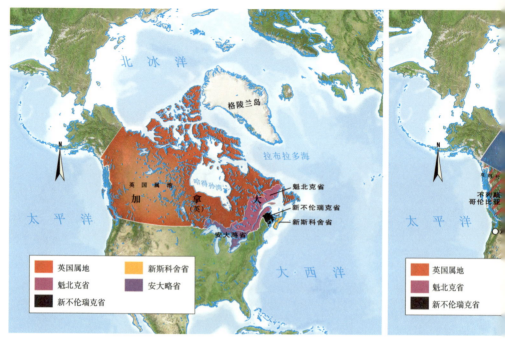

王子岛依然没有加入加拿大,而曼尼托巴省(1870年)、西北地区(1870年)和不列颠哥伦比亚省(1871年)分别成为自治领的第五、第六和第七个省份和地区。纽芬兰1949年才加入,晚于新建立的育空地区(1898年)、阿尔伯塔省(1905)和萨斯克彻温省(1905年)。1999年,努纳武特地区的建立是加拿大自治领边界最后一次变化。

美国的影响

1867年是加拿大政治的分水岭,促使加拿大形成联邦的事件与美国的发展密切相关。尽管必须要克服许多障碍,英属北美殖民地的利益才能满足,但联邦的成立无疑是为了捍卫加拿大的利益,并且对抗南部邻居在1865年内战结束后的扩张。

联邦制在某一历史时点是可行的,特别是当美国变得更强大时。1803年路易斯安那州购买案使美国领土扩大了1倍。1803年—1806年,梅利韦瑟·刘易斯

(上图)左边的地图是1867年的加拿大自治领;右边的地图是1895年又加入四个省份后的加拿大。

(右图)这幅19世纪的版画展示了魁北克在联邦时期的样子,第二次制宪会议于1864年10月在这里举行。

1601年—1900年
科技、贸易和变革

和威廉·克拉克的远征——使第一民族（北美原住民）更愿与美国人进行交易，而非哈德逊湾公司。

边界争端最终在1846年解决，北纬49°被确定为美国和加拿大的国际边界。该边界依然是能渗透的，美国非法威士忌贸易商和皮毛商常越过边界谋取利润。

对加拿大人来说，联邦制开启了相互合作的新纪元。他们发誓要通过建立更大的国内市场，实现联邦的更加繁荣。

联邦成立三年后，加拿大从哈德逊湾公司购买了被称作"鲁珀特地区"和西北地区的广阔土地；创建了"西北骑警"，驱赶非法美国贸易商。接下来的10年中，加拿大与所购买土地上的原住民签署条约，推动了自治领从一个大洋延伸至另一个大洋的伟大梦想的实现。1886年6月，加拿大太平洋铁路公司的第一列客运火车，离开蒙特利尔开往位于不列颠哥伦比亚的默帝港，表明加拿大人民作为一个民族通过决心和能力应对内外挑战的时代已经到来。

701

> 历史

布尔战争

布尔人，热诚地相信上帝赋予了他们土地和独立的权利，而英国人，则被灌输了要保护英国荣誉和帝国利益的思想，双方展开了为期3年的苦战。

> 我们并不在乎战败的可能性，因为它是不存在的。
> ——英国维多利亚女王（1819年—1901年），评论布尔战争

1890年 塞西尔·罗兹成为开普殖民地总理

1898年 保罗·克留格尔当选德兰士瓦共和国总统

1899年 英国装甲列车在驶往莱迪史密斯途中遭遇伏击，温斯顿·丘吉尔被俘，他当时是伦敦《晨报》的战地记者

1900年 英国政府兼并德兰士瓦

1901年 基钦纳将布尔共和国分割成若干区域，并架设铁丝网保护铁路

最初，并非所有南非布尔人都赞成战争，正如在英国有人反对与南非为敌一样，然而，英国政府和布尔人建立的两个德兰士瓦共和国——南非共和国和奥兰治自由邦，在1899年—1902年期间还是开战了。战争的一方是约8.8万布尔农场主，他们十分熟悉当地地形，配备现代步枪；另一方是约50万训练有素的士兵，他们必须通过敌对国保持长距离的通讯。尽管人数上有显著差异，但布尔人的战斗力在战争初期远胜英国军队。

战争起因

战争的直接原因是黄金和钻石的发现，主要是德兰士瓦的威特沃特斯兰德金矿的发现，这是当时全球规模最大的金矿。冲突的另一原因来自双方的特点。德兰士瓦共和国总统保罗·克留格尔的祖先已经在

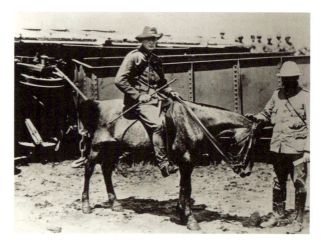

（右图）布尔战争时期，后来成为英国首相的温斯顿·丘吉尔是伦敦《晨报》的一名战地记者。他在扬·克里斯蒂安·史末资发动的一次袭击中曾被俘虏，后成功逃脱。

1601年—1900年
科技、贸易和变革

（上图）1901年，在一次失败的战役中，因拒绝投降、等待援军的英国和澳大利亚军队在大羚羊河边被消灭。

这里定居了200年，他一直对来自外部的掘金者存有敌意。英国方面在南非的代表是开普殖民地总理塞西尔·罗兹，远在伦敦的英国殖民大臣是好战的约瑟夫·张伯伦，再加上缺乏想象力的南非英联邦高级专员米尔纳爵士，他们就组成了一个"炸药库"。

最初的胜利

克留格尔总统拒绝给予兰德金矿"外侨（非布尔人）"矿工政治权利，并加强了在南非的军事驻防。为回应英国人建立要塞，布尔人向纳塔尔和北部的开普发动袭击。起初，由于英军毫无准备，布尔人获得了胜利。后来北部的开普人与从英国赶来的援兵一起，为英军解除了莱迪史密斯围困。最终，纪律严明的英

> 历史

军取得了胜利，逐步占领了比勒陀利亚、布隆方丹和约翰内斯堡。

援军

1900 年，克留格尔总统去往欧洲。战争在他的缺席下，性质发生了改变。擅长野战骑射的布尔人领导（尤其是德韦特和博塔），率领布尔突击队屡屡袭击英军基地和交通线，并缴获大量军火、给养和大炮。英军很难回击这些移动的突击队，失去德兰士瓦和奥兰治自由邦的大片农村地区。

在基钦纳勋爵和罗伯茨勋爵的领导下，以及开普的布尔人叛变者的支持下，英国军队沿铁路加强防御，采取碉堡战术、焦土政策并设置集中营，布尔人的农场遭到了严重破坏。布尔突击队在扬·克里斯蒂安·史末资（后来在一战时成为英国将军）的带领下深入开普继续袭击英军，但未能扭转战局。1901 年初，布尔人求和，要求维持他们的独立，但英国进行这场战争的目的就是要兼并布尔共和国，哪会让步，最终，1902 年 5 月，双方签订了《弗里尼欣合约》。这标志着战争的结束，英国宣称控制了布尔人的全部领土。

704

1601年—1900年
科技、贸易和变革

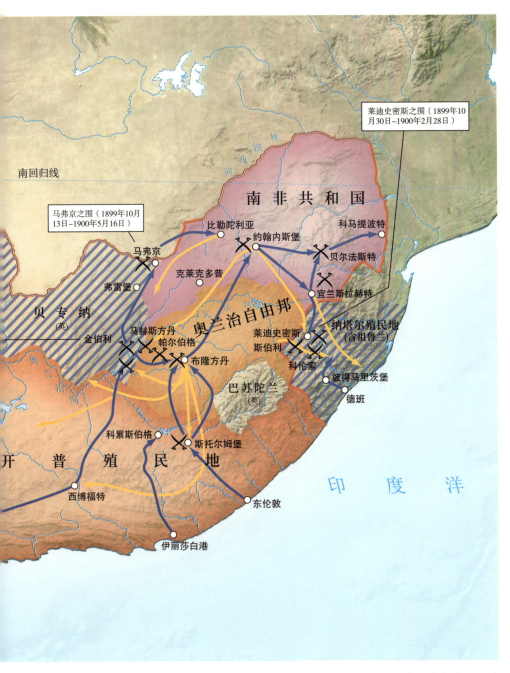

（左图）被布尔人围困在莱迪史密斯时，英军坚持了将近四个月，跨越1899年—1900年的夏天，直到救援到来。透过沙包堆，能看到英军的重重防御。

（上图）布尔战争中大部分行动发生在现在的南非共和国的中心。

1901年—2000年

发展和动荡

> 历史

变化的世界

20 世纪是胜利的时代，也是悲剧的时代。两次世界大战给这个星球留下了不可磨灭的印记，文化的动荡更加剧了这种改变。

（前页图）尽管现代飞机是在20世纪最初几年才发明的，但双翼飞机在很久以前就出现了。"亚特兰蒂斯"等航天飞机的出现表明，即便太空也并非人类的极限。

（下图）在丈夫约翰·费茨杰拉德·肯尼迪的葬礼上，杰奎琳·肯尼迪和她的子女卡罗琳·肯尼迪和约翰·费茨杰拉德·肯尼迪二世站在一起。肯尼迪总统是60多年来第一位遇刺的总统。

1914年夏天，一位塞尔维亚民族主义者暗杀了奥匈帝国的大公，导致民族主义在巴尔干死灰复燃。由于担心斯拉夫民族主义会迅速吞噬多民族的奥地利帝国，奥匈对塞尔维亚宣战，得到了俄罗斯的支持。奥匈与德国结成盟国袭击了法国，并入侵了中立的比利时，这使英国也卷入战争。随着冲突不断升级，1917年4月，美国对德国及其盟国宣战。1918年，德国求和。1919年召开的"巴黎和会"上，战胜国的政治领导人再次重新划分了欧洲地图。

德国的国内动荡局势，导致阿道夫·希特勒领导下的纳粹党崛起。经过多年国内危机后，1933年1月希特勒成为总理，发誓要向"一战"战胜国复仇，纠正他认为的历史错误（他认为是重利的犹太人导致了德国"一战"的失败）。1939年9月1日，希特勒命令军队袭击波兰，第二次世界大战爆发。第二次世界大战是人类历史上最致命的冲突，夺去了6 000多万人的生命。

英国、苏联和美国联盟最终于1945年打败了意大利和德国。但随着第二战场的开辟，为应对经济禁令（美国宣布对日本禁运石油，禁止对日本出口废钢铁和其他重要原料），日本于1941年12月袭击了位于珍珠港的美国舰队，由此爆发的太平洋战争使"二战"进入核武器时代。1945年8月初，美国在日本广岛和长崎投掷原子弹。几天后，日本宣布投降。

1945年，"大同盟"的瓦解导致"冷战"开始。由于害怕苏联行动，尤其是东欧的社会主义化，西方主要大国于 1949 年 4 月组成 "北大西洋公约组织"，以防范苏联的军事入侵。"冷战" 一直持续到 20 世纪 80 年代末的苏联解体。与此同时，两个超级大国（美国和苏联）在第三世界展开竞争，这种竞争导致了局部战争的爆发。

非殖民化

非殖民化是 20 世纪最伟大的力量之一，尤其是从 1945 年到 1960 年间。阿尔及利亚、安哥拉、柬埔寨、印度尼西亚、伊拉克、肯尼亚、老挝等殖民地纷纷取得独立，实现自决。1948 年以色列建立（土地来自巴勒斯坦），在中东引发重大冲突。

民权运动

美国的民权运动（通常指 1955 年—1965 年）是一场非暴力斗争，非裔美国人要求政府结束几个世纪以来对他们的官方和非官方的种族歧视。运动中最著名的人物是马丁·路德·金，他激励了数百万人，但在 1968 年被暗杀。

相互联系的世界

苏联解体表明东西方两大政治集团的"冷战"结束，世界多极化趋势日益明显。1992 年的《马斯特里赫特条约》是对 1957 年《罗马条约》的修订，为欧盟的建立奠定了法律基础。欧盟内部实现了成员国间所有资本、商品、人员及服务自由流动的单一市场。

科技进步迅速。20 世纪将要结束时，互联网技术将世界变成了一个 "村落"。许多专家预言说，由于早期电脑设计存在缺陷，未能预先设置 1999 年后的年份，有可能引发系统紊乱，导致国际体系停止。人们将这个 "千年虫" 视为定时炸弹；幸运的是预言未能成真，21 世纪如期到来。

（上图）许多政界人士以推倒柏林墙为目标，但第一段柏林墙是 1989 年 11 月 10 日上午被民众拆掉的。

（下图）工人们观看在太平洋上的热核爆炸试验。20 世纪 50 年代，新的氢弹纷纷试验，还出现了新的改良的裂变武器。

> 历史

追求财富

20 世纪期间人类的许多活动是 18 世纪和 19 世纪趋势的延续。

> 如果一个自由的社会不能帮助大多数的穷人，那么也留不住少数的富人。
> ——约翰·费茨杰拉德·肯尼迪（1917 年—1963 年），美国第 35 任总统

1946 年 成百上千的人从东欧进入英国，试图逃离"共产主义"

1948 年 《战时措置人员法案》允许约 20 万流离失所的欧洲人移民美国

1972 年 约 2.8 万被驱逐的乌干达人定居英国

1980 年 美国法律修订案取消了东西半球的移民配额，确定每年允许进入美国的移民总数不得超过 29 万，每个国家每年的移民不超过 2 万

农业机械化降低了土地对农场工人的需求，导致大规模移民从农村进入城市。尽管在南亚、东亚以及非洲绝大部分乡村这种变化相当缓慢，但到 20 世纪末，还是出现了势不可当、不可逆转的人口大滑坡。

世界性趋势

在 18 和 19 世纪，制造业的增长成为移民潮的推动因素。这股推动力对农村来说非常强大，许多人搬到城市以寻求更高的工资和更好的生活。有些人留在原籍所在国，为城市发展贡献力量，而其他一些人则跟随存在已久的移民路线移民至美洲、非洲南部和澳大利亚。上世纪推动德国、俄罗斯和波兰移民的因素现在折磨着地中海人民。南部意大利人、希腊人、马

（右图）1947 年，英属印度分裂后，来自拉合尔的锡克教难民正等待着被安置到贾朗达尔。

(上图)"二战"后,澳大利亚实行"援助移民计划",英国居民花费10英镑就可以移民澳大利亚。1945年—1972年,该计划吸引了100多万欧洲大陆的移民。

耳他人、黎巴嫩人和土耳其人在海外寻找新家。先到的移民常常毫无根据地担忧,土地和其他权利会被危险的入侵者夺走。

美洲和非洲

在开放农业较晚的地区,离开乡土的人口数量远低于预期值。在美国则不同,农场非裔美国工人和佃农,从美国南部产棉地带大迁移至北部的制造业城市,迪克西兰爵士乐也因之得到发展。

类似现象也出现在此时期的南美洲,里约热内卢的贫民就聚集在富人海滨游乐场上方的山坡上。在南非,19世纪早期定居者的后裔失去了农村据点,不得

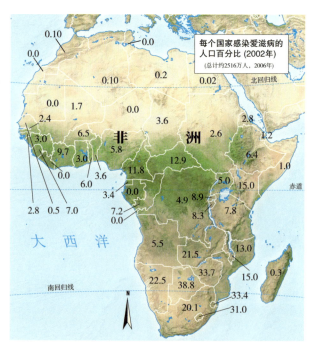

（左图）该图是2002年非洲被艾滋病感染的人口百分比。艾滋病最初沿货运路线传播。

不涌入城市贫民区，制造了所谓的"贫穷白人"问题。在澳大利亚，战争中的退伍军人作为士兵定居者在小农场安家，但他们发现这种规模的农业已经不再赚钱。

政治发展导致了完全不同的移民动因，这是由于恐惧或武力引起的。19世纪最后20年，欧洲列强的领土兼并——所谓"瓜分非洲"——为非洲设定了领土边界线，在现在的非洲地图上依然能看到。

获得殖民地后，欧洲列强开始要求有所回报。他们强行征税（且只收取现金），这迫使人们不得不出去工作，大批劳动力的移民（主要是男性），以及铁路和海港的建设，成为破坏家庭、打破传统、传播包括肺结核和艾滋病等疾病的原因。

俄罗斯

"一战"及战后有大量人口迁移。战争摧毁了沙皇俄国、奥地利、匈牙利和奥斯曼帝国。共产主义国家不容反对地推行农业集体化，克里米亚鞑靼人和富农因对其进行抵制,在被捕后遣送至西伯利亚安家。

小亚细亚和中东

奥斯曼帝国像童谣里描述的那个从墙上摔下来的蛋形矮胖子一样,被摔成碎片后没能再凝聚到一起。在巴尔干半岛和阿拉伯世界,新的国家出现了,许多人认为必须把少数民族从他们的领土上清除。英国决定在巴基斯坦国土上为犹太人创建一个国家。

德国

德国民众对"一战"中的战败感到沮丧,怨恨战后不公平的条约。这种糟糕的情绪成为孕育纳粹运动的温床,导致后来希特勒决定发动新的世界大战以恢复往日的强大,消灭"不洁净的种族"。这最终导致600万人失去生命,以及战后数百万难民移民。

(上图)1905年,在纽约埃利斯岛等待放行的意大利移民。

(下图)越来越多的人被迫去往新的国家,希望获得更好的生活。国外出生的人口改变了城市基础结构,创造了新思想和新文化团体。

○出生人口超过百万的城市

历史

幸运的国家

古老的土地，古老的人类，正如我们现在所知，澳大利亚是在英国的影响下建立的。

> 不要担心今天成为世界末日，澳大利亚早就到了明天。
> ——查尔斯·舒尔茨（1922年—2000年），美国漫画家

1911年 堪培拉及其附近地区被宣布成为澳大利亚首都领地

1941年 澳大利亚允许美国使用其海岸作为太平洋战争时的最高指挥所所在地

1975年 高夫·惠特拉姆（工党）政府的预算不断受到参议院反对党成员阻碍，后来惠特拉姆被总督罢免

1986年 《澳大利亚法案》开始实施。澳大利亚完全从英国独立，并禁止上诉至伦敦枢密院

1992年 《公民法》修订，删除了效忠英国王室的誓辞

1899年布尔战争中，1.6万澳大利亚人选择为英国而战，这是澳大利亚殖民地为不列颠帝国献身的证据。1901年1月1日，澳大利亚6个州统一起来组成澳大利亚联邦，依然归于英国王室统治。

威斯敏斯特体系

1901年新制定的宪法虽然沿用了英国体系，但反映的却是澳大利亚人的利益。宪法创建了威斯敏斯特体系政府，由众议院和参议院组成。

在成立联邦前，各殖民地作为独立实体存在，因此部分地区强烈反对组成联邦。然而，经过政治家艾尔弗雷德·迪肯、亨利·帕克斯和埃德蒙·巴顿领导的长期运动后，澳洲的6个州结成了联邦，埃德蒙·巴

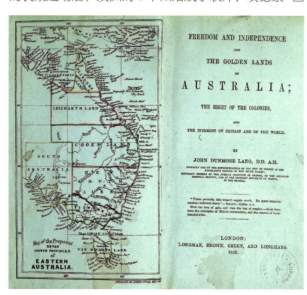

（右图）历史学家和人类学家约翰·邓莫尔·朗（1799年—1878年）是第一位倡导澳大利亚独立的人。此书为其所著，反映了他关于澳大利亚独立和自由的观点。

（上图）1915年4月25日（周日）诞生于加里波利的澳新军团传奇为塑造澳大利亚做出了贡献。

顿成为首任总理。虽然新西兰与澳大利亚的政治关系紧密，但它并未加入联邦。

英联邦下的独立国家

联邦成立的部分原因是种族问题——建立统一防御战线，对抗预感中的非欧洲国家的入侵威胁。澳大利亚人意识到，作为英国殖民地，他们距离欧洲比较遥远，而距离人口众多的亚洲国家较近。即便今天，澳大利亚依然是以英国国王为名义国家元首的君主立宪制国家，总督为代表，正式履行职责。为了成为澳大利亚首都，墨尔本和悉尼展开了多年竞争。但是1927年，位于新南威尔士州的堪培拉正式成为首都。

伙伴情谊

澳大利亚联邦在许多方面都具进步性。它的劳资关系政策是以工人公平为基础的，1907年协商确立了基本工资原则，并形成了老人、病人和寡妇的养老金制度。在20世纪早期，澳大利亚依然强烈支持英国。

（下图）1951年3月17日，成包的澳大利亚羊毛被装到开往英国的驳船上。20世纪50年代初，羊毛出现历史最高价，使澳大利亚的贸易平衡从21%的逆差变成26%的顺差。

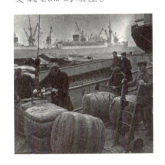

▶历史

"一战"期间,澳大利亚的 500 万人口中有 41.7 万人参军,其中 5.9 万人死亡,17.4 万人受伤。澳大利亚参加的经典战役是 1915 年在土耳其的加里波利战役。尽管以失败告终,但澳大利亚赢得了勇敢的声誉以及来自伙伴的友谊。4 月 25 日澳新军团(澳大利亚和新西兰军队)日成为澳大利亚一个非常重要乃至于神圣的纪念日。

出口依赖

两次世界大战之间,许多澳大利亚人有着双重忠诚——对英国的忠诚是因为文化和历史渊源;对澳大利亚忠诚,因为澳大利亚被认为是机会均等的阳光之地,在这里人人平等。20 世纪初,澳大利亚经济稳定,由于铁路延伸到农业区域外围,小麦成为继羊毛之后又一重要出口商品。铁路降低了运输成本,使其他行业也有利可图。然而,20 世纪 30 年代的大萧条对澳大利亚的打击大于其他大部分国家。由于主要商品的出口依赖国际市场,澳大利亚损失惨重——失业率超过 30%。澳大利亚的等级制度虽不及英国严格,但依然存在,大萧条拉大了贫富差距。

与美国结盟

1939 年,第二次世界大战爆发,澳大利亚再次追随英国投入战斗。不同的是,这次澳大利亚更为关心来自日本而非来自德国的威胁(后来担忧变成了现实,北部

(右图)这幅地图描绘的是澳大利亚的农业产业带和自然资源分布。

的达尔文和布鲁姆被炸），1942 年新加坡失陷后，澳大利亚向美国寻求支持，这是根本性的转变。

战后繁荣

"二战"后，澳大利亚继续保持与英国的文化联系。英国仍然受到欢迎，澳大利亚给予英国移民优先权。年轻的澳大利亚游客通常将伦敦作为旅游目的地。然而，20 世纪下半叶，澳大利亚与英国的贸易和防务联系减少，与美国、日本和中国（多年后）的关系变得越来越重要。1973 年，英国加入欧洲经济共同体时，澳大利亚面临着受到之前保护者排斥的转折期，因此跟亚洲的贸易变得至关重要。

战后澳大利亚经济得到蓬勃发展，20 世纪 50 年代羊毛价格达到历史最高时，国内就业率达到百分之百。出生率显著增长，从那时起，"婴儿潮时期出生的人"影响了经济和社会生活。花园郊区稳步从沿海城市向外辐射。

(下图)位于堪培拉的旧议会大厦自1927年至1988年一直是澳大利亚联邦议会所在地。议会搬到位于首都山顶的新家后,这一旧建筑成为澳大利亚政治和社会历史博物馆。

在政治舞台上,各种利益团体合并成工党和自由党。一般来说,工党代表工人阶级和城市知识分子,而自由党是保守党,代表着郊区中产阶级和大企业。自由党执政从1949年到1972年,这或许是社会开始出现繁荣与和平的结果。不论是居住在整洁的郊区房子,还是繁荣的农场或城镇里,大部分人都满足于现状,认可政府的保守规定,如周日不交易等。

1966年2月14日,澳大利亚采用了十进制货币和度量,这一变化使澳大利亚进一步脱离英国影响。

白澳政策

出于对外来入侵的担心,人口不足的澳大利亚鼓励移民。1947年至1969年期间,超过200万移民到达澳大利亚。起初,由于实行了"白澳政策",移民只来自英国,然后是北欧。接下来招募的"新澳大利亚人"来自南欧,20世纪70年代出现了来自亚洲的移民,然后是中东国家。20世纪末,非洲人也进入了移民配额。

（左图）1988年澳大利亚建国200周年纪念时，位于堪培拉首都的新国会大厦取代了旧国会大厦。前院的9万块马赛克上描绘了土著文化中负鼠和小袋鼠做梦的图案。

而澳大利亚土著居民1967年才取得公民权利。

不满情绪四起

20世纪60年代末，许多年轻的澳大利亚人开始挑战当时主流的自满情绪。他们抗议国家卷入越南战争，反对总督1975年罢免工党总理高夫·惠特拉姆。同性恋和妇女解放运动开始，而原住民抗议者也要求土地权利。来自英国和美国的音乐和书籍明确地表达了这些新思想。避孕药使性自由成为可能，甚至于1975年改革了离婚法。

后续发展

自1975年以来，政府权力在自由党和工党之间交替。经济从繁荣走向衰退，但并没有重复20世纪30年代大萧条时期的艰辛。小麦和羊毛仍然是重要的出口商品，但现在已经被矿产超过，尤其是铁矿石。受到来自印度和中国的需求影响，西澳大利亚出口大量原材料，创造了强劲的经济。

1992年，最高法院对玛伯诉讼案做出决定，承认原住土著居民的土地所有权，土著居民要求政府对过去的错误道歉。1999年，澳大利亚就实行共和制举行了全民公决，但公投否决了该建议。2000年，悉尼成功举办奥运会。

（下图）尽管时间短暂并且经历重重困难，但惠特拉姆政府在澳大利亚开启了巨大变化和现代化的时代。其中一个创新是全民医保，现在被许多澳大利亚公民视为神圣权利。另一个创新是自由教育。

"一个晒黑的国家"

多年来，澳大利亚东部遭受长期严重干旱，使许多人关注气候变化。然而，澳大利亚的2000万人生活在一个富有的、国际化的国家。尽管地理位置孤立，但澳大利亚人依然热衷于海外旅行，现代通讯使澳大利亚与外界的联系更加紧密。澳大利亚拥有16处世界遗产，包括乌卢鲁的艾尔斯岩。这块世界最大的整体岩石坐落在澳大利亚中部的平原上。

日俄战争

1904年—1905年的日俄战争,是欧洲国家近代史上首次被亚洲国家打败,为日本帝国主义随后几十年向中国和太平洋扩张铺设了道路。

> 战场是沼泽地,道路糟透了。最后,我们缺乏好的地图。
> ——涅尔琴斯克(尼布楚)哥萨克团首领恩格哈特,1905年的演讲

1904年2月7日　旅顺的电报线被切断

1904年2月8日—9日　日本突然对旅顺的俄罗斯舰队发动鱼雷袭击

1904年2月9日　日本占领韩国汉城(今首尔)

1904年2月10日　日本宣布对俄罗斯开战

20世纪初,中国对帝国主义列强而言是一块充满机会的土地,列强之间明争暗斗。中国越来越多的土地被法国、英国、俄国和德国切割成租借地、势力范围和通商口岸。但不久后,日本成为寻求加入帝国主义强国的最新国家——中国不幸成为日本征服的目标。

利益冲突

19世纪末,日本国内民族主义情绪日益高涨,呼吁进行海外扩张。1894年—1895年中日甲午战争中日本获胜,更加坚定了日本帝国崛起的希望和愿景。但中国和日本之间的战争只有欧洲列强干预才能停止,在这里不得不提俄罗斯。与战后近乎破产的中国达成协议后,俄罗斯在中国建设铁路,通过东三省连接他们的西伯利亚大铁路和海参崴(今符拉迪沃斯托克),他们还租用了位于辽东半岛旅顺的军事基地。

日本试图与俄罗斯谈判,以寻求互相承认在中国的势力范围,但没有成功。根据与中国的协议,俄罗斯没有让步,于是日本开始权衡作出何种选择。

冲突爆发

1902年1月,英国和日本结成同盟,旨在保护双方在中国的利益。如果日本与俄罗斯开战,英国严守中立。随后,1904年日本和俄罗斯谈判破裂,日俄开战,预想中的事情变成了事实。

1904年2月8日,日本袭击了位于旅顺的俄罗斯战舰;2月10日,对俄宣战。几周内,日本占领了旅

(下图)1905年,日俄战争的结束是通过报纸向俄国人公布的,民众不满情绪增加。图中为莫斯科的一个水果市场内人们在读报。

日本士兵到达朝鲜，与俄罗斯进行战斗。

（左图）日本海军俘获的俄罗斯军舰，悬挂着日本国旗被带进佐世保港。

（右图）战争的头几周，日本取得海上优势，使得运送部队更加便利。

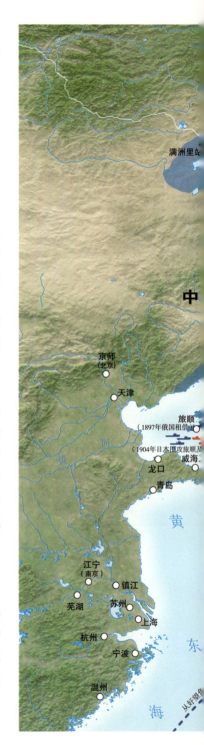

顺以北的城镇，然后继续向南，觊觎着有重重防御工事的海岬。旅顺被围困至1905年1月，有超过5.5万日本人丧生。俄罗斯最终让出该要塞，使日本征服信心大幅提升。

日本派遣军队驻扎到辽东半岛北部，向北穿过朝鲜。1905年3月，日军在奉天遭遇俄罗斯军队的强烈阻击。双方军队人数均超过30万。日本虽损失惨重，但赢得了重要的战略胜利。

由于俄罗斯首都远离战场超过5000英里（8000千米），通过西伯利亚大铁路运输的部队断断续续，援军迟迟未到。此外，俄罗斯主要海军舰队驻扎在波罗的海。俄罗斯决定该舰队支援远东时，要行驶1.8万英里（2.9万千米），6个月的行程。在舰队抵达日本和朝鲜之间的海峡时，日本巧妙地伏击并摧毁了该舰队。这对日本是决定性的战役。

美国促成和平谈判

美国总统西奥多·罗斯福看准日俄双方都损失惨重，趁机邀请各国参加1905年8月在缅因州朴茨茅斯举行的和平会谈。经过一个月的谈判，俄罗斯同意将中国东三省铁路的利益给予日本，承认日本在朝鲜的特殊地位。这最终导致1910年日本吞并朝鲜，并为日本在20世纪30年代占领中国东三省铺设了道路。

1901年—2000年
发展和动荡

725

历史

王朝的覆灭

中国2000多年的封建王朝统治于1911年结束，对于外界来说，这个结果可能有些突然，但清政府的倒台，是经历了来自一个世纪的内部和外部压力后发生的。

1894年 孙中山赴夏威夷，创建了兴中会

1905年 孙中山发表了他的政治哲学三民主义

1911年 在欧洲、美国、加拿大和日本等地流亡15年后，孙中山回到中国

1912年 孙中山就任中华民国临时大总统

清朝统治的结束与19世纪外国列强的侵略有很大关系。1840年—1842年和1856年—1860年的鸦片战争中，英国迫使中国敞开大门，用白银换取来自印度的鸦片。19世纪晚期，外国在华势力日渐强大，法国、德国、俄罗斯和日本强迫中国同意他们进入中国并获得资源，授予他们在港口的实质权利。

来自内部的因素也在向朝廷施加压力。19世纪期间，中国人口增长了，但粮食生产并没有跟上。各级政府的税收令大部分农民极度贫穷。

叛乱和革命

19世纪50年代和60年代，中国出现了一波又一波的地方起义，最著名的是太平天国起义，造成大量人员在这场冲突中死亡，数量惊人。这些起义混杂着激进的宗教情绪，表达着人们对统治王朝腐败和不公的深深不满。1894年—1895年，中国败给了日本。这一耻辱令人们强烈呼吁政府改革。1898年6月至9月的百日维新中，光绪皇帝下令改革教育、商业和科举制度。

义和团运动是国内问题导致的另一场冲突。尽管一开始运动遭到谴责，但后来慈禧太后命令清军支持义和团。最终义和团被欧洲联军打败，1901年签订了令中国倍感屈辱的《辛丑条约》。仅债务一项就使清朝在经济上和政治上大大受损。

最具决定性的是民族主义革命。其中一名杰出的

（下图）义和团不满西方列强对中国的侵略以及基督教在中国的发展。他们走上街头进行暴力抗议。

个人不可太过自由，国家要得完全自由。

——孙中山（1866年—1925年），中国政治和革命领导人

革命者是孙中山。他出生在中国，在夏威夷读书。他在中国呼吁更强烈的民族主义观念，寻求在三民主义（民族、民权、民生）基础上建立政府。1905年，孙中山在日本建立了民族革命组织同盟会，他被推举为总理。

1911年，一直在中国南方不断进行起义的同盟会被卷入武昌（今武汉武昌区）的一次意外爆炸事故中。清军拒绝移师对抗，10月11日，湖北省政府被攻占，湖北宣布独立。这导致多米诺骨牌效应。随着军事力量和中产阶级加入新兴民族主义运动中，中国南部和中部省份纷纷独立。至11月，中国的24个省份中已经有15个宣布从清朝独立。1912年1月1日，孙中山在南京宣布就职，组成中华民国临时政府。然而，来自中国北方的支持并没有那么容易。

末代皇帝

导致清朝统治结束的直接原因，是北方军事将领袁世凯的背叛。失去了袁世凯，清朝皇帝阻止不了民族主义者。在权势均衡的情况下，袁世凯促成协议，北方省份加入新建立的中华民国。1912年2月12日，清朝皇帝退位。悠久的封建皇朝统治最终结束了。

（右图）孙中山（1866年—1925年）于1912年成为中华民国临时大总统。在清朝统治结束后的年代，作为一个统一的形象，他是20世纪独特的中国政治家，在中国大陆和台湾地区都备受尊崇。

历史

征服南极

在 20世纪，南极对探险家来说依然是重大挑战。最终，抵达南极的比赛变成悲剧。

> 仅告知你，"前进"号正前往南极。阿蒙森。
>
> ——1910年9月9日，罗尔德·阿蒙森发给罗伯特·法尔肯·斯科特的电报

1773年 詹姆斯·库克船长的第二次探索之旅首次穿过南极圈

1820年 俄罗斯人戈特利布·冯·别林斯高晋是第一个看见南极大陆的人

1902年 罗伯特·斯科特、爱德华·威尔逊和欧内斯特·沙克尔顿向南极航行，但仅到达南纬82°就患上雪盲症，不得不返航

1908年 沙克尔顿和其他探险家试图到达南极，到达离南极点仅差97英里（155千米）时放弃了行程

1911年 挪威探险家罗尔德·阿蒙森是第一个到达南极的人

1947年 美国在南极洲的"小美国"岛建立海军基地，完成了航拍摄影，以及大量地图的绘制

英国探险家罗伯特·法尔肯·斯科特于1911年1月4日到达麦克默多海峡，比挪威探险家罗尔德·阿蒙森仅仅早了11天。阿蒙森决定在南极击败斯科特证明自己，竞赛双方的经验都很丰富。

竞赛

阿蒙森在鲸湾扎营，比斯科特扎营的埃文斯海角营地距离南极点近60英里（100千米）。双方都在1911年的冬天建立了补给站。到达比尔德莫尔冰川时，斯科特命令一队回去，其余的人则在1万英尺（3000米）的冰川上痛苦而又艰难地拉着3个800磅（360公斤）重的雪橇。与此同时，阿蒙森与他的四个伙伴，以及52条狗和4个850磅（385公斤）重的雪橇已经到达更南方350英里（560千米）的地方，他们是用狗拉着雪橇，途中比较轻松。他们4天就穿越了90英里（150千米），而斯科特用两周的时间行进了130英里（200千米）。

1911年12月14日上午，罗尔德·阿蒙森和他的团队到达南极，此时斯科特依然在比尔德莫尔冰川上挣扎前行。斯科特和他的四个同伴于1912年1月17日到达南极时，却发现挪威的旗帜已经飘扬在那里。他们沮丧返回，途中忍着冻伤、饥饿和疲惫的折磨，3月21日，在距离补给站"一吨库"11英里（18千米）的地方，突遇暴风雪，被困在帐篷内一周，最后全部遇难。其间，阿蒙森和他的团队1月26日已经安全到达他们的营地，他们健康状况良好，且未发生事故，穿越1400英里（2250千米）仅用了99天。

历史

（下图）斯科特和他的伙伴在从南极返回途中遇难，最后死亡的三人距离补给站只有一天的路程。

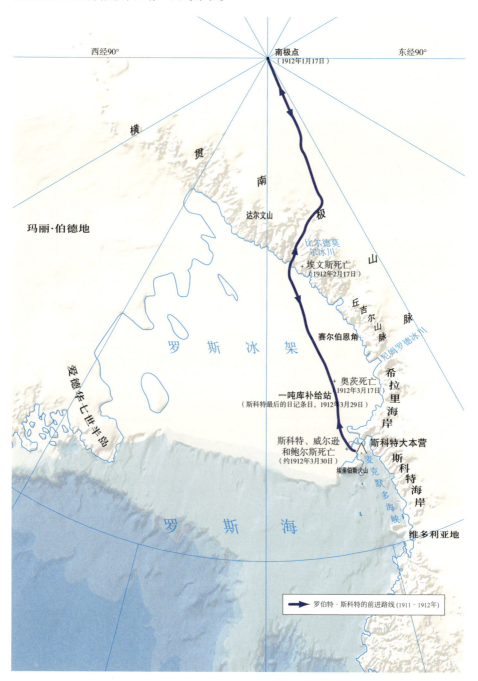

1901年—2000年
发展和动荡

希拉里

新西兰的埃德蒙·希拉里爵士（1919年—2008年，左）1953年和丹增·诺盖一起登上珠穆朗玛峰，是登上珠峰的第一人。1958年，他到达南极点。1985年，他在尼尔·阿姆斯特朗的陪同下登陆北极，成为世界上踏遍"三极"的唯一探险家。20世纪60年代，他的关注点转向尼泊尔人的福利事业，建立诊所、医院和学校。

奇迹般生还

到达南极的比赛胜利后，英国探险家欧内斯特·沙克尔顿于1914年8月出发，想要徒步横穿南极大陆。不幸的是，还没有到达大陆他们的船就被浮冰困住了，整个1915年冬天他们一直都困在那里。

最后，他们出发去寻找陆地，拖着救生艇穿越浮冰。经过非常辛苦地努力搬运物资后，他们花费6个月的时间在浮冰上扎营。1916年4月9日，他们最终将3艘救生船推到海上，于4月15日登上了大象岛。为寻求帮助，沙克尔顿随后和另外5个人乘上最大的救生艇，行程大约800英里（1300千米），跨越世界上最危险的海域，来到南乔治亚岛寻求帮助。在南乔治亚岛西边上岸后，沙克尔顿和两名同伴不得不翻越山脉，奇迹般地到达了岛东边的捕鲸站。数小时内一条捕鲸船便出发去接留在岛西侧的三个人。

从5月26日起，沙克尔顿三次艰苦尝试营救其余的21人，终于在8月30日获得成功。此时，他们在大象岛已经度过了4个月的艰苦匮乏时期，距离离开英国已有两年时间。

（下图）到达南极前，沙克尔顿的"持久号"船被困在浮冰中，狗队在一旁观看。为寻找救援，沙克尔顿4个月后才返回救出留在岛上的人。

731

瓜分"战利品"

随着19世纪接近尾声，欧洲列强的帝国之路在最后一刻转向非洲大陆。进入20世纪，"黑非洲"发现自己已被瓜分成许多由欧洲白人控制的领土。

> 我梦想一个能和平共处的非洲。
>
> ——纳尔逊·曼德拉（1918年—2013年），南非前总统，反对种族隔离

在控制"黑非洲"（撒哈拉以南非洲）方面，英国最终成为位居榜首的欧洲国家，接着是法国。自19世纪初，英国海军中队开始在桑给巴尔和非洲西部巡逻，保护在塞拉利昂（1808年）、冈比亚（1816年）和黄金海岸（1821年）的殖民地。黄金海岸是禁止奴隶贸易的基地，也是促进商业的基地。随着1871年英国吞并西格里夸兰，1881年将其移交开普殖民地，重申了它在非洲南部内陆的霸权。19世纪70年代非洲发现了钻石，英国在1878年至1884年间成功殖民南非——后来又扩张至南罗德西亚（1895年）、北罗德西亚（1911年）和尼亚萨兰（1907年）。在非洲东部，肯尼亚尽管从1888年以来一直在英国的控制之下，但很晚（1920年）才成为殖民地。乌干达和索马里兰在1894年成为英国保护国。

除英国外，殖民非洲的其他四个主要欧洲列强是比利时、德国、法国和葡萄牙。非洲中部的殖民开拓者是比利时国王利奥波德二世，他建立了名为"刚果自由邦"的殖民地作为"私人领地"，限制外界对奴隶和酒类贸易的破坏。

德国

在创建新殖民地方面，利奥波德二世最直接的竞争对手是德国。19世纪80年代，德国在西南非洲（今纳米比亚）、多哥兰、喀麦隆和桑给巴尔对面东非海岸的一部分——德属东非或坦噶尼喀，以及后来的卢旺达和布隆迪宣称领有土地。第一次世界大战中，比

1893年 英属南非公司占领一块新的领土，取名罗德西亚

1905年 法国探险家皮埃尔·德·布拉柴死于塞内加尔首都达喀尔

1908年 对待刚果非洲土著的态度引起公愤，导致比利时议会兼并刚果自由邦，称之为比利时属刚果

1910年 开普殖民地、纳塔尔、德兰士瓦和奥兰治自由邦组成南非联邦

1964年 纳尔逊·曼德拉以叛国罪被判终生监禁

（上图）至20世纪，欧洲列强瓜分了非洲的大部分地区。一些国家统治他们的领地比其他国家更人道。

▶ 历史

（上图）这幅漫画取笑塞西尔·罗兹关于英国控制非洲（从开普敦至开罗）的想法。1890年，塞西尔成为开普殖民地总理。

（上图）1905年3月，皮埃尔·德·布拉柴最后一次到访刚果。6个月后在返回途中死亡。

利时人将卢旺达和布隆迪并入其刚果殖民地，逐渐合并成一个中心殖民政府。

法国

19世纪下半叶，法国加强了对整个北非（利比亚和埃及除外）的控制，征服摩洛哥、阿尔及利亚和突尼斯等地。在中部非洲，法国探险家皮埃尔·德·布拉柴渴望将法国沿海被包围的领土加入刚果河中部流域，刚果首都布拉柴维尔就是以他的名字命名的。他将东部最远到达的尼罗河上游地区宣称为法国领土。他的努力让法国卷入竞争，除西部的比利时国王利奥波德二世外，还有英国站出来声称对苏丹白尼罗河的主权，意在通过控制从维多利亚湖流出的尼罗河水来保护水源。最终法国被打败，但依然获得了中非北部广阔土地的控制权。中非北部后来成为乍得共和国和钻石储量丰富的中非共和国。

其他国家

葡萄牙在19世纪末期参与瓜分非洲的行动，得到了西海岸的安哥拉殖民地和东部的莫桑比克。来自英国的挑战导致葡萄牙保留的非洲帝国（约占大陆的8%）仅次于英国和法国，位于第三位。

最后要提到的是两个相对占地较小的欧洲国家——意大利和西班牙。意大利1890年在厄里特里亚建立殖民地，1936年—1941年短暂占领埃塞俄比亚，1912年吞并利比亚。西班牙将非洲西北海岸的里奥德奥罗保护国扩张到摩洛哥南部边界。

法国人皮埃尔·德·布拉柴,出生于意大利,在非洲中部为法国增加了约19.3万平方英里(50万平方千米)的土地。

欧洲——时刻准备战争

几个世纪以来，欧洲逐渐成为世界中心，随着各个国家扩张他们的殖民地帝国，大国间的对抗和联盟开始出现。

1904 年　日俄战争爆发，日本占领汉城（今首尔）

1905 年　沙皇尼古拉二世颁布《十月宣言》，进行改革

1906 年　英国迫使土耳其割让西奈半岛给埃及

1907 年　荷兰完成对苏门答腊岛的占领

1907 年　德国威廉二世和俄罗斯尼古拉二世在施韦因蒙德会晤

1908 年　比利时利奥波德二世将其私有财产刚果转让给比利时

1910 年　葡萄牙革命——曼努埃尔二世逃到英国

1911 年　德国炮舰"黑豹号"抵达摩洛哥港口阿加迪尔，制造了国际危机

1912 年　意大利和法国签订《洛桑条约》

殖民帝国被认为是伟大和威望的象征。就连比利时也获得了比属刚果，其面积 90 万平方英里（230 万平方千米），是比利时国土面积的近 80 倍。日本的崛起从 1868 年开始，世纪之交时开始扩张，获取了亚洲小片土地以及朝鲜。俄罗斯也扩张了它的帝国，西边合并了芬兰和波罗的海，南部到达中亚，东边通过内部殖民邻近地区到达西伯利亚。俄罗斯的殖民目标包括了巴尔干半岛和黑海地区。

德国的挑战

德国紧随其后，加入竞争抢夺殖民地，但受到英国和法国的阻碍。1885 年—1914 年间，英国征服了 30% 的非洲领土，而德国在非洲的殖民地仅占 9%。德国修建了由柏林至君士坦丁堡的铁路，直接面向近东投资，很好地诠释了德国传统的"向东进军"理念，或如德裔美国哲学家汉娜·阿伦特所称的"大陆帝国主义"。

扩张主义者的思想认为，扩张是文明使命的发展，正如法国所称的，或如拉迪亚德·吉卜林所描述的英国殖民政策——赞助"半魔半孩"（殖民地人）是"白人的负担"。英国哲学家赫伯特·斯宾塞引入"适者生存"的概念，将殖民征服解释为"自然法则"，在达尔文之前就宣扬了社会达尔文主义。德国历史学家海因里希·冯·特赖奇克坚持认为，一个国家必须建立殖民帝国才能在历史上留下印记。

政治集团

这种竞争在 20 世纪之交的时候变得更加激烈，为实现利益列强们试图建立同盟。1879 年，德国与奥匈帝国结盟，1882 年意大利加入后组成了三国同盟。1894 年，法国与俄罗斯达成协议，包围德国和奥匈帝国。1904 年的英法协约停止了两国的传统冲突，结成强大联盟对抗最为危险的新对手——德国。1907 年，英国和俄罗斯结束了在中亚的战争，包围德国及其同盟国的任务完成。为实现自己的目标，几个较小国家纷纷加入到不同利益集团中，甚至有些国家（如意大利和罗马尼亚）还审时度势改变了阵营。

火药桶

世纪之交时，战争开始在世界舞台的边缘爆发，如 1898 年的美西战争，1904 年—1905 年的日俄战争。

> 如果欧洲发生另一场战争，将会是由巴尔干地区的蠢事引起的。
>
> ——奥托·冯·俾斯麦（1815—1898 年），普鲁士首相，德意志帝国的创始人

（下图）1912 年，马其顿叛军守卫着向北进入萨洛尼卡的高速公路，与土耳其军队对抗。第一次巴尔干战争导致土耳其失去了马其顿，大部分领土被保加利亚、希腊和塞尔维亚瓜分，改变了该地区的力量平衡。

欧洲和巴尔干半岛国家（1914年）

1901年—2000年
发展和动荡

（上图）1910年拍摄于英国伦敦的白金汉宫，9位欧洲君主为出席爱德华七世的葬礼聚到了一起。

摩洛哥与德国关于丹吉尔和阿加迪尔的两次危机分别发生在1905年和1911年，预示了欧洲局势的进一步动荡。在这种随时会炸的情形下，即便是边缘国家的地方性冲突也变得非常危险。

为争夺巴尔干半岛，19世纪末发生了几场小的战争，其中两次主要战役发生在1912年—1913年。奥匈帝国的巴尔干扩张以及兼并波斯尼亚和黑塞哥维那，最终导致了巴尔干半岛炸药桶爆炸——1914年，弗朗茨·费迪南大公在访问萨拉热窝时，一名波斯尼亚塞族民族主义者加夫里洛·普林西普刺杀了大公和他的妻子。该事件为德国逼迫其奥地利盟友发动战争提供了绝佳机会。

对小小的塞尔维亚宣战，导致了第一次世界大战的爆发。这是历史上第一次机械化战争，卡车、坦克、飞机和潜艇纷纷登场。整个欧洲为此付出了超过800万人生命的代价。

（左图）第一次巴尔干战争以1913年5月签订《伦敦和约》而告终。对战利品的纠纷导致了第二次巴尔干战争，直到1913年8月签订《布加勒斯特条约》才得以解决。

第一次世界大战

> "势力均衡"政策使欧洲维持了一个多世纪的和平(一些显著的事件除外),然而,1914年6月28日,哈布斯堡继承人弗朗茨·费迪南大公在萨拉热窝的波斯尼亚城被暗杀的事件,势力均衡被打破,由此引发危机。

1915年 德国齐柏林飞艇轰炸英国

1916年 爱尔兰爆发复活节起义,要求从英国独立——起义领袖与德国达成协议,保证独立的爱尔兰将在战后和平谈判中获得一个公平的听证机会

1916年 伍德罗·威尔逊再次当选美国总统,打出了"他让我们远离战争"的标语

1917年 沙皇尼古拉二世退位,俄国建立临时政府

1917年 伍德罗·威尔逊向国会要求对德国宣战。德国皇帝威廉二世退位

第一次世界大战主要是三个协约国(英国、俄国和法国)和同盟国(德国和奥匈帝国)之间的战争,他们与各自不同的朋友、盟友和国民一起,给整个欧洲大陆带来了前所未有的破坏。

费迪南死后数周内,奥匈帝国对塞尔维亚和俄罗斯宣战;俄罗斯对奥匈帝国和德国宣战;德国对俄罗斯、法国、比利时和英国宣战;法国对德国宣战;英国对德国宣战;日本对德国宣战。数月内,奥斯曼帝国也对英国、法国和俄罗斯宣战。1915年,保加利亚和意大利也加入战争;1916年,罗马尼亚和葡萄牙卷入战争;1917年,希腊和美国加入协约国。

战争利用各帝国间的纽带关系,来自南美洲、加拿大、澳大利亚和新西兰的男人、女人都被卷入其中;领导者们利用其殖民地的人力资源——成千上万来自非洲和印度次大陆的人们,补充战争造成的劳动力短缺。甚至中国人也被拉入,1917年有500名中国人因所乘坐的法国军舰被鱼雷袭击而死亡。

这真的是第一次世界大战。战争头四年,几乎有850万军人死亡,约500万平民死于潜用鱼雷、齐柏林飞艇的炸弹、经过比利时和法国北部的军队通道、前线恶劣的自然环境(来回穿越东欧和东南欧)、难民带来的贫穷和疾病以及故意掠夺的军事政策。战争的其他伤亡还包括了四个大帝国的陨落——奥斯曼帝国、德意志帝国、奥匈帝国和俄罗斯帝国,这是受军事伤亡、政治失败、经济和社会巨变的综合影响所致。

从这张 1913 年的照片上，看不出英国国王乔治五世和德国皇帝威廉二世接下来会发生的紧张关系，他俩都是维多利亚女王的（外）孙子。

对许多历史学家而言,第一次世界大战标志着欧洲从 19 世纪的文明突然转型到 20 世纪的动荡。然而,对另一些历史学家而言,"一战"的爆发标志着欧洲协调机制——英国、德国、法国、奥匈帝国和俄罗斯——管理的失败:未能充分面对各国内部社会的剧烈变化,未能看到塞尔维亚等新国家出现导致的大陆的变化,如奥斯曼等帝国的陨落,以及欧洲协调机制内各国因对领土和权力的野心而固有的好战特性。这种特性对政治暗杀以及长期紧张关系的偏爱,使得"战争"成为调节手段,费迪南的死亡并非是发动战争的唯一借口,而是围绕这次"七月危机"的谈判和最后通牒。欧洲协调机制让欧洲国家在前几次危机中能安然度过,至少未在同一场冲突相互敌对,然而到了 1914 年,形式失控了。

> 战争是上帝的命令之一。在战争中,人类大部分高尚品德得以展示——勇气和忘我、忠于职守、愿意牺牲自己以及出生入死。没有战争,世界将在唯物主义中停滞不前,丧失自己。
>
> ——赫尔穆特·卡尔·贝恩哈特·冯·毛奇(1800 年—1891 年),德国总参谋长

导火索

加夫里洛·普林西普射出"在世界范围内回响"的一枪时还是个青涩的学生。他是青年反叛者组织塞尔维亚民族主义民兵团黑手社的成员,成为暗杀弗朗茨·费迪南的人选纯属意外——费迪南大公的司机拐错了弯,进入了他的射杀位置。事后,他为因此而引发的后果深感后悔。两年后,普林西普因肺结核死于哈布斯堡监狱。

在暗杀前许多年,巴尔干半岛就被各国认为是最可能"引爆战争的地方"。俄国和奥匈帝国之间的竞争,以及奥斯曼帝国的陨落,自 19 世纪末以来一直是职业外交官所关注的焦点。

奥匈帝国 1908 年吞并波斯尼亚导致的局势紧张,被认为是 20 世纪首次波斯尼亚危机。塞尔维亚和奥匈帝国在 1908 年发生战争的可能性非常大,但有一些关键因素发挥了阻止作用。首先,德国(尤其是德国皇帝威廉)称如果有需要,将与奥地利并肩作战;第二,

(下图)1912 年发表的该卡通片名叫《导火索》,描述了试图控制巴尔干问题的政治领导人,片中将巴尔干描述成一口危险的煮沸了的大锅。

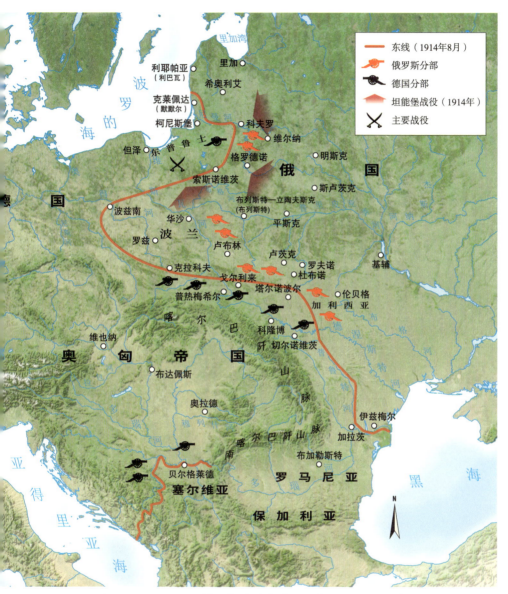

（上图）最初几天，东部战线上俄国部队和德国部队仅是对峙，后来德国开始进攻。

俄国警告塞尔维亚，俄国当时不想参与战争，还没有准备好与已经武装成"银甲骑士"的德军作战。

1908年后的几年内，尽管都对外宣称要继续和平共处，但欧洲各个国家都已经为战争做好了准备。英国和德国竞相建立强大的海军，相互竞争的殖民野心引发了紧张局势；为适应快速行动，俄罗斯重组军队。

第二次波斯尼亚危机与第一次类似，虽然依旧由塞尔维亚和奥匈帝国间的紧张关系引起，但它却发生在大家都摩拳擦掌中。萨拉热窝事件后仅几周，7月23日，奥地利向塞尔维亚发出最后通牒，坚称应该允许他们的代理机构在塞尔维亚追查暗杀凶手。此声明不但影响了塞尔维亚的主权，还直接暗示塞尔维亚与暗杀有关。

和在第一次波斯尼亚危机中一样，德国宣布全力支持奥地利对塞尔维亚的全部行动。塞尔维亚政府下令进行部分动员，等待同盟国的反应。7月25日，俄国对外宣称如果战争发生，将对塞尔维亚提供支持。

俄罗斯的声明一出，塞尔维亚接受奥匈帝国最后通牒的可能性减小。7月28日，奥匈帝国正式对塞尔维亚宣战，俄国开始调兵遣将。当时德国需要避免与两个对手同时开战——一个是已经行动的俄罗斯，另一个是与俄罗斯正式结盟的法国。

德国先后对俄罗斯、法国发布最后通牒，于8月1日对俄罗斯宣战，8月3日对法国宣战。根据德国施里芬计划，时间和速度至关重要。该计划的另一关键因素是德军能否从比利时进入法国。比利时曾警告：如果德国这么做，将对穿越他们边境的行为进行军事打击。然而，德军于8月3日成功穿越比利时向法国进军，英国坐不住了。

英国曾签订条约承认比利时独立，但这并非英国决定参战的唯一原因。其他原因还包括与俄国和法国签订的三国协约不牢固、与德国长期存在的殖民和海上竞争，以及渴望满足越来越希望战争的公众舆论。当时国内有些人还希望通过战争以缓解英国当时的社会和政治问题——妇女参政权、工会和爱尔兰问题。从长期来看，战争当然不会以任何方式减少这些问题。短期内这些问题会得到缓解，战争转移了工人阶级的斗争方向，女性也将关注点从选举权移开，爱尔兰自

（上图）第一次巴尔干战争期间，保加利亚军队袭击奥斯曼帝国军队。该战争是第一次世界大战的另一个导火索。

（下图）第一次世界大战中，毒气第一次作为战争武器大规模应用。德国用毒气攻击法国的贝蒂纳。毒气令士兵眼睛受伤。图中为英国伤兵彼此手扶肩膀走去诊治。

1901年—2000年
发展和动荡

（上图）尽管战壕里条件艰苦，但法国军官们依然保持他们骨子里对精致餐饮的热爱。

治问题也被放在了一边。1914年8月4日，英国对德国宣战。

西线"僵局"

德国对法国的攻击持续了40天还没有停止的迹象。英国在蒙斯和伊普尔的防守、比利时在列日的防守延误了德国军队的进攻时间，力求速战的德军三管齐下火力全开，仍因英法联军在马恩河战役中奋力抵抗而计划破产，该战役征用了600辆法国出租车作为运输后备队。

德国"施里芬计划"的目标是6周内击败法国，该计划几近成功，但德军未能如期抵达巴黎，在接下来的法国北部防御工事中暴露了德国长线作战的弱点。最初目标已经失败，军队远离柏林，不得不维持长距

745

澳大利亚和新西兰联军（澳新军团）登上一艘开往战场的运输船。他们于1915年4月25日在加利波利半岛登陆。在土耳其军队的顽强抵抗下，他们损失惨重。这个地点后来被命名为安扎克湾，4月25日成为澳大利亚和新西兰的国庆节，以纪念阵亡的士兵。

离的通讯和供应以支持西线。

西线的惨烈战况,使人们记住了第一次世界大战。战线后方大量部队的停滞或静止、无人区的恐怖幽灵、炮火和芥子毒气对人体的毒害,以及伤亡规模,都留下了令人过目难忘的图像和巨额账目。

1918年战争结束前,从瑞士至英吉利海峡战线启动了消耗战。在此期间,战线几乎不动,来自法国、德国或英国的每一次"推动"都导致大量人员阵亡,而战争几乎没有战术优势,也没有获得任何领土。但屠杀规模惊人。至1914年底,战争仅5个月后,法国死亡人数已多达30万。

在西线的主要战役中,每小时都有成千上万人死亡,每天有数万人死亡,战争有时会持续数周。英国攻击索姆河时,战争的第一天死亡人数已达2万人。4个月后,英国仅推

(上图)达达尼尔海峡战役发生在1915年4月—1916年1月,双方伤亡人数共计超过33万人。

(下图)英军和德军在1914年12月的"圣诞停战"中进行庆祝,法军和德军1915年继续圣诞停战,1916年的复活节,东线停战。

（上图）1915年5月7日，英国班轮"卢西塔尼亚"号被德国U—20号潜艇发射的鱼雷击中，18分钟后沉入海底。这个悲剧表明商船不再免受攻击。

进了8英里，而死亡人数超过95 675人。同一时期，德国死亡人数更多，达15万人。兵力严重枯竭的法军失去了5万人后，士气以及人们对战争的支持度下降，军队的领导层开始受到指责。

东线

东线的残酷性并不亚于西线，但战线更为机动。最初俄国进入德国和奥地利境内的速度令人震惊，但德军迅速跟上，在波兰马祖里湖战役中取得胜利。1915年5月，德国在戈尔利采冲破俄国战线，占领华沙，夺回了伦贝格城——哈布斯堡在保加利亚地区的行政首都。

1915年，受德军强劲势头的压力，俄国呼吁英国发动攻击来分散进攻俄国的德国力量。在南方，协约国攻击加利波利，抢先占有了奥斯曼帝国，但并没有拖慢德国的速度。加里波利战役使保加利亚确信站在同盟国一方参战是明智的，奥匈帝国于1915年10月—11月期间再次袭击塞尔维亚时，保加利亚加入了战争。塞尔维亚人未能击退这次进攻，超过30万人的军队开始向亚得里亚海海岸撤退，在恶劣天气中又处于窘境。此次大撤退，有超过2万人死亡。

鉴于塞尔维亚战败及自己的损失，奥匈帝国在

（右图）东线战场从俄罗斯北部扩展至高加索地区，俄国与德国、奥匈帝国展开战斗。

（上图）归来的士兵受到热烈欢迎，在欧洲各地城市中游行。图中为法国军队1918年行进在巴黎凯旋门下。

1915年底开始寻找可能会被其说服、与之和平相处的其他国家。然而，德国在东线的成功刺激了国内对征服领土的欲望，企业家们努力游说掌权者在战争结束前大幅扩张德国东部领土。

德国海上优势

至1916年底，德国潜艇已经击沉超过100万吨运量的协约国船只，包括1915年击沉英国班轮"卢西塔尼亚"号，超过1000人死亡，其中有100人来自美国。

1917年，由于控制着大西洋，德国宣布进行"无限制潜艇战"。德国海军司令向德皇承诺，不让任何一个美国士兵踏上欧洲大陆。然而1917年7月，在协约国护航体制战略的作用下，已经有100万美国军队登陆欧洲。

俄国退出

战争在俄国极其不受欢迎，影响到了沙皇的声誉。1917年是俄国的革命年。尽管在革命的第一步中沙皇被废黜，但并未影响到俄国对战争的承诺；在革命的第二步——布尔什维克革命（十月革命）后，俄国转向德国寻求和平。1917年12月，俄国和德国开始谈判，最终于1918年3月签订了《布列斯特—立陶夫斯克条约》。

战争结束

1917年，美国加入协约国参战，德国压力大增，同时国内越来越多人开始反对战争。1918年初，德国国内罢工和抗议活动就没中断过。

1918年，意大利对蒙特格拉普发起攻击，精疲力竭的奥地利人（1915年以来一直与意大利进行消耗战）被迫撤退。

德国战胜俄国并在1918年签订了条约，但并不能

（右图）"一战"快要结束时，从这幅地图上可以清楚地看出德国攻势已经步履蹒跚，尽管后期有些进展。

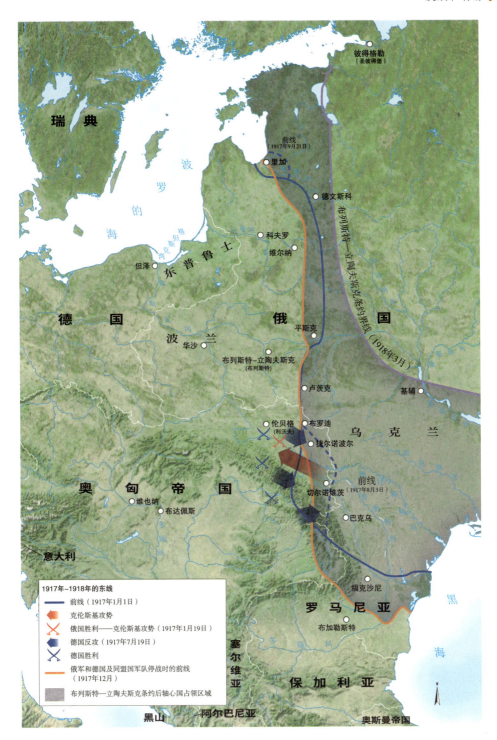

（上图）战争后期，德国在西线进行最后攻势。然而，协约国联军已经在铁路旁驻扎，提前做好了应对准备。

弥补同盟国间已经出现的裂痕。

关于1918年6月—7月间德国西线战场的主要挫折，当时的德国总理乔治·弗里德里希伯爵冯·黑德林后来回忆称："1918年7月，即便我们中最乐观的人也知道，已全盘皆输了。"至8月，继续战斗的德国，也仅仅是希望获得更好的和平协议，因为同盟国——开始是保加利亚，后来是奥匈帝国——试图尽可能用最好的方法结束战争。由于国内政治情况越来越不稳

定，社会主义革命日渐蓬勃，结束敌对状态越来越有必要。11月10日，德国皇帝威廉二世退位，11月11日上午5：30，停战协议签署，上午11：00停战。停战时间的准确性无谓地牺牲了几个人的性命，如加拿大士兵乔治·普赖斯，停战前两分钟被德国狙击手杀害。

代价

战争催生了欧洲大陆种族灭绝的第一个实例。第一次世界大战中首次出现了坦克、无限制潜艇战和空中轰炸。化学武器第一次出现并使用，它们带来的可怕后果使国际联盟永久禁止在未来战争中使用。

"一战"使每个参加国家都牺牲了很大一部分的年轻人，留下了伤残的一代。为适应战后生活，他们付出了很多。战争以德国战败结束，签订了更为耻辱的《凡尔赛条约》。这给那些曾经支持战争、曾经遭受可怕损失、憎恨伤害德国威望、坚持"一战"成就的人，嘴里留下了永久的苦涩。这个未实现的野心，注定要在"一战"老兵阿道夫·希特勒的领导下复活。

（右图）1918年11月11日停战协议签订，人们如释重负。图为在美国城市里，人群聚集在庆祝第一次世界大战的结束。

历史

俄国革命

1917年，俄国结束了长达3个世纪的君主统治，建立了世界上第一个社会主义国家，即后来的苏维埃社会主义共和国联盟。

> 革命总是冗长的。
> ——列昂·托洛茨基（1879年—1940年），布尔什维克革命者

事实上，俄国革命并非一次革命，而是许多次。在20世纪初的艰难战争和饥饿困境中，几十年紧张局势下，人民对土地所有权和政治管理的不满终于爆发了。

第一次革命

从君主制到共产主义的过渡并不是一帆风顺的。1905年，在代价惨重的日俄战争时期，俄国第一次革命发生了，工人罢工，农民夺地，城市自由主义者要求成立国家杜马（即俄罗斯国会）。

沙皇退位

"一战"中俄国原打算速战速决。然而，战争的耗时之久、收获之微和战况之惨烈令每个人震惊，尤其是俄罗斯人。在后方，即便最基础的资源消耗也与前线失去的生命一样重要。1917年2月，彼得格勒城内剩下只能维持10天左右的面粉，工人们极度绝望。2月23日上午，妇女们上街游行，高喊着："面包！面包！面包"，废黜沙皇尼古拉二世的革命由此拉开了序幕。24小时内，有超过20万工人走上街头，表达他们对居住条件、正在进行的战争以及毫无责任感的沙皇政权的不满。

彼得格勒的士兵们不想镇压与他们一样不满战争的人，主管官员们也阳奉阴违地对待沙皇的意愿。失去人心的沙皇尼古拉二世在被剥夺军事权力后，宣布退位，标志着俄国300年的君主统治结束。

然而，1917年2月和3月的革命是没有结果的。

1905年 血色星期天——沙俄军队在圣彼得堡向和平示威游行的人们开火

1905年10月 俄罗斯经历一场大罢工

1906年 新杜马中大部分是反政府人士，因此被解散

1917年2月 彼得格勒举行抗议，几天后政府命令军队向示威群众开火

1917年6月3日 第一次工人与士兵代表的全俄国人会议举行

1917年7月3日—4日 彼得格勒的工人和士兵要求苏维埃取得政权

1917年10月 布尔什维克推翻临时政府

自由主义维新派想要保留议会民主制,而非君主政体,但与此同时他们坚持继续与德国的战争。此外,另一权力基础在彼得格勒萌芽。彼得格勒"工人苏维埃"代表有组织地成长为工人政治团体中心,对士兵忠诚度要求很高。1917年3月至11月,俄国存在两个政府。

布尔什维克

国家处于近乎无政府状态,因此出现了一群积极的马克思主义知识分子,被称为"布尔什维克"。他们是社会民主党的激进派——反对孟什维克(少数派,资产阶级改良派),进而反对自由改革主义者占多数的议会。

弗拉基米尔·列宁是最坚定的布尔什维克领导人之一。他和其他布尔什维克认识到有组织的"先锋队政党"的重要性,该政党宣告和代表工人利益,并以此领导革命。列宁和列昂·托洛茨基等领导人尽管是城市知识分子,但他们旨在领导彼得格勒的新兴工人运动。

(下图)1920年5月,列宁在红军出发去对抗波兰入侵前发表演说。

历史

十月革命

在彼得格勒和莫斯科苏维埃建立政治优势后,列宁和托洛茨基开始计划另一场革命。"十月革命"如外科手术般精确——1917年10月25日(公历11月7日)革命者突然同时接管了通信中心、火车站和军事站。晚上9:30刚过,革命者袭击了冬宫——时任政府所在地,建立了新的"苏维埃人民委员会",列宁当选为主席。新的布尔什维克政府决定俄国退出第一次世界大战。

然而,战争并没有结束。反革命力量很快积聚起来,组成"白军"(反对苏俄的军队,以保皇党派为基础,白色为皇室代表色),试图从布尔什维克手中夺回政权。布尔什维克巧妙地通过契卡(全俄肃清反革命及怠工非常委员会)警察和控制信息,巩固了自己的政权,并集中力量发展经济。

他们设法征召了500多万士兵,在1918年—1921年的内战中,大规模地对抗白军。尽管法国、英国,甚至美国给予了白军大量的军事支持,亦无济于事。红军最终取得胜利,1922年成立了苏维埃社会主义共和国联盟(苏联)。

(右图)从1918年至1921年,布尔什维克红军与俄国白军及其联盟进行了一场艰苦的内战。

▶ 历史

供应和需求

20 世纪 30 年代初，全球经济运行减速，导致世界各地生活艰难，出现社会情绪上的变动，这一时期被称为"大萧条时期"。

经济发展并非一个线性过程。法国经济学家克里门特·朱格拉（原先是牙医）首次提出平均 9 年—11 年社会会经历一次经济周期，这是一次中长周期，缘于繁荣时期的生产过剩而导致的部分产品滞销。

首批经济学家

20 世纪前后，英国和荷兰的一些经济学家认识到，社会经济发展存在长周期。首位描述此现象的是俄罗斯经济学家尼古拉·康德拉捷夫，他发现经济周期为 50 年—60 年，其中有约 25 年—30 年的上升阶段和相同时间的下降阶段。根据康德拉捷夫的理论，20 世纪杰出的美籍奥匈帝国经济学家约瑟夫·熊彼特给出了更为精确的解释。他引入了"结构性危机"的概念，认为结构性危机由"整体技术变化"或工业革命引起，导致经济中原有的领先板块下滑，新技术则为新的领先板块铺平了道路。

全球灾难

两次世界大战之间几十年呈现出的这种结构性危机，演变为 20 世纪 30 年代初的"朱格拉周期"。1929 年—1933 年的危机通常被称为"大萧条"，是现代经济史上最严重的经济危机。

两次世界大战期间，经济首次出现临近萧条的迹象是在 20 世纪 20 年代末，当时基本农产品产量增长 30%—80%，生产过剩导致了粮食价格的大幅下跌。农产品综合平均价格下跌 30%，但粮食价格下跌 60%。

1924 年 美国股市开始大幅上扬，其余经济则失去活力

1928 年 美国股市平均价格上涨 40%

1929 年 美国股市 10 月 24 日开始下跌（"黑色星期四"），10 月 29 日暴跌达到极点（"黑色星期二"），当月蒸发市值 160 亿美元

1930 年 美国联邦储备委员会将基准利率从 6% 下调至 4%，国民生产总值（GNP）下跌 9.4%，美国失业率从 3.2% 攀升至 8.7%。英国失业率达到 20%

1932 年—1933 年 大萧条最糟糕的时期，美国失业率达到 23.6%。自 1930 年以来工业股票市值下跌 80%。最高税率从 25% 上涨至 63%。所有美国进口货物（来自不列颠帝国的除外）均征收 10% 的关税

1934 年 美国经济回升，国民生产总值上涨 7.7%，失业率降至 21.7%。瑞典实施了凯恩斯主义的赤字财政政策，成为首个经济完全恢复的国家

1929年10月29日，美国投资者正等待股市的最新价格，当天创造了当时历史上最大日跌幅，被称为"黑色星期四"。

历史

1932年银行破产
（占银行总数的百分比）
- 51–100%
- 6–50%
- 0–5%

（左图）大萧条时期，美国破产银行逐年增加，1932年达到顶峰。

和大多数其他严重失业时期一样，"大萧条"是由政府管理不当造成的，而非私营经济的任何内在不稳定性导致。
——美国经济学家，米尔顿·弗里德曼（1912年—2006年）

（下图）尽管20世纪20年代早期的生产过剩引发了全球经济下滑，但"大萧条"导致全球初级生产大幅下降。

同时，信贷和国外投资枯竭——从1928年年中起，一年内流入欧洲的美国资本下跌50%，1931年则完全停止流入。1929年末美国股市暴跌，"黑色星期四"成为全球经济的一个转折点。1929年—1933年，全球工业产值下跌30%，煤炭和钢铁产量降低40%—60%。

经济恐慌

负债累累的国家变得无力偿还本金或利息。1931年7月，德国一家主要银行破产，两天后政府下令关闭所有银行。19世纪中期以来的德国经济"发电所"——银行系统崩溃了。很快，中欧银行巨头奥地利联合信贷银行也破产了。金融危机像野火一样蔓延。

1931年，英国放弃了金本位，英镑不再是世界货币；大多数国家的货币变得不能自由兑换。

全球经济瓦解

自由放任经济体系（第一次世界大战前半个世纪的"第一次全球化"）瓦解了。美国政府竭尽全力用补贴和创造就业机会来拯救农场和企业，例如罗斯福新政。

1901年—2000年
发展和动荡

1936年，英国经济学家约翰·梅纳德·凯恩斯发表了《就业、利息和货币通论》，称市场中的供需并不平衡，增加就业创造新的需求，经济就会增长，推翻了"供应会创造相应需求"的传统观点。"凯恩斯主义"提高了政府对经济的政策参与性，他本人也被后人称为"宏观经济学之父"。

(上图)1931年6月30日，位于纽约的联合银行门外挤满了储户，此前该银行未能允许他们提取存款。

在一些危机四伏的国家里，出现了民粹主义、右翼和法西斯主义运动，这些国家对此采取了相应的控制措施。

"大萧条"令世界多极化趋势明显，为了摆脱"大萧条"，很多国家，甚至整个欧洲都做好了战争的准备。全球因此而转向新的世界大战。

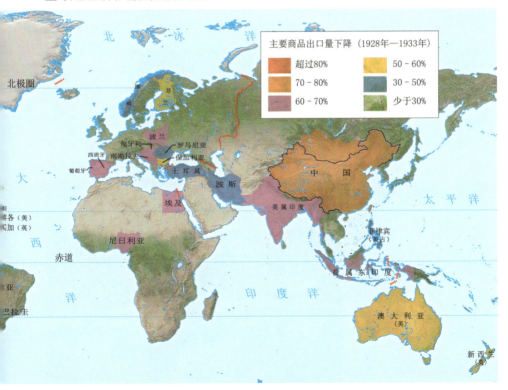

761

皇冠上的宝石

在世界历史上，印度是从文明古国中独立的、最年轻的国家之一。那么，这颗"皇冠上的宝石"是怎样成为全球最大和最强大的国家之一呢？

1947 年，印度和巴基斯坦直接从英国殖民下独立，结束了英国 90 年的直接统治。1858 年"印度兵变"发生，导致英国东印度公司解散，从那时起，印度进入由英政府直接统治的时代。

（甘地）穿得像苦力，他发誓放弃所有个人享受，真实地生活在空气中，是一个纯粹的梦想家，他并不理解计划的细节。
——1916 年，印度事务大臣埃德温·塞缪尔·孟塔古评论圣雄甘地

统治手段

鉴于在军队及统治者的忠诚上已经体验过的痛苦教训，英王室答应在印度保留约 560 个王公，以交换对维多利亚女王的忠诚。为巩固这一措施，他们将谋反者的土地没收，分发给那些忠诚的统治阶层。军队则通过复杂的拟科学体系，将印度人分为"尚武种姓"和"非尚武种姓"两类。

公务员考试

英国的直接统治为印度政府机关带来了复杂的新结构。英国政府在印度设印度事务大臣和执行委员会，负责日常的行政事务，以派驻首都加尔各答的总督为代表，执行英国政府制定的各项政策。

1947 年	印度获得独立
1948 年	甘地被刺杀
1949 年	印度宪法颁布
1950 年	印度成为共和国
1952 年	举行第一次大选

（右图）在英国对印度长达 90 年的统治过程中，英国人一直保持着日常社交活动。

1901年—2000年
发展和动荡

（上图）供应英格兰北部纺织厂的原棉，是英属印度的主要出口商品。由于英国对殖民地苛刻的贸易条件，印度只能出口原棉给英国。独立后，印度成为英国纺织品的主要竞争对手。

在印度，存在三级政府机构——总督和他的执行委员会及立法委员会，之下是省长，再之下是地方官员。这一框架体系的设立是为了保证印度的公务员易于管理。理论上，印度人可以成为公务员，但为了获得这一职位，他们必须远赴英国通过入职考试。

原料产地

印度一直是英国棉花和茶叶的供应地，兰开夏郡是英国工业革命的发源地，此地生产的服装在贸易保护政策下，又回售给印度。1869年苏伊士运河开通，英国到印度的行程缩短至3周，使印度与英国的这种贸易更加频繁。

思想控制

除工业设施外，英国还研发出一套教育和政治结构基础，用来阻止印度独立。在城市里，中产阶级知识分子团体开始描绘对印度未来的设想。这些早期的民族

763

▶ 历史

主义者曾接受英式教育和法律培训——英国在孟买、加尔各答和马德拉斯设立了大学，影响了印度各省新兴报纸的诞生。他们组成了几个政治组织，来表达各种印度民族主义。1885年成立的印度国民大会党，试图通过修改宪法来为英国在印度的统治做些改良。

民族主义运动

20世纪，民族主义运动开始激化。最重要的反英运动爆发于1905年，当时英国总督决定将东北省份孟加拉邦（包括今孟加拉国）划分为东、西两部分，并在之间设置界限。

英国试图"分而治之"的想法让印度人感到愤怒，此次运动中，印度次大陆开始借助新武器——经济抵制。印度人几乎都响应抵制英货运动，只"购买印度货"。印度纺织品开始挑战英国纺织品的主导地位，这刺激了印度本国工业的发展，"纺织品"成为革命的象征。至1908年，印度从英国的进口下降了25%。

政治压迫

1914年—1918年的第一次世界大战，让印度人对英国统治环境的改善愈发不抱幻想。他们为盟军的胜利贡献了超过75万人的兵力，其中3.6万人在损失惨重的战役中阵亡。尽管他们得到承诺，协助英国对抗德国"野蛮军国主义"会得到相应回报，但印度国内却遭受了更为严重的政治压迫，包括不明原因的大规模逮捕、报业被取缔以及习以为常的暴力镇压。1919年，警察可随意逮捕嫌犯的《罗拉特法》通过，约400名旁遮普阿姆利则市抗议者被枪杀。"阿姆利则惨案"成为英国政治压迫的标志性事件。

（左图）英国对茶的需求最初为英国东印度公司带来了丰厚利润。随着贸易法规的宽松和当地企业的建立，他们在这一市场的垄断结束了。

(上图)1948 年 2 月，哀悼者爬上电线杆目睹甘地的葬礼。刺杀甘地的是狂热的印度教教徒纳图拉姆·戈德森。

甘地

1915 年，在这种动荡不安的环境下，莫罕达斯·卡拉姆昌德·甘地，从南非返回印度。他出生在印度西北部的古吉拉特邦，曾在伦敦学习法律，还远赴南非德班处理了一名印度人的案件。在南非的种族隔离经历深深地影响了甘地，在那里，他第一次尝试了"非暴力不合作"，自此后，"坚持真理"和"非暴力反抗"成为政治运动的斗争武器。回国后不久，甘地成为印度国大党领袖。

盐路长征

自第一次世界大战前开始，印度民族主义运动就一直呼吁将"自治"作为目标。尽管这是大家共同的目标，但关于如何实现自治的想法却分歧颇多。甘地将他的"非暴力不合作"转变成国家战略，动员数百万印度人加入非暴力反抗，他成为国家和全球的偶像。

第一波反抗浪潮出现在 1920 年—1922 年，印度人再次抵制英国商品和制度。20 世纪 20 年代中期，甘地被捕入狱，出狱后他又领导了 1930 年的另一波反抗浪潮，进行了著名的反对英国食盐税的"长征"。该税法是英国政府为筹措资金而征收的，高涨的盐价让印度最贫穷的人深受伤害。甘地行走了 240 英里（390 千米）至海岸，成为第一个从海边非法制盐的人。

印度政府法案

面对越来越大的压力，英国政府在伦敦举行了一系列圆桌会议，邀请甘地和其他领导人参与。尽管未达成实质协议，但英国最终于 1935 年通过了《印度政府法案》，为印度以后选举和省份自治提供了宪法基础。

退出印度运动

英国 1939 年加入"二战"时，印度也被不情愿地拉着一起作战。甘地坚持没有团结就没有独立，1942年，他动员印度人进行"退出印度运动"。各个城市中飘扬的黑色旗子和愤怒的标语都在明示英国离开印度。

与此同时，甘地对团结的坚持遇到了穆斯林印度人的反对。在穆罕默德·阿里·真纳领导下的穆斯林联盟担心，若建立印度教徒占多数的国家，穆斯林会失去权利。他们游说英国让印度西北的穆斯林印度以及北部旁遮普的一部分独立。他们提出了"巴基斯坦"这个名字，意思是"纯净的土地"（1930年由剑桥大学穆斯林学生发明的词。）

英国人不愿意将印度分治，甘地和国会也是。然而1946年，经过多年痛苦的外交努力后，英国人意识到一个印度的目标是不现实的，国会最终同意印巴分治，协议于1947年8月15日生效。

（下图）1947年印巴分治，建立了印度联邦和巴基斯坦。第二年，缅甸和锡兰独立。

独裁之路

1933年1月30日,德国总统兴登堡正式任命阿道夫·希特勒为总理。然而,希特勒之所以被提拔为总理,与希特勒或纳粹的受欢迎程度关系不大,而是源自围绕在兴登堡身边的那些政治精英们的误判。

> 利用熟练的、持续的宣传,可使人民将天堂看作地狱,或将最悲惨的生活视为天堂。
> ——阿道夫·希特勒(1889年—1945年),奥地利裔德国独裁者和政治家

1919年 希特勒奉命对被遣返战俘做有关共产主义和反战主义的危险性的演讲。他加入了德国工人党

1923年 希特勒和他的冲锋队企图在一家啤酒馆绑架巴伐利亚政府领导人。他被指控为叛国罪,判处5年监禁,六个月后可以假释

1925年 希特勒自1924年出狱后又开始在演讲中恐吓政府,因此被禁止公开演讲两年

1929年 希特勒遇到了一生所爱爱娃·布劳恩

1932年 阿道夫·希特勒获得德国国籍

尽管希特勒的纳粹党(国家社会主义德意志工人党)受欢迎程度有所下降,但在1932年的选举中,他们依然在国会中占有多数席位。右翼联盟之所以推举希特勒,是认为传统保守派——如兴登堡和前总理弗朗茨·冯·帕彭(1932年)可以操纵希特勒,利用他和他的支持者们击败共产主义威胁,在大萧条和政治动乱过后,可以牢牢掌控政权。

议会选举

希特勒上任不到一个月,柏林国会大厦发生火灾。希特勒和他的追随者们宣布这是议会第二大党德国共产党策划的阴谋。这一事件影响了一周后的议会选举,纳粹党成功获得44%的选票。1933年3月9日,纳粹党的政治对手们都被带到巴伐利亚小镇达豪附近的一个新集中营。

(下图)1927年8月,民族主义领导人在纽伦堡与阿道夫·希特勒会晤。政府5月已经取消了对纳粹党的禁令。

希特勒参加法勒斯雷本大众工厂的一个仪式。这种经济实惠的轿车对纳粹党的承诺极为重要（他们承诺照顾普通德国民众）。

1927年纽伦堡集会中,希特勒向纳粹党成员致意。一年一度的纽伦堡集会主要用来进行宣传和恐吓。

授权法案

独裁之路很快就铺好了。1933年3月23日,德国国会通过了《授权法案》——总理可以在未经议会同意的情况下通过任何法律,为期4年。冯·帕彭和兴登堡的合作愿景,就这样在三个月内被熄灭,取而代之的是独裁者的大权独揽。

希特勒政权

希特勒1889年4月20日出生在奥地利小镇布劳瑙的一个官员家庭。在躁动不安、易幻想的年纪,他在维也纳试图实现自己的艺术抱负,度过了一段艰难的时期。

第一次世界大战爆发时希特勒在慕尼黑。他加入了德国军队,因战功被授予一级和二级铁十字勋章。战争结束后,希特勒加入纳粹党,1921年成为纳粹党领袖。该政党很大程度上依赖于希特勒极富煽动力的演说技能。1923年,慕尼黑啤酒馆政变失败后,希特勒因叛国罪入狱,未满一年就被释放,在狱中写了他的自传——《我的奋斗》。

希特勒政权建立后,凭借一部分人的狂热追捧和另一部分人的恐惧而得到迅速扩张。1934年6月30日的

(下图)苏台德地区在历史上的大部分时间一直属于德国,但第一次世界大战结束后,尽管遭到公民反对,苏台德地区依然成为捷克斯洛伐克的一部分。

（上图）《慕尼黑协定》中规定捷克斯洛伐克割让苏台德地区给德国，割让边境地区给匈牙利和波兰。

"长刀之夜"铲除了旧党羽的"冲锋队"，有利于政权的新面孔——党卫军和盖世太保（国家秘密警察）的成立。

20世纪30年代，希特勒对政治对手、同性恋、犹太人及其他人的迫害依然在继续。1935年的《纽伦堡法令》成为德国反犹太种族主义政策的法律基础。1938年的"水晶之夜"让德国的犹太人处境岌岌可危。

暴力事件有助于减少人们对现存政权的反对。再加上，德国高速公路（1933年—1934年）、人民的大众汽车（1938年）等项目，柏林奥运会（1936年）、一年一度的纽伦堡集会等事件，以及工人假期、纳粹协会工作的安排，使纳粹主义和元首成为德国民众日常生活的中心。

1938年，德国吞并奥地利帝国，接着吞并了苏台德地区，希特勒扩张领土的目标变得非常明显。8月31日，希特勒为袭击波兰发出了一号作战指令。

1939年9月1日，德国军队越过边境。东方战争的爆发也为希特勒一贯的"犹太问题""最终解决方案"提供了动力。

> 历史

第二次世界大战

第二次世界大战几乎涉及了世界上每一个国家，是一场技术和暴力的畸形狂欢。战争持续了6年，涉及大约1亿人口，超过6000万人丧生。

1939年9月3日 内维尔·张伯伦宣布英国对德国作战。随后，澳大利亚、印度和新西兰对德宣战

1940年5月10日 温斯顿·丘吉尔呼吁组建战时联合政府

1940年8月24日 德国轰炸伦敦。作为报复，丘吉尔下令轰炸柏林

1942年5月4日 珊瑚海之战爆发，这是首次互相看不到敌船的战役

1945年2月3日 柏林遭到盟军猛烈轰炸

1945年9月2日 在美国海军"密苏里号"战舰上，日本签署投降协议

奇怪的战争

当纳粹德国1939年9月1日进军波兰时，阿道夫·希特勒政权已经吞并了整个奥地利以及苏台德区（1938年），建立了"保护国"——波希米亚和摩拉维亚（1939年3月），并占领了立陶宛的默默尔港（1939年3月）。

尽管英国和法国1939年3月曾签署保护波兰的安全协议，承诺在波兰遭遇入侵的15天内行动，但两国几乎没有任何行动。事实上，当时一位法国政治家将这一期间（1939年9月入侵波兰和1940年5月入侵法国）的战争描述为"奇怪的战争"，因为，尽管已经对德国宣战，但英军和法军都龟缩在防御工事里，对德军的行为毫不干涉。

法国沦陷

1940年5月，德意志第三帝国开始将注意力转向低地国家（荷兰、比利时、卢森堡）。德国只用了18天

（右图）1940年5月14日德国军队进入法国，短短一个月就攻占了巴黎。

774

就使比利时在 5 月 28 日投降，当时德国军队已经越过法国边境（5 月 14 日）。德国国防军使用装甲部队实施全面"闪电战"，6 月 16 日巴黎沦陷（不到五周时间）。法国的"一战"英雄贝当元帅亲自到德国进行投降谈判，法国被分割成两部分，法国南部大约三分之一的土地由贝当领导，政府迁到维希。其余部分则直接受纳粹党控制。但维希法国仅存在了两年，就被希特勒出兵占领了。

(上图）第二次世界大战爆发时，为安全起见，英国学生被疏散到乡下——这只是战争给平民生活带来的许多变化中的一个例子。

敦刻尔克大撤退

5 月 25 日，英军在敦刻尔克损失巨大，在拼尽全力阻止德军步伐后，远征军被迫进行跨越英吉利海峡的大撤退，此次营救规模令人敬畏。新任首相温斯顿·丘吉尔称此次逃亡是英国的"最黑暗时刻"。但不久之后的不列颠空战中，英国经受住了德军的轰炸，不顾一切地保护了欧洲最后的民主国家，造就了"英国的最佳时刻"。

1941 年 4 月，为阻止同盟国意大利的失败趋势，德国军队开进巴尔干地区。看到《苏德互不侵犯条约》的破裂迹象，4 月 5 日，约瑟夫·斯大林与南斯拉夫签订友好条约。第二天，德军开始轰炸贝尔格莱德，在相继 11 天的连续攻击后，南斯拉夫向德国投降。

5 月底，德军占领希腊，而巴尔干半岛看上去也在轴心国的控制下。是时候重新开始"向东进军"了，这一行动早已从吞并苏台德区和入侵波兰开始了。但希特勒这一次的目标更大，1940 年 12 月 18 日，他签发第 21 号指令——侵入苏联。

我们必须十分慎重，切不可将这次援救说成是胜利。战争不是靠撤退赢得的。

——1940 年 6 月 4 日（敦刻尔克大撤退的第二天），英国首相温斯顿·丘吉尔（1874 年—1965 年）向国会汇报此次行动

"巴巴罗萨"行动

1941 年 6 月 22 日，德国以及来自意大利、匈牙利

1901年—2000年
发展和动荡

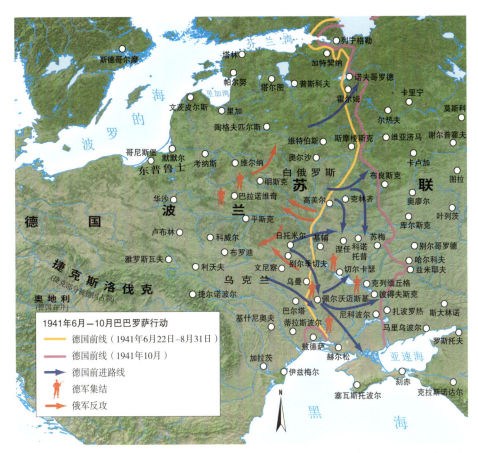

1941年6月—10月巴巴罗萨行动
- 德国前线（1941年6月22日–8月31日）
- 德国前线（1941年10月）
- 德国前进路线
- 德军集结
- 俄军反攻

（上图）"巴巴罗萨行动"指的是德国入侵俄罗斯的计划，战争的结果是德国人被击退，付出了数百万人死亡的代价。

（左图）由小型船舶组成的船队用来帮助英国远征军和法国军队从法国敦刻尔克大撤退。丘吉尔称这次大撤退是英国的"最黑暗时刻"。

和罗马尼亚的代表开始了"巴巴罗萨"行动——入侵苏联开始，德国出动156个师、300多万人。这仅仅是开始，这个行动持续多年，德国在"二战"中的75%伤亡来自此次行动。

此次对苏联的大胆入侵是德国法西斯侵略扩张理论"生存空间"的核心主题，获得"生存空间"的残忍性，从他们对待战俘和当地居民的行为就可以看出。在他们制定的"东方总计划"中规定：当地居民没有自由，只能当作劳动的奴隶，或任其饿死；战俘将会被杀掉，或者被饿死——截至1942年2月，德军俘虏的390万他国士兵中有280万人死亡。列宁格勒（原圣彼得堡）和莫斯科将会被完全摧毁，届时德国人将在这里居住，管理占领的领土。

德国的入侵打破了俾斯麦时代组建的大陆联盟，轴心国的进攻导致苏联加入了同盟国。

对纳粹德国而言，成功必须是立竿见影和持久的，因为没有失败时补充兵力和装备的计划。当然，入侵开始之后的头两周，计划似乎执行得不错。然而，由于苏联的储备充足以及他们的决心，7月下旬战争开始蹒跚不前，不得不暂停，整个8月德国都在补充物资，9月5日，苏联红军在叶利尼亚取得首次胜利。

1941年底，纳粹入侵部队面临苏联的严冬，德国呼吁国内平民将棉衣捐赠给驻扎在东线的士兵。这个请求第一次打击了德国必胜的信心。

战争继续肆虐苏联。从1941年9月至1944年1月，德国军队围攻北部城市列宁格勒。1941年底，袭击再次开始，当德国国防军距离莫斯科不到50英里（80千米）的地方时，莫斯科进行了历史上规模最大的工业转移。与此同时，德国人在南方战场也取得了一些胜利，但1942年7月，苏联人在斯大林格勒成功建立起前线。

斯大林格勒会战

9月，斯大林格勒受到猛烈的围攻，德国人占领了该城市的大部分区域，开始缓慢地一户一户地设置狙击手和陷阱。但俄国人决不后退，越来越多的人投入到战斗中，德国人则陷入长距离供应和通信的困扰中。

11月，在城内苦战的德国人确信突围是最好的计划，但希特勒却要求他们坚守等待援军到来。11月25日，苏联人组织的反攻彻底摧毁了德国人在城内坚持作战的能力。

1943年2月2日，斯大林格勒的德国指挥官保卢斯将军被迫投降。斯大林格勒战役死亡人数超过100万，是世界历史上损失最大的一次战役。德国战败影响巨大，对同盟国而言，潮水已经转向。

1901年—2000年
发展和动荡

非洲北部

由埃尔温·隆美尔领导的北非的战争也火力全开。1942年6月21日，埃尔温·隆美尔占领托布鲁克，7月1日至27日，第一次阿拉曼战役中德国获胜。由于受斯大林格勒战役失败的影响，德国战线不断后退，导致了在10月23日—11月5日的第二次阿拉曼战役中的惨败。几个月后，德国和意大利军队在北非投降，德国"不可战胜"的神话破产。

种族灭绝

1941年7月31日，德国帝国中央保安局获得许可，为解决纳粹控制下的欧洲犹太人问题提出"最终解决方

（下图）纳粹设计了战争史上最可怕的计划之一——"最终解决方案"——灭绝犹太人和其他少数民族。

（左图）日本偷袭珍珠港，美国海军"亚利桑那号"战列舰瞬间浓烟滚滚，缓慢沉入海底。许多其他船只也遭到破坏，但大部分都很快修理好继续投入战斗。

案"。此方案将所有其他事件延期搁置一旁，如之前已经颁布的关于贫民区人民搬迁和重新安置问题，代替它们的是针对欧洲犹太人的系统化的种族灭绝计划及其实施计划。

1942年1月，德国纳粹召开万湖会议，此次会议批准了犹太人大屠杀计划，并启动相关组织。切姆诺、贝尔塞克、索比堡、特雷布林卡和奥斯维辛的死亡集中营相继建立。根据"最终解决方案"的需求，火车时刻表被重新安排，相关人员被培训，保证必要时能跟从其他部队转移。

大约有1100万人死于别动队组织、犹太地区、集中营的饥饿政策、其他贫困政策以及可怕的死亡集中营（每天毒死成千上万人）。所有被杀害的人中，大约有600万人为欧洲犹太人。

1942年12月，同盟国充分认识到了德国正在进行的暴行，英国外交大臣安东尼·艾登向众议院报告了大量犹太人被杀的实情。然而，这对犹太人并没有起到实质性帮助，英国人和美国人喜欢谈论战后如何为这些罪行复仇，而非在当时采取任何措施来制止这种暴行。

1901年—2000年
发展和动荡

珍珠港事件

1941年12月7日,日本轰炸位于珍珠港的美国海军舰队,"二战"因此发生关键性变化。尽管美国总统弗兰克林·德拉诺·罗斯福明确支持英国战争,但在遭遇日本袭击之前,美国国会一直没有卷入任何战争的欲望,更不用说是另一场欧洲战争。珍珠港事件后不久,美国和英国12月8日对日本宣战。12月11日,希特勒意外地正式对美国宣战,意大利领导人墨索里尼也加入了这一行动。亚太战争开始爆发,美国因此卷入欧洲战争。

日本帝国军队迅速进军东亚和东南亚,试图占领香港地区、马来半岛、缅甸、新加坡(从英国手中夺取)、荷属东印度群岛、中南半岛(从法国手中夺取)和菲律宾。他们在占领方面很少成功,然后转向维护太平洋岛屿,1942年5月的珊瑚海战役中,日本遭受重创,在6月的中途岛战役中完败。此后,同盟国(参与太平洋战争的涉及美国、澳大利亚、新西兰和英国)开始进行陆战、海战、空战反击,以保持他们的相对优势地位,战场越来越接近日本。1944年初,同盟军进入打击距离之内,当年6月开始进行轰炸。

欧洲胜利日

1943年7月9日和10日,同盟国登陆西西里。墨索里尼倒台,为同盟国与意大利谈判开辟了道路,9月8日,意大利投降。德国于1943年9月11日占领罗马。10月13日,意大利对德国宣战,意大利人与同盟军并肩作战,直到他们在1944年6月5日夺回罗马。德国失去罗马的第二天,盟军开始在诺曼底登陆。超过15万人的大规模部队——英国、加拿大和美国以及波兰、自由法国和其他国家的军队于1944年6月6日登陆诺曼底海滩。在猛烈轰炸下,盟军8月21日在法国成功站稳脚跟,此时距离纳粹德国的侵占已经过去4年。

(下图)美国和俄罗斯军队在德国相遇,他们快乐地彼此问候。

（左图）盟军在北非与德国军队作战。双方都有胜负，但最终盟军获胜。

华沙起义

1944年8月1日，波兰救国军士气受到西方盟军胜利的提振，并且他们坚信会得到苏联的支持，于是发动了华沙起义。然而，波兰救国军在波兰首都内外战斗两个月，并没盼来苏军的任何援助，10月2日起义失败。希特勒对此非常恼怒，一声令下，华沙被夷为平地。

巴黎解放

1944年8月25日，盟军解放巴黎，接下来的几周，大约有1.1万法国投敌者被他们的同胞杀死。维希法国领导人被捕并判处死刑，其元首贝当被法国新领导人夏尔·戴高乐改判无期徒刑。

坦克大决战

1944年12月16日，德国在比利时至德国边境的阿登高地发动地面进攻，被后世称为"坦克大决战"的战斗开始了。德军、英军和美军，有超过100万人的部队在阿登作战。对美国来说，阿登战役是他们在欧洲伤亡人数最多的一次战役，有8.1万人伤亡。

1945年1月17日，苏军解放华沙；1月26日，

（右图）盟军轰炸非军事目标德累斯顿，该城成为一片废墟，这在历史上颇具争议。

▶ 历史

(上图)1944年6月,盟军开始在诺曼底登陆,在此之前施放了很多烟雾弹,使纳粹德国丝毫没有察觉盟军登陆的地点和时间。这个成功的策略意味着,德国司令部没有做好同时应对盟军空袭和地面进攻的准备。

解放了奥斯维辛集中营中的少数幸存者。此后,英国和美国的轰炸机开始对德国城市进行大规模空袭,成千上万平民在炮火中死亡。

1945年4月12日,美国总统富兰克林·德拉诺·罗斯福去世,这虽对同盟国是一个打击,但4月21日苏军成功抵达柏林。在南方,墨索里尼决定逃离他的意大利社会共和国,但在途中和情妇一起被游击队逮捕,4月28日被杀,欧洲第一个法西斯独裁者死亡。两天后,第二个独裁者死亡——阿道夫·希特勒和他的妻子爱娃·布劳恩在柏林自杀。

希特勒死后,德国迅速投降——5月7日和5月8日无条件投降,这两天被称为"欧洲胜利日"。

广岛和长崎

与此同时，日本也成为盟军轰炸的对象。1945年3月，美国开始大规模空袭日本主要城市。仅首都东京死亡人数就超过12.5万，每次轰炸后，火情都在整个城市蔓延。

在总统哈里·S.杜鲁门的领导下，美国人认为，尽管他们迟早会赢得太平洋战争，但最重要的是要避免战术策略带来不良后果，如大规模地入侵日本列岛，会牺牲大量美国人的生命。

因此，美国政府和军方最高领导层，决定使用军事技术上最激进的科技产物——原子弹。8月6日，第一颗原子弹投到广岛；8月9日，第二颗投到长崎，这造成两座城市超过10万人的瞬间死亡。城市被完全毁灭，原子弹的放射性尘埃（会产生可怕的辐射疾病）将在未来数年继续造成人员伤亡。

原子弹的投放直接导致了8月14日日本的无条件投降。9月2日，盟军庆祝抗日胜利。第二次世界大战结束了。

（下图）诺曼底登陆是历史上最大的军事行动，成千上万的同盟军在欧洲战场开辟了第二战线。

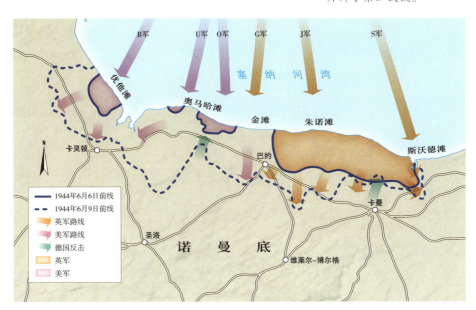

1945年2月,温斯顿·丘吉尔、富兰克林·德拉诺·罗斯福和斯大林在克里米亚的雅尔塔会晤,讨论战后欧洲如何划分。

长征

在 100年内，中国从"半殖民地"成长为超级大国。但是是谁决定了中国以怎样的姿态进入世界舞台？

> 只要力图自强，埋头苦干，十年之后即可与日本一较高下。
> ——袁世凯（1859年—1916年），中华民国总统

1912年2月，帮助覆灭清朝的袁世凯出任中华民国临时大总统。然而，民国也许从一开始就注定要失败。第一任临时大总统孙中山及其革命党同盟会，一直主张建立立宪政府①和平均地权，但这些思想在革命期间并未得到施行。

混乱

立宪政府意味着总统和军方的权力需要服从宪法。对身兼总统和军队首领的袁世凯而言，这并不是他想要的，事实上，他想要的是超越宪法的权力。1915年，袁世凯试图恢复王朝统治，自己任皇帝。在袁世凯的统治下，中国迅速进入动荡时期，军阀崛起。

1928年 蒋介石打败北洋军阀奉系部队，占领北京

1934年 毛泽东领导中央红军进行长征

1946年 国共内战爆发，蒋介石得到美国支持

1949年 毛泽东宣布中华人民共和国成立，周恩来任总理，毛泽东为中央人民政府主席

文化运动

然而，民主革命思想并没有完全消失，20世纪初期的新文化运动中，许多知识分子要求彻底改革中国的政治、教育和文化。

1919年5月，出现了思想和理性的转折点。"五四"运动抗议《凡尔赛条约》中西方列强对中国人民的背叛，希望在新的国际联盟下全面结束外国对中国的干涉。但《凡尔赛条约》仍将德国在山东的"势力范围"转送给日本。

新政治

在中国近乎无政府状态时，在各大城市革命情绪高涨的温床上，出现了两个强大的政党——中国共产党和国民党——致力于在中国进行民族民主革命。

①译者注：孙中山主张的立宪政府是渐进式的，是通过军政、训政、宪政三个阶段最终实现。

1901年—2000年
发展和动荡

苏联（1917年—1922年俄国革命之后成立）有意强化中国共产党和国民党的革命事业。事实上，他们鼓励双方建立"统一战线"共同工作。然而，孙中山因肝癌于1925年在北京去世，领导一职传给了年轻的军事将领蒋介石。

1926年，蒋介石的军队开始"北伐"，试图以国民党政府为领导，统一中国。"北伐"开始进行得很顺利，一年之内，蒋介石占领了整个南方，然后将政府转移至南京。1927年，北伐的第二阶段又占领了其余的地区。

当北伐战争顺利进行时，蒋介石害怕壮大后的共产党会威胁到他的权力，由此进行了长期"清除"共产党的行动。从1927年的上海大屠杀开始，接下来的20年内，共产党在毛泽东领导下，与国民党周旋。双方都想掌握中国的未来。最初为形势所迫，毛泽东及其部队向北方进行了战略性撤退，即众所周知的长征。但最终，蒋介石败退中国台湾并逝于此，毛泽东则于1949年在北京宣布中华人民共和国成立。

（下图）宣传在中国共产党的崛起中发挥了巨大作用。这张1950年的海报描绘的是人们载歌载舞庆祝中华人民共和国国庆节。

冷战

在国际关系中，近 50 年的时间内 "冷战" 一直占主导地位。第二次世界大战之后，全世界分为两个对立阵营，资本主义阵营（美国为首）和社会主义阵营（苏联为首）开始对抗。

> 我们正眼对眼地盯着，我想另一个人刚刚眨了下眼睛。
> ——美国国务卿迪安·腊斯克（1909 年—1994 年）

1949 年　北大西洋公约组织成立

1949 年　俄罗斯对柏林的封锁结束

1955 年　华沙条约组织成立

1989 年　柏林墙在 28 年后被推倒

1990 年　鲍里斯·叶利钦当选俄罗斯总统

1990 年　东德和西德统一

1991 年　华沙公约组织正式解散

"冷战" 起源于资本主义阵营和共产主义阵营之间意识形态的深层差异。苏联的社会制度让美国和欧洲一些国家深感不安，美苏国家战略的对应和社会制度的巨大差异，加剧了双方的对抗和冲突。

欧洲 "铁幕"

"二战" 后，苏联军队从纳粹德国手里解放了东欧的大部分地区，苏联领导人约瑟夫·斯大林决心在整个地区建立社会主义政权，在一定程度上保证俄国不会再受到德国的入侵。这一行动让西方主要国家领导人坐卧不安，1946 年英国前首相温斯顿·丘吉尔称 "铁幕" 已经 "在整个欧洲大陆降下"。

欧洲被分成两部分：支持社会主义阵营的东部和支持资本主义阵营的其他地区。

（右图）一队西柏林人在观看飞机空运食品和其他商品进入这座封锁的城市，部分柏林空运物资来自美国和英国。

1901年—2000年
发展和动荡

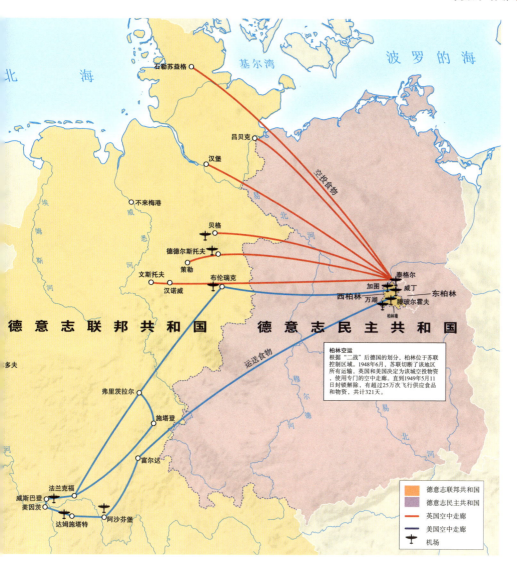

柏林空运
根据"二战"后德国的划分，柏林位于苏联控制区域。1948年6月，苏联切断了该地区所有运输，英国和美国决定为该城空投物资，使用专门的空中走廊。直到1949年5月11日封锁解除，有超过25万次飞行供应食品和物资，共计321天。

（上图）1948年6月，苏联封锁柏林，因此西方开始了柏林空运，一直持续到1949年5月。

欧洲紧张局势

美国的目标是"遏制"社会主义传播。1948年，根据历史性的"马歇尔计划"，美国承诺给予欧洲国家经济援助，认为如果这些国家经济运转良好，他们的人民将不可能支持社会主义。

1948年6月，苏联封锁了在东德占领区深处的城市柏林，德国被划分为亲西方的地区和亲社会主义

791

历史

的地区。由于无法通过公路或铁路为柏林提供物资，西方国家启动柏林空运，一直为柏林提供物资，直到1949年5月苏联解除封锁。

美国在中国的失败

美国为蒋介石反对共产党提供了大量的经济和军事援助，但结果却以失败而告终。这对美国造成了不小的冲击，促使人们怀疑美国国务院部门的无能或不忠。在这些担忧的影响下，极端排外和反共产主义的参议员约瑟夫·麦卡锡赢得全国声誉，他指责政府官员和许多其他人在对待社会主义问题上太"软弱"。

朝鲜战争

1950年6月，朝鲜战争爆发。在朝鲜军队打击下，韩国军队撤退到朝鲜半岛最南端。美国在联合国的支持下，派出军队援助韩国。最初朝鲜军队节节胜利，美国人在战争中被击败，但美国很快派出大量部队进入战场，并获得了重要战役的胜利。1950年10月，中

（下图）柏林墙1989年11月拆除后，一长队东德汽车通过两柏林之间的关口查理检查站，受到西柏林人的热烈欢迎。

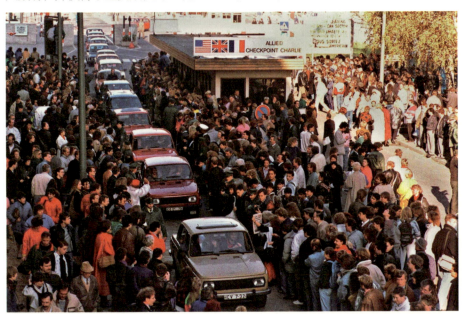

1901年—2000年
发展和动荡

（上图）柏林一直被柏林墙划分为东德和西德，长达28年之久。东德为德意志民主共和国，西德为德意志联邦共和国。

国志愿军加入，支援朝鲜。美军和联合国部队撤退，从1951年中期持续到1953年7月达成停战协议，朝鲜战争变成了血腥的僵局。

全球冷战

朝鲜战争可能是20世纪50年代"冷战"期间最热门的战役，但绝不是唯一的。

胡志明领导的民族主义的社会主义军队在法国殖民地中南半岛进行战争。像朝鲜一样，越南也南北分治。在整个20世纪60至70年代，美国花费数十亿美元，派出了成千上万的军队，也未能阻止南越倒台。

1959年，古巴的亲西方政权落到菲德尔·卡斯特罗手中，他率领古巴加入社会主义阵营。

793

古巴导弹危机结束后，载有核导弹的苏联货轮"普尔佐诺夫号"，在美国驱逐舰"维索尔号"的护送下从古巴回到苏联。

美国对"控制"共产主义所做的努力只有部分成功。

导弹危机

1962年10月,美国总统约翰·费茨杰拉德·肯尼迪得知菲德尔·卡斯特罗允许苏联在古巴建设导弹基地(利于震慑美国)。肯尼迪迅速作出回应,布置海军"封锁"古巴,防止苏联额外的供应和物资抵达岛上。苏联和美国部队,双方都高度戒备,这让全世界的观望者都惴惴不安。当苏联人的船只选择返航时,整个世界都松了一口气。

苏联同意拆除基地,而美国则承诺不会入侵古巴。

紧张局面开始缓和

古巴导弹危机是"冷战"时期关系最紧张的时刻。在这之后,美国和苏联领导人开始意识核禁政策(MAD)的缺陷,在该政策中,任一方的攻击都会带来致命的核灾难。

赫鲁晓夫接替斯大林成为苏联领导人后,意识到建立并维护与美国的对话至关重要。双方原本计划在1959年举行首脑会议,但后来一架由弗朗西斯·加里·鲍尔斯驾驶的美国侦查机在苏联被击落,导致会议被推迟。

尽管对东西德未来的看法有很大差异,但并不影

(左图)在长达10年的反对苏联入侵战争中,超过50万阿富汗人死亡。虽然装备差,但战士们最终迫使苏联1989年撤军。

响苏联与西方国家关系的改善。

东西方沟通

1969年年初，理查德·尼克松成为美国总统，他决心改善与苏联和中国的关系。1972年2月，他到中国会见毛泽东，6月前往莫斯科会见苏联领导人列昂尼德·勃列日涅夫。此后，美国和苏联开始一系列的谈判（限制战略武器会谈），旨在限制世界核武器数量。

"冷战"恢复

1979年12月，苏联出乎意料地派兵入侵邻国阿富汗，由此开始了漫长而血腥的战争，许多西方人称当时的阿富汗为"俄罗斯的越南"。就像美国人无法在越南获胜一样，苏联在阿富汗也失败了。苏联的入侵令许多美国人（包括1981年成为总统的罗纳德·里根）确信苏联是无处不在的"邪恶帝国"。

20世纪80年代，美国和苏联进行了"第二次冷战"，更多对抗也在世界各地出现，大量经费被用于军事装备。然而，与此同时，里根总统与米哈伊尔·戈尔巴乔夫（1985年成为苏联领导人）建立了对话系统。当意识到发动"冷战"的巨额成本时，戈尔巴乔夫开始与美国总统谈判武器削减条约，并促使苏联经济自由化。1989年，苏军全部撤出阿富汗。

"冷战"结束

1989年12月，东欧剧变，东西德之间的柏林墙被拆除，苏联总统戈尔巴乔夫和美国总统乔治·布什宣布"冷战"正式结束。尽管俄罗斯和美国依然存在差异，但"冷战"时的深层意识形态分歧已经消失了。

虽然这两个超级大国成功避免了核战争带来的破坏，但世界许多"热点地区"因局部冲突已导致了数百万人的死亡。

（上图）实施"冷战"的财政消耗，以及美国提出的星球大战计划，是苏联推动"冷战"结束的主要原因。

> 历史

"自由的土地"

"二战"以来,美国的国际霸权依赖于经济,而美国经济基于繁盛的农业、丰富的原料,以及世界上最好的教育制度。

> 美国没有任何错误的东西不能被正确的东西所纠正。
> ——比尔·克林顿总统 1993 年 1 月就职演说

1952 年　德怀特·D.艾森豪威尔当选美国第 34 任总统,"冷战"开始影响到经济和政治决断

1960 年　约翰·菲茨杰拉德·肯尼迪开始实施"新边疆"国内计划,为教育设立联邦基金,为老年人提供医疗保健

1964 年　肯尼迪的继任者林登·贝恩斯·约翰逊颁布《经济机会法案》,解决贫困问题

1971 年　为抑制通货膨胀,理查德·尼克松实行工资和物价管制,引入社会保险

1981 年　罗纳德·里根上调国内石油价格,下调石油公司的税费。1988 年,他取消了"石油暴利税"

1997 年　比尔·克林顿颁布《纳税人减税法案》,降低联邦税收

美国现代经济起步于内战之后,移民的大量涌入推动了经济的快速发展和工业化进程。1900 年,美国成为世界最大经济体。第一次世界大战中协约国的获胜,就一定程度上基于美国的工农业产出和金融业的雄厚。20 世纪 20 年代,美国经济朝着两个不同方向发展——城市的工业经济欣欣向荣,而农村和农业地区则相对落后。

罗斯福新政

1929 年股市崩盘后,城市和农村都陷入了萧条。富兰克林·罗斯福总统的新政一定程度上缓解了经济危机,减轻了大萧条带来的苦难,但真正促使经济恢复的是 1939 年—1945 年间的战时商品需求。罗斯福称,美国是"民主国家的兵工厂","一战"中美国经济的强大生产力对协约国的胜利起了很重要的作用。

1945 年"二战"结束时,美国面临着几个挑战:

1901年—2000年
发展和动荡

（上图）20世纪30年代，为恢复国家经济，罗斯福实施新政，其中包括民间资源保护组织，其工作是为国家公园植树造林。图中是造林队在艾奥瓦州的圣乔国家森林公园内清理杂物。

数以百万计的战士重返平民生活、没有足够的住房和消费品、对失业的担忧和通货膨胀，以及一些首次靠薪酬过活的女性对现状的极力维持。

50年代的快乐时光

战后美国经济以非凡的工业生产和良好的农业收成为基础。20世纪40年代和50年代期间，美国在工业和农业方面位居全球第一。美国工业区位于东北、中西部地区和加州，"二战"期间曾蓬勃发展。美国农业在技术和科学应用上处于领先水平，出口大量农产品。

由于银行和财政结构稳定，工会运动强调合作而非冲突，再加上政治体制的稳定和促进，使许多美国人认为他们的经济将持续增长，甚至会永远增长，没看到经济发展中的严重不平衡。如南方各州的经济依然相对欠发达，这里工业较少，农业产量和技术也不如美国其他地方高。

军费开支在20世纪50年代的美国经济增长中占了很大比例。在"冷战"对峙中，巨额资金被用来研发、建造和维护新武器系统。这一开支反映了政府和企业间的密切关系，企业从政府投资中收获甚丰。

（左图）这个青铜雕像站立在纽约证券交易所外面，象征着"牛市"。

799

历史

60年代的经济和社会挑战

20世纪60年代，社会评论家和经济学家呼吁政府处理美国生活中的不平衡问题。迈克尔·哈林顿在《另一个美国》一书中指出，尽管文化繁荣，但仍有数百万美国人生活在贫困线以下。约翰·菲茨杰拉德·肯尼迪采取了一些措施来解决贫富不均问题，但林登·贝恩斯·约翰逊则让人们有机会登上经济阶梯。约翰逊"向贫困宣战"，投入数百万美元到教育、住房、医疗保健，以及社会和经济项目中。尽管被批孕育了依赖文化，且他的"伟大社会"也没有解决全部美国问题，但他确实为许多人提供了非常实际的支持和保障。

越南战争

在约翰逊"向贫穷宣战"的同时，他的政府也越来越关注越南战争。约翰逊不愿增加税收来支持战争，尤其是美国在1968年"新年攻势"中受挫后，显然该战争会使美国从国内社会改革中分散精力。越南战争暴露了美国经济和军事的局限性。

70年代的石油危机

20世纪70年代，阿拉伯国家削减石油产量，加深了美国经济的局限性。由于严重依赖进口石油，美国深受其害，短缺的汽油影响到了国内生产。

因为石油供应短缺，加上许多工业受到国际竞争的威胁，美国政治家意识到他们的经济易受国际进程影响，而非完全由他们控制。

（左图）在20世纪最后10年内，美国居民开始迁往西南地区。有记录表明，大规模的人口增长发生在内华达州和亚利桑那州。

历史

繁荣时期——里根时代

因承诺恢复美国繁荣并重建国际声誉（当时尚未从越南战争恢复），罗纳德·里根赢得了 1980 年的总统选举。由于他的经济政策并不明确，执政的第一年内经济持续下滑。1982 年—1983 年情况有所改善，尤其是在西部的"阳光地带"各州，以及南方部分地区，经济复苏是国际发展和里根政策共同作用的结果。里根认为，如果美国富人创造更多财富，带来的好处将会产生"涓滴效应"，于是里根削减了富裕阶层的税负。

尽管出现了繁荣，许多美国人对经济的担忧仍在。虽然苏联解体，美国在"冷战"中获胜，但里根的继任者乔治·布什无法解决经济中的脆弱问题，美国人更忧心日本和统一后的欧洲即将超越美国。

现代

20 世纪 90 年代，克林顿政府一直致力于减少政府债务，并采取一系列措施，解决 20 世纪 80 年代加深的社会和经济不均衡问题。然而，美国经济依然面

（上图）美国的经济严重依赖其公路系统，该系统是世界上最有活力的。上图是由主要公路线路构成的优良的美国公路网，把这个国家联系在一起。

临许多挑战。

此时，中国进入美国人视野，这个充满机会的国家可能会成为潜在强劲竞争对手。价值数十亿美元物美价廉的商品从中国出口到美国。同样，尽管美国在电脑、电子产品及相关信息技术革命方面一直领先，但在这些领域并没有垄断实力。

对许多美国人来说，最糟糕的事是2001年9月11日的恐怖袭击，美国暴露在国际恐怖主义的阴影中。21世纪初，美国人从没如此担心国家的未来命运，"反恐战争"扬言要成为"没有尽头的战争"。

尽管经济问题尚未得到完美解决，但美国已经成功处理了许多。因此，不应低估其经济适应能力。虽然，美国可能不会长期保持世界最大经济体地位，但它将依然是新理念、技术、财富创造等方面的强国，美国的经济，仍旧充满活力。举个实例来说，如果加利福尼亚州脱离美国成为一个国家，它会是世界第五大经济体。

（上图）美国经济的中心是位于华尔街的纽约证券交易所，它是世界上市值最大的交易所，该图为其交易大厅。

（下图）美国是人均汽车保有量最高的国家之一，对石油的依赖程度很高。得克萨斯州是美国石油生产所在地，州内有5个世界上最大的炼油厂，日夜不停地工作。

新欧洲

1989 年 5 月 2 日发生了一件不同寻常的事情：匈牙利边防战士拆除了在匈牙利和奥地利之间的边境铁丝网。

1989 年 9 月 11 日午夜，匈牙利正式开放边界。一大批东德人穿过匈牙利，前往西德。10 月 11 日，成千上万人聚集在莱比锡城举行示威，但并未发生流血事件，这得益于德国统一社会党温和派，他们为和平示威铺平了道路，统一社会党极端分子在想办法解决被孤立的现实——莫斯科宣布不会支持该政权，换言之，德意志民主共和国（东德）必须独立决定自己的命运。

> 墙倒众人推。
> ——中国谚语

柏林墙被推倒

1989 年 11 月 9 日，德国统一社会党宣布打算使旅行自由化。成千上万的东德人认为西部边境已经开放，他们冲到边境口岸，警卫们没有加以阻拦。从西德来的人也冲过来与从东德来的人相见，大家激动地来回穿越边界。有人开始用铁锤砸"柏林墙"，或爬上这座曾经难以逾越的障碍。这一重大事件通过镜头传遍世界。实际上，东德和西德仍然是两个不同的国家，苏联仍然存在，人们依然生活在意识形态不同的世界

1984 年　许多西方国家拒绝参加 1984 年的莫斯科奥运会

1985 年　米哈伊尔·戈尔巴乔夫当选苏联领导人

1986 年　美国总统罗纳德·里根和苏联领导人戈尔巴乔夫在冰岛首都雷克雅未克举行政府首脑会议，讨论武器控制问题

1987 年　里根总统访问柏林时称："戈尔巴乔夫先生，拆掉这堵墙吧。"

1987 年　《中程导弹条约》在华盛顿特区签署

（右图）1989 年 11 月，柏林墙开始拆除。该墙于 1961 年 8 月修建。

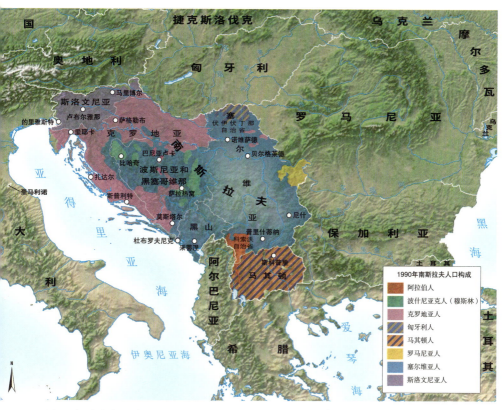

（上图）南斯拉夫解体成较小国家的主要依据是族群边界理论。

里，但在 1989 年 11 月 9 日这一天，一切的改变看上去已经到来。

天鹅绒革命

随着两德统一，亲美政权在其他国家如捷克斯洛伐克、匈牙利、波兰、罗马尼亚、保加利亚、阿尔巴尼亚和南斯拉夫（最明显）也相继建立。这一系列政治制度更迭并没有伴随大规模的暴力冲突，非常和平，因此被称为"天鹅绒革命"。

在波兰，1980 年出现了莱赫·瓦文萨领导的团结工会运动。1981 年，瓦文萨因领导反对当局的活动而被捕入狱，1990 年他在选举中获胜（1989 年自由选举后团结工会占 35%），成为 1926 年以来波兰首任总统。

1989 年，捷克斯洛伐克出现大规模和平抗议，次

历史

年进行了自由选举,长期持不同政见的剧作家瓦茨拉夫·哈维尔当选总统。

1989年,民主势力联盟在保加利亚建立,但发生经济危机后,共产党正式改名为保加利亚社会党。阿尔巴尼亚1990年允许政治多元化,1991年的选举中阿尔巴尼亚社会党(前身是阿尔巴尼亚共产党)获胜,拉米兹·阿利雅再次当选。

(上图)2006年11月18日,约2.5万人聚集在一起,纪念1991年武科瓦尔(位于克罗地亚)之围,它发生在1991年—1995年与南斯拉夫战争期间。

1901年—2000年
发展和动荡

在罗马尼亚，1989年12月21日发生起义，总统尼古拉·齐奥塞斯库和他的妻子埃琳娜被抓，四天后遭到"审判"，被判处死刑并立即执行。在南斯拉夫，国家解体带来了一场彻底的灾难。

特例南斯拉夫

1990年1月，执政党南斯拉夫共产主义者联盟解体。南斯拉夫原由六个共和国（塞尔维亚、克罗地亚、斯洛文尼亚、波黑、马其顿和黑山）和两个自治省（科索沃和伏伊伏丁那）组成。自1974年修改宪法以来，在任何一次代表大会上，每个共和国和自治省只能投一票。1990年总统铁托逝世，政治前景混乱，在所有的共和国自主选举中，民族主义势力都取得了政权，尤以克罗地亚和斯洛文尼亚更为明显。1991年6月25日，它们宣布独立。

在克罗地亚，几个充满危机的地方战争已经爆发。斯洛文尼亚发表声明后，南斯拉夫派遣由塞尔维亚控制的南斯拉夫联邦军前去镇压。10天之后停战，斯洛文尼亚决定独立。塞尔维亚—克罗地亚战争和南斯拉夫的解体已经拉开帷幕。

（右图）1999年3月底，至少有2.5万阿尔巴尼亚族人被塞尔维亚部队逐出科索沃。最初他们被扔上专门的火车，在边界下火车后，一些难民不得不步行至马其顿。

▶历史

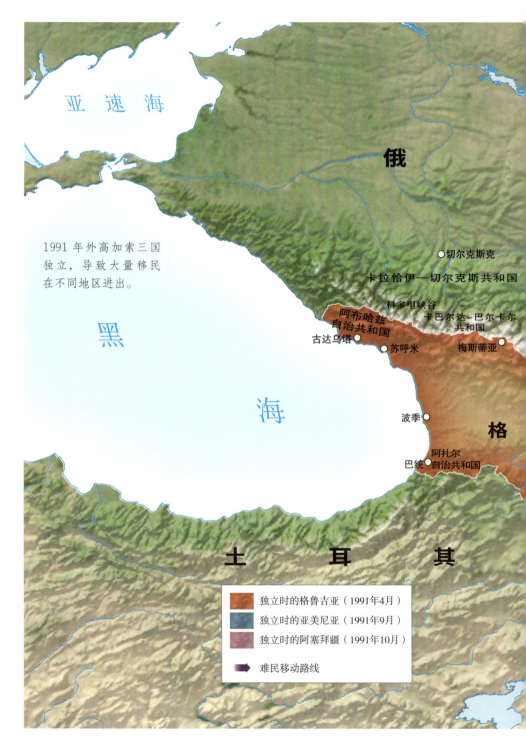

▶历史

波黑冲突

在波斯尼亚和黑塞哥维那（波黑），1990年的自由选举导致共和国族群政治分立。穆斯林民主行动党获得多数选票，其次是克罗地亚民主联盟和塞尔维亚民主党。

1992年3月3日，波斯尼亚政府跟随斯洛文尼亚和克罗地亚的脚步，宣布独立。波斯尼亚塞族迅速做出回应，1992年3月27日在波斯尼亚境内成立一个国家（塞族共和国，以巴尼亚卢卡为中心，塞尔维亚克拉伊纳共和国则以克罗地亚的克宁为中心）。4月1日暴力冲突开始发生，4月5日萨拉热窝被围攻。波斯尼亚战争直到1995年12月14日才结束，前南斯拉夫联盟、克罗地亚和波黑三国领导人签署了《代顿和平协议》。

1998年和1999年，前南斯拉夫的塞尔维亚和科索沃的大部分阿尔巴尼亚人，再次爆发暴力冲突。塞尔维亚在科索沃的行动（拒绝和平谈判、进行大屠杀以及成千上万的阿拉伯难民逃离）刺激西方采取了比1991年—1995年更为草率的行动。

（上图）1986年，美国总统罗纳德·里根与苏联领导人米哈伊尔·戈尔巴乔夫会晤，讨论武器控制问题。

1901年—2000年
发展和动荡

1999年3月24日，北大西洋公约组织发动对科索沃、塞尔维亚和黑山共和国空袭。6月20日，塞尔维亚撤军，维和部队进驻科索沃。

苏联的改革

苏联领导人列昂尼德·勃列日涅夫借鉴东欧集团早些时候的革命经验，压制所有改革倾向，将苏联带上了20年的僵化和停滞道路。1980年，波兰团结工会赢得了罢工和招募成员的正式权利，它的受欢迎程度引起了波兰执政党和苏联的警惕，莫斯科开始出面干涉，承诺支持当地指挥官沃伊切赫·雅鲁泽尔斯基将军。1981年12月13日，雅鲁泽尔斯基发动政变，在国内宣布戒严。

然而，1985年苏联新生代在米哈伊尔·戈尔巴乔夫的领导下站到了舞台中心。人们期望戈尔巴乔夫的改革（机制调整与改革开放）能够大规模重建和振兴苏联，但与之相反，此次改革导致了苏联的解体。

主持垂死政治体制的戈尔巴乔夫发布了"辛纳屈主义"，在某种程度上允许周边华沙条约组织成员国"走自己的道路"。

（上图）一位妇女将花放在米季诺公墓的纪念碑前，该纪念碑是为1986年切尔诺贝利核反应堆爆炸死难者而立，这次灾难加剧了苏联经济的下行。

（下图）1999年4月6日，塞尔维亚南部城镇阿莱克西纳茨中央居住区受到北约导弹袭击之后的情景。

811

德国再次统一

德国选择了再次统一国家。至1990年1月，显然，莫斯科将不会——实际上是不能——干预和支持德意志民主政府。德意志联邦共和国领袖赫尔穆特·科尔获得了戈尔巴乔夫对统一德国的公开支持。他们最初提议货币联盟，希望为统一德国铺平道路，并且阻止东德向西德移民。

1990年3月，在德意志民主共和国举行的第一次自由选举中，统一问题占了主导地位。选民们对"谨慎"一词并不感兴趣。东德联盟各方明确表达了普通公民的理想——团结、民主、繁荣——事实上是一片"繁荣愿景"。但同时，英国和波兰也表达了恐惧，担心统一后的德国会再次肆虐整个大陆。

英国首相玛格丽特·撒切尔专门召开专家会议，探讨德国民族主义重现的可能性。与此同时，波兰关心的则是具体问题，他们想要这个新出现的统一德国，确认"二战"结束时协议的德国—波兰边界。

不管怎样，1990年3月的选举过后，德国的统一是不可阻挡的。1990年7月1日西德马克成为国家统一货币。根据德意志联邦共和国基本法第23条，允许各州自由加入德意志联邦共和国。10月3日两德统一，德意志民主共和国解散，东德的各个州加入德意志联邦共和国。

苏联解体

由于多年来经济增长缓慢，加上阿富汗战争、1986年切尔诺贝利事故、与美国的太空和武器竞赛，以及境内加盟共和国的长期不和，苏联经济疲惫不堪。与此同时，令大众失望的是，戈尔巴乔夫的改革并没有达到预期效果。民生商品大量短缺、债务和通货膨胀高涨、执政党受到的批评日益增多、波罗的海国家和乌克兰及高加索地区的民族主义情绪日渐高涨，严

（下图）1991年7月10日，苏联总统米哈伊尔·戈尔巴乔夫（右）在俄罗斯联邦总统鲍里斯·叶利钦的授职仪式上表示祝贺。

1901年—2000年
发展和动荡

（上图）1991年政变期间，新当选的俄罗斯联邦总统叶利钦站在俄罗斯白官前的一辆装甲车上面，向士兵演讲。

重考验苏联的执政能力。

苏联政体变成多党制，并进行选举。像东德一样，苏联于1990年3月举行选举，人民代表大会选举戈尔巴乔夫为苏联第一任总统，事实证明也是最后一位。

1991年6月12日，支持进行激烈变革的鲍里斯·叶利钦以57%的选票当选俄罗斯苏维埃联邦社会主义国家总统，推动了公众和政治的进一步开放。叶利钦成为俄罗斯历史上第一位民选总统，但他仍与苏联领袖戈尔巴乔夫共存。

叶利钦7月10日上台，承诺进行经济改革，而不是快速引进波兰和东德等其他地区在选举中不受欢迎的市场经济，以避免伴随而来的物价上涨和大规模失业问题。另一方面，戈尔巴乔夫宣布推进市场改革和民主化进程——苏共中央委员会7月26日批准了他的这两个计划。

戈尔巴乔夫希望俄罗斯民主化和苏维埃联盟能继续共存。为此，他指示镇压立陶宛的独立运动，导致1991年1月15至20名立陶宛人死亡。至叶利钦执政的时候，维持联盟的意义已经不大了。7月30日，叶利钦签署条约，承认立陶宛独立。戈尔巴乔夫试图努力保持苏维埃联盟，提出新的联盟条约，允许大家自愿加入。叶利钦则刚好相反，希望联盟完全瓦解。

813

历史

(上图)东欧解体意味着许多国家的边界发生变化,尤其是改变了苏联的影响力。

    1991年8月19日,莫斯科发生了旨在推翻戈尔巴乔夫和保留苏联的政变,企图阻止缔结新的联盟条约。此次短暂政变(8月21日遭到镇压)中的经典画面是叶利钦站在行驶在莫斯科街头的一辆坦克上面。政变期间,在乌克兰小城度假的戈尔巴乔夫遭到软禁。最终叶利钦占了上风,对于已引入苏联的政治和经济变化,他反对逆转大势,击退了试图把苏联带回昔日勃列日涅夫统治时代的力量。

8月22日,叶利钦的支持者逮捕了所有参与政变的领导人。尽管戈尔巴乔夫的苏联总统职位恢复,但他的力量非常有限。

苏维埃联盟对政治省份的责任一点一点地被吸收进新的俄罗斯联邦政府。12月21日,有11个共和国签署协议,创建新的独立国家联合体(独联体)。现在,戈尔巴乔夫总统既没有政党也没有联盟。12月25日,他不得不辞职,把权力移交给叶利钦,苏联的历史正式结束。

历史

希望之乡

1948 年 5 月 14 日，《以色列独立宣言》宣布了新的犹太国家以色列独立，这块土地是曾经的犹太人王国朱迪亚所在地。

> 以色列在世界上创建了新的犹太人形象——爱劳动，有知识，能够为英雄主义而奋斗。
> ——戴维·本·古里安（1886 年—1973 年），《以色列独立宣言》首位签署人，以色列首任总理

1909 年 首个全部是犹太人的现代都市特拉维夫市建立

1917 年 受英国侵略影响，奥斯曼帝国的统治结束

1922 年 国际联盟委托英国暂时统治巴勒斯坦

1925 年 耶路撒冷希伯来大学在斯科普斯山建立

1939 年—1945 年 欧洲大屠杀，超过 600 万犹太人被杀

第一次世界大战期间，奥斯曼帝国战败并解体后，英国政府 1917 年发表《贝尔福宣言》，承诺支持犹太人在巴勒斯坦建立国家，这与之前向阿拉伯人承诺的支持他们在巴勒斯坦建立独立国家，以回报战争期间给协约国提供帮助相矛盾。

作为法国和英国中东势力范围的战后协议一部分，英国授权托管巴勒斯坦，在耶路撒冷的英高级专员试图暂时阻止越来越多的外来犹太移民。他指出，所有可耕种的土地都被视为已经有主的，卖给犹太人任何土地都意味着会有阿拉伯人失去土地。但他的建议被拒绝了。在接下来的 10 年中，犹太复国主义者的目的变得越来清晰，1936 年—1939 年，巴勒斯坦阿拉伯人以大规模的民族起义，来表达对英国政策的不满。

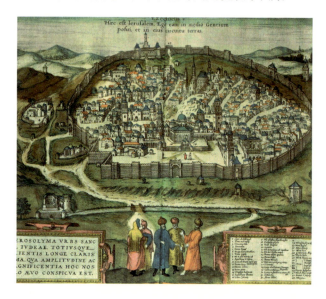

（右图）这幅插图是圣城耶路撒冷的规划图，1572 年发表在城市地图集《寰宇城市志》，作者是来自科隆的传教士乔治·布劳恩和画匠弗朗茨·霍根伯格。

1948年1月,欧洲战争中的犹太难民坐船到达海法。

历史

（左图）这张地图是1947年11月联合国主持下巴勒斯坦分治计划的土地划分，犹太人和阿拉伯人对此都不满意。

（下图）犹太复国主义先驱移民在曾经的集中营里享受阳光，这里第二年成为以色列国家的国土。

所有权受限

1940年后，英国将犹太人的土地所有权限制在巴勒斯坦的特定区域，但仍有很多人向阿拉伯人非法买（卖）土地。因此，当1947年宣布分区计划时，犹太人非法持有的土地作为既成事实划归犹太国家边界内。鉴于犹太裔对美国经济的利益，美国支持分区原则，敦促联合国忽略民族自决的基本原则——这种情况下，阿拉伯人占有巴勒斯坦三分之二的土地。

以色列独立

犹太人在"二战"前就开始反抗英国托管。军事斗争成了犹太复国主义者的政策，旨在于在巴勒斯坦地区建国。从一开始，犹太国家就是军事斗争的产物，军队是执行任何计划的主要手段。1944年，英国常驻埃及的部长莫恩勋爵在开罗被犹太复国主义组织"斯特恩帮"的两名成员暗杀。同类事情还有很多。1947年12月，英国政府宣布1948年5月13日前撤军；5月14日，以色列宣布独立。

结果

耶路撒冷和雅法的巴勒斯坦人为反对印巴分治举行大罢工,冲突迅速发展成全面战争。犹太人在英国撤军前占领了大部分阿拉伯城市。阿拉伯人开始逃离,大约70万巴勒斯坦人无依无靠。以色列宣布独立后,5支装备匮乏的阿拉伯军队立即进入巴勒斯坦,战争的第二阶段开始了。1948年—1949年战争结束,在战后谈判中,叙利亚、埃及、黎巴嫩和巴勒斯坦人试图保护他们在战争中所失去的——以色列旁边的巴勒斯坦国家,但没有成功,这导致了后来以色列和阿拉伯邻国之间冲突不断。

> 历史

中东地区

在20世纪，世界文明古国中心曾经信仰的伊斯兰教，在"后殖民"时期新的世界秩序中面临巨大挑战。

> 伊斯兰教并不仅仅是一种宗教，还是一种生活方式。其核心是宽容和对话这一神圣原则。
> ——约旦国王侯赛因一世（1935年—1999年）

奥斯曼帝国残余的影响力让位于现代国家和新形式的世俗身份，这种变化在传统中东腹地最为明显。然而，奥斯曼帝国影响的消失并不意味着殖民统治的结束。1916年，在《赛克斯—皮科协定》中，法国将控制叙利亚（包括黎巴嫩），英国将控制巴勒斯坦和约旦周围地区，然后向东包括美索不达米亚（伊拉克）。

国际联盟

在国际联盟的领导下，这种划分以"托管"形式进行，由欧洲列强监督，直到这些地区的人被认为有能力自治。该"托管"体系创造了有着人为边界的人为国家。例如，独立后的伊拉克王国被分成三个宗教和种族截然不同的地区——巴士拉省的什叶派穆斯林、巴格达的逊尼派穆斯林和北方的库尔德人。

除了正式的"托管"，欧洲列强还在中东其他地区进行了事实上的殖民统治。在伊朗，英国早在1901年

1961年　叙利亚获得独立
1971年　卡塔尔和阿联酋独立
1979年　埃及和以色列在戴维营签订和平协议
1979年　伊朗建立以霍梅尼为领导人的新政府
1991年　伊拉克对科威特发动侵略后，多国部队空袭伊拉克

（右图）以色列总理伊扎克·拉宾（左）和巴勒斯坦领导人亚西尔·阿拉法特（右）获得1994年诺贝尔和平奖。

1901年—2000年
发展和动荡

（上图）1998年，以色列突击队员杀死两名哈马斯激进分子后，年轻的巴勒斯坦人冲上街头，向约旦河西岸的以色列士兵投掷石块和石子。

就获得了"特许经营权"，通过英波石油公司（即现代英国石油）控制该国石油供应。虽然不是正式的殖民统治，但从1906年革命到"二战"巴列维王朝期间，伊朗基本上处于英国（北部属俄国）的控制之下。

阿拉伯民族主义

在"二战"后非殖民化思潮中，全新的阿拉伯民族主义在中东出现，将阿拉伯民族身份、伊斯兰信仰和西方民族主义意识形态完美融合在一起。1945年，7个主要阿拉伯国家成立阿拉伯联盟；1956年，埃及总统纳赛尔将苏伊士运河国有化，引发了中东第二次战争。

1948年以色列宣布独立后，直接引发了阿拉伯联盟的宣战。双方停战后，以色列领土反而得到了实际的扩张。1967年和1973年再现了同样的结果。未解决问题的阴影（1948年的巴勒斯坦难民和1967年战争以色列夺取的领土）继续笼罩着整个中东地区。

1964年，阿拉法特领导的巴勒斯坦解放组织（PLO）成立。1982年以色列与黎巴嫩发生战争后，出现了武装反对以色列的黎巴嫩真主党和巴勒斯坦的哈马斯。

821

历史

军事管制政府

除了阿拉伯—以色列冲突，中东国家还必须面对广阔的社会政治变化。在整个中东地区，由于教育和医疗改善，人口增长迅速，大规模的城市化进程摧毁了传统的农村生活和生产方式。

（下图）穆斯林信众存在于世界多个国家，其中逊尼派人数约占全世界穆斯林的85%以上。

这些新的社会条件促使阿拉伯民族主义高涨。一直持续到 1979 年因"伊斯兰革命"被推翻的伊朗巴列维王朝,宗教领袖霍梅尼成为国家领袖。

在其他地方,与军事政府相比,文官统治相对疲软,导致强有力的军事独裁者出现,如伊拉克的萨达姆·侯赛因。

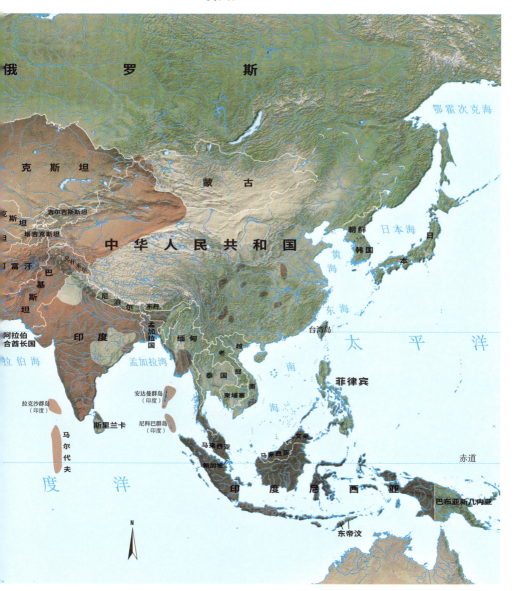

种族隔离制度的兴衰

南非政府 40 多年的官方种族隔离制度，深刻影响了南非黑人的经济、住宅和教育上的机会，由此引发的反抗均被残酷镇压。

> 自由不仅仅意味着摆脱自己的枷锁，还意味着以一种尊重并提升他人自由的方式生活。
> ——纳尔逊·曼德拉，种族隔离反对者和南非前总统

1959 年 南非议会通过新法律，为主要黑人团体设立单独的"黑人家园计划"，即班图斯坦法案

1965 年 罗德西亚（后更名为"津巴布韦"）获得独立，与会的只有白人代表

1974 年 联合国宣布终止南非在联合国中的席位

1983 年 允许白人农民武装自卫，避免受黑人不同政见者的伤害

1990 年 德克勒克取消对非洲人国民大会的禁令

1990 年 纳尔逊·曼德拉被释放

1991 年 曼德拉成为非洲人国民大会主席

1948 年，掌权后的南非国民党主张"白人至上"，实施种族隔离政策。这并非全新的想法，南非联邦最早的法律之一——1913 年的《土著土地法》，就规定非洲黑人只能在受限制的区域（约占南非领土的 10%）上定居。

班图斯坦制度

劳资关系也成为种族冲突的导火索，非洲工人在罢工中所表现出来的团结和纪律，震惊了南非当局。在 1948 年选举沸沸扬扬的氛围中，种族隔离计划成为候选人向选民呼吁的热点，他们发誓要保证白人就业，控制城市增长，支持南非白人的语言和文化。

南非国民党当选后，总理马兰和他的继任者维沃德出台了一系列种族隔离法律，依据族群将每个人分类造册。班图斯坦制度又称黑人家园制度，是将黑人

1901年—2000年
发展和动荡

（右图）纳尔逊·曼德拉（1918年—2013年）和他的妻子温妮庆祝他1990年2月从监狱释放。他的自由暗示着种族隔离制度的结束。

部落按族群分成不同的班图斯坦自治区，政府控制自治区内的立法会议和自治政府，南非黑人被取消南非国籍，规定必须从属于任一个班图斯坦。

曼德拉

1918年，纳尔逊·曼德拉出生在今东开普省的乌姆塔塔，是腾布部落首领顾问的儿子。曼德拉和他的同事奥利弗·坦博在南非约翰内斯堡开办了南非历史上首个黑人律师事务所。

曼德拉和坦博深度参与了1912年成立的非洲人国民大会的各项活动，反对种族隔离，要求促进种族平等。1944年，曼德拉帮助非洲人国民大会组织了"青年同盟"。1951年，出任非洲人国民大会副主席。

20世纪50年代，非洲人国民大会致力于通过"非暴力"来改变国家。到60年代，反抗活动日趋激烈。1960年，警察朝沙佩维尔约5000名抗议者开枪，69人被杀，180人受伤，"沙佩维尔大屠杀"爆发。4月8日，非洲人国民大会及其更为激进的泛非大会被南非政府宣布非法，加以取缔。

1962年，曼德拉和他的同事建立了非洲人国民大会的军事组织"民族之矛"，主张以暴力推翻政权。曼德拉在阿尔及利亚接受了游击战的培训，返回时不幸

（左图）20世纪20年代，南非的稀有钻石矿需要大量劳动力。由于歧视政策，黑人不能在有技能的岗位工作。

825

▌历史

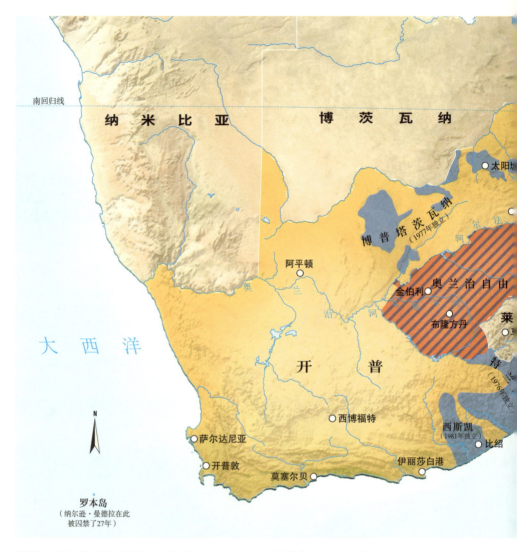

罗本岛
（纳尔逊·曼德拉在此
被囚禁了27年）

被捕，以非法越境罪被判5年监禁。在狱中，随着非洲人国民大会的激进分子陆续被抓，曼德拉以"阴谋颠覆罪"，被改判无期徒刑。从1964年到1982年，曼德拉一直被关在罗宾岛，后迁到约翰内斯堡附近的一座最高安全级别的监狱中。

▌国际声援

为声援曼德拉，国际上开始向南非政府施压，对

（上图）到1986年，四个黑人家园已经从南非政府独立：特兰斯凯（1976年）、博普塔茨瓦纳（1977年）、文达（1979年）和西斯凯（1981年）。现在独立的和不独立的家园都已经被纳入新南非。

1901年—2000年
发展和动荡

其进行体育抵制、经济制裁，并终止了南非在联合国的席位。曼德拉被囚禁的时间越长，他在全球的感召力就变得越高。尽管他不能到场，但成千上万人还是在伦敦温布利球场为他庆祝了70岁生日。

德克勒克

20世纪80年代末，德克勒克成为南非国民党领导人，南非政治气候开始变化。1990年，他取消了对非洲人国民大会的禁令，并无条件释放曼德拉。曼德拉获释时，全世界为之欢呼。

诺贝尔和平奖

因1992年在促进起草一部新宪法方面所做出的努力——协调祖鲁人、非国大和白种人的利益——曼德拉和德克勒克在1993年被授予诺贝尔和平奖。1994年，在首次不分种族的大选中，非洲人国民大会获得三分之二的选票，之后多党组成的联合政府成立，曼德拉出任南非首任黑人总统。种族隔离制度结束。

（右图）1993年12月，曼德拉和德克勒克在挪威奥斯陆共同领取诺贝尔和平奖。

> 历史

苏联的解体

从 1917年革命起,为了成为一个工业国家而能与西方列强分庭抗礼,苏联进行了长期而艰苦的斗争。但是,为此实行的政治变革,却给人民带来了巨大的痛苦,以及来自西方数十年的怀疑。

1924年 列宁去世,约瑟夫·斯大林继位

1940年 列夫·托洛茨基在墨西哥城被暗杀

1953年 斯大林去世,尼基塔·赫鲁晓夫继位

1961年 尤里·加加林成为苏联第一名宇航员

1961年 苏联在东柏林和西柏林之间建了一堵墙

1964年 赫鲁晓夫被列昂尼德·勃列日涅夫取代

1985年 米哈伊尔·戈尔巴乔夫成为苏联新领导人

1990年 鲍里斯·叶利钦当选俄罗斯联邦总统

1999年 叶利钦辞职,任命弗拉基米尔·普京为他的继承人

20世纪20年代末,是苏联历史的一个转折点。布尔什维克革命(1917年)后的第一个10年,苏联经济经历了几次再定位,如"战时共产主义"、以市场为导向的新经济政策。1924年列宁逝世后,约瑟夫·斯大林成为布尔什维克党的总书记和苏联领导人。

斯大林主义

1925年,斯大林力主在国内建成社会主义,而不是在全世界进行革命。他命令实施快速现代化计划,使俄罗斯从文明世界的边缘走到新文明中心。1929年12月,他借助称赞自己是"当今列宁"的宣传掌握了

(右图)俄罗斯总统叶利钦(右)退休离开克里姆林宫,与总理兼代总统普京(左)握手。

> 没有公开性,就没有(不可能有)民主主义,就没有民众在政治上的创造力和他们参与管理。
>
> ——米哈伊尔·戈尔巴乔夫,苏联最后一位国家元首,1990 年诺贝尔和平奖得主

绝对权力。在有关土地政策的演讲中,斯大林宣布"消灭富农",实行农业集体化。

大规模的工业化也随之启动。整个经济由国家主导运行,物价被限定。来自国家预算的投资,在 1929 年夏天增长了 5 倍。

这些激进的努力在发展经济的同时,也给人们带来了难以避免的痛苦。20 世纪 30 年代的苏联,发生了大饥荒和肃反运动事件,斯大林政策的反对派被无情地清除。从 20 年代末起,一系列公审公判在全国范围内展开,反抗的农民、军官、政见不一的布尔什维克领导人(如托洛茨基、季诺维也夫、加米涅夫和布哈林)或被流放,或被控叛国,无一不受审并被处死。

工业化

三个"五年计划"后,苏联成为一个工业强国。当希特勒 1941 年夏天进攻苏联时,工厂从俄罗斯的欧洲部分(大部分土地被纳粹德国占领)大量疏散至西伯利亚,这反而进一步加强了俄罗斯的工业潜力。

"二战"中,斯大林与西方列强结成联盟,尽管付出了 2000 万—3000 万人死亡的代价,但最终,苏联却在德国的土地上打败了阿道夫·希特勒,其强大的工业力量起了不可忽视的作用。

冷战

1945 年—1948 年间,斯大林将中欧和东欧(苏联军队从纳粹德国占领下解放的国家)苏维埃化,建立了与西方之间的缓冲带——苏联集团。他的继任者延续了这种政策,如果势力范围内的革命或激进改革过了线,他们便会毫不犹豫地进行军事干预,如 1956 年的匈牙利事件、1968 年的捷克斯洛伐克事件、1981 年的波兰事件和 1979 年阿富汗战争。

▶ 历史

1901年—2000年
发展和动荡

改革

与西方致命的军备竞赛榨干了苏联的技术潜力，它耗尽了资源。然而，为保持社会稳定和国际形象，满足现代需求的改革被拒绝。到20世纪80年代，当米哈伊尔·戈尔巴乔夫推行"改革与新思维"时，国内外环境已经完全不一样了。

解体

1989年，在中欧和东欧，缓冲带上的国家接连发生了革命。1991年苏联解体，取而代之的是15个独立的国家。苏联解体后的俄罗斯，在第一个10年里非常衰弱。强大的中央集权，包括对反对势力的压制，直到2000年后才在总统弗拉基米尔·普京的领导下重新确立，国际原油价格的迅速上涨，为促进经济增长和社会稳定带来了帮助。

（左图）1922年，俄罗斯民众在符拉迪沃斯托克的大街上游行，支持他们的新领袖列宁和托洛茨基。

831

历史

"警察行动"

朝鲜战争是被遗忘的 20 世纪战争，也是未完成的 21 世纪战争。

> 联合起来，我们会比美国和英国更强大……如果战争不可避免，那么让它现在就开始吧。
> ——约瑟夫·斯大林写给毛泽东的信，1950 年 10 月

1945 年，随着日本即将战败，苏联军队进入朝鲜半岛北部接受日军投降，美军进入南部。日本投降后，朝鲜半岛被这些外国部队所控制。

三八线

为划分朝鲜半岛南部和北部的受降范围，美国提出了划分界线的建议。经美国总统杜鲁门和苏联最高领导人斯大林商定，著名的"三八线"出笼了，即以朝鲜半岛上北纬 38° 线作为苏、美两国对日军事行动和受降范围的暂时分界线。

战争爆发

朝鲜（北部）和韩国（南部）成立后，"三八线"附近暴力冲突不断，导致 10 万朝鲜人在冲突中死亡。1950 年 6 月 25 日（周日）黎明前，朝鲜战争爆发。此次行动被联合国安理会认定为朝鲜侵略韩国行为（苏联缺席），决定派出以美国为首的联合国军完成一次"警察行动"，援助韩国恢复其领土。

1950 年 联合国安理会要求朝鲜停止攻击韩国。同年，联合国军在道格拉斯·麦克阿瑟的带领下越过三八线向北挺进

1951 年 联合国苏联代表提出休战，但数月后，朝鲜宣布取消所有谈判

1952 年 联合国提议交换战俘，遭到朝鲜拒绝

1953 年 3—4 月 战斗越来越激烈，双方都有大量伤亡。生病和受伤的战俘进行了交换

1953 年 7 月 和平谈判恢复，双方签署了停战协议

结果

1950 年 9 月中旬，联合国军在位于西部港口仁川的战线后方数百英里登陆，然后向内陆移动，收复汉城（今首尔）后，很快与在釜山成功阻止了朝鲜攻势的美军汇合。几周之内，在联合国军的协助下，韩国恢复了"三八线"边界。

战争本可以从此结束。但联合国陷入两难境地，

1901年—2000年
发展和动荡

要么恢复"三八线",要么向北追逐朝鲜军队。当时在毛泽东领导下的中国,通过在印度的外交途径警告美国和英国,中国不会容忍美军进入朝鲜。然而,杜鲁门总统和美国却认为这是"外交讹诈",全力向北进军。强大的军事压力迫使朝鲜军队后退,把战线推进到中国边境鸭绿江。

随着20万中国人民志愿军进入朝鲜将联合国军队

(下图)以美国为首的联合国军1950年9月登陆,收复了今首尔,但随后中国军队协助朝鲜将联合国军驱逐回去。

朝鲜战争混合了两次世界大战中的作战策略,包括出动美国空军的重型轰炸机。

历史

（左图及右图）朝鲜1951年初前进并攻占了今首尔，然后战线来回转换，直到1953年达成停战协议。

"联合国部队"行军路线（1951年1月至1953年7月27日）
1951年4月21日前线
1951年6月24日前线
1953年7月27日停火界线
战俘营
机场

击退，战争形势发生了巨大变化。经过多次战斗，美国军队几乎被迫退入海中。最终，经联合国军的猛烈空袭和零下20℃的严寒天气，才减缓了中国志愿军的攻势，联合国军才得以恢复并保住防线。

1951年初夏，战线已经稳定在"三八线"附近。尽管时有缓慢后退和前进，但仍基本保持不变，1953年7月27日停战时的战线正好在"三八线"以北。

直到今天，这场战争还没有正式结束。战前的北南分裂局面进一步恶化，朝鲜半岛作为世界军事舞台上的一个热点持续至今。

北越和南越

越南战争（1959年—1975年）在美国和其他国家派兵前很长时间就已经开始了。战争的真正原因是越南民主共和国威胁到了多疑的西方。战争几乎没有胜利者。

1950年 越南独立同盟会获得苏联援助，而美国许诺将军事援助法国，帮助其在越南的战争

1954年《日内瓦协议》的签订，法国撤出越南。南越和北越的边界为北纬17度线

1960年 民族解放阵线在南越成立

1965年 首支美国军队到达越南

1968年 美国军队在美莱村大屠杀，成百上千越南人被杀

1969年 尼克松政府从越南的第一次撤军

1970年 尼克松称，美军将入侵柬埔寨，引起全球抗议

1972年 北越穿过北纬17度线袭击南越

1973年 最后一支外国军队离开越南

1975年 南越向北越投降

19世纪，越南——连同另外两个中南半岛国家（柬埔寨和老挝）——被法国殖民。法国的统治带来了经济剥削，宗教和文化的压制及恐怖。越南民族主义者奋起反抗，驱逐法国统治者，争取国家独立。20世纪20年代，越南最重要的民族主义者是胡志明。

国际环境

1945年日本投降时，胡志明宣布越南独立。然而，随着超级大国间的"冷战"升温，罗斯福的继任者杜鲁门总统放弃了与法国的对抗。在欧洲，他需要法国的支持，而法国当时决定要开拓在中南半岛的殖民地。

1949年中华人民共和国成立后，美国把胡志明假定成"国际共产主义阴谋集团"的一分子。然而，对胡志明而言，他在"二战"期间曾与美国人一起工作，知道罗斯福是反对殖民主义的，因此对美国支持越南独立报以希望。

美国涉入

1954年5月，胡志明领导的越南独立同盟会在奠边府打败法国，结束了法国在中南半岛的全部统治。法国同意撤出越南，越南暂时以北纬17度线为界，胡志明接管北越，而与美国有联系的吴庭艳接管了南越。

如多数越南平民希望的那样，胡志明拒绝了对越南的分治，自1959年起，胡志明率军队为统一越南再次战斗。在错误的认知下，至1963年末，肯尼迪总统

美国175毫米自行火炮正在向北越部队发射。尽管投入了大量资源到越南战争中，但最终美国及其盟国也未能取胜。

（上图）美国卷入越南战争引发了美国国内大规模（有时暴力的）抗议活动，战争越来越不受欢迎。

共派遣超过 1.6 万美国顾问协助南越作战。

然而，美国对南越政权的失望却未能停止。1963年 11 月，美国没能阻止南越的接连政变。吴庭艳的下台并没有使南越恢复平静，直到 1965 年阮文绍和阮高祺夺取政权，才出现稳定迹象。与此同时，1963 年 11 月肯尼迪被刺，该事并未对美国的对外政策产生实质性影响。尽管肯尼迪的继任者林登·约翰逊称，不会"派美国人到离家 9 000 至 10 000 英里的地方去做亚洲人自己应该做的事情"，但约翰逊也不想让南越失败。

1964 年 8 月，美国和北越海军在北部湾（东京湾）发生冲突后，约翰逊获得了美国国会的支持，《东京湾决议》让美国开始对北越进行大规模战略轰炸，美军指挥官希望能借空军力量将胡志明逼到谈判桌前。但他们低估了越南对重新统一的献身精神，尽管"滚雷行动"的轰炸摧毁了越南广大地区，造成数万人死亡，但这对帮助南越击败北越及其盟友，并没起到什么明显作用。

我杀掉你们 1 人，你可以杀掉我们 10 人，但即使这样，你也必然失败，我必胜利。

——20 世纪 40 年代末，胡志明警告法国

（右图）中南半岛很长一段时间都被外国殖民，因此不断发生民族主义冲突。至 20 世纪 70 年代中期，南越被北越打败，外国殖民者才被驱逐。

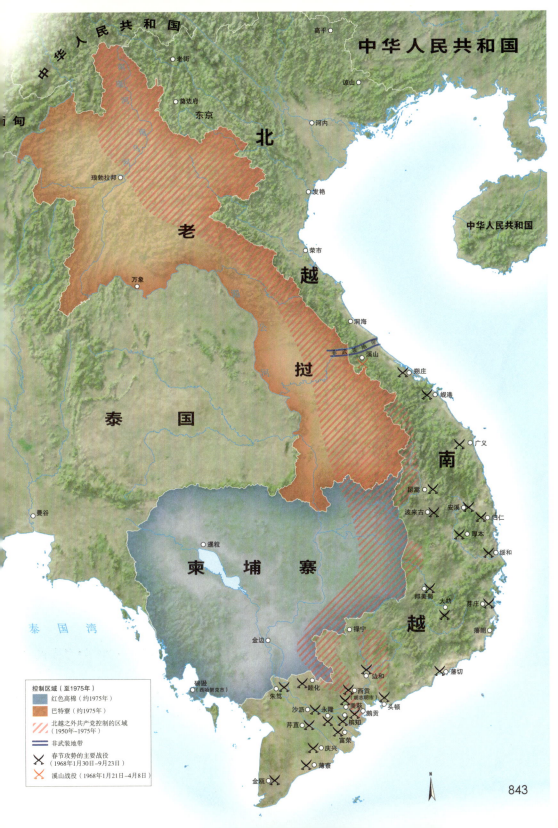

美军参战

1965年中期,约翰逊决定派遣美国地面部队到越南。这有效阻止了南越在那一年的战败,1966年和1967年期间,成千上万的额外的美国士兵(与其他军

(下图)法国长期以来一直是印度支那半岛上的殖民国家。这场后来演变成越南战争的冲突,在一定程度上是对法国殖民的回应。

（右图）支持南越的不只有美军，其他国家也贡献了力量，比如图中的这些行进在悉尼大街上的澳大利亚士兵，他们即将奔赴越南战场。

队一起，包括来自韩国、澳大利亚和新西兰的军队）被派遣至越南，美国指挥官声称他们会在消耗战中取胜。但北越抵抗的力量也在增强。随着伤亡增加，以及被敌人的游击战术挫败，许多美国人的幻想开始破灭。

在国内，美国反战运动领导人公开谴责美军在越南的残酷行径，为实现自己的目标，军事指挥官严重依赖火力。战争所造成的伤害和痛苦，与美国对外声明的"拯救"南越的目的自相矛盾。

新春攻势

美国曾一度确信他们的军队将赢得战争，但在1968年初，越南人民军和越南南方民族解放阵线发起了一系列的"新春攻势"，在南越大范围内对美军设施实行总攻。美国的电视屏幕上，到处都是美国驻南越首都西贡大使馆被攻击的镜头。虽然"新春攻势"没有引起北越领导人所希望的大规模起义，而且美国和南越部队进行的反击，使北越军队遭受了可怕的伤亡，但并不妨碍"新春攻势"成为越南战争中的一个关键时刻。10月，约翰逊政府宣布停战；11月，轰炸停止。

在某种程度上，这场战争是北越和南越之间的竞争。但在这场内战中，大多数越南人（南越以及北越）

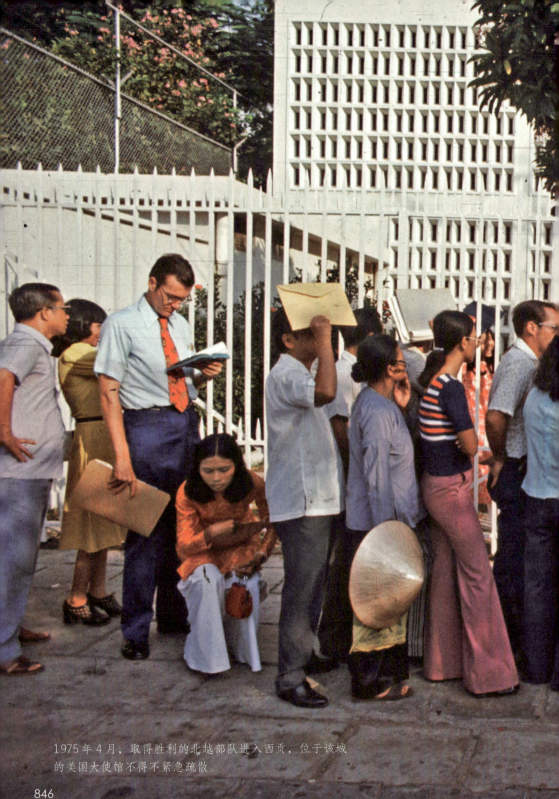

1975年4月,取得胜利的北越部队进入西贡,位于该城的美国大使馆不得不紧急疏散。

都明白南越只是名义上的国家，美国才是这个国家行动的幕后操手。

尼克松的撤退

1968 年是美国大选之年。由于越南政策的失败使约翰逊名誉扫地，他退出了总统大选。共和党人理查德·尼克松以微弱优势击败民主党候选人休伯特·汉弗莱，成为美国第 37 任总统。尼克松承诺"和平解决"越南战争，他宣布"越南化"政策，即南越部队承担战争的主要责任，由越南人自己解决战斗。尼克松开始从越南撤出美国军队，平息了国内的反战运动。尼克松还把他的国家安全顾问亨利·基辛格派到巴黎，与北越进行秘密谈判。

然而，尼克松在从越南撤出美国军队并寻求以谈判结束这场战争的同时，又通过轰炸将战争扩大，派遣美国部队到柬埔寨，北越的军队很久以前就将这里当成逃避美国和南越的场所。

导致南越部队决定性失败的是 1971 年入侵老挝，暴露了"越南化"政策的局限性，使北越领导人确信对南越发动常规军事攻击的时机已经成熟。

当时攻击是在 1972 年发起的，只有为数不多的美国军队依然留在南越，美国进行了大规模空袭才击退了北越军队。

西贡陷落

在战场受挫后，北越领导人决定等美国从南越撤出所有部队。美国 1972 年总统大选之前，基辛格宣布战争有望通过谈判来解决。尼克松赢得选举后不久，谈判破裂。为施加军事压力，尼克松对北越发起了新一轮轰炸袭击，直到 1973 年初，《关于越南问题的巴黎协定》才最终签署。

根据协定条款，美国同意从越南撤出全部军队。

（下图）美国国务卿亨利·基辛格和越南政治家黎德寿，1973 年签署了《关于越南问题的巴黎协定》。两人后来均被授予诺贝尔和平奖，但黎德寿拒绝接受该奖项。

南越领导人担心他们被美国抛弃后，政权将不复存在。1975 年初，北越向南越发动最后的、决定性的攻势。尼克松因水门事件辞职后，杰拉尔德·福特成为新一任总统。他明白，经过 10 多年战争、耗费数十亿美元，以及近 6 万美国人死亡后，大多数美国人都没有心情投入更多部队到越南。

尽管得到美国大量物资支持，南越政权还是于 1975 年 4 月，以西贡的陷落而覆灭。经过 30 多年的战争，越南再次统一。

古巴事务

美国干预古巴事务由来已久，1959 年的古巴革命和美国反对菲德尔·卡斯特罗政府，为"冷战"的最黑暗时刻埋好了伏笔。

- 1959 年 古巴革命后，菲德尔·卡斯特罗夺取政权
- 1961 年 6 月 肯尼迪和赫鲁晓夫在维也纳举行高级会晤
- 1962 年 10 月 14 日 参谋长联席会议建议肯尼迪空袭古巴
- 1962 年 10 月 23 日 肯尼迪收到赫鲁晓夫的信件，承认苏联导弹在古巴的存在。肯尼迪同苏联大使谈话
- 1962 年 10 月 24 日 去往古巴的苏联船只全部掉头，有一艘除外
- 1962 年 10 月 27 日 肯尼迪在写给赫鲁晓夫的信中称，如果赫鲁晓夫撤掉导弹，美国将不会侵占古巴
- 1962 年 10 月 28 日 赫鲁晓夫宣布同意从古巴撤出全部导弹

肯尼迪的计划

1961 年 1 月，约翰·肯尼迪成为美国总统。他与艾森豪威尔看法一致，认为美国应该支持推翻古巴领导人卡斯特罗的政权，因卡斯特罗 1961 年公开声称加入"共产主义集团"，与苏联关系密切。因此，美国计划入侵古巴，推翻卡斯特罗政权。但在苏联情报部门的帮助下，古巴政府从美国流亡团体处知道了此次入侵计划。

猪湾事件

1961 年 4 月 17 日，在使用美国中央情报局提供的飞机进行轰炸后，由 1500 名美国及其他国家的古巴流亡分子组成的部队，在古巴南部海岸猪湾登陆。然而，由于此次进攻不再"出乎意料"，入侵部队很快就发现自己陷入了困境。

（右图）古巴军事法庭设立，用来审判参与猪湾事件中的这些流亡人士。有些人被执行死刑，剩下的人最终被遣返美国。

1901年—2000年
发展和动荡

（右图）苏联决定在加勒比岛部署导弹，从这里攻击美国很容易，因此引发了古巴导弹危机。

4月20日，入侵部队中的幸存人员向古巴政府军投降，100多名流亡人士被击毙。

苏联部署

可想而知，"猪湾事件"后美国和古巴之间的关系紧张程度。古巴开始日益接近苏联，苏联也很乐意在加勒比海地区有一个朋友，尤其是在地理位置上又如此接近美国。1962年4月，苏联领导人尼基塔·赫鲁晓夫提出在古巴部署导弹的可能性。

美国回应

1962年10月15日，美国侦察机发现了苏联在古巴建设的导弹设施。肯尼迪立即召集国家安全委员会执行委员会，要求他们制定应对苏联挑战的计划。

10月22日，美军进入最高戒备状态，肯尼迪总统向美国民众和全世界发表电视讲话，称苏联在古巴建设导弹基地是对美国安全的直接挑战。他表示，任何来自古巴对美国的攻击，都将被看作是来自苏联的攻击。他还宣布进行海上封锁，"隔离"古巴。不甘示弱的赫鲁晓夫表示，肯尼迪的行为将导致"世界处于

我们的国家政策是，从古巴发射的，针对西半球任何国家的任何核弹，都将被看作是苏联对美国的攻击，我们将对苏联采取全面报复。

——1962年10月22日，约翰·肯尼迪发表电视讲话

历史

核导弹的深渊",苏联船只将冲向封锁线。

然而不久,事情发生了重大转机。苏联驻华盛顿大使馆的一位官员要求美国记者传递消息给美国政府,如果美国公开承诺不入侵古巴,苏联同意从古巴撤回导弹。

解决方案

在这非常困惑的时期,陪伴肯尼迪最亲密的顾问,是他的哥哥罗伯特·肯尼迪。他们收到了苏联领导人相互矛盾的两封信件。在第一封信中,苏联提议把导弹撤出古巴,在第二封信中,则要求美国撤除在土耳

(下图)猪湾事件由美国支持的流亡古巴人组建的,反对菲德尔·卡斯特罗的部队。

1901年—2000年
发展和动荡

其部署的导弹。

肯尼迪建议美国回应第一封信,忽略和解意愿不多的第二封。最终,在丝毫不肯退让的美国领导人面前,10月28日,赫鲁晓夫宣布愿意从古巴撤出导弹。

影响

约翰·肯尼迪在古巴导弹危机中的强硬对策,为他赢得了国际上的广泛赞誉。

或许古巴导弹危机最有价值、最有意义之处在于它让"冷战"有了少许缓和。莫斯科和华盛顿之间装上了"热线",确保两国领导人方便解决未来的危机。危机的余波还使两国开始谈判,签署《部分禁止核试验条约》。

(上图)美国的海上封锁成功地唬住了苏联,迫使苏联召回了船只。

(下图)由于不想尝到第二次被威胁的滋味,美国在古巴周围进行海上封锁,阻止苏联向古巴运输更多导弹。

> 历史

独立国家

英国1947年离开印度次大陆时，留下了两个宗教不同的国家——以印度教为主的印度和以穆斯林为主的巴基斯坦，后者分为东、西两部分，相隔1000英里（1600千米）。

> 这次奋斗是为了我们的自由，为了我们的独立。
> ——穆吉布·拉赫曼（1920年—1975年），1971年3月7日在达卡的演讲

1971年　印度承认孟加拉民主共和国，而巴基斯坦与之中断了外交关系

1971年　在孟加拉战争失败后，巴基斯坦开发了核武器项目

1974年　巴基斯坦正式承认孟加拉国

1980年　孟加拉将军奇亚·拉赫曼被军官暗杀

1982年　孟加拉国发生不流血政变，侯赛因·穆罕默德·艾尔沙德夺取权力

1991年4月　孟加拉国的一场旋风带走了约13.1万人的生命，成千上万幸存者死于饥饿和经水源传播的疾病，约900万人无家可归

自1956年起，巴基斯坦的两部分（东巴基斯坦和西巴基斯坦）正式为人所知。除了距离外，这个国家还分有不同的语言和种族，政治和经济上的差异使得稳定和发展问题雪上加霜。在东巴基斯坦人看来，他们人口占全国总人口的一半，但分辖的省份只有5个；而西巴基斯坦人则感到，在中央政府领导下自己资源匮乏，负担过重。

巴基斯坦选举

1970年12月，巴基斯坦第一次普选举行，人民联盟的谢赫·穆吉布·拉赫曼支持东巴基斯坦自治，赢得东巴基斯坦162票中的160票。按照选票，拉赫曼应该成为巴基斯坦总理。然而，该国已经军事统治

1901年—2000年
发展和动荡

（上图）巴基斯坦与孟加拉国暴力冲突后，数百万人无家可归。该图是1971年难民在达卡的河里洗衣服。

（左图）谢赫·穆吉布·拉赫曼的女儿谢赫·哈西娜·瓦吉德1991年获得了人民联盟的支持。1996年至2001年，她任孟加拉国总理。

13年，在任总统叶海亚·汗对新总理人选却不认可，下令进行会谈，并推迟政府换届。东巴基斯坦因此爆发罢工和抗议。

孟加拉共和国成立

达卡谈判破裂后，1971年3月25日，东巴基斯坦宣布独立，成立孟加拉共和国。然而，6万名被留在孟加拉国的西巴基斯坦军人，午夜朝着达卡的学生宿舍和其他平民开火，开始了疯狂的暴力和屠杀。凌晨1点，穆吉布·拉赫曼被捕，由坦克押送离开。由于没有自己的军队或警察保护，孟加拉人被迫逃离。1个月内，100万难民越过边境进入印度，并持续以每天6万人的速度逃离。在此次冲突过程中，总共有约

855

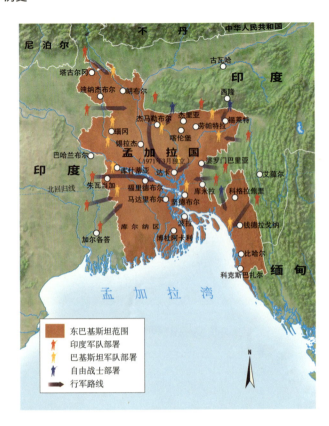

（左图）孟加拉当地抵抗战士被称为"自由战士"（由印度训练和武装），他们与印度军队一起击败巴基斯坦军队。

（右图）叶海亚·汗，1969年—1971年任巴基斯坦总统。印巴战争中，巴基斯坦战败后，他交出权力，后来中风瘫痪，于1981年去世。

1000万名难民涌入印度。由于该地区是美国在"冷战"中具有战略利益的一部分，因此尼克松政府继续向巴基斯坦军方提供武器。

1971年11月，印度军队越过边境，攻击孟加拉国境内的巴基斯坦阵地。第三次印巴战争爆发。几周内，他们切断了巴基斯坦军方与达卡的联系，包围了这座城市。与此同时，巴基斯坦空袭印度后，12月4日印度部队攻击了西巴基斯坦。在孟加拉国的巴基斯坦军队于1971年12月15日投降。

穆吉布·拉赫曼12月21日获释回到达卡，成为孟加拉人民共和国总理，1975年8月，他和他的家人在一次军事政变中被枪杀。虽然孟加拉国1971年就已经独立，但很晚才得到其他国家的承认。美国于1972年承认孟加拉国，中国直到1975年才承认。

（下图）孟加拉国地处世界上最大的三角洲，洪水的频繁光顾，给此地带来了贫困和经济困难。

沙漠风暴行动

第一次海湾战争的直接原因是，1990年8月伊拉克占领了波斯湾北部、自己的邻国科威特。

1991年1月17日 巴格达时间凌晨2:38，战争开始，阿帕奇攻击型直升机摧毁了伊拉克雷达站点

1991年1月22日 伊拉克军队开始炸毁科威特油井

1991年1月25日 伊拉克军队将数百万加仑原油倒入波斯湾

1991年2月13日 美国部队的空袭杀死了400名防空洞中的伊拉克平民

1991年2月24日 联合国军开进伊拉克和科威特。美国军队首先进入伊拉克境内

1991年2月26日 萨达姆·侯赛因命令撤出科威特，途中遇到多国部队空中力量阻击，约1万人死在"死亡公路"

1991年3月17日 美国军队开始回国

（右图）诺曼·施瓦茨科普夫将军在鼓励即将进攻伊拉克的美国海军陆战队队员。

伊拉克欲寻求科威特对伊拉克战争贷款的减免，认为这些债务是1980年—1989年的两伊战争（伊拉克—伊朗）期间为保护海湾国家而发生的。此外，萨达姆·侯赛因指责科威特通过位于边界的伊拉克鲁迈拉油田把钻井伸进了伊拉克油田。这些经济问题最终扩展到地缘政治上，萨达姆声称，按理科威特最初是伊拉克的领土——"伊拉克的第19个省。"当科威特（由埃米尔·谢赫·贾比尔·萨巴赫领导）拒绝伊拉克的诉求时，萨达姆发动入侵战争。

国际制裁

国际社会立即做出反应。联合国安理会660号决议呼吁伊拉克立即无条件从科威特撤军。与此同时，阿拉伯国家联盟成员国，甚至是苏联，都在寻求外交解决办法，美国却回应了沙特保卫其领土的呼吁，在"沙漠盾牌行动"中派出了海军和地面部队。

1901年—2000年
发展和动荡

（上图）伊拉克军队1991年初从科威特撤军时点燃了600多个油井，使科威特的石油经济遭受了毁灭性打击。

美国总统乔治·沃克·布什呼吁联合国安理会授权使用任何必要手段从科威特驱逐伊拉克。很明显，他成功了，联合国安理会678号决议规定了萨达姆撤军的最后期限：1991年1月15日。

阿拉伯盟友

尽管国内外强烈反对参与此次战争，但美国仍集合到了相当数量的盟友，包括埃及、叙利亚和沙特阿拉伯。英国和法国分别派出2.5万人和5500人的军队。

空袭

1月15日的最后期限到来并过去之后，"沙漠风暴行动"开始，多国部队大规模空袭伊拉克指挥所、通讯中心和电力供应中心。F—117A隐形轰炸机加入战争，战斧式巡航导弹从位于海湾地区的船上发射。空袭持续40多天，出动飞机架次超过10万。伊拉克

我们将不得不占领巴格达，实际上是统治伊拉克……我们看不到可行的"退出战略"，这违背了我们的另一原则。

——乔治·沃克·布什总统解释为什么不废黜萨达姆·侯赛因

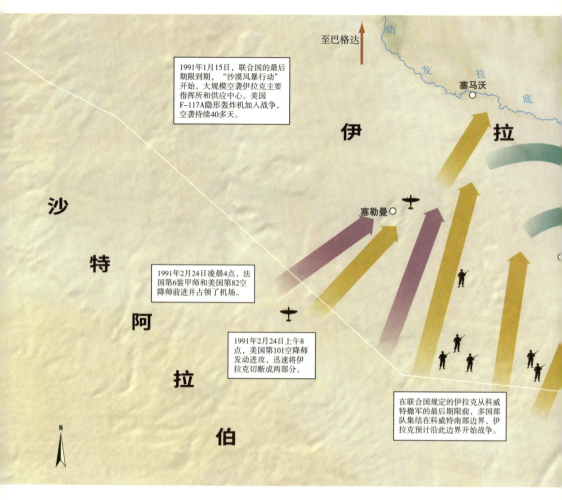

（上图）第一次海湾战争期间，多国部队对伊拉克军队的围堵策略使多国部队迅速获胜。

空军没有任何抵抗，它们已经到邻国伊朗寻求保护，因此多国部队轻而易举就能进行轰炸。

导弹回击

伊拉克反击的最重要形式是用远程飞毛腿导弹进行攻击。1月18日，8个这样的导弹从伊拉克飞入以色列，希望挑衅以色列——2枚导弹落在特拉维夫，3枚导弹落在海法附近。如果以色列参战，就能成功瓦解联军。1月20日，1枚飞毛腿导弹成功击中在利雅得的美军驻地，造成人员伤亡。

地面袭击

多国部队总司令诺曼·施瓦茨科普夫将军计划使用包围战术,多国部队不但穿过科威特,还从西方包抄伊拉克军队。2月24日,地面战争发动,但只持续了100小时。包围战术成功切断了伊拉克军队从科威特至巴士拉的撤退。这些伊拉克常规军队无助地暴露在毁灭性的地面战和空袭中。

投降

由于担心没有"退出战略"而占领成本又太高,布什总统撤回了废黜萨达姆·侯赛因并摧毁其共和国卫队的目标。伊拉克被迫同意联合国3月3日停火的条件,但撤退途中他们破坏了科威特的油井。

(左图)图为位于沙特阿拉伯边境的美国陆军第一骑兵部队的M 270多管火箭发射系统(MLRS),向伊拉克在科威特的据点发射了一枚远程导弹。

历史

你好，世界

互联网改变了世界的运行，以及人们思考和沟通的方式。这是真正的全人类的自由表达。

你通过自己浏览的内容来影响世界。
——蒂姆·伯纳·李，英国计算机承包商，曾与罗伯特·卡里奥合作创建万维网

人们发送电子邮件、即时消息，在亚马逊和易贝上购买和出售商品，在谷歌上查找信息，使用社交网络……进入21世纪，坐在电脑前与各大洲的人和机构联系，已经成为人们日常生活的一部分。

取得成功

这种日常活动是一系列革命性技术发明的结果。"二战"时创建的第一个电脑主机（房间大小）用来破解德国军事消息编码，而埃尼阿克（ENIAC，电子数字积分计算机）用于制造原子弹，这引发了一场新的技术革命。

20世纪60至90年代，几个相关的创新使电子化存储成千上万的文档成为可能。存储和发送信息的网络和方法虽然已经存在，但万维网创造了最简单的访问方法，成为通信革命的佼佼者。

（右上图）沧海一粟：万维网的四个层级悬浮在个人网站的"最深"层，通过精准地址可以访问。

（右图）通过互联网，赞比亚学生在课堂上接收到德国法兰克福动物园讲师发送的、关于保护黑犀牛的信息。

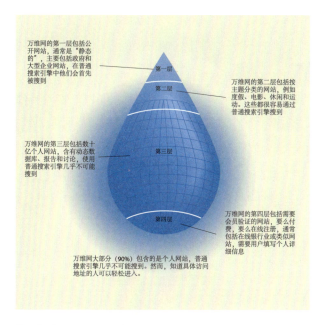

蓝色巨人和苹果

1974年个人电脑的出现是另一个转折点。20世纪70年代，第一台微处理器电脑在法国问世，此后苹果和IBM成为行业翘楚。与第一台巨大而笨重的电脑不同，台式电脑和后来的笔记本电脑逐渐成为家庭用品。20世纪90年代末时，在美国，每2人中就有1人拥有电脑；在欧洲，每5人中就有1人拥有电脑。

万维网

互联网和万维网常常被混淆，其实它们并不相同。互联网就像一个高速公路系统，是计算机中相互连接的网络系统，而万维网就像是卡车服务，装载巨量信息的庞大运输队伍。万维网只是通过网络可以访问的一项服务，互联网是互相连接一起的网络结构，万维网只是其中能提供服务的一部分。

至20世纪80年代末，互联网成功连接了存在于不同地方的公共计算机网络而成为世界标准。互联网的通用语是英语，占比最高的互联网用户位于亚洲。

1969年10月1日 第一条阿帕网络信息发送"lo"。本打算输入"login"，但系统崩溃了

1972年3月 第一封电子邮件基础程序由雷·汤姆森写成，"@"符号表示"at（在）"的意思

1976年 史蒂夫·乔布斯和史蒂夫·沃兹尼克创建苹果电脑

1980年 蒂姆·伯纳·李写成程序"Enquire Within"，是万维网的前身

1981年 IBM发布第一台个人电脑，微软创造DOS系统

1983年 乔恩·普斯特尔、保罗·莫卡派乔斯、克雷格·帕特里奇创建了域名系统，创造了.edu, .gov, .com, .mil, .org, .net 和 .int

1984年 威廉·吉布森完成处女作《神经浪游者》，创造了"cyberspace（网络空间）"一词。苹果公司1月24日推出麦金塔电脑（MAC）

1985年3月15日 Symbolic.com成为第一个注册的域名

1990年 蒂姆·伯纳·李创建万维网

1999年 简·阿穆尔·波利创造"Surfing the Internet（网上冲浪）"一词

2007年2月 苹果itunes下载超过10亿

2007年4月 搜索引擎谷歌超过微软成为"最有价值的全球品牌"，也是被访问最多的网站

> 历史

有机联系

互联网是通信革命的中枢机构,它的全球性改变了个人沟通方式。最初,评论家指出,互联网将成为一个孤立的虚拟世界,会使用户脱离"现实世界"中的阅读,影响与家人和朋友的沟通。事实上,互联网成为现实世界的一部分,对人们社交、更频繁地接

(下图)全球互联网用户数量在过去5年内迅速增加。

触朋友、更多地进行阅读提供了帮助。尽管有些国家对互联网内容严加审查,但互联网创造了免费的、快速的信息流。

互联网使在家办公、工作外包给其他国家,以及不同国家和地区之间协同合作成为可能。在不到20年的时间内,互联网几乎征服了整个世界。

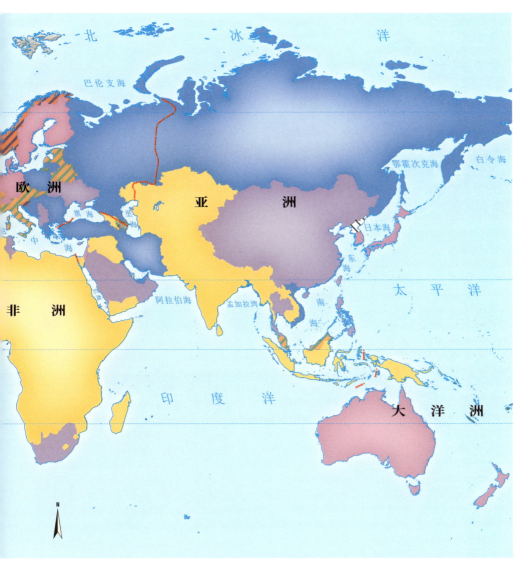

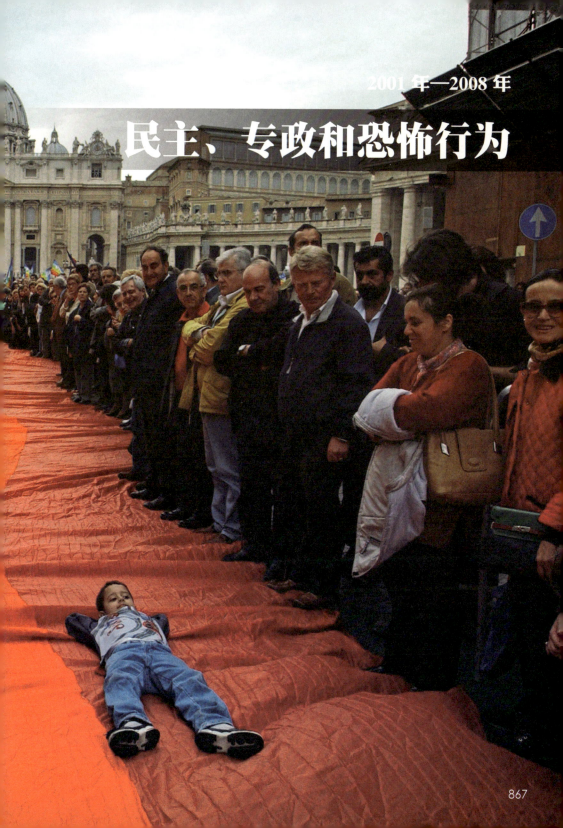

2001年—2008年
民主、专政和恐怖行为

> 历史

不平等的世界

在 21 世纪，人类科技持续进步，但并不是所有的国家和人民都享受到了它的成果。

（前页图）一个孩子躺在梵蒂冈城圣彼得广场铺的和平旗帜上，示威者要求释放 2004 年扣押在伊拉克的意大利人质。

通过互联网技术，数百万人有机会使用个人电脑和互联网接入，迅速而低廉地与全球其他地区的人合作。但这种便捷也使私人信息处于危险之中。大多数提供搜索引擎的公司都存储了用户的搜索查询记录，社会上大多数人对此表示接受，或者没有意识到这种行为会给自己带来的风险。

医疗

这种技术也有益于医疗保健。多样化 DNA 样本的收集和整理，使得科研人员有机会解开人体谜题。一个有机体的基因组（其遗传信息）可以用于治疗或预防疾病，避免带来严重后果。

非洲和其他地方的艾滋病毒／艾滋病泛滥以及极端贫困，已经引发了全球的广泛关注。虽然逆转录病

（右图）2008 年 5 月 2 日，一场毁灭性的飓风通过缅甸境内，造成成千上万人死亡，200 万人无家可归。由于全球变暖，预计天气极端情况将增加。

（上图）多年内乱、难民、战争和干旱使得超过2亿非洲人依赖国际援助。图中这位肯尼亚妇女在内罗毕接受救济食品。

毒药物可以延长患者的寿命，但因成本高，并未得到广泛使用。

饥饿

随着全球食品价格飙升，数百万人鲜有东西可吃，世界范围内饥饿人数激增。很多人指责用于汽车的生物燃料的增加，加重了粮食危机。粮食作物需求的增长导致了粮食价格的上涨，这在不同程度地给穷人带来了伤害。

环境

本世纪，全球环境受到广泛关注，科学家将气候波动、资源稀缺、疾病和人类活动导致的物种灭绝等联系起来。美国一些高度发达国家的经济活动增加了全球温室效应，但新兴经济体中国和印度亦如此，而且随着经济的增长，未来几年可能会加剧这种担忧。

同时，世界经济仍高度依赖汽油。由于经济和环境原因，人们一直没有放弃开发可替代性能源，包括水能、风能和太阳能。最近，越来越受关注的一个来源是生物燃料，但因其来自粮食作物却饱受争议。

政治

地缘政治发生重要变化。石油价格的急剧上涨，提振了俄罗斯经济，使其国内中产阶级生活水平大幅提高。作为规模化生产的中心，中国的经济改革和增长在本世纪晚些时候占主导地位。另一个具有强大经济和军事潜力的国家则是印度，它与中国在经济和军事领域内的竞争，将确保亚洲仍是具有重要地缘政治意义的地区。

恐怖主义

恐怖主义虽然不是政治领域的新策略，但在本世纪更明确了其立场。

2001年9月11日，被恐怖分子劫持的民航客机分别撞向象征美国经济和军事实力的建筑物——世贸中心和五角大楼，导致数千人伤亡。作为回应，美国派兵入侵了阿富汗——基地组织（"9·11事件"策划者）的避风港。

2003年美国入侵伊拉克，宣称开辟了全球反恐战争的第二战线。伊拉克战争推翻了萨达姆·侯赛因的政权，但继任者未能统一国内竞争的各民族，也没有解决持续的内乱。

全球反恐战争也显示出传统军事技术的局限性，美国在这一领域的优势尚未赢得胜利。相反，信息技术使叛乱分子大大受益，他们通过使用互联网和即时

（下图）总统罗伯特·穆加贝的津巴布韦非洲民族联盟——爱国阵线，令津巴布韦财富大幅缩水。国内通货膨胀蔓延，食物短缺非常严重，不满的人们自发走上街头抗议。

消息与全球各地同伴相联系，创建并传播高质量的视频以招募人手。

不同国家数字技术方面的落差，使访问和使用技能划分越来越明显，也加深了全球现存的种族、社会和经济的不平等。

"推拉理论"

一般来说，随着国家发达程度的提高，人口增长率会下降。2007年，全球生育率的差异是：发展中国家每名女性生育约4个孩子，而最发达的国家每名女性生育约1个孩子。

> 我们估计世界上至少有1.9亿移民。
> ——联合国人口司
> （2005年）

2007年7月 全世界人口为66.02224175亿人

2007年 世界人口平均年龄为28岁

2007年 世界出生率为20.09‰，死亡率为8.37‰

2007年 世界平均预期寿命为65.82岁

2007年 世界识字率为82%，7.85亿文盲中有三分之二为女性

至21世纪，全球医疗保健和基本卫生设备大幅改善，世界大部分地区人的预期寿命有所增加。生育率——出生孩子的平均数除以育龄女性的平均数——没有下降的国家，人口呈规模增长。一个国家的发展水平和人口增长速度之间似乎逆相关。

移民效应

21世纪初出现了大批移民。支持者认为，从经济角度来看这是有益的，特别是对于人口或劳动力相对较少的国家。他们还强调，移民从发展中国家到发达国家的好处是显而易见的，鉴于大多数移民的职业生涯才刚刚开始，已步入老龄化社会的发达国家会增加活力。

反对移民的人称，移民将增加发达国家的福利支出，而且会挤占本国劳动力的就业岗位。更为普遍的

（右图）在印度泰伦加纳邦，因为学校过度拥挤，孩子们不得不用自己的东西在户外上课。缺乏室内空间也限制了孩子们使用电脑。对教育的需求正在稳步增长。

2007年7月30日，绿卡成本和入籍费用将大幅上升，约6000人急于在此之前宣誓成为美国公民。

历史

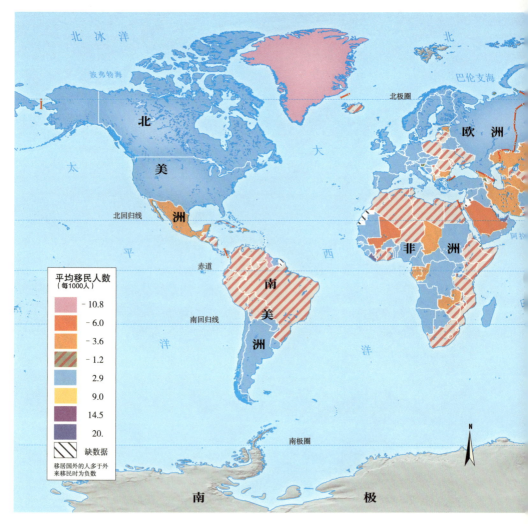

（上图）该图是每个国家的移民人数，其中负数表示移居国外的平均人数，正数表示移入的平均数量。

忧虑是移民与当地居民之间的融合，以及由此带来的社会冲突。2006 年，巴黎发生的骚乱就是当地居民和跟随父母移居法国的非洲籍阿拉伯青年之间发生了冲突。

移民原因

理解迁移的原因有助于理清 21 世纪人口的流动，这些原因可以分为推动因素和拉动因素。

推动因素是指流出地人口可能要离开原来居住地

民主、专政和恐怖行为

的原因,有社会动荡或战争因素,以及经济机会的短缺。

拉动因素是指流入地的新国家特点对移民具有的吸引力,如公民权利或政治自由。最具吸引力的流入地有澳大利亚、英国和美国,这些国家因拥有更好的安全、医疗和教育体系而备受欢迎。

难民

在最极端情况下,特定人群出于人身安全考虑会被迫迁移。这种情况下的移民通常被称为"难民"或"寻求庇护者"。受美国攻击伊拉克事件的影响,失去家园的伊拉克人多于任何其他国家,截至2007年,约有200万人逃离伊拉克。据联合国估计,伊拉克40%的中产阶级逃离国土,其中包括被民兵组织强迫离开的各种各样的人。21世纪初,约旦以0.63%的移民率成为移民率最高的国家之一,这是接收伊拉克难民导致的直接结果。

(右图)2007年7月4日,大规模入籍仪式在美国佛罗里达州的迪士尼乐园举行,有1000名移民冒雨背诵效忠誓言。

购买力——欧洲和欧元

欧洲联盟虽然是区域一体化的成功案例，但从地理和政治上如何定义"欧洲"，成为这一理念的主要问题之一。

所以我对你们说：让欧洲崛起吧！

——温斯顿·丘吉尔1946年在苏黎世大学演讲的结束语

第二次世界大战后，欧盟开始建立。整个20世纪下半叶，欧洲一体化的成长和发展集中在该地区的政治和经济稳定上。

联盟的开端

有关欧洲合作的成功建议之一是1951年签订的《巴黎条约》，欧洲煤钢共同体依此成立。其创始成员国（法国、西德、比利时、意大利、卢森堡和荷兰）宣称它是"欧洲联合的第一步"。

1967年，《布鲁塞尔条约》决定将欧洲煤钢共同体、欧洲原子能共同体和欧洲经济共同体统一起来，统称"欧洲共同体（欧共体）"。

中间时期

1973年，欧洲共同体扩大到丹麦、爱尔兰共和国和英国，挪威入盟的协商却被全民公投否决。1979年，

1949年 法国、英国和比荷卢经济联盟计划成立欧洲委员会

1951年 比利时、法国、德国、意大利、卢森堡和荷兰签订《巴黎条约》

1954年 欧洲委员会部长会议正式通过带有12颗星的蓝旗

1978年 欧洲委员会在中央货币基础上建立了欧洲货币体系

1983年 建立欧盟的条约草案提交给欧洲议会

1993年 欧洲单一市场投入运行

2002年 欧元硬币和纸币进入流通市场

2001年—2008年
民主、专政和恐怖行为

(上图)2006年,德国工会会员在柏林组成一片红白相间的海洋,抗议欧盟"工资倾销",要求保护德国就业市场,反对来自东欧的廉价劳动力。

(左图)"作为农民加入欧盟,而不是乞丐",2002年期间,捷克农民进行抗议,要求政府提供更多援助,因为他们不能得到与现有欧盟成员国的农民同等水平的补贴。

欧洲议会举行第一次直接普选。1981年,希腊加入共同体;1986年,西班牙和葡萄牙加入。在此期间,这些国家的统一战线逐渐显露在世界其他地方。1990年,苏联取消对东德的控制和支持后,前东德作为统一后德国的一部分加入欧共体。这是欧洲一体化进步和发展过程中的重要时刻。

《马斯特里赫特条约》

1991年是东欧加入欧共体的开始阶段,有声音呼吁建立候选国家的正式标准。这些条件被称为"哥本哈根标准",并于1991年12月在马斯特里赫特召开的欧洲共同体首脑会议上获得通过。1992年2月7日,《欧洲联盟条约》签署,现在被称为《马斯特里赫特条约》,于1993年11月1日正式生效。

欧盟扩张

1995年,奥地利、瑞典和芬兰加入欧盟。1997年的《阿姆斯特丹条约》是对《马斯特里赫特条约》在

877

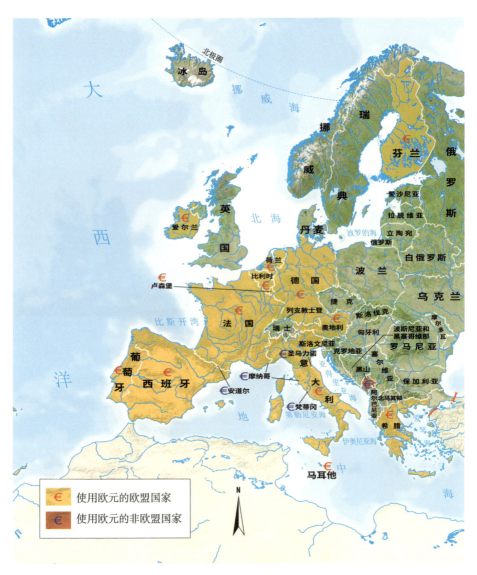

民主和外交政策等领域做出的修订和补充，2001年签署的《尼斯条约》允许欧盟扩大到东部。

（上图）尽管欧元是欧盟货币单位，但一些成员国希望保持自己的货币作为他们个体文化的一部分。

欧元诞生

1992年《马斯特里赫特条约》中规定，在欧盟中建立"欧元区"，用于更好地实现经济和货币联盟。为了参与这一新货币，成员国必须满足严格条件，比如预算赤字低于国内生产总值（GDP）的3%、债务低于GDP的60%、低通胀和利率接近欧盟平均水平等。欧洲单一市场自1993年1月运行，1995年欧盟统一货币"欧元"诞生。

21世纪

欧盟由27个独立主权国家（成员国）组成。它们分别是：奥地利、比利时、保加利亚、塞浦路斯、捷克共和国、丹麦、爱沙尼亚、芬兰、法国、德国、希腊、匈牙利、爱尔兰、意大利、拉脱维亚、立陶宛、卢森堡、马耳他、荷兰、波兰、葡萄牙、罗马尼亚、斯洛伐克、斯洛文尼亚、西班牙、瑞典和英国。政治中心是布鲁塞尔、卢森堡和斯特拉斯堡，由欧盟委员会、欧洲议会和欧盟理事会管理。尽管欧洲一体化仍有争议，但欧盟的座右铭依然是"求同存异"。

（上图）法国前总统弗朗索瓦·密特朗在1992年的《马斯特里赫特条约》全民投票中投票，当时参加的选民相对较少。

（下图）欧盟各成员国必须满足"哥本哈根标准"，即特定的政治和经济要求。

历史

9·11事件

基地19名组织成员袭击纽约、华盛顿和宾夕法尼亚州，造成3000余名人员死亡，在公众心里留下创伤，冲击了世界各地，改变了世界历史的进程。

2001年9月11日

上午8：46 喷气式战斗机从马萨诸塞州的奥蒂斯空中国民警卫队基地紧急升空

上午9：08 美国联邦航空管理局禁止所有去往纽约或者通过纽约上空的飞机起飞，关闭了所有机场和民用航班

上午9：31 乔治·沃克·布什总统在佛罗里达发表声明，称此次撞机是"明显的恐怖主义袭击"

上午9：45 美国联邦航空管理局下令美国上空飞机全部在最近的机场降落

上午9：48 白宫西翼办公楼和国会大厦人员疏散

下午2：51 美国海军派遣导弹驱逐舰至纽约和华盛顿

晚上8：30 布什总统在总统办公室发表对全国讲话

2001年9月11日上午，19名劫机者登上四架美国国内航班，意图撞向纽约和华盛顿特区的特定建筑。上午8：48，从波士顿飞往洛杉矶的美国航空公司11号航班，撞向了在曼哈顿市中心的世界贸易中心北塔第96层。该楼共110层。

18分钟内，另一架从波士顿飞往洛杉矶的航班撞向了世界贸易中心南塔第78层。从电视摄像机拍摄到的画面可以看到，1万加仑（3.8万公升）燃烧着的飞机燃料，所产生的高热使高层建筑物钢铁结构支撑熔化。上午9：59，南塔倒塌；30分钟内，北塔也随之倒塌。

与此同时，上午9：40，第三架飞机——美国航空公司77号航班从华盛顿附近的杜勒斯机场起飞，从白宫方向越过波托马克河撞向美国国防部所在的五角大楼。125名员工丧生。

第四架航班——美国联合航空公司93号航班被劫持，可能用于攻击白宫。但该飞机最终坠毁在宾夕法尼亚州匹兹堡附近萨默塞特郡的旷野上。航班上曾有乘客用手机与地面上的家人联系。得知其他袭击后，一些乘客决定制服劫机者，防止飞机击中其预期目标。

包括劫机者在内，4个航班上的265名乘客和机组人员全部死亡。在世界贸易中心大楼内，估计有2830人死亡，其中包括343名消防队员和警察。

此次袭击仅是一连串袭击中的一次，由奥萨马·本·拉登协调，他是沙特籍地下伊斯兰恐怖组织基地组织的头目。在此次袭击之前，美国中央情报局

2001年—2008年
民主、专政和恐怖行为

（上图）从这张位于华盛顿特区的五角大楼鸟瞰图可以看出，世贸中心的外围建筑完全被穿透。大楼倒塌后火势蔓延到周围的办公室。

我们的反恐战争将从打击基地组织开始，但并不就此结束，直到全球范围内的每一个恐怖组织都被找到、停止和打败为止。

——2001年9月20日，乔治·布什总统向国会和美国人民发表讲话

和联邦调查局对基地组织活动的情报工作是分开的，没有统一协调。他们发布了对攻击美国本土的一般警告，在8月6日给总统乔治·沃克·布什的一份简报上，标题为"本·拉登决定打击美国。"

影响

2001年的恐怖袭击大大改变了美国国内政治及它与世界的关系。从文化上讲，此次袭击引发了国内爱国主义热潮，城市中到处贴满了"团结起来就会屹立不倒"的横幅。很快法律被通过，联邦政府扩展和整合了对国家安全的权力。

2001年10月，美国"爱国者法案"颁布，司法部的调查权力得到加强。2003年成立全新的国土安全部，融合了许多机构。

881

世界贸易中心双子塔倒塌后,恐怖的废墟仍在冒烟。周围建筑(事实上曼哈顿南部大多数建筑)遭到碎片式的损坏。

反恐战争

为回应此次袭击，布什总统宣布进行无限期"反恐战争"。美国向阿富汗塔利班政府发出最后通牒，坚持让他们交出基地组织的领导。当塔利班领导人穆罕默德·奥马尔表示拒绝后，美国开始袭击阿富汗并得到北约的支持。北约历史上首次承认"9月11日的恐怖袭击是对北约所有成员国的攻击"。

12月初，美国、北约和阿富汗的当地军阀击败了塔利班军队，迫使他们撤退到巴基斯坦。美国虽然成功推翻了塔利班统治，但未能引出奥萨马·本·拉登[①]。

（上图）9·11劫机灾难对所有航空公司均造成影响。为防止航空公司破产，成立了9·11受害者赔偿基金。接受赔偿的人同意不起诉，每人平均支出为180万美元。

[①] 译者注：2011年5月1日，奥萨马·本·拉登在巴基斯坦首都伊斯兰堡郊外被美军处死。

▶ 历史

宜居地带

太阳是一颗给我们带来温暖和生命的恒星,地球的距离位于完美的"适居带",温度"刚刚好"。但如果我们让保护地球安全的自然温室层持续变厚,将会摧毁维持地球生命正常延续的那些要素。

1750年 工业革命之前,大气层每百万分子中含有280个二氧化碳分子

1824年 让·巴普蒂斯·约瑟夫·傅里叶第一个提出"温室效应"

1979年 第一次世界气候大会召开

1997年 协议各方同意《京都议定书》中工业国家强制减排的方法,这一方法早前得到美国参议院的拒绝

2004年 二氧化碳含量达到每百万分子中含有379个的最高水平。俄罗斯通过《京都议定书》

2005年 《京都议定书》2月6日生效

2007年 联合国气候变化峰会在巴厘岛举行,来自180多个国家的代表聚集在一起,同意采用"巴厘岛路线图",推出适应基金,以及做出技术转让和减少森林砍伐,以减少排放量的决议

气候系统是包括大气、地表、冰雪、海洋和其他水体以及所有生物在内的大系统。这个复杂的系统随时间不断演化,并受内外部因素推动影响,如火山爆发和太阳辐射变化、人类活动所导致的大气成分变化——温室气体增加。

驱动力

太阳辐射为整个气候系统提供动力,驱动该系统正常运行。由于地球是一个球体,热带地区吸收的能量多于高纬度地区。因此,能量通过大气和海洋流通(包括风暴)从赤道地区传至高纬度地区。"潜热"形式的能量需要从海洋或陆地表面蒸发水分,当水蒸气在云中凝结时,再释放出吸收的能量。

由于地球的自转,大气环流模式往往偏向东西方向。中纬度给两极运输热量的西风带是大规模的温带气旋,由人们所熟悉的低气压和高气压移动,及与它们相关的冷暖锋交汇带来的。

改变平衡

一般来说,影响地球获得的太阳辐射水平有三个因素:一是入射的太阳辐射强度变化,如地球轨道或太阳本身活动的变化;二是反射太阳辐射的物体变化,如通过云量、大气粒子或植被的多少;三是从地球辐射回太空长波的变化,这个可以通过改变温室气体浓度来实现。

举例来讲,温室气体浓度上升使地球气候变暖,冰雪开始融化,原先被冰雪覆盖的土地和水面显露出来,这些深色表面会吸收更多太阳热量,进一步造成全球变暖,导致更大范围内的冰雪融化,这是一个自我强化的循环。这个循环反应加强了因温室气体增多而造成的气候变暖。

温度升高

到达地球大气层的阳光大约有三分之一,被地表浅色区域(主要是雪、冰和沙漠)反射回太空。其余则被大气中的"气溶胶"(云和小颗粒等)反射。

地球表面的温暖是由于存在的温室气体——水蒸气、二氧化碳和其他气体,部分阻挡了来自地表的长波辐射。这被称为"自然温室效应"。没有这一点,温度会比现在低得多,而我们所知道的生命也将不可能存在。而且,这些天然温室气体的存在,使得地球的平均温度为 60 ℉(16℃),从而更适宜居住。

有文献表明,自 19 世纪晚期以来,全球平均地表温度增加了 0.5—1.0 ℉。20 世纪最热的 10 年全部发生在最后 15 年。此外,有证据表明,大部分全球变暖的原因都与人类活动有关,特别是大量使用石化燃料,使得环绕地球的温室气体层"变厚"。

(上图)雕刻作品约瑟夫·傅里叶(1768年—1830年),数学家,他发现在大气中的气体可能会增加地球表面的温度。

我们正在倾覆所有生命所依赖的大气层。

——大卫·铃木,加拿大环保论者和积极分子

(下图)2008年4月20日,在匈牙利的布达佩斯,超过 2.5 万名自行车骑行者参加地球日活动。

历史

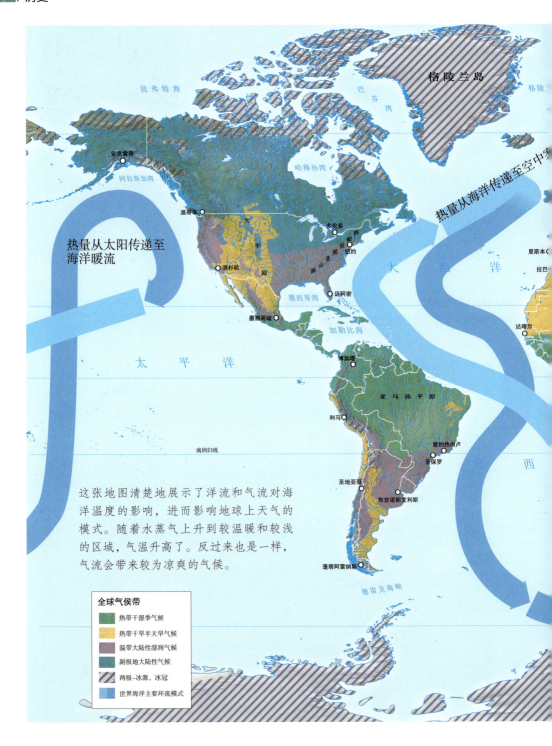

2001年—2008年
民主、专政和恐怖行为

887

燃烧的星球

石化燃料用来为轿车、公共汽车和卡车提供动力，为家庭和企业供暖。在美国，电力行业排放了98%的二氧化碳、24%的甲烷和18%的一氧化二氮。不断增长的农业生产、森林砍伐、垃圾填埋、工业生产和采矿业也排放了大量气体。这些人类活动造成温室气体累积，改变了大气中的化学成分。

在过去的120年，大气中二氧化碳浓度增加了近30%，甲烷浓度增加了1倍多，一氧化二氮浓度上升了大约15%，增加了地球大气层的吸热能力。

科学家预计，在接下来的50年，全球表面平均温度可能升高1 ℉—4.5 ℉（0.6℃—

（上图）这幅古老的世界地图来自1606年的《寰宇概观》，作者是亚伯拉罕·奥特里斯，显示了当时的天气和人口区域。

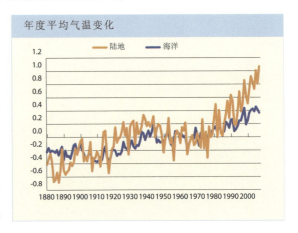

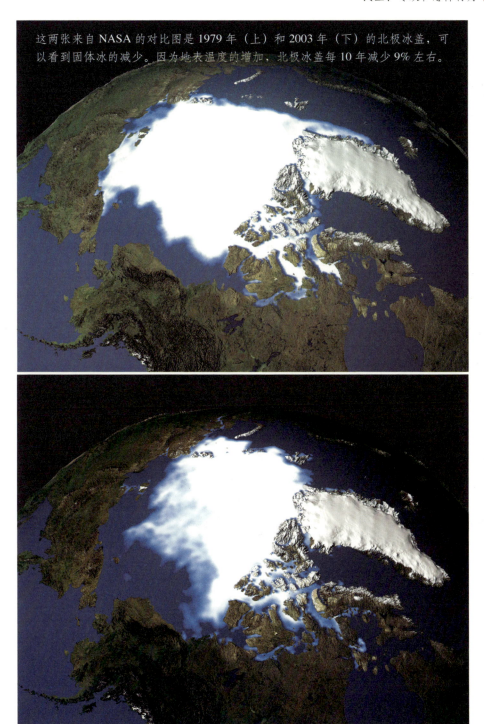

这两张来自 NASA 的对比图是 1979 年（上）和 2003 年（下）的北极冰盖，可以看到固体冰的减少。因为地表温度的增加，北极冰盖每 10 年减少 9% 左右。

▶ 历史

2.5℃），下个世纪可能升高 2.2 ℉—10 ℉（1.4℃—5.8℃），区域差异显著。随着气候变暖，水分蒸发会增加，将导致全球平均降水量增多。在许多地区土壤湿度可能会下降，强暴雨可能会变得更频繁。全球海平面也在以每年约 0.07 英寸（2 毫米）的速度不断上升。

　　将二氧化碳排放到空气中的人类活动，包括燃烧石化燃料或木材，以及添加用于制冷的氯氟烃化合物。氯氟烃是温室气体，是臭氧层的破坏者。记录显示，

（上图）位于澳大利亚维多利亚的伊尔顿湖干旱时的情景。该湖的水来自古尔本河，是维多利亚第二大储水系统。到 2007 年中期，水位已下降到只有 5%。

在工业时代,大气中的二氧化碳增加了约35%,主要是由于燃烧石化燃料和砍伐森林。现在难以估计未来的排放量数据,因为气候变暖会到什么程度,将会影响到哪个方面,仍有很大的不确定性,这取决于全球人口、经济、技术、政策和制度发展。

政府间气候变化专门委员会重申,人类的排放活动很可能会导致严重的气候变化,依据人们要采取限制排放措施的不同,将发展成几种排放后果,其中一种是21世纪末全球平均气温会上升约1.4℃～6℃(2.5 ℉～11 ℉)。

科学家表示,全球冰川融化可能导致严重的气候变化,气候变暖本身就是这种变化的一种反应。数百万人生活在易受影响的地方,如洪水泛滥的平原或山坡上的棚户区。过去,栖息地发生变化时人类会进行迁移,但现在,可用来迁移的空间每天都在减少。

争取时间

在此背景下,迫切需要加速发达国家低能源密集型经济的发展,这将有助于减缓大气中温室气体的增加,为转换成基于可持续能源的经济"争取额外时间"。同样地,许多变革都可以采取。

潜在的环境难民和人口持续增长等相关问题值得高度关注。有人预测,到2050年,全球变暖和海平面升高可能会导致多达1.5亿人流离失所,其中孟加拉国沿海地区有2600万人,中国有7300万人,印度约2000万人。

导致人口迁移的其他气候因素,可能会在未来许多年里逐渐增多,受影响的国家还有时间做出调整来减轻后果。各国政府的行动将是关键因素。

政策应该集中应对未来极端天气事件和可能的气候变化,以确保世界各地环境安全、可持续发展,以及有足够的粮食生产。

阿富汗战争

由于执政的阿富汗塔利班政权拒绝交出美国9·11事件策划人奥萨马·本·拉登,美国和英国2001年10月对阿富汗发动空袭,战争爆发。

1994年 塔利班开始在阿富汗活动

1996年 阿富汗爆发内战,塔利班攻克首都喀布尔

1998年 塔利班控制了马扎里沙里夫

2001年 奥萨马·本·拉登和基地组织声称对美国9·11袭击事件负责

2001年10月7日 美国开始空袭在阿富汗的塔利班据点

尽管阿富汗人口不到3200万,而且大部分都非常贫穷,国内自然资源又匮乏,但因地理位置的特殊,它处于大国竞争的中心已经很长时间了。阿富汗前国王查希尔1933年登上王位,1973年遭遇前总理穆罕默德·达乌德发动的政变后被迫流亡。当1978年达乌德在政变中被杀后,权力斗争在世俗联盟、民族和伊斯兰保守政治力量之间进行。苏联1979年派部队协助了其中一个派系,但很快他们发现,进行的战争不可能赢,而且不能在保有声誉的情况下撤退。

为抗议苏联对阿富汗的入侵,美国总统吉米·卡特领导各国抵制1980年的莫斯科夏季奥运会,而他的继任者罗纳德·里根总统公开支持反对苏联军队的政策。

除美国秘密提供数10亿美元的军事援助外,支持伊斯兰国家的"圣战"游击队员的还有中东的一些阿拉伯国家。

塔利班

虽然1988年交战双方达成了和平协议,而且苏联

(下图)该战略地图概述了美国进攻阿富汗期间的军事行动和目标。

2001年—2008年
民主、专政和恐怖行为

（上图）1988年阿富汗"圣战者"组织成员在位于阿富汗喀布尔的Jegdalay营地休息。

军队已经离开，但战斗却一直持续到1991年，直到美国和苏联双方达成协议，结束对敌对派系的所有军事援助。所有试图将穆斯林游击队员团结成一个政府的尝试都动摇不定。最终，被称为"塔利班"（意思是"宗教的学生"）的一个原教旨主义伊斯兰组织，1996年攻克首都喀布尔，逐渐将其统治延伸至阿富汗其余大部分地区。

1998年，美国总统比尔·克林顿授权对奥萨马·本·拉登的疑似基地进行有选择性的导弹袭击，本·拉登领导的基地组织被指控轰炸美国驻非洲大使馆。但2001年9月11日袭击美国事件后，塔利班拒绝交出奥萨马·本·拉登，成为美军全面侵入的导火线。美国总统乔治·布什明确表示，美国将打击恐怖分子，包括"那些庇护他们的人"。

饱受战争蹂躏的阿富汗的痛苦让人想起三十年战争。

——尤尔根·哈贝马斯，
德国哲学家和社会学家

英美入侵

英美联军只用几周时间就攻占了喀布尔和其他主要城市。2003年8月，北约部队到达喀布尔，这是北

历史

（左图）塔利班政权早期，大多数阿富汗鸦片种植因宗教原因被清除，但非法毒品销售收益可以为利润丰厚的武器交易提供资金，于是叛乱分子很快便使鸦片种植再现。

约首次在欧洲以外部署军队。其他里程碑事件还有：哈米德·卡尔扎伊 2014 年被选为总统，并进行了 30 多年来的首次议会选举。可那里依然没有和平。

鸦片种植

塔利班执政时，进行了一项受宗教影响的毒品战争，并在 2000 年清除了鸦片种植。然而，随着军事需求变得高于意识形态，塔利班叛乱分子对非法毒品交易心存感激，鸦片收益可以让他们买到枪支及弹药。因此，至 2007 年，阿富汗又一次成为世界排名在前的鸦片生产国之一。

谈判

使这次战争更加复杂化的是没有明确目标。到 2008 年，追捕奥萨马·本·拉登和基地组织已经被移出了日常议程。尽管推翻塔利班武装仍然是关键目标，但据报道，幕后与塔利班指挥官的谈判仍在进行。当阿富汗政府对外宣称有可能和平时，外国军队何时撤军仍不清楚。

2001年—2008年
民主、专政和恐怖行为

美国空军第 28 空中远征联队的一架 B-1B "枪骑兵"战略轰炸机，2001 年正在轰炸位于阿富汗的目标。

▶ 历史

中国——新的世界强国

因拥有超过13亿的庞大人口和增长迅速的经济，中国通常被称为新兴超级大国。因为私营经济的蓬勃发展，目前中国是世界上增长最快的经济体。

今天，作为世界上最大的发展中国家，中国和印度都致力于发展经济，提高人民生活水平。

——李鹏
（1988年—1998年中国国务院总理）

在过去25年里，中国经济发生了巨大变化，从计划经济转变为蓬勃发展的市场经济。人民生活水平大大提高，拥有更多的个人自由。中国劳动力人口超过8亿。

2000年 中国发射"中星22号"通信卫星

2000年 中国政府开始远距离安置移民，从三峡大坝项目区域转移超过150万人

2001年 经多次谈判后，中国加入世界贸易组织

2003年 跨越俄中边境建立首个光纤网络

2006年 中国海洋石油公司（中国最大的油气生产商之一）收购了尼日利亚海上油气田

2008年 北京举办了第29届奥林匹克运动会

贸易

基于购买力平价来衡量,自 2006 年以来,中国一直是世界上第二大经济体,仅次于美国。中国 20 世纪末实行改革开放,至 2008 年已在国际贸易中起着重要作用,是世界上第三大进口国、第二大出口国,以及世界上最大的钢铁、水泥消费国和世界上第一大原油进口国。

作为世界上增长最快的经济体,中国是仅次于美国的世界最大石油消费国,是世界上最大的煤炭生产国和消费国;同时,国家花费数十亿美元从国外购买

(下图)位于香港新界的葵涌货柜码头,是世界上最繁忙的集装箱港口之一。香港的正式名称为中华人民共和国香港特别行政区。

历史

能源供应。为努力获得更多稳定的能源供应，中国投资世界各地的能源和资源项目。这也是推行可再生能源项目、落实能源效率目标。

2001 年中国加入世界贸易组织，这是重要的一步，为增加西方国家的对中贸易和引进外资铺平了道路。中国还是亚太经贸合作组织（APEC）的一员。外国直接投资的稳步增长，是保障城市就业增长的重要因素。

在世纪之交，尽管全球贸易疲软，但中国贸易业绩依然胜过其他国家。跨国公司纷纷与中国公司做生意，参与到中国经济的非凡增长中。对中国来说，尽管工业增长迅速，但农业仍然占重要地位。

外汇

2005 年 7 月，人民币兑美元一日之间升值 2.1%。2007 年，中国国际收支经常项目顺差创 3800 亿美元的世界纪录。2007 年底，中国外汇储备约 1.5 万亿美元，为世界各国最高。

自 20 世纪 70 年代末以来，中国一直实施的经济改革使 4 亿中国人脱贫。1981 年时，53% 的中国人口生活在贫困之中。然而，到了 2004 年，这个数字已经减少到 10%。

（右图）位于中国湖北省宜昌市的三峡大坝，全长约 3335 米，1994 年 12 月动工，2006 年 5 月全线修成，是当今世界最大的水利发电工程，许多工程设计指标都突破了世界水利工程的纪录。

2008年北京奥运会的主体育场鸟巢,外观形态如同孕育生命的巢穴和摇篮,寄托着人类对未来的希望。

▶历史

自愿联盟

从表面来看，美英入侵伊拉克似乎是 **1990 年海湾战争的重演**。然而，从更深层次上看，**2003 年的入侵性质和目的迥然不同**。

在伊拉克，独裁者正在建设和隐藏可以让他控制中东和恐吓文明世界的武器，我们绝不允许。
——乔治·沃克·布什，美国总统

2003 年 8 月 萨达姆的表兄阿里·哈桑·阿尔—马基德（被外界称为"化学阿里"）被捕

2003 年 12 月 14 日 萨达姆·侯赛因在提克里特被捕

2004 年 6 月 萨达姆·侯赛因被移交给伊拉克临时政府

2005 年 8 月 什叶派和库尔德人同意宪法草案，但逊尼派拒绝签字

2006 年 11 月 萨达姆·侯赛因因"反人类罪"被判处死刑，12 月被处以绞刑

2007 年 5 月 基地组织在伊拉克的领导人阿布·艾尤卜·马斯里被杀

2008 年 2 月 伊拉克议会通过立法，允许阿拉伯复兴社会党的前官员担任公职

1958 年军事政变推翻君主制后，伊拉克成为共和国。1968 年，复兴党政变上台，伊拉克成为一党专政国家。1975 年，总统艾哈迈德·哈桑·贝克尔辞职，副总统萨达姆·侯赛因继任总统，在任 28 年。

1980 年 9 月，伊拉克与邻国伊朗爆发战争冲突；1988 年，在联合国两伊军事观察团的庇护下，双方停火，结束敌对行动。在此期间估计有 100 万人死亡。

1990 年 8 月 2 日，伊拉克总统萨达姆指责科威特偷盗伊拉克的石油，悍然入侵比自己面积小得多的邻国科威特。事后，伊拉克无视国际谴责、不肯从邻国撤军的做法，最终导致遭到 1991 年 1 月 16 日由联合国发起的、以美军为首的多国部队的打击。3 月初，萨达姆·侯赛因不得不接受停火条件时，伊拉克军队已经遭受到了致命打击。虽然萨达姆仍然是总统，但他的权力被削弱了很多。

为保护伊拉克库尔德人免受迫害，联合国在伊拉克北部设立了"安全区"，在伊拉克南部设立"禁飞区"，由英军和美军用飞机维持治安，旨在为该地区的什叶派穆斯林团体提供类似保护，因为什叶派有理由担心以逊尼派穆斯林占主导的政权团体和萨达姆会惩罚他们。因此，沿奥斯曼人设定的省际边界开始出现三方分治。

空袭

整个 90 年代，紧张局势依然居高不下，联合国对伊拉克阻止石油出口的经济制裁延续到 1995 年。这之

后联合国安理会通过 986 号决议,允许伊拉克出口部分石油,用来购买一些药品和食品,这就是所谓的"石油换食品"计划。美国比尔·克林顿政府则一再指责伊拉克未能遵守联合国的指示拆除武器。1996 年,美国将伊拉克南部的"禁飞区"几乎扩大到了该国首都巴格达。

1998 年 10 月,伊拉克决定暂停与联合国委员会负责监督拆除核武器和其他大规模杀伤性武器的人合作。作为回应,英国和美国战机发动了"沙漠之狐行动",轰炸了伊拉克的无数军事目标。2001 年初,乔治·沃克·布什接替克林顿成为美国总统,批准了进一步的空袭计划。

邪恶轴心

基地组织 2001 年 9 月 11 日袭击美国建筑物后,布什政府加大了对伊拉克的口头攻击,尽管这与萨达姆政权并没有明显的联系。

2002 年 1 月 29 日的美国总统国情咨文中表明,伊拉克是"邪恶轴心,武装威胁世界和平。这些政权通过寻求大规模杀伤性武器,给世界构成严重和不断

(上图)2003 年 4 月 9 日,在美国海军陆战队队员的帮助下,伊拉克平民大规模地撤下在巴格达的萨达姆·侯赛因雕像,它们是引起此次冲突的罪魁的标志性形象。

(下图)受到美军攻击后,成百上千平民离开巴格达。图中是 2003 年 3 月平民们驾驶着满载农产品的车辆,试图进入被围攻的城市巴士拉。

增长的危险"。迫于布什政府的压力，伊拉克允许联合国首席武器核查员汉斯·布里克斯于 2002 年 11 月带领团队成员重返伊拉克。

在接下来的几个月，美国总统布什和英国首相布莱尔努力促成联合国安理会支持他们对伊拉克的进一步武装干预计划但没有成功。

汉斯·布里克斯需要时间来查明萨达姆政权是否确实储备了大规模杀伤性武器，因此安理会的一部分成员国并不想过于激进。法国和俄罗斯在最终报告出炉之前显然不会批准军事行动，于是，美国和英国决定连同选择加入"自愿联盟"的国家行动。

（上图）2003 年 6 月，美军巡逻队检查完巴格达以东的图韦萨核设施后离开。

军事行动

2003 年 3 月 17 日，布什总统发出最后通牒，除非萨达姆和他的儿子们在 48 小时内卸任并离开伊拉克，否则将军事打击伊拉克。由于缺乏积极回应，美国导弹 3 月 20 日开始攻击巴格达。第二天，美国和英

（下图）伊拉克领导人萨达姆·侯赛因无视美国让他下台的最后通牒，导致 2003 年 3 月 20 日巴格达遭到轰炸。这个古老而历史悠久的小城受到重创。

（上图）2003年3月22日，联合部队各就各位，准备接管巴士拉机场。

（下图）巴格达的轰炸在持续。2008年2月伊斯兰最高委员会附近的两辆汽车炸弹爆炸后，引起的冲天烟雾。

国军队进入伊拉克南部边境。取代"沙漠风暴行动"的是布什承诺的"威慑与恐吓"行动，英美联军迅速横扫了巴格达。4月9日，全球观众都看到了萨达姆·侯赛因的雕像被沸腾的人群从基座上拖下来的画面。

如果美英联军曾设想过一些伊拉克高级官员会公开投降，那么他们就会失望。伊拉克军队只是带着他们的许多轻型武器消失了。萨达姆政府55名高级官员登上了美英联军的"伊拉克头号通缉犯"名单，没有人愿意交出这些官员。相反，美国前外交官保罗·布雷默成为伊拉克战后政治和经济重建的最高文职行政长官。他上任后第一个行动就是禁止之前执政的复兴党的所有成员，在新政权中担任任何职务。这带来的必然结果是，伊拉克政府已经交到了外来者手中。美国国务卿科林·鲍威尔的话——"你打破，你负责"——似乎成真。

形势恶化

对重组后的伊拉克政府的未来，美英联合部队没有宣布任何的公开计划，就执行了大部分管理功能。尽管联合国安理会向事实低头，承认布雷默政府，并解除经济制裁，但对局势的缓解无益。与此同时，美国在伊拉克并未找到存在大规模杀伤性武器的证据。

当联盟伙伴还在摸索创立某种形式的合法民主政府时，伊拉克的安全形势迅速恶化。有武装团伙开始袭击联军和公共场所。至2003年7月，美国指挥官承

历史

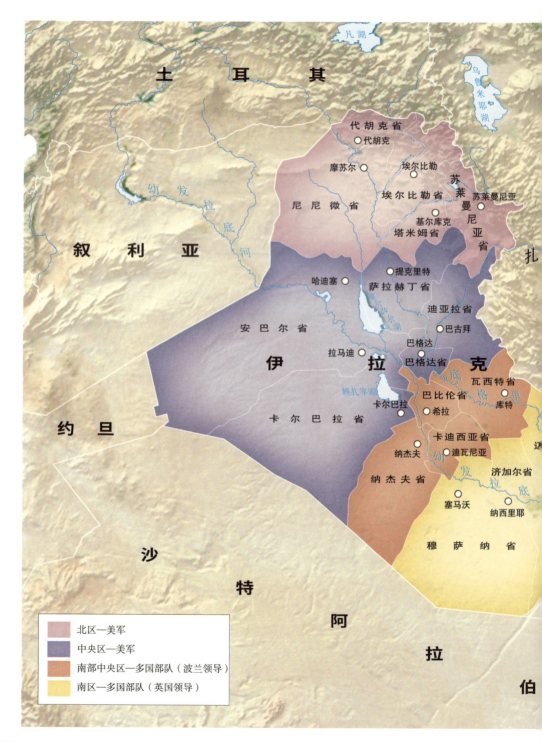

2001年—2008年
民主、专政和恐怖行为

认,他的部队不得不面临着街头游击战争。叛乱分子很快开始袭击伊拉克境内的油井和管道,这些是联军用于重建新伊拉克的资金来源。搜捕萨达姆·侯赛因在2003年12月没有任何进展,相反,叛乱分子的袭击次数增加了很多。数以百万计的伊拉克人成为难民,逃到邻国。

恢复和平的最大障碍之一是裂痕扩大——20世纪90年代,伊拉克北部的库尔德人、中部的逊尼派和南部的什叶派之间出现裂痕。尽管什叶派对萨达姆倒台表示欢迎,但他们并不想让宗教对手逊尼派主导新伊拉克。南部的什叶派领袖穆克塔达·萨德尔组织了自己的武装民兵,并于2004年4月公开与联盟部队发生冲突。

自治

到2004年,美国已经设法找到足够多的伊拉克人愿意并且能够参与临时政府事务。6月,主权正式移交给总理阿拉维。2005年1月,新政府进行选举,选出国民议会成员,可能有多达800万人投票。2005年10月,民众就新宪法进行公投;2006年1月,议会选举,这些都是新的进展。

随着时间的推移,"自愿联盟"成员减少,西班牙和意大利等国的军队受召回国。2007年12月,在巴士拉省美国的主要联盟伙伴英国将治安移交给伊拉克部队,开始准备撤军。澳大利亚总理陆克文的工党政府也表示打算撤出全部战斗人员。

尽管美国军队平息了在巴格达和附近的暴力事件,但许多地方仍存在叛乱分子的自杀式炸弹袭击和武装袭击。美国在伊拉克战争中的投入仅次于"二战",是继越南战争之后离本土距离第二远的战争。

(左图)入侵部队建立的不同区域,大致对应于伊拉克境内库尔德人、什叶派和逊尼派控制的区域。

> 历史

致命的海浪

2004年12月，亚洲周边因海底大型逆冲区地震引发海啸，受到影响的人远比想象中的要多。

> 这是一个前所未有的全球性灾难，需要全球做出前所未有的反应。
> ——联合国秘书长科菲·安南（1997年—2007年）

1755年11月 大西洋发生大地震导致巨大海啸，冲刷葡萄牙里斯本海岸，超过10万人丧生

1883年 印尼喀拉喀托火山爆发引发海啸，穿过太平洋和印度洋，最远到达英吉利海峡，超过3.6万人死亡

1896年 日本海岸地震触发巨大海啸，席卷三陆地区，超过2.6万人死亡

1960年 菲律宾附近地震引发的海啸及洪水夺走了5000多人的生命，上千人失踪

1998年 新几内亚地震虽相对较小，但引发的海啸有高达40英尺（12米）的巨浪，约2200人死亡

2004年12月26日，一场被称为"节礼日海啸"或"亚洲海啸"，沿海岸线毁灭性地袭击了印度洋周边的大部分陆地。

此次海啸是由当地时间上午7:58的印度洋地震（也称为苏门答腊—安达曼地震）引起的，震中位于印尼苏门答腊岛的西海岸。

此次灾难的具体死亡人数不详，但据最新估计有29.2万人丧生，高达100英尺（30米）的海浪淹没了沿海地区。有超过4万人名列失踪名单，该数字有可能高达12万。

2001年—2008年
民主、专政和恐怖行为

震级

苏门答腊—安达曼地震只持续了约 10 分钟，震级却达到里氏 9.0 级，震动整个星球。

地震发生后的 15 分钟内，海啸袭击了苏门答腊的亚齐省，这里距离震中大约 150 英里（250 千米）。15 分钟后，海啸到达了安达曼和尼科巴群岛，然后是马来西亚。90 分钟后，在泰国海滩大肆破坏，150 分钟后席卷了斯里兰卡和印度东南海岸。马尔代夫是下一个受灾地区，地震发生 7 小时后，海啸袭击了距离苏门答腊约 2800 英里（4500 千米）的东非海岸。

2004 年印度洋大地震是有记录以来的第五大地震，是过去 40 年中的最大地震，引发了史上最惨烈的海啸。

伤亡

据报道，那些在海啸中丧生的人约有三分之一是

（下图）海啸发生三周后，一位亚齐男人无奈地坐在位于班达亚齐郊区的"家"，现在它已经成为一片废墟。

909

孩子。一是因为受影响的许多地区有大量儿童,二是因为巨浪来临时孩子们是最脆弱的。在某些地区,死亡的女性数量是男性的4倍,因为她们在沙滩上等待渔民们返家。距离海岸有一段距离的渔船安然躲过海浪。大多数人在不知不觉中被这一来自大自然的悲剧夺去生命。

(上图)印度—澳洲板块运动引起的地震,引发了毁灭性的海啸。

海啸的方式和原因

海啸是海底地震、火山爆发或海底滑坡等突然剧变而产生的、快速移动的灾难性海浪。海啸在公海是检测不到的。然而，它能以高达 600 英里／小时（1000 千米／小时）的速度穿越海洋，毁灭人类及生存环境。

据估计，引发 2004 年印度洋海啸的地震，所释放的能量相当于 2.3 万颗广岛原子弹。地震发生时，强有力的地壳运动（称为构造板块）取代了大量的海水。2004 年地震是位于缅甸板块下方的印度洋板块滑动的结果，导致了长约 600 英里（1000 千米）的断裂，断裂处上方的海床垂直移动了 10 米。在受到影响的海床上方，大量海水沿着断层涌动，导致了致命的海啸。

意外发现

这次海啸带来了一个出乎意料的发现，即将印度南部海岸一座有 1200 年历史的港口城市马哈巴利普兰遗址从水下露了出来，该城几百年前就已被海水吞没。海啸把覆盖在石质结构上的沙层带走了，露出了它的真面目。

（右图）这幅航拍照片拍摄于 2005 年 1 月 16 日，显示了距离震中最近的班达亚齐完整的破损情况。

▶历史

澳大利亚——正成为全球经济体

尽管人口稀少，且大面积的土地上无人居住，但在过去10年内，澳大利亚经济已经稳步全球化，是"亚太经合组织"创始成员。

2000年 澳大利亚在悉尼举办了第27届奥林匹克奥运会——最受欢迎的运动会

2001年 澳大利亚联邦庆祝成立联邦100周年

2003年 澳大利亚成为美国"自愿联盟"中的一员，派遣部队至伊拉克，参与推翻萨达姆·侯赛因的统治

2004年 议会通过了《人权法案》

2007年 陆克文当选为总理，是十多年来政府首次变动

自2001年以来，澳大利亚的经济增长速度令人印象深刻，也因此提高了该国在全球化市场里的竞争力。在税收、劳资关系方面的体制改革，一些国有企业的私有化给经济增长贡献了力量。通过开发矿产资源和新市场（如中国和印度），澳大利亚丰富的资源对国家在这段时间内的经济增长和贸易变化产生了重大影响。

生活水平

为使经济全球化，澳大利亚进行了重大结构性调整，并鼓励国内企业参与国际竞争，使得该国经济高速增长。这些改革始于20世纪80年代，近年来仍在继续。在澳大利亚生活的家庭，受益于丰富资源带来的经济增长，自20世纪90年代以来生活水平稳步提高。

然而，房地产市场增长的同时，住房支付能力也在降低，特别是在西澳大利亚，这里州际移民数达到

（右图）1969年在北部区域的卡卡杜国家公园发现了原始露天矿。一部分利润给了原住民的土地所有者。

民主、专政和恐怖行为

（右图上）澳大利亚人口大部分居住在沿海地区。内陆地区人口稀少，散布在大农场里。

（右图下）澳大利亚是全球领先的铀出口国之一，尽管只有三座运营的铀矿。

历史高位，住房需求居高不下。采矿业的繁荣吸引了大量人口迁移到偏远地区。

由于澳大利亚贸易以矿产出口为导向，国家已经从全球大宗商品热潮中获利。对采矿业的大量投资，提高了社会生产力。国有企业（如国内最大的电信公司澳洲电信）的私有化，也已经逐步改革到位。

变化的市场

澳大利亚是世界上排名靠前的经济体。传统上看，澳大利亚被认为主要是农产品、矿产资源和能源生产

对于被偷走的一代，我想说：作为澳大利亚总理，我向你们表示抱歉。

——澳大利亚总理陆克文在新议会开会首日的道歉演讲，2008年2月13日

历史

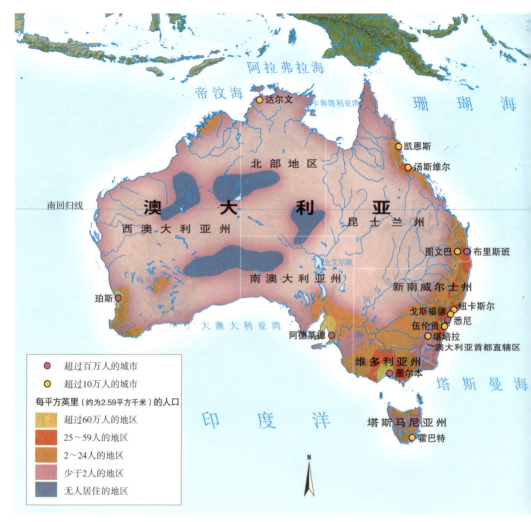

（上图）澳大利亚是全球气候最为理想的地区之一，这里大部分人类居住的区域都位于温带地区。

国，这些在国家的经济增长中发挥了非常重要的作用。20世纪中叶以前，一半以上的澳大利亚商品出口到欧洲国家，特别是英国。然而，到了20世纪下半叶，得益于日本和中国等国对能源和矿产商品的需求激增，澳大利亚贸易市场从欧洲和美国转至亚洲。

进出口

澳大利亚的自然资源丰富，是近年来资源出口蓬勃发展的核心。1970年代以来，全球对澳大利亚矿产的需求显著提高,澳大利亚出口达到历史最高水平,由此获得的巨额利润对国家产生了超强影响力,贸易条件达到50年来的最高水平。

澳大利亚的主要出口商品有铁矿石、煤炭、黄金、原油(主要是液化天然气)、热煤、氧化铝、铝以及牛肉。主要出口的目的地是日本、中国、韩国、印度、美国、新西兰、新加坡、英国和泰国。

澳大利亚的进口商品主要为客运机动车、原油和精炼石油、电脑和药物,大多来自中国、美国、日本、新加坡和德国。

农牧业

农牧业也为澳大利亚的国内生产总值做出了显著贡献,不仅直接通过出口,也通过社区开发和维护,与特定工业领域内完全相关的基础设施相联系。

澳大利亚是世界上最大的羊毛生产国和主要的小麦出口国之一。

(下图)陆克文历史性的"对不起"演讲是澳大利亚历史的一个分水岭。澳大利亚大部分人都观看了直播,拥挤的人群在观看大屏幕时不时挥动着传统的原住民旗帜。

创作团队

项目策划
尚青云简

内文制作
尚青云简

特邀地图审核
马金祥

地图改校
苍天熊猫

 图例

○北京	城市	海岸线	
	洲界	河流	
	国界	湖泊	
	未定国界	喜马拉雅山脉	山脉名
	地区界	长江	水名
	军事分界线		
	一级行政区界		